구멍가게 이야기

구멍가게 이야기

박혜진 · 심우장 지음

책과함께

1부   구멍가게는 어디에 있을까

3부 구멍가게 들여다보기

달성슈

백양슈퍼편의점

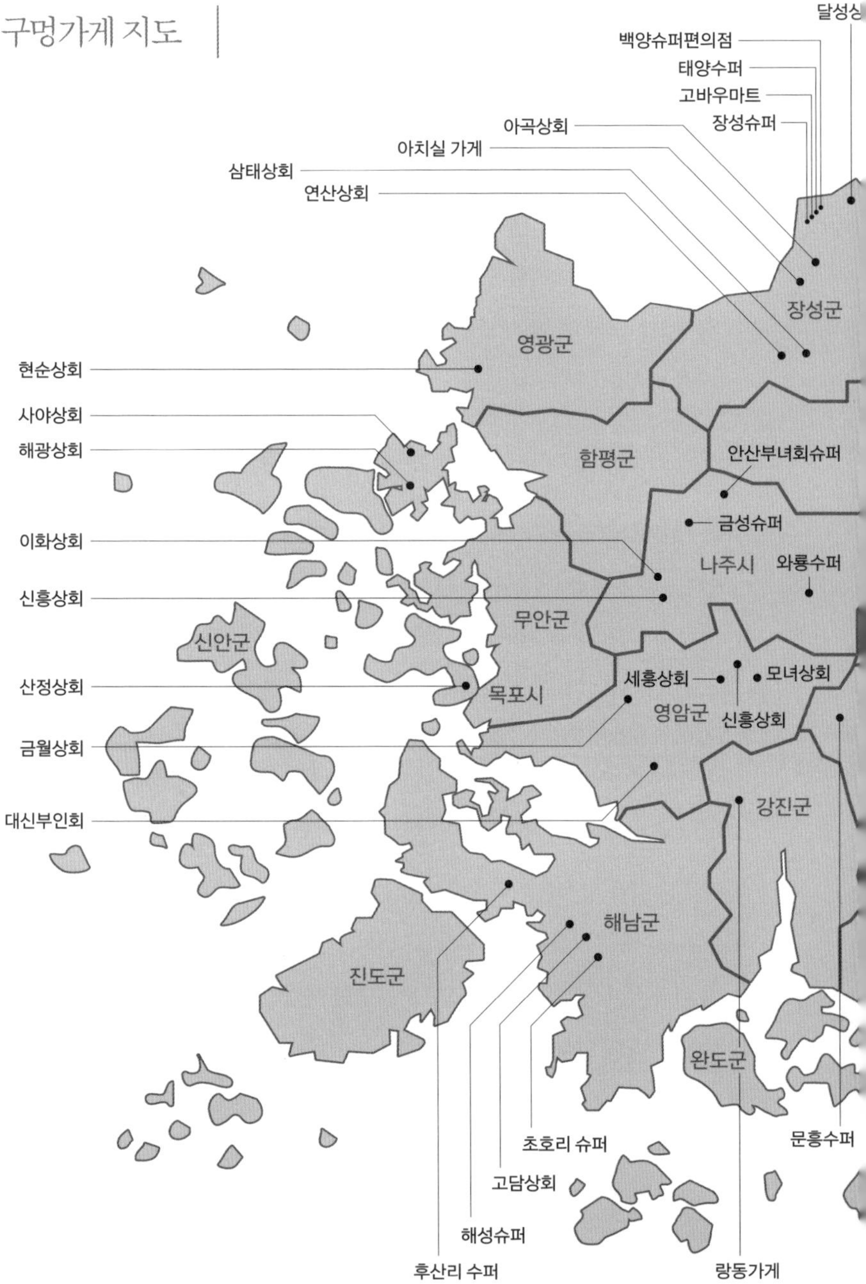

태양수퍼

고바우마트

장성슈퍼

아곡상회

아치실 가게

삼태상회

연산상회

장성군

영광군

현순상회

함평군

안산부녀회슈퍼

사야상회

해광상회

금성슈퍼

나주시   와룡수퍼

이화상회

신흥상회

무안군

신안군

세흥상회   모녀상회

산정상회

목포시   영암군   신흥상회

금월상회

대신부인회

강진군

해남군

진도군

완도군

문흥수퍼

초호리 슈퍼

고담상회

해성슈퍼

후산리 수퍼   랑동가게

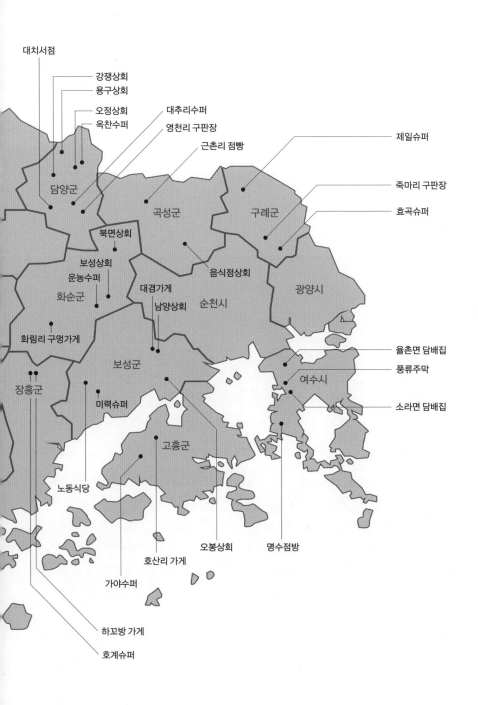

대치서점

강쟁상회
용구상회
오정상회
옥찬수퍼

대추리수퍼
영천리 구판장
근촌리 점빵

제일슈퍼

죽마리 구판장
효곡슈퍼

담양군

곡성군

구례군

북면상회

보성상회
운농수퍼

화순군

음식점상회

광양시

대겸가게
남양상회

순천시

화림리 구멍가게

보성군

율촌면 담배집
풍류주막

장흥군

미력슈퍼

여수시

소라면 담배집

노동식당

고흥군

오봉상회

명수점방

호산리 가게

가야수퍼

하꼬방 가게

호계슈퍼

새로 쓰는 구멍가게

1.

어릴 적 내 주머니에는 언제나 십 원짜리 동전 두 개가 딸랑거렸다. 혹시라도 무슨 일이 생기면 동네 구멍가게에 가서 공중전화를 걸라며 엄마가 꼭 쥐여준 비상 동전이었다.

　1983년, 우리 동네 구멍가게에는 새로운 트렌드가 생겼다. 당시 새로 나온 컵라면이 친구들 사이에서 선풍적인 인기를 끌었다. 기다리고 기다리던 점심시간이 되면 모두들 구멍가게로 몰려가는 게 일이었는데, 자리를 선점하기 위해 빨리 뛰는 게 중요했다. 안 그래도 작은 가게에 아이들이 한꺼번에 몰려들어서 라면 먹을 자리가 턱없이 부족했기 때문이다. 주인할머니는 늘 그 시간에 맞춰 물을 끓여놓고 계셨는데, 서서 먹는 아이들이 안타까웠는지 결국에는 가겟방까지 내주셨다. 1983년 정오 무렵, 그렇게 골목 안 구멍가게는 컵라면을 후후 불어 먹는 꼬맹이들로 득실거렸다. 그것이 한때 우리만의 폼 나는 점심문화였다.

우리 학교 앞 문방구는 언제나 과학실험 준비를 도맡곤 했다. 선생님이 문방구 아주머니에게 실험 내용을 미리 알려주고 필요한 재료를 부탁하면 아주머니가 구비해놓는 식이었다. 한번은 두 분 사이에 의사소통이 잘 못되었는지 웃지 못할 해프닝이 벌어졌다. 선생님의 의도와 전혀 상관없는 물건들이 문방구에 쌓여 있었던 것이다. 수업시간은 다가오는데 준비물을 다시 꾸릴 시간은 없어서 우리는 할 수 없이 아주머니가 가져다 놓은 도구들로 계획에 없던 실험을 해야 했다. 의도한 것은 아니지만, 학교 앞 문방구는 당시 우리의 수업을 좌지우지할 만큼 힘이 있었던 셈이다.

돌이켜보면 구멍가게는 어린 우리의 일상에서도 아주 중요한 장소였던 것 같다. 동전 두 개로 비상연락을 할 수 있는 유일한 공간이었고, 세상의 신문물을 향유하며 새로운 문화를 만드는 트렌드세터trend setter였으며, 학교의 교과과정을 함께 준비하는 교육보조기관이기도 했으니 말이다.

어느덧 구멍가게의 공중전화는 개인 스마트폰으로 바뀌어서 십 원짜리 동전의 가치는 뚝 떨어졌고, 컵라면에 뜨거운 물을 부어주던 할머니 손은 편의점 자동 급수기로 바뀌었으며, 학교 홈페이지의 충실한 공지 덕분에 수업 준비에 착오가 생길 우려도 없어졌다. 정확하고 빠르고 편리하게 변해가는 세상에서 구멍가게가 설 자리는 점점 더 좁아지고 있는 것 같다. 그렇다면 구멍가게는 이제 없어져도 그만인 구시대의 추억거리에 불과한 걸까? 그 질문에 대한 답을 찾기 위해 우리의 일상 속에서 구멍가게가 있어온 모습, 구멍가게가 짊어져온 역할들을 되짚어보고 싶었다. 그래서 생각해낸 최적의 방법이 구멍가게의 현장 속으로 직접 들어가 보는 것이었다.

2.

구멍가게에 대한 말들은 참 무성한데, 정작 삶의 공간으로서 구멍가게를 심층적으로 다룬 경우는 거의 없었다. 이런 아쉬움 때문에 현장에서 이야기를 들어봐야겠다는 생각이 점점 강해졌다. 자료를 조사해보니 구멍가게를 바라보는 시각은 크게 두 가지였다. 하나는 경제적 측면에서 몰락해가는 골목상권의 일부로 구멍가게를 보는 시각이다. 변화하는 유통환경 때문에 피해를 볼 수 있는 대표적인 장소로 흔히들 구멍가게를 꼽곤 한다. 이른바 골목상권의 대명사가 바로 구멍가게였던 것이다. 어느 날의 뉴스는 이랬다.

> 대형마트와 기업형슈퍼마켓SSM이 밀려오면서 지난 오 년간 골목 상권의 상징인 "구멍가게" 네 곳 가운데 한 곳이 문을 닫은 것으로 나타났다. 서울시가 고용노동부와 통계청 자료 등을 바탕으로 분석한 "서울 노동 산업 구조변화 및 시민 직업관 현황"에 따르면 지난 오 년간 가장 많이 줄어든 업종은 음식료품 위주 종합 소매점, 이른바 "구멍가게"였다.[1]

물론 구멍가게의 몰락은 안타까운 현실이다. 우리 기억 속에 오랫동안 자리했던 대상이 사라지는 것도 아쉽지만, 그 속도가 걷잡을 수 없다는 점에서도 씁쓸하기 그지없다. 기업형 마트의 급격한 성장 속에서 경제적 약자인 구멍가게를 보호해야 한다는 인지상정의 논리까지 더해지면 그런 안타까움은 훨씬 더 커진다. 하지만 더 저렴한 가격에 물건을 구입하려는 소비자들의 경제적 욕망과 자율경쟁의 시장논리를 거스를 수는 없을 것이다.

'한국표준산업분류'에 따르면 구멍가게는 165제곱미터(50평) 이하의 시설을 갖춘 "음식료품 위주 종합 소매점"으로, 규모가 더 큰 '슈퍼마켓'이나 체인으로 운영되는 '편의점'과 구별된다. 그런데 우리 기억 속의 구멍가게는 이런 기준만으로 이야기하기에 부족한 감이 있다. 규모로 따져 보더라도 산업분류상의 기준보다 훨씬 작다. 대체로 33제곱미터(10평)를 넘지 않았던 것 같고, 크게 잡아도 66제곱미터(20평) 언저리에 머물러 있다.

더 중요한 것은 규모가 아니라 가게가 놓인 자리다. 구멍가게는 우리 일상 안에 깊숙이 들어와 있었다. 생활공동체 내에 위치한 구멍가게는 마을의 일상적인 공간이 될 수밖에 없고, 가게 주인은 가게를 기반으로 살림을 꾸리면서 동네주민들과 하루하루를 공유하는 관계에 있었다. 그 때문에 구멍가게는 단순히 물건만 파는 곳일 수가 없었다. 가게를 통해 끊임없이 일상적인 교류가 이어지고 그 속에서 수많은 이야기판이 형성되었으니, 그 점이 구멍가게를 경제적 논리가 아닌 다른 시선으로 접근할 수 있는 원천이다.

그러한 맥락에서 구멍가게를 바라보는 또 하나의 시각이 있다. 다음 글에서 보듯, 구멍가게를 우리 일상의 일부로 기억하며 도타운 정을 느낄 수 있고 따뜻한 행복이 서려 있는 곳으로 이야기하는 감성적 관점이다.

몽당연필이나 담배 한 개비를 귀에 꽂고 느릿느릿 주판알을 튕기는 주인아저씨, 먼지떨이로 물건의 먼지를 떨던 주인아줌마, 동전 몇 닢 손에 쥐고 사탕을 고르던 아이들, 가게 앞에서 막걸리잔을 기울이던 동네 어른들. 이런 장면들이 옛 구멍가게의 모습이었다. 어렵게 살면서도 물건을 외상으로 주는 인정과 하루하루 힘겹게 살아가는 보통 사람들의 애환을 담고 있는 구멍가게는 동네 어귀마다 있었다.[2]

　아마도 이런 시선이 구멍가게를 떠올리는 가장 익숙하고 보편적인 방식일 것이다. 구멍가게에는 순수하고 따뜻했던 시절의 기억이 집약되어 있어서, 때로 삭막하고 때로 넘치게 리얼한 어른의 세계에서 그곳에서의 추억은 한 편의 동화 같은 위안이 되곤 한다. 구멍가게에서 그려지던 일상의 풍경을 떠올리면 별다른 걱정 없이 해맑았던 그때가 환기되어 나도 모르게 치유를 받고 있는 느낌이 드니 말이다. 어쩌면 우리는 구멍가게 자체보다 그 공간에서 펼쳐졌던 동네 아저씨들의 저녁 술자리, 젊은 우리 엄마의 장보기, 어린 내 친구들의 군것질 같은 소소한 삶의 정서를 그리워하는 것일 수도 있다. 그래서 구멍가게에 대한 아련한 기억은 잃어버린 골목, 그와 더불어 사라지는 평범한 일상에 대한 그리움이 아닐까 싶기도 하다.

3.
어떠한 시각으로 보든 구멍가게는 동네 골목으로 귀결되는 것 같다. '골목'은 일상이 공유되는 생활문화적인 공간이다. 구멍가게는 이러한 골목을 중심으로 자연스레 형성된 생활공동체를 기반으로 유지되어왔는데, 어디까지나 그 본질은 골목 안 소비생활을 담당하는 데 있었다. 그렇기 때문에 공동체적 삶의 공간인 동네, 혹은 골목과 더불어 '상권'이라는 경제적 위상과 함께했던, 혹은 그 저변에 존재했던 구멍가게의 사회문화적 의의를 새롭게 궁구하려는 노력이 있어야 할 것 같았다.

앞서 언급한 두 가지 관점은 구멍가게가 처한 경제적 현실을 객관화하는 한편, 정서적 삶의 공간으로서의 의미를 부각함으로써 동네 골목 안으로 한 걸음씩 들어와 있다. 여기에 하나 더, 구멍가게의 인문학적 존재 방식을 더한다면 좀 더 입체적으로 구멍가게를 조명할 수 있을 것이다. 그 해법은 다름 아닌 사람살이에서 찾을 수 있다. 지금까지 일정 정도 거리를 둔 타자의 시각에서 구멍가게를 관찰하고 기억해왔다면, 이제는 주인공인 그들의 목소리에 좀 더 집중할 필요가 있다고 생각했다. 구멍가게와 더불어 살아가는 마을공동체의 일상 속으로 깊숙이 들어갈 때 구멍가게가 실재하는 양상을 찾아낼 수 있고, 그 지점에서 구멍가게의 또 다른 가치를 짚어낼 수 있을 것이기 때문이다.

그러기 위해서는 구멍가게를 현실 그대로 불러내야 했다. 현장을 통해서라야 그곳에서 펼쳐지는 구체적이고 실질적인 사람살이를 들여다볼 수 있기 때문이다. 물론 객관적인 사료나 신문을 비롯한 각종 매체를 통해서도 분명 구멍가게의 변천 과정과 사회적 위상을 이해하는 데 도움을 받을 수 있을 것이다. 하지만 여전히 우리 곁에서 우리와 같은 시공간을 살아가고 있는 현장을 빠뜨린 채 책상머리에 의존하는 것만으로는 미진한 구석이 많을 거라고 생각했다. 이 부분을 진정성 있게 채우기 위해, 무엇 하나 정확히 잡히지 않는 피상적 이미지만을 안은 채 구멍가게의 현실로 무작정 뛰어들 수밖에 없었다.

4.

현지답사는 2011년 11월부터 2014년 6월까지 거의 매주 진행했고, 답사 지역은 전라남도로 한정했다. 구멍가게가 쇠로에 접어든 지 오래라지만 상대적으로 변화의 속도가 느린 농촌에는 아직 마을공동체가 살아 있어서 오래된 가게가 남아 있을 가능성도 크다고 판단했기 때문이다. 그렇게 이 년여에 걸쳐 전남 지역 스물두 개 시군에 위치한 구멍가게 백여 곳을 방문했다. 마을공동체의 일원으로 마을과 일상을 함께해온 가게라야 의미가 있기 때문에 최소 이삼십 년 이상 한자리를 지켜온 가게에 주목한 결과, 최종적으로 오십여 곳에서 깊이 있는 인터뷰를 할 수 있었다. 인터뷰는 가게 주인과 단골손님을 대상으로 했다. 이들은 한마을에서 수십 년간 함께 살아온 터라 예나 지금이나 충실한 마을공동체의 구성원으로서 가게에 관한 경험과 기억이 축적되어 있기에 누구보다도 훌륭한 제보자 역할을 해주었다.

사실 구멍가게를 찾아내고 인터뷰하는 일이 순탄하지만은 않았다. 특히 답사 초반에는 멋쩍은 충격을 받았다. 문턱에서조차 선뜻 들어설 용기가 나지 않는 지저분하고 허름한 건물이며 얼룩지고 먼지 낀 물건들, 먹고 마시는 탁자 위에 적나라하게 펼쳐져 있는 벌레잡이 끈끈이… 그나마 몇 조각 안 되는 따뜻하고 아련한 추억마저 산산이 부서지는 장면들이 매번 그렇게 불편한 민낯을 드러냈다.

새로운 가게에 들어설 때마다 엄습해오는 긴장과 거북함에 마음까지 움츠러들 무렵, 〈연산상회〉 할머니를 만났다. 옹색한 가게에 눈 돌릴 틈도 주지 않고 할머니는 우리의 시선을 오로지 당신의 삶으로 이끌었다. 그 순간 경직된 마음도 마법처럼 풀려버렸고, 서서히 구멍가게의 다른 면모들이 보이기 시작했다. 다 쓰러져가는 구질구질한 진열대가 아닌, 그 속에 담긴 진짜 사람살이가.

이후에도 어느 가게에선 냉담하게 쫓겨나기도 하고 정반대로 예상치 못한 환대를 받기도 했다. 손님이 없으면 없는 대로 쪼그리고 앉아서 몇 시간이고 주인아주머니의 곡진한 인생살이를 경청했고 단골손님이 되짚어내는 추억의 옛이야기를 얻어듣기도 했으며, 틈틈이 오가는 사람들과의 인터뷰를 통해 오늘날 가게의 움직임을 살펴볼 수도 있었다. 그렇게 한 달, 두 달 시간이 쌓이자 어느덧 구멍가게는 우리가 막연하게 그렸던 처음의 모습과 많이 달라져 있었다. 닳아빠진 문턱에 스민 숱한 사람들의 발걸음, 찌그러진 막걸릿잔에 밴 이야기들이 구멍가게가 단순히 아름다운 서정이 아닌 핍진한 생활의 현장임을 말해주었다.

그곳에서 경험한 구멍가게의 다양한 모습, 수많은 사람을 딱히 뭐라고 규정할 수 있을까? 현장에서 보고 들은 방만한 내용을 제격에 맞게 정립하는 일도 답사의 한 과정이었다. 그래서 이 가게에서 저 가게로 옮겨 다니는 자투리 시간은 물론 이동거리가 제법 되는 동안에도 구멍가게에서 체험한 모든 것이 화제가 되었다. 그것으로도 모자라 답사 말미에는 매번 서너 시간 뒤풀이 자리를 갖고, 그날그날 마주한 경험에 대해 각자의 생각을 거침없이 쏟아냈다. 상반되는 부분에 관해서는 날카롭게 맞서기도 하고, 누구 하나가 미처 닿지 못한 부분은 채워가기도 하고, 절묘하게 생각이 일치하는 지점에서는 희열을 느끼기도 했다. 그러면서 전에는 알지 못했던, 오늘의 체험으로도 정확하게 정의할 수 없는 구멍가게의 모습들을 정리하고 다음 답사를 기약하며 물음표를 남겨두었다.

그러한 과정을 반복하는 중에 또 다른 많은 의문과 공백이 생겨나기도 했는데, 주로 구멍가게의 현재를 있게 한 이전의 사회문화적 맥락이나 역사적인 변천에 관한 것들이었다. 이런 문제는 현장답사만으로 면밀하게 파악하기 어려웠기 때문에 다양한 매체를 참고로 관련 자료를 조사하고 정리하면서 우리 스스로 던진 질문에 답하고자 했다.

5.

그러니까 이 책은 현장답사와 인터뷰를 바탕으로 각종 매체와 문헌 자료를 검토하면서 얻은 구멍가게에 관한 새로운 생각들을 정리한, 일종의 구멍가게 답사보고서다. 답사의 연장선상에서 진행된 수많은 토론과 공감을 공식적으로 마무리하는 장이기도 하니 구멍가게를 화두로 울고 웃었던 짧지 않은 여정의 끝이기도 하다.

　물론 구멍가게의 모든 것이 이 책에 망라되어 있진 않다. 애초에 구멍가게에 관한 광범위하고 다양한 화제들을 미리 상정하고 작업을 진행하지 않았기 때문이다. 구멍가게에 대한 선입견을 갖지 않기 위해서라도 되도록이면 철저하게 원점에서 출발하고 싶었고, 현지조사에서 보고 들은 생생한 경험이 가장 신빙성 있는 자료라고 생각하기에 구멍가게의 현장과 거기에서 비롯된 질문들이 맞물리는 지점에 무게중심을 두었다.

　이러한 배경하에 이 책의 목차가 구성되었다. 그러니 답사의 과정과 우리의 시선이 목차에 그대로 녹아 있는 셈이다. 실제로 답사의 시작이 그러했듯이 1부에서는 구멍가게가 놓인 물리적 환경을 따라가면서 위치적 특수성과 맞물려 가게가 담당하고 있는 고유한 역할들을 살펴보았다. 그런데 구멍가게의 역할은 변화하는 삶의 환경과 밀접한 관련이 있어서 통시적 측면에서 구멍가게가 흘러온 양상을 짚어볼 필요가 있었다. 그래서 2부에서는 구판장, 상회, 슈퍼, 마트, 편의점에 이르기까지 구멍가게가 내건 다양한 상호에 주목하여 이러한 간판의 이면에서 시대가 바뀜에 따라 나름의 방식으로 변화를 모색해온 구멍가게의 과거와 현재를 들여다보았다. 3부에서는 본격적으로 가게 안으로 들어가 좀 더 밀착된 시선으로 구멍가게를 관찰했다. 그리하여 현실적 필요가 만들어낸 참신한 인테리어와, 익숙한 상품들에 담겨 있는 생활문화사의 일면을 통해 구멍가게의 또 다른 의미를 찾아보았다. 사실 이러한 이야기들은 모두 사람살이로 귀결된다. 답사를 마무리할 때마다 늘 도달했던 결론도 결국은 이 모두가 '삶'이라는 것이었다. 그래서 4부에서는 삶의 현장으로서의 구멍가게에 주목해, 구멍가게를 배경으로 치열하게 울고 웃었던 사람들의 이야기를 담았다. 이를 통해 마을공동체 내에서 구멍가게의 존재 의의는 물론, 구멍가게와 더불어 살아온 개인의 삶의 가치를 되짚어볼 수 있을 것이다.

6.

2011년 11월 구멍가게와 처음 만난 후 벌써 여러 해가 흘렀다. 서투른 솜씨로 셔터를 눌러가며 어설픈 사진을 찍고, 조심스레 가게 아주머니들과 이야기를 나누던 기억이 아직도 생생하다. 현지답사를 마무리하고 구멍가게에서 보고 들은 내용들로 책을 엮어보려 했지만 작업은 순탄하지 않았다. 인생이 제 맘대로 되지 않는다는 가게 아주머니들 말마따나, 당시 우리에게도 의도치 않은 상황이 밀려왔다. 그리하여 2015년 즈음 초고를 완성했음에도 후반 작업은 기약 없이 중단되었다. 그렇게 원고를 덮어두고 미완의 상태로 구멍가게를 마음에 두고만 살았다.

그러다가 삼 년 전 가을, 구멍가게와의 첫 인연을 맺게 해준 〈아곡상회〉

근처를 지나게 되었다. 풀지 못한 숙제 때문에 죄송스러운 한편 반가운 마음에 인사라도 하고 갈까 싶었는데, 내 기억 속의 〈아곡상회〉는 이미 사라지고 없었다. '담배' 표지판만으로 이곳이 가게임을 알리던 자리에는 〈희망슈퍼〉라는 신식 간판이 내걸렸다. 그렇게 구멍가게는 제 살길을 찾아 모습을 바꾸고 있었다. 이제는 가게에 나와 앉을 수 없는 분도 생겼을 것이다. 마지막 보루처럼 가게를 지키던 그분들이 안 계시면 십중팔구 가게도 문을 닫을 것이다. 그러니 정말로 더 이상 지체하면 안 된다는 생각이 들었다. 묵혀놓은 자료에 대한 시의성도 문제지만, 무엇보다도 그것이 일년을 하루같이 가게를 지켜온 분들의 삶에 대한 예의이며 의무라는 생각에 지난 글줄에 쌓인 먼지를 쓸어낼 용기를 냈다.

답사를 시작하면서부터 지금 이 순간까지 가장 큰 고민은, 어떻게 하면 구멍가게의 모습과 그곳에서 살아온 사람들의 이야기를 있는 그대로 엮어낼 수 있을까 하는 것이었다. 그 고민을 제대로 풀었는지에 대해서는 여전히 미진함이 남는다. 다만 손바닥만 한 구멍가게가 전부인 채 살아온 분들, 스스로 먼지같이 보잘것없는 인생이라고 말하는 그분들에게, 부족하나마 이 책이 한 자락 의미 있는 위로가 되었으면 하는 바람이다.

"안 받아. 받아서 뭣혀. 그것도 좋은 일이다 하고 살제.

내가 살았응게 그것도 해주는 것이제.

죽으믄 못 헌다, 그것도 다행이다 생각하고 있는디.

왜 그냐믄 그것도 못 하므는 참말로 아무것도 못 해.

긍게 누가 심부름 시키믄 그도 헐만 헝게 시킨다,

좋드라고 나는. 그렁게 해줘."

— 장성 〈연산상회〉 주인할머니, 마을사람들의 잔심부름에 수고비라도 받아야 하지 않냐는 질문에

1부

구멍가게는 어디에 있을까

1장

동네 안 구멍가게

연산상회를 찾아서

—   현지답사를 계획하고 처음 길을 나섰을 땐 의욕만 앞설 뿐 별다른 노하우가 없었다. 무조건 두 눈을 크게 뜨고 온몸의 감각을 구멍가게에 집중하고 다니는 게 전부였다. 오로지 직감과 운에 의지한 그 방법은 당연히 잘될 리가 없었다. 몇 차례 심하게 허탕을 치고 나서야 대책 없는 무모함에 쓴웃음을 지으며 그럴듯한 대안을 마련해야 했다.

그래서 생각해낸 것이 통계청 사이트였다. 해당 사이트에서 검색에 필요한 조건들을 다방면으로 활용한 결과 특정 지역에 있는 소매사업장, 즉 가게의 상호와 위치를 알아낼 수 있었다. 〈연산상회〉는 그중 하나였다. 신빙성 있는 목록을 손에 쥐었으니 이제 나서기만 하면 성공이겠다 싶었다. 하지만 실제로 〈연산상회〉를 찾는 일은 그리 호락호락하지 않았다.

산, 강, 관공서, 학교, 도로, 버스정류장 등 자연지형과 인문환경을 중심으로 제작된 웹 지도에는 찾는 위치가 어디쯤인지만 대략 표시될 뿐 행정상의 주소는 제공되지 않았다. 하지만 그런 것쯤 문제 될 게 없다고 생각했다. 정확한 주소 없이도 큰길가나 동네 어귀를 두리번거리면 금세 눈에 띄는 것이 구멍가게인지라 일단 목적지 부근에만 도착하면 쉽게 가게를 찾을 수 있을 거라고 믿었기 때문이다.

연산마을은 버스가 다니는 큰길에서 조금 떨어진 작은 마을이다. 정류장 사거리에서 마을로 이어지는 길을 향해 얼마쯤 올라가니 비탈진 지형에 옹기종기 모여 있는 집들이 보였다. 동네를 에두르는 오르막을 따라 들어가며 연신 주위를 살펴보았는데 마을 입구에서 끝자락에 이르기까지 가게 비스름한 것도 없었다. 행여나 그냥 지나쳤을까 싶어 왔던 길을 되짚어보고, 있을 법한 자리를 어림짐작해가며 몇 바퀴씩 돌아봐도 헛걸음이었다.

구불구불 좁은 길을 곡예 하듯 빠져나와 망연자실하고 있을 때, 빼꼼히 열린 대문 안에서 타닥타닥 깨 터는 소리가 들렸다. 이미 동네 안을 살살이 훑어본 터라 별 기대 없이 가게의 위치를 여쭈었더니 뜻밖에 후미진 골목 안을 가리키신다. 그 방향을 따라 마을 한가운데로 들어가자 담장 낮은 살림집들이 띄엄띄엄 줄지어 있다. 그리고 그 길 중간쯤, 허름한 담벼락에 삐딱하게 매달린 담배 표지판이 늦겨울 햇살 아래 반짝이고 있었다. 〈연산상회〉는 그렇게 우리가 전혀 예상하지 못한 곳, 동네 안 깊숙이 자리하고 있었다.

마을 안 깊숙이 자리해 쉽게 찾을 수 없었던 연산상회.

마을 속으로

—   일반적으로 가게는 수익적 차원에서 유동인구의 영향을 받기 때문에 눈에 띄기 쉬운 대로변에 위치하게 마련이다. 마을 깊숙이 자리한 〈연산상회〉는 그런 측면에서 상식을 벗어난 셈이다. 가게는 무조건 큰길가에 있을 거라는 가설은 그때부터 깨졌다. 이후 그것을 증명이라도 하듯 동네 안에 터를 잡은 가게를 자주 만날 수 있었는데, 주로 마을 한복판에 있는 마을회관이나 노인정과 인접해 있었다.

그런 가게들 중 상당수는 다소 낯설어 보이는 '구판장'이라는 이름으로 불리고 있었다. 구멍가게 대다수가 간판을 달지 않지만 행정상의 상호는 가지고 있다. 정식 상호로 '상회'와 '슈퍼'가 가장 많은데, 구판장도 그러

마을 한복판, 노인정과 이웃한 죽마리 구판장.

한 이름표 중 하나라고 볼 수 있다. 다만 〈연산상회〉를 비롯한 소매점들이 개인의 상업 활동을 목적으로 가게를 시작했다면, 구판장은 마을주민들이 출자금을 내고 차린 마을공동가게에서 출발했다. 소비조합의 한 형태였던 구판장은 이후 상당 부분 본래의 목적에서 벗어나면서 가게와 같은 맥락으로 들어오게 되었다(구판장에 관해서는 4장에서 상세히 살펴볼 것이다).

　그렇다면 〈연산상회〉나 구판장이 눈에 잘 띄는 좋은 자리를 놔두고 굳이 마을 안으로 들어간 이유는 무엇일까. 여기에 시골 구멍가게의 입지적 특수성, 그 일면이 있다. 마을 지리를 속속들이 알지 못하면 쉽게 찾을 수 없는 곳에 위치한 만큼 동네 안 가게는 마을주민들에게 매우 익숙하다. 하지만 마을로 들어가지 않으면 찾을 수 없기 때문에 지나가던 외지인이

'점빵'이라는 글자 때문에 큰길에서도 쉽게 눈에 띄는 근촌리 점빵.

우연히 들르기는 어렵다. 일회성 손님을 고려하지 않고 철저하게 마을만 바라보고 장사하는 마을가게인 셈이다.

　그런 점에서 보면 곡성의 〈근촌리 점빵〉은 매우 이례적이다. 25번 호남고속도로를 타고 곡성 땅을 달리다 보면 호기심을 자아내는 건물 하나가 눈에 띈다. 새하얀 벽면에 그려진 새빨간 사과, 그 안에 '점빵'이라는 글자가 선명하게 박혀 있다. 글자가 어찌나 큰지 멀리에서도 대번에 시선을 사로잡을 정도다. 몹시도 흥미로운 그 글자를 따라 마을로 들어가니 동네 중앙에 의문의 건물이 떡하니 모습을 드러냈다.

〈근촌리 점빵〉은 동네 안에 터를 잡았지만 어디에서든 한눈에 알아볼수 있게 '가게 여기 있소' 표시를 대놓고 해서 별다른 간판을 내걸지 않은 가게들과 많이 달라 보였다. 그런데 이 가게의 특이점은 하나 더 있었다. 보란 듯이 써놓은 '점빵'이라는 글자 옆에 부제처럼 붙은 '근촌리 마을구판장'이라는 표지다. 그 표지가 말해주듯 이 가게는 본래 마을공동가게였지만, 특정 개인이 인수하면서 일반소매점의 성격이 강해졌다. 원래는 철저하게 마을을 기반으로 한 동네 안 가게여서 굳이 다른 이름이 필요 없었지만, 상황이 바뀐 만큼 외지 손님을 하나라도 더 잡고 싶은 마음에 친숙한 '점빵'이란 명칭으로 나름 홍보를 하고 있는 셈이다. 한 집에 걸린 두 간판, '점빵'과 '구판장'에는 그렇게 동네 안팎을 모두 아우르고 싶은 가게 주인의 마음이 담겨 있다.

주로 마을장사를 바라보는 동네 안 가게가 유지되려면 기본적으로 마을 내에서 어느 정도 소비가 이루어져야 한다. 고정적인 수입이 보장되지 않으면 존립하기 어렵기 때문이다. 그렇다고 해서 고정수익을 확보하는 것만이 동네 안 가게를 존속시키는 힘은 아니다.

예나 지금이나 작은 시골 마을에서는 생활에 필요한 많은 부분이 마을 단위로 운영된다. 가게는 마을의 소비생활을 전담하는 한편, 사람들이 모이는 구심점이기도 해서 상품 판매 말고도 마을에서 다양한 역할을 수행해왔다. 그래서 가게와 마을의 유대감은 생각보다 훨씬 강력한데, 여기에는 가게의 물리적 위치도 한몫했다. 마을의 규모가 크지 않더라도 가게가 마을 한편에 치우친 경우, 주민들의 실생활권과 제법 떨어져 있어서 심리적으로도 멀게 느껴진다. 그에 비해 가게가 마을 안으로 들어와 있으면 좀 더 밀착된 생활공간을 공유한다는 느낌 때문에 정서적 유대감이 더할 수밖에 없다.

마을의 구멍가게가 공동체 구성원들과 부대끼면서 자연스럽게 쌓아온 신뢰와 조화를 흔히들 '정情'이라고 표현한다. 가게가 동네 안 깊숙이 있는 경우, 유난히 마을의 단합이나 결속이 끈끈해 보이는 것은 물리적으로나 심리적으로 그만큼 교류가 활발하기 때문이 아닐까 싶다. 그래서인지 이런 가게에는 '가겟집'이라는 말이 참 잘 어울리는 듯하다. 여기에는 사전적 의미 외에 가게는 가게로되 담벼락을 마주한 가까운 이웃이라는 정서가 포함되어 있는 것 같다.

나는 우체통 뜯어 가지 마라 그랬어

─ 1980년 여름, 경기도 화성군 봉담면의 한 가게에 우체통이 생긴다. 가겟집 아이는 몹시 좋아하면서 우체부 아저씨가 편지를 빨리 배달해주었으면 하는 바람을 다음과 같이 신문사에 보낸다.

얼마 전까지만 해도 우리 동네엔 우체통이 없어서 일일이 시내까지 가서 편지를 부치곤 했다. 그러던 중 가게를 운영하시는 아빠와 우체국의 교섭으로 드디어 우리 동네에도 우체통이 놓여 얼마나 기뻤는지 모른다. … 그런데 요즘엔 우표를 사러 오는 손님들의 불평이 여간 아니다. 이유인즉 편지를 언제 거두어 가는지 받는 측에선 오랜 시일이 지나서 받곤 해서 매우 불쾌하게 생각한다는 것이다. 정말 우체부 아저씨는 가게 앞을 지나면서도 며칠씩 걸러서 편지를 꺼내 가시곤 한다. … 신속 정확한 우편물 배달로 주고받는 이의 기쁨을 생각해서라도 우체부 아저씨의 성의와 배려를 기대해본다.[1]

삼 년 뒤 경기도 송탄시에서도 비슷한 맥락의 사연이 도착한다.

눈보라 일던 며칠 전 일이다. 모처럼 친구들에게 편지를 보내고자 우표 파는 가게를 찾아 나섰다. 그런데 '여기쯤 하나 있어야 되지 않나' 싶을 정도의 상당한 구역을 돌아봐도 찾을 수 없었고 우체통 역시 마찬가지였다. 물론 우체국은 시내에 있음을 알고 있지만 편지 한 통 때문에 시내 외출을 해야 하는 것이 쉽지 않은 요즈음의 바쁜 세상이 아닌가.[2]

지금은 거들떠보지도 않는 우체통이 이렇게 절실히 필요하던 시절이 있었다. 저렴한 우표 한 장이면 전국 어디로든 소식을 전할 수 있었으니 우편이야말로 부담 없고 편리한 전 국민의 연락망이었다. 사람들의 열화와 같은 성원을 반영해서일까, 웬만한 도심의 거리는 물론 시골 구멍가게에까지 빨간 우체통이 생기기 시작했다. 그런 만큼 우표 판매소를 요구하는 목소리도 커졌다.[3]

구멍가게에 붙어 있는 우체통과
우표 판매소 표지판.

　우표는 기본적으로 우체국에서 살 수 있고 우체국에서 지정하는 판매
소에서도 구입이 가능했다. 우표 판매는 사실 신청하기만 하면 누구에게
나 허가해주었다. 그럼에도 부족하다는 말이 많았던 것은 들이는 수고에
비해 실수익이 적었기 때문이다.[4] 1970년대 신문기사를 보면 우표 판매
를 대행하는 사람들 사이에 여러모로 불만의 목소리가 컸다. 우표를 많이
팔수록 판매수수료율이 낮아지는 것도 문제지만, 얼마 안 되는 수입으로
풀 값을 대고 사 오 일마다 우체국에까지 사러 다녀야 하니 기타 소요되는
비용을 생각하면 남는 게 없다는 것이었다.[5]

　그럼에도 우표 판매를 포기하지 못한 이유는 손님들에 대한 서비스라
고 여겼기 때문이다. 그런 불편을 가장 많이 떠맡아준 곳이 바로 동네 문
방구와 구멍가게였다. 앞서 보았듯 봉담면의 가게도 그런 맥락에서 가까
운 이웃의 편의를 위해 우표 판매를 자원했던 것이다. 그래서인지 우체
통이 있는 구멍가게에는 여지없이 우표 판매소 표지판도 같이 붙어 있다.
1980년대에는 우표수집원이 판매소에 직접 우표를 공급해서 일부러 우
체국에 나가지 않아도 됐다고 하니 그나마 다행이었다.[6]

그처럼 사람들을 애태워서일까. 우표에 대한 관심도 대단해서 세간에는 한때 우표 수집 붐이 일 정도였다. 일반 우표 외에 시기마다, 혹은 국가적으로 기념할 만한 일이 있을 때마다 다양한 기념우표가 발행되어 인기를 모았다. 1980년대에 우리 아버지도 한창 우표 수집에 열을 올리셨다. 당시 아버지의 수집첩에는 대통령의 해외순방을 기념하는 우표가 절반이 넘게 꽂혀 있었다. 뭣 모르던 어린 눈에는 두툼한 하드커버에 우리나라 최고 어른 사진이 가득한 그 우표보관첩이 근사해 보이기만 했는데, 그때의 아버지만 한 나이가 되어서 오월이면 한 달 내내 숙연해지는 광주에 자리를 잡고 보니 자못 뒷맛이 씁쓸해진다.

1990년대 말부터는 급격히 일상화된 전자우편 때문에 손편지 쓸 일이 없어지면서 곡절 많았던 우표도 생활 밖으로 밀려났다. 한때 열렬히 소망했던 우체통마저 쓰임을 다해 거리의 애물단지로 전락하더니 급기야 자취를 감추기 시작한 지 오래다. 그런데 〈연산상회〉에서만큼은 달랐다.

마을 깊숙이 자리한 〈연산상회〉가 '우리 동네 가게'로 가장 빛을 발하는 순간이 있다. 우여곡절 끝에 〈연산상회〉를 찾아 들어간 날, 주인할머니와 한창 이야기를 나누고 있는데 느닷없이 요란한 엔진 소리가 골목 안에 울려 퍼졌다. 무슨 일인가 궁금해 내다보니 우체부 아저씨가 오토바이를 세워놓고 가게 앞에 매달린 빨간 우체통을 뒤적이고 있었다.

편지로 소식을 전하는 일이 급격히 줄었어도 공과금 고지서나 각종 안내문은 나날이 늘고 있다. 최근에는 그마저도 전자우편으로 대체하는 추세지만, 전자우편이 다른 세상 이야기인 시골 노인들에게 우체부는 여전히 중요한 존재다. 아저씨는 이 마을은 물론 인근 마을 사정까지 훤히 꿰고 있었다. 윗마을 가게는 주인할머니가 돌아가시면서 문을 닫았다, 이웃

마을에도 자그마한 점방이 하나 있다, 큰길 건너에 처녀 적부터 가게를 해온 할머니가 있다 등등. 사람살이 속속 들어찬 마을지도 한 장이 머릿속에 들어 있는 것만 같다. 하루 한 번씩 몇 가구 안 되는 작은 마을을 구석구석 누비고 다니다 보니 길가에 돌아다니는 강아지가 누구네 개인지도 파악할 정도란다.

그쯤 되면 웬만한 마을사람들과 모두 안면을 트게 되는데 특히 구멍가게 주인과 친밀한 관계를 유지한다. 〈연산상회〉 할머니와 우체부 아저씨도 그랬다. 두 분 사이에는 매일 만나는 사람 특유의 이물 없는 분위기가 느껴졌는데, 그렇게 된 데는 우체통을 사이에 두고 두 사람이 만들어내는 특별한 임무가 한몫했다.

우편문화가 급격히 쇠퇴하면서 우체통도 점차 사라지는 추세다. 들어오는 우편물이야 지금처럼 집집마다 배달하면 그만이지만 외부로 나갈 것이 많지 않으니 거리마다 우체통을 둘 필요가 없어졌다. 시골마을의 경우 우체국을 이용하려면 읍면 소재지까지 나가야 하는 불편을 고려해 우체통 철거를 늦추었지만, 관리하기 골치 아프고 쓰임이 별로 없다는 명목으로 우체통을 떼어 가는 경우가 늘고 있다고 한다.

세간의 풍속이 그러한 만큼 〈연산상회〉 우체통도 하마터면 사라질 뻔했다. 우체통 철거를 막은 사람은 다름 아닌 할머니였다. 할머니는 무엇 때문에 우체통을 고집했을까?

우체통을 다 뜯어 가드만. 근데 나는 뜯어 가지 마라 그랬어. 여그다 사람들이 늫고 그래. 그 통 열어보믄 있그든. 날마다 와서 한 번쓱 찍어 가. 있나 없나 열어보고 탁 찍고. 그냥 너놓고 가드만.

바쁜 사람들은 돈도 딱 너놓거든. 그러믄 본인이 끌르제. 딴 사람 못 끌릉게. 그믄 돈 있으믄 딱 보고 돈이 남으믄 갖고 오고 모지래 믄 돌아오고 그러제. 긍게 내가 뜯어 가지 마라고 그랬그든.

할머니 말씀처럼 이 마을 우체통은 공과금을 내는 용도로 쓰인다. 제아무리 자동화시대라지만 고령인구가 많은 농촌마을은 여전히 아날로그 방식에 익숙한지라 수도료, 전기료, 전화료 등을 면 소재지나 읍내에 있는 우체국에 가서 직접 납부하는 게 일이다. 순전히 공과금 때문에 하루에 겨우 몇 차례 오가는 버스를 잡아타고 외출하자니 이만저만 번거로운 게 아니다. 눈코 뜰 새 없이 바쁜 농번기에는 더더욱 그렇다. 더군다나 거동하기 쉽지 않은 노인들이 공과금 하나 내러 읍내까지 나가는 일은 그야말로 큰일이 아닐 수 없다.

이러한 사정을 훤히 꿰뚫고 있는 할머니는 마을주민들의 편의를 위해 우체통의 용도를 새롭게 바꾸었다. 우체부 아저씨가 공과금 고지서를 집집마다 배달하면 납부할 요금을 해당 고지서와 함께 봉투에 담아 우체통에 집어넣는다. 그러면 하루 한 번 들르는 우체부 아저씨가 일괄 수거해서 우체국에 대신 납부하고 거스름돈과 영수증을 다시 그 봉투에 담아 우체통에 넣어둔다. 그렇게 하면 멀리 나가지 않고도 골치 아픈 공과금 수납 문제를 가뿐히 해결할 수 있는 것이다.

우체통을 둘러싸고 이러한 일이 가능했던 데는 〈연산상회〉의 위치가 한몫했다. 공과금 수납은 크든 작든 돈거래여서 함부로 맡기기도, 맡아주기도 애매한 일이다. 외지인의 출입이 잦은 대로변이라면 상대적으로 도난의 위험이 커서 이런 방식을 제안하기가 조심스러웠을 것이다. 가게가 마을 안에 있어서 안심이 되는 데다, 오랜 세월 한 공간에 살아오면서 자연스럽게 쌓인 신뢰가 바탕이 된 결과라고 할 수 있다. 그렇더라도 어찌 보면 귀찮을 수 있는 일을 선뜻 맡아준 사람이 없었다면 불가능했을 것이다. 그러니 이웃을 배려하는 할머니의 마음도 대단하거니와 바쁜 시간을 쪼개서 남의 공과금을 대신 내주고 영수증까지 챙겨다 주는 우체부 아저씨도 참 멋지다. 두 분의 찰떡궁합이 이 마을에서만큼은 빨간 우체통의 역사를 좀 더 오래 지속시키지 않을까 싶다.

가게 전화? 마을 전화!

—   우리 집에 제일 먼저 전화, 마을에 한 대씩 있는, 그 뭐냐. 공중전화 나오기 전에. 그 전화기 한 대가 딱 있어서 누가 전화 오면 방송도 있어야 해. "어디서 누구 집에 전화 왔습니다" 그렇게 방송을 하면, 저 밑에서 여기까지 달려와. 그래야 전화 받을 수 있어. 수락회선인가 뭣인가 이름도 잊어버렸어. 옛날에는 그랬어.

장성의 〈삼태상회〉 주인할머니는 사십여 년 전 가게에 놓여 있던 전화기를 이렇게 추억하신다. 전화기가 귀했던 시절에는 온 마을을 통틀어 달랑 한 대가 전부여서 일명 '마을전화'로 통했으니, 가게 전화가 곧 공중전화였던 셈이다.

살림살이가 나아지면서 가정마다, 방마다 전화기를 놓더니 이제는 도리어 사라지는 추세다. 공간에 구애되지 않고 어디서든 통화할 수 있는 휴대전화가 보급되면서 집전화의 필요성이 없어졌기 때문이다. 온 동네 사람을 불러 모으던 가겟집 전화는 이제 정말 호랑이 담배 피우던 시절 이야기다. 호모포니아Homo Phonia라는 말이 생길 정도로 휴대전화가 필수가 되어버린 지금이야 흑백사진 같은 그 시절 풍경이 불편하기 그지없어 보이지만, 한때는 그 묵직한 유선전화기가 마을과 마을 밖 세상을 연결해주는 최첨단 통신수단이었다. 그래서 구멍가게를 기억하는 사람들은 으레 한 번씩 전화와 관련된 이야기를 끄집어내곤 한다.

사실 구멍가게와 공중전화가 처음부터 특별한 연관이 있었던 것은 아니다. 일반인이 사용할 수 있는 공중용 전화는 1902년에 처음 등장했다. 당시에는 교환시설을 갖춘 전화소에서 전화선을 직접 연결해주는 교환원의 관리하에 전화를 걸 수 있었다. 교환원을 대면하지 않고 전화하는 것은 1910년 이후에나 가능했다. 1911년부터 통행량이 많은 정거장과 공원, 거리 등에 '자동전화기'를 설치했고,[7] 1920년대로 넘어와서야 실외에 무인부스에 해당하는 전화실을 가설한 것으로 보인다. 전화실 안에 불온문서를 붙이거나 천장에 끈을 달고 목을 매 자살을 시도한 사건, 그 안에서 걸식하는 행태 등 전화실과 관련된 사건 사고를 다룬 신문기사들로[8] 미루어 당시의 전화실이 사방이 폐쇄된 형태의 무인부스였음을 짐작할 수 있다. 이때까지만 해도 전화 통화는 수화기를 들면 바로 연결되는, 교환수가 일일이 손으로 회선을 꽂아주는 방식으로 이루어졌다.

그런데 1927년 미국에서 숫자 다이얼이 달린 '자동식 전화교환기'를 발명하면서 통신환경에 획기적인 변화가 일어난다. 전화번호가 생겨나서 다이얼만 돌리면 기계가 알아서 통화선을 찾아가는 자동 연결의 시대

교환수를 거쳐야 통화가 가능했던 1920년대의 전화기(왼쪽)와
교환수가 없어도 되었던 1930년대의 전화기(오른쪽).

1920년대 전화교환수의 모
습(《조선일보》1924년 12월
26일자).

가 열린 것이다. 전화번호를 사용하게 되자 교환수는 역할이 대폭 축소되
어 시외통화 연결에만 관여하게 된다.

　이처럼 기술의 진보로 공중전화의 이용환경이 점차 개방되면서 가게
와의 접점도 생기기 시작한다. 2차 세계대전 기간 동안 운영이 중단되었
던 공중전화가 일본이 패망하고 해방을 맞으면서 부활하는데, 주요 설치
장소는 바로 상점이었다.[9] 하지만 이내 발발한 한국전쟁으로 또다시 통

신시설이 크게 훼손되었고, 휴전 이후에야 비로소 안정적인 전신전화시설을 갖춘다. 그 과정에서 1954년, 다시금 공중전화가 등장하는데 전화국에서 특정인에게 관리를 위탁하는 방식을 취했다.[10] 이 시기의 전화기는 검은색 탁상형으로 관리인에게 직접 통화료를 지불하고 이용할 수 있었다.

관리인이 없는 옥외 무인공중전화는 1962년 9월 비로소 등장했다.[11] 이것이 우리에게 친숙한 공중전화의 전형, 바로 주황색 벽걸이형이다. 거리의 소음을 피해 조용히 통화할 수 있게 하려고 새로운 공중전화박스도 만들었으니,[12] 공중전화 하면 떠오르는 일반적인 이미지가 이 시기에 비로소 완성되었다고 할 수 있다.

이후 공중전화의 수요가 증가하자 간이공중전화제도가 도입되면서 1967년에는 일명 '핑크전화'라고 불리는 간이공중전화가 출시되는데,[13] 중간에 색깔이 바뀌면서 1977년까지 사용되었다. 이 전화는 동전을 넣고 전화를 걸 수도 있었으며 다방, 약방, 잡화점, 빌딩 안의 매점 및 접객업소 등 점포에서 요청하면 무료로 설치해주었다.[14] 〈삼태상회〉에서 마을 사람들을 불러 모으던 할머니의 기억 속 수락회선은 아마도 이 무렵에 나온 간이공중전화의 일종인 듯하다.

1970년대에는 농어촌지역의 통신망 확장 계획이 수립되고 시내통화 전용 공중전화기가 출시되면서 바야흐로 전국 단위의 공중전화 시대가 열린다. 더불어 시외전화 수요가 폭증하자 1971년, 교환원이 담당하던 시외통화를 자동 방식으로 바꾼 'DDD^{Direct Distance Dialing}'가 서울-부산 간에 처음으로 개통된다. 이후 장거리전화 자동화 사업을 본격 추진하면서 1978년, 일본 회사의 부품을 도입해 조립한 장거리 공중전화기를

1962년 설치된 공중전화박스(왼쪽, 《경향신문》 1962년 9월 19일자)와 같은 해에 출시된 통신 1호 공중전화기(오른쪽).

1967년에 출시된 핑크색 간이공중전화(《동아일보》 1967년 3월 17일자).

설치하더니[15] 1982년 비로소 순수 우리 기술로 만든 DDD를 개발해 널리 보급한다. 이 전화기의 등장으로 지역번호가 생기고 교환원 없이도 어디든 전화를 걸 수 있는 완벽한 자동공중전화의 시대가 열렸다. 이에 따라 육십여 년간 공중전화의 짝궁이었던 교환원의 존재가 역사의 뒤안길로 완전히 사라졌다.

시내는 물론 시외까지 직통전화가 가능해지자 공중전화의 인기는 절

1978년 일본산 부품을 조립해서 만든 DDD(왼쪽)와 1982년 우리 기술로 만든 최초의 DDD(오른쪽).

정에 이르렀고, 구멍가게와 공중전화의 인연도 점점 깊어져갔다. 1980년대 중반에 이르면 스무 가구 미만의 작은 시골 마을에까지 공중전화를 가설하는데[16] 주로 구멍가게에 설치했다. 무안의 〈해광상회〉도 그 무렵에 설치한 공중전화 때문에 재미깨나 보았다고 한다. 그때까지도 집전화가 일반화되지 않아서 동네에 하나밖에 없는 이 전화기 덕분에 수입이 쏠쏠했던 것이다.

그런데 여기에서 한 가지 궁금증이 생긴다. 공중전화는 왜 가게 부근에 설치되었을까? 당시 공중전화에 대한 불만을 살펴보면 전화박스 근처에 가게가 없어서, 혹은 동전이 없어서 통화를 하지 못했다는 볼멘 목소리가 많았다.[17] 그러니까 답은 간단하다. 바로 동전 때문이었다. 카드전화기가 나오기 전까지 공중전화를 이용하려면 반드시 동전이 필요했다. 동전을 쉽게 구할 수 있는 곳은 두말할 것도 없이 가게였다. 거스름돈을 내줄 목적으로 언제나 잔돈을 구비하고 있었으니까. 동전을 바꾸러 오는 사람이 얼마나 많았던지 동전이 다 떨어지면 일일이 대꾸하기가 귀찮아 공중전화기에 아예 '고장' 딱지를 붙이기도 했다고 한다.[18] 그만큼 번거롭고 신경 쓰이기도 했지만, 동전만 바꾸기가 미안해서 일부러 껌이나 사탕을 사는 경우도 많았으니 공중전화가 손님을 끌어모으는 수단으로 가게의 소소한 수입원이 된 것도 사실이다.

공중전화기와 동전은 불미스러운 문제를 야기하기도 했다. 공중전화의 개념이 등장한 이래로 수화기를 부수고 그 안에 들어 있는 철물 부품을 가져가거나 동전을 훔쳐가는 일이 빈번하게 발생했다.[19] 화순의 〈운농수퍼〉도 처음에는 공중전화를 바깥에 설치했는데 도난 사건이 일어나면서 가게 안으로 들여놓았다고 한다.

옛날에는 공중전화 여가 있었어. 그랬는데 저그 바깥에다 해놓게 수화기 창살을 빼가부러. 그래서 안에서 혔제.

아주머니의 말을 증명이라도 하듯 공중전화기는 가게 안으로 들어와 있었다. 우리가 돌아본 가게들 중에는 지금도 공중전화기가 남아 있는 곳이 더러 있었는데, 하나같이 가게 안에 놓여 있었다. 하지만 모양새만 갖추고 자리를 차지할 뿐, 수화기를 들면 아무 소리도 나지 않는다. 절도 문제가 극성을 부릴 무렵 전화박스에 문을 달고 자물쇠로 잠가놓았다는 이야기도 있는데, 〈운농수퍼〉처럼 이들 구멍가게에서는 아예 맘 편히 가게 안으로 전화기를 들여서 도둑을 미연에 방지했던 것이다.

이렇게 남아 있는 공중전화기들은 색깔도, 크기도, 모양도 다르지만 공통점이 하나 있다. 모두 동전을 사용하는 버튼식이라는 점이다. 말 많고

기능을 상실한 채 구멍가게에 남아 있는 공중전화기들.

탈 많던 동전 문제는 1986년, 카드식 공중전화기 개발이라는 일대 변화를 가져왔다. 사용의 편의성은 극대화되었지만 카드식 전화기가 출시되면서 구멍가게와 공중전화의 인연은 다한 듯하다. 시골 구멍가게에 골동품처럼 걸려 있는 공중전화기는 동전만 사용할 수 있는 버튼식을 마지막으로, 이후 기계를 교체하지 않았다는 사실을 말해준다. 그즈음에는 집집마다 가정용 전화기를 놓아서 공중전화를 이용할 일이 별로 없었을 것이다. 그렇다고 오가는 외지인이 많지도 않았을 테니 수요가 없다시피 한 공중전화기를 애써 카드식으로 바꿔서까지 들여올 이유가 없었던 것이다.

지금은 구멍가게도 전화기도 옛것이 되어버렸지만 이러한 흔적은 공중전화 전성기에 가게에서 도맡았던 마을통신의 역할을 여실히 보여준다. 정작 전화기는 온 데 간 데 없고 빈 공중전화박스만 휑하니 자리를 지키는가 하면 소용이 다해 끊어진 먹통전화기도 있다. 이런 흔적은 구멍가게에서의 전화 한 통이 서울 가 있는 큰아들, 부산 사는 여동생을 이어주는 연결점이었음을 말해주는 듯하다.

제일슈퍼의 빈 공중전화박스.

택배도 되나요?

—　　　점심시간을 훌쩍 넘기고 한창 출출해지는 오후, 구례 〈죽마리 구판장〉에 젊은 우체부 아저씨 한 분이 들어오셨다. 마침 술손님들 안주를 준비하던 터라 아주머니는 배 좀 채우고 가라며 삽시간에 부침개를 부쳐 내오셨다. 아저씨가 잠시 앉아 젓가락질을 하는 동안 두 사람 사이에는 두런두런 이야기가 오간다. 가게 주인과 우체부가 특별히 친한 것 같다고 하자 그럴 수밖에 없다고 한다. 지금은 사라지고 없지만 예전에는 가게 앞에 우체통이 있었고 우표도 팔았기 때문에 마주칠 기회가 많아서

자연스럽게 가까워졌다는 것이다. 그렇다면 우체통이 사라진 지금, 우체부 아저씨가 등장한 것은 무엇 때문일까?

잠깐의 달콤한 휴식 끝에 아저씨가 곧장 일어나더니 가게 한편에 쌓인 상자들을 실어 낸다. 무슨 짐인가 하니 마을사람들이 맡겨놓은 택배란다. 〈연산상회〉의 공과금 고지서처럼 택배 보내는 일도 시골에서는 골칫거리 중 하나다. 무거운 짐을 들고 우체국까지 나가자니 한숨이 절로 나는데, 그럴 때 동네가게는 가려운 곳을 긁어주는 효자손이다. 택배 보낼 물건을 가게에 가져다 두기만 하면 그것으로 끝이니 말이다. 우체부 아저씨 입장에서도 집집마다 다닐 것 없이 가게에 모인 물건을 한꺼번에 실어 가면 되니 불필요한 수고를 덜 수 있다. 이렇게 구멍가게는 마을과 우체국 사이의 화물 집하장 역할을 하는데, 이때 가게 주인과 우체부의 관계가 무엇보다도 중요하다. 서로 합의가 잘 되어야 배달 업무가 원활하게 이루어질 수 있기 때문이다.

이 근방 택배는 여기다 다 갖다놔요. 저희들이 왔다 갔다 하면서 가져가지요. 어느 동네는 컨테이너 박스 조그만 걸 갖다놓고 한다고 하드라고. 어쩐 줄 압니까? 사장님이 내가 밉잖아요? 그러믄 문을 잠그고 구례를 가뿌려요. 그러믄 택배가 여 안에가 있는디 못 가져가죠. 긍게 평소에 잘 해야 돼. 밉보이면 안 된다니까.

우스갯소리로 하는 이야기지만 이렇게 격의 없이 농담할 정도로 두 분 사이가 가깝고, 그런 만큼 구멍가게가 우체국 업무를 보조하는 데 단단히

금월상회 평상에 붙어 있는 택배업체 스티커.

한몫하고 있음을 보여준다.

　우체국뿐만 아니라 일반 택배회사의 입장에서도 마을 구멍가게는 훌륭한 동반자이자 조력자다. 영암의 〈금월상회〉는 각종 택배회사들이 영업 경쟁을 벌이는 홍보의 각축장이다. 가겟방과 연결된 평상마루에 빼곡히 붙어 있는 스티커가 그 사실을 말해준다. 타지에 나가 사는 자식들에게 갓 수확한 농산물을 먹이고픈 부모 마음에 마을의 택배는 줄어들 날이 없다. 그때마다 도시로 나갈 물건들은 〈금월상회〉에 쌓인다. 수요가 많은만큼 다양한 업체들이 적극적으로 홍보에 나설 수밖에 없는데, 사람들이 자주 드나드는 가게에 스티커를 붙이는 것이 가장 효과적이라고 판단했던 것 같다.

　업체 홍보에서 한 걸음 더 나아가 전면에 화물 택배 간판을 내건 곳도

미력슈퍼에 붙어 있는 화물 택배 간판과 메모.

있다. 보성의 〈미력슈퍼〉가 그렇다. 가게 문을 사이에 두고 왼쪽에는 주황색 '경동/합동 정기화물' 간판이, 오른쪽에는 빨간색 '경동택배' 간판이 나란히 붙어 있다. 택배와 관련해 사람들의 요구 사항이 많아지다 보니 삼 년 전부터 아예 가게에서 택배 영업을 겸하고 있다고 한다. 그래서인지 〈미력슈퍼〉의 친절한 서비스는 여느 가게보다 한 수 위다. 이 가게의 담배 진열장에는 노란색 포스트잇이 여러 개 붙어 있다. 거기에는 하나같이 누군가의 이름 석 자와 주소, 연락처가 적혀 있다. 주인아주머니 말에 따르면 마을사람들이 택배 보낼 물건을 가게에 맡기면서 받을 사람의 주소와 연락처를 남겨놓은 것이란다. 그러면 아주머니가 택배회사에 전화를 하고 운송장을 직접 작성해서 붙여준다고 한다. 비단 밖으로 나가는 물건뿐이겠는가. 마을로 들어오는 택배를 받아놓았다가 전해주는 것도 가게의 몫이다.

이렇게 택배 수요가 많아지면서 동네가게의 업무도 하나 더 늘었다.

〈미력슈퍼〉처럼 정식 간판을 붙이고 나선 경우는 거의 없지만, 대놓고 표시하지 않아도 마을사람들 사이에는 가게에 가면 택배를 해결할 수 있다는 자연스러운 믿음이 있다. 남의 일을 위임받아 처리하는 것이 어지간히 성가시고 신경 쓰이는 일이 아닐 텐데 구멍가게 주인들은 대개 싫은 내색하나 없이 마땅히 당신들이 해야 할 몫으로 받아들인다. 마을을 상대로 장사하는 이상 이런 일 역시 동네가게의 의무라고 생각하는 것 같다. 그분들이 받는 대가는 아마도 다른 것 하나 없이 '고맙다'는 말 한마디가 다일 것이다.

할머니의 수상한 거래

— 〈연산상회〉를 처음 방문하고 이듬해 겨울 다시 찾았을 때, 무슨 일인지 짐을 잔뜩 실은 트럭 한 대가 가게 앞에 서 있었다. 인적 드문 가게 골목은 한없이 조용하고 쓸쓸한데, 덜컹거리는 문 하나를 사이에 두고 부산스러운 기운마저 감돌았다. 찬찬히 살펴보니 화물칸을 통째로 뒤덮은 장막이 절반쯤 걷어 올라가 있는데 그 안에 잘 짜인 이층 선반이 설치되어 있었다. 선반 위에 각양각색의 물건이 들어차 있는 것으로 짐작하건대 작은 시골 마을을 돌아다니며 장사하는 이동식 가게, 일명 만물트럭이다.

허물없이 주고받는 인사며 짓궂게 오가는 친밀한 말투로 보아 우체부 아저씨처럼 만물트럭 아저씨도 이 가게의 만만치 않은 짝꿍처럼 보였다. 할머니는 기다렸다는 듯 미리 적어둔 쪽지를 들여다보며 이것 달라, 저것

연산상회 앞에 정차해 있는 만물트럭.

달라 주문하신다. 행여 하나라도 빠질세라 꼼꼼히 챙기시는 모습이 꽤나 중요한 의식을 치르는 것 같다. 가게에 물건을 들이는 날인가 싶은데 그 건 또 아니다. 아저씨가 건네는 것은 고작해야 두부 두 모, 꼬막 한 자루, 멸치 한 봉 등 죄다 소량이었기 때문이다.

알고 보니 찔끔찔끔 사 들인 물건은 모두 동네사람들이 부탁한 것이란 다. 마을의 가게가 너무하다 싶을 정도로 영세하다 보니 취급하는 품목이 많지 않다. 그나마 고정 수요가 있는 담배와 술, 라면 등을 제외하면 사실 가게에서 구매할 수 있는 게 별로 없다. 그래서 오일장이 서기를 기다렸 다가 장마당에 나가는 게 보통이지만 그마저 번거로울 때는 만물트럭을 이용한다.

이 트럭은 정기적으로 날짜를 정해놓고 이 마을 저 마을 돌아다니며 물건을 판매한다. 기본적으로는 어딜 가나 잘 팔리는 상품을 구비해놓지만 자주 다니는 단골동네의 목소리도 흘려듣지 않는다. 그래서 이날의 장면처럼 〈연산상회〉 할머니를 통해 동네사람들의 주문을 미리 받았다가 다음 방문 때 가져오는 식으로 물건을 공급하는 것이다. 그러니 소비자의 입맛에 딱 맞춰주는 '맞춤형 이동식 가게'라 할 수 있다.

사실 이동식 가게는 아주 오래전부터 있어왔다. 두 다리를 동력 삼아 봇짐 메고 전국을 떠돌아다니던 시절을 지나 달구지, 자전거, 삼륜차를 거쳐 트럭과 버스, 승용차를 타고 목 좋은 곳을 찾아다니며 장사를 했다.[20] 1990년대 초반에는 트럭을 개조해 만든 이동판매점이 한때 핫이슈가 되면서 '이동 슈퍼마켓',[21] '이동판매 시대'[22]라는 말이 나올 정도로 눈길을 끌었다. 최근에는 그럴싸한 조리 시설을 갖춘 푸드트럭이 생겨나 '이동식 식당'으로까지 영역을 확장하고 있으니, 벌어먹고 사는 일도 세태를 따라 끊임없이 진화하는 것 같다.

수요가 있는 곳을 찾아 부지런히 움직이는 이동식 가게는 분명 붙박이 점포에 영향을 줄 수밖에 없을 것이다. 〈연산상회〉 앞에서 만물트럭을 봤을 때 유독 그런 생각이 들었다. 이런 트럭이 자주 다니면 그나마도 얼마 안 되는 구멍가게의 매출에 분명 지장이 있을 거라고. 하지만 작은 시골 가게 주인들은 하나같이 전혀 그렇지 않다고 말한다. 마을사람들이 필요로 하는 것을 가게가 전부 감당하지 못해서 안타까울 때가 많은데 그나마 이 트럭이 온갖 물건을 싣고 다니며 선주문까지 받아주니 여간 고마운 게 아니란다.

〈연산상회〉 할머니는 한술 더 뜬다. 사정이 있어서 집을 비우는 사람은 물론, 논밭에 나가 일하다가 일부러 들어와야 하는 사람들까지 처음부터 대놓고 구매대행을 부탁한다. 그런 경우가 많아지다 보니 자연스레 가게에서 미리 주문을 받아 목록을 만들어놓고 마을과 만물트럭 사이의 중개 역할을 맡게 되었다. 그 지점에서 이 초라하고 낡은 가게가 동네 안에서 여전히 건재한 또 하나의 이유를 알 수 있었다.

〈연산상회〉는 동네 구멍가게가 물건만 파는 곳이 아님을 스스로 증명해 보인다. 할머니에게는 어쩌면 맥주 한 병, 담배 한 갑 파는 것이 부수적인 일인 것도 같다. 그보다는 불편함 많은 작은 마을이 필요로 하는 부분들을 시원스레 해결해주며 이웃의 소소한 일상을 채워주는 데에서 존재 의미를 만들어가는 게 아닐까. 시시콜콜한 잔심부름이 성가실 것도 같아 귀찮지 않으시냐며 수고비라도 좀 받아야 할 것 같다고 하자 이렇게 말씀하신다.

안 받아. 받아서 뭣혀. 그것도 좋은 일이다 하고 살제. 내가 살았
응게 그것도 해주는 것이제. 죽으믄 못 헌다, 그것도 다행이다 생
각하고 있는디. 왜 그냐믄 그것도 못 하므는 참말로 아무것도 못
해. 긍게 누가 심부름 시키믄 그도 혈만 헝게 시킨다, 좋드라고
나는. 그렇게 해줘.

그나마 살아 있어서 해줄 수 있다며 그런 심부름도 할 만해 보여서 시키는 걸 테니 얼마나 다행이냐고 환하게 웃으시는데, 듣고 있던 우리도 덩달아 마음이 환해졌다.

연산상회 잇템

—   〈연산상회〉할머니에게는 그만의 개성적인 스타일이 있다. 그것은 할머니의 옷매무새에서도, 가게 구석구석에서도 드러난다. 할머니의 잇템it item은 바로 줄이다. 아담한 체구에 곱상한 외모를 가진 할머니는 무심하게 헝클어진 머리, 겹겹이 껴입은 꽃무늬 차림새로 가게를 지키고 계셨다. 마냥 평범해 보이는 할머니를 특별하게 만든 건 그의 목에 걸린 의문의 목걸이였다. 허리춤까지 내려오는 기다란 줄 끝에는 무슨 일인지 대롱대롱 열쇠가 매달려 있다.

쇳대를 끌러서 엇다 갖다 너노믄 없어져불드라고. 그렇게로 쇠를 차. 끌러서 놔두믄 엇다 둔지도 모르고 막 찾아댕기고 정신이 없응게. 그렇게로 차고 다니믄 요놈 쇳대가 붙어갖고 있드만. 덜렁덜렁 붙어갖고 있응게 안 잊어불제. 그냥 끌러노믄 엇다 둔지를 모른당게. 못 찾어. 정신이 없응게.

그렇다. 할머니는 긴 줄에 열쇠를 달아서 장신구처럼 목에 걸고 다니신다. 여든 해를 넘어오다 보니 깜박깜박하는 일이 잦아져서 방금 전에 열쇠를 쓰고도 어디에 두었는지 몰라 찾아다니기 일쑤다. 성가시고 짜증 나는 일이 반복되다 보니 자연스레 꾀가 생겨서 아예 목걸이로 만들어 걸었다. 이런 것이 목에만 있는 게 아니다. 헐렁한 몸뻬를 살짝 뒤집어보면 안쪽 허리춤에 역시나 열쇠를 매단 줄이 묶여 있다. 방 안은 더 가관이어서 가위며 수건도 줄줄이 매달아두었다. 어디에 놓았는지 금방 잊어버릴 만

연산상회 할머니의 목걸이 열쇠.

한 것은 크든 작든 줄에 달아놓아
야 도망가지 않는단다.

봐두믄 도망가니까. 가새도,
방에 시방 가위도 줄줄줄 달아
놓고. 방은 더 우습도 안 해 참
말로. 수건도 달아놓지. 약도
그냥 봐두믄 엇다 논지 잊어부
링게. 금방 잊어부러 아주. 달
아놓는 것이 제일이여. 안 도
망헝게. 발 있어서 도망간 것
이 아니라 정신이 없응게 못
찾어.

　할머니 말씀처럼 발이 있어서 도망가는 게 아니라 정신이 없어서 못 찾
는 것이다. 신체가 노화되는 것처럼 정신도 나이가 들어서 도망가는 중이
란 소리로 들려 안타까웠다.
　줄이 달린 것은 물건뿐만이 아니었다. 고개를 똑바로 쳐들고는 도저히
드나들 수 없는 나지막한 가겟방 입구에도 기다란 줄이 양옆으로 늘어져
있다. 구순을 바라보는 할머니는 하루하루 기력이 약해져서 앉았다 일어
나는 일도 힘에 부칠 때가 많다. 그래서 가게에 나와 있다가 들어갈 때면
방문 옆에 달아놓은 이 줄을 잡고 일어서는데, 그러면 거동하기가 훨씬
수월하단다.

이렇듯 필요하면 무엇이든 줄과 연결해두는 일이 이제는 습관이 되어 버렸다. 생활의 편의를 위해 고안해낸 아이템이지만 할머니에게 유독 줄은 특별한 의미가 있는 것 같았다. 할머니는 왜 줄을 찾게 되었으며 어째서 그토록 '연결'에 집착할까? 굴곡진 그의 삶 속에서 그 이유를 가늠해볼 수 있었다.

긍게 영감 앞에 죽으야 혀

— 〈연산상회〉 자리는 사람들의 시선과 왕래를 피해 일부러 동네 깊숙이 들어앉은 것처럼 유독 한산하고 고즈넉하게 느껴진다. 이곳을 처음 방문했을 때 허름한 미닫이문을 열기가 그래서 더 조심스러웠다. 가게 앞에서 쭈뼛대며 한참을 주저하고 있는데 수상한 기척을 느끼셨는지 할머니가 먼저 고개를 내미셨다. 마침 잘됐다 싶어 오래된 가게 이야기를 들으러 다닌다고 말씀드리는 순간, 깜짝 놀랄 만한 일이 벌어졌다. 방금 전까지의 의심 어린 표정이 싹 사라지더니 뜻밖에도 내 손을 덥석 잡고 굵직한 눈물을 뚝뚝 흘리시는 것이다. 오랫동안 꾹꾹 눌러왔던 감정이 한꺼번에 터진 듯 쉽게 그치지 않는 눈물, 아니 울음이었다. 그러고는 난생처음 보는 외지인에게 한 치의 경계심 없이 마음의 빗장을 탁 풀고 지금껏 살아온 이야기를 쏟아내셨다. 거기에는 오랜 지병처럼 모질고 깊은 외로움이 있었다.

할머니는 어린 나이에 어머니를 여의고 홀아버지 밑에서 자랐다. 아버지가 워낙 엄격해서 딸의 외출을 금지하다시피 하는 바람에 집 안에 틀어박힌 채 친구 하나 없이 적막한 어린 시절을 보내야 했다. 그런 아버지가 환갑의 나이에 스무 살 먹은 절름발이 처녀를 후처로 들여 2남 1녀를 낳았다. 새로 가족이 생겼어도 어린 계모와 터울 많은 이복동생들 주변을 맴돌 뿐, 정작 그네들과 어우러지지는 못했던 것 같다.

결혼해서도 상황은 나아지지 않았다. 신접살림을 청주에 차리고 막 꿈에 부풀 무렵, 불행히도 병을 얻어 홀로 고향에 내려와야 했는데 약을 잘못 써서 영영 아이를 갖지 못하는 몸이 되고 말았다. 엎친 데 덮친 격으로 그즈음 한국전쟁이 터지는 바람에 청주에 있는 남편과도 생이별하는 지경에 이르렀다. 상황이 그러니 시댁에서 새 며느리를 곱게 봐줄 리 없었고 할머니는 원치 않는 이혼을 할 수밖에 없었다.

그나마 처음 가져본 온전한 내 편을 맥없이 잃고 나서 다시 혼자가 된 할머니는 의지할 곳이 필요했다. 그래서 동생들을 찾아갔다. 배다른 동생이라도 가족은 가족이기에 그들과 어울려 살다 보면 모질고 외로운 인생도 조금은 견뎌질 것 같았기 때문이다. 그러던 중 중매가 들어왔다. 할머니는 내키지 않아 한사코 거절했지만 동생들은 그런 마음을 전혀 알아주지 않고 적극 재혼을 권했다. 그 순간 가족들조차도 자신을 귀찮고 부담스러운 존재로만 여기는구나 싶어 오만 정이 다 떨어졌다고 한다. 그래서 재혼을 결심했다.

그런데 막상 혼사를 앞두고 보니 걱정이 이만저만이 아니었다. 남편과의 관계가 틀어지면 천지사방에 다시 혼자가 되는 데다 신랑 측 형편도 넉넉하지 않아서 앞으로의 삶에 안심할 수 있는 구석이 하나도 없었다. 그때 마침 동네 점방 주인이 가게를 내놓았다. 그거라도 운영하면 마음 붙이고 살 수 있겠다 싶어서 할머니는 결혼 조건으로 가게를 사달라고 했다. 인생의 전환기에 마지막 마음 붙일 곳으로 가게를 선택한 셈이다. 할머니와 가게의 인연은 그렇게 시작되었고, 그로부터 이십여 년간 이 작은 구멍가게는 할머니에게 전혀 예기치 못한 새로운 삶을 열어주었다.

사실 할머니는 가게를 운영할 만한 성격이 아니다. 어디 놀러 다니지도 않고 사람 많은 데도 안 좋아한다고 몇 번이나 말씀하실 정도로 사람들과 어울리는 것을 부담스러워하신다. 오죽하면 마을사람들이 매일 모이는 마을회관에도 가본 적이 없단다. 그래서 알고 지내는 사람은 있어도 속을 터놓을 친구는 없다고 한다. 이런 성격은 이전까지 할머니가 살아온 삶과 무관하지 않아 보인다. 폐쇄적인 아버지의 교육관과 첫 결혼의 실패, 불완전한 가족관계로 인한 상처가 너무나 커서 다른 사람들과 어울리기보다 혼자 지내는 편이 낫다고 생각하는 듯했다. 예전처럼 누군가에게 마음을 주고 또다시 상처받을까 두려워 자기방어를 하는 것이다. 처음부터 세상과 제대로 소통할 기회가 없었던 탓에 할머니는 사람들과 어울리는 법을 배우지 못했던 게 아닐까.

여기에서 한 가지 의문이 생긴다. 그런 할머니가 어떻게 쉴 새 없이 사람들이 들락거리는 가게를 운영할 수 있었을까? 무척 소심하고 소극적인 할머니는 그와는 영 딴판의 모습을 동시에 가지고 있다. 내성적인 속마음과 달리 밖으로 표출되는 할머니의 말투와 행동은 여간 직설적이고 걸걸한 게 아니다. 논일을 마치고 지나가는 아저씨에게 먼저 나서서 애교 섞인 인사를 건네는가 하면, 가게 손님과 호쾌한 농담을 섞기도 하고 거침없이 욕설을 내뱉기도 한다. 겨울이면 가겟방에 들어앉아 단골들과 화투치고 이야기하며 노는 것이 재미라고도 한다. 그런 면에서 보면 사람들과의 만남 자체를 싫어하지는 않는 것 같다. 오히려 즐거워하는 듯 보이니 내심 만남을 갈구하고 있었는지도 모르겠다. 다만 많은 무리에 섞여 있을 때 본인이 어떤 모습으로 있어야 하는지 익숙하지 않을 뿐이다. 상처가 많은 사람일수록 속마음을 드러내는 데 조심스럽고 타인의 시선을 많이 의식하게 되니까.

이런 할머니에게 구멍가게는 해방구와 같은 곳이었다. 할머니의 지난 삶은 누군가 찾아오지 않으면 아무도 만날 수 없는 컴컴한 동굴과 같았다. 그런데 가게를 시작하고부터 달라졌다. 가게에 나와 앉아 있으면 사람들이 제 발로 찾아와서 말을 걸었다. 물건을 사고파는 명확한 목적이 있었기에 가게에서는 의도하지 않아도 자연스럽게 할머니만의 방식으로 관계를 형성할 수 있었다. 오로지 할머니의 공간인 가게에서만큼은 타인의 시선을 조금도 의식할 필요가 없었던 것이다.

쉽게 지워지지 않는 아픈 개인사는 사람들과 어울려 살아가는 데 커다란 장애가 되었지만 오랜 시간 억눌러온 만큼 열림을 향한 욕구도 컸던 것 같다. 또다시 상처받을까 두려워 세상과의 사이에 건너기 힘든 강을 만들었지만, 우연히 마주한 구멍가게는 그 강을 건널 수 있는 다리가 되어 할머니와 세상을 연결해주었다. 담배 한 갑, 라면 한 봉지 건네며 소소한 이야기를 주고받는 것이 점차 익숙해졌고 즐거워지기까지 했다. 술 마시러 온 사람들에게 술 가져다주고 안주 해다가 주며 그네들 하는 이야기를 듣다 보니 힘들고 외롭던 세월도 넘어가지더란다. 그러니 구멍가게는 할머니만의 방식으로 만들어진 소통의 창구이자 치유의 공간인 셈이다.

그런 할머니에게 요즘 가장 고민되는 것이 하나 있다. 팔순을 훌쩍 넘어 살날이 얼마 남지 않은 지금, 어떻게 죽느냐가 심히 걱정이란다. 그래서 틈만 나면 말씀하신다.

긍게 내가 영감 앞에 죽으야 혀.

 여든다섯 모진 세월을 지나, 이제는 전실 소생이지만 살갑게 구는 자식들과 착한 남편이 있어 할머니의 외로움은 한층 나아졌다. 드문드문 가게에 드나드는 손님들 덕에 한 번씩 웃고 떠들며 늘그막에 적적함을 달래기도 한다. 그러나 할머니는 여전히 마음 한구석이 허전하고 혼자가 되는 것이 두렵다. 남편이 먼저 세상을 떠나면 결국에는 자기 곁에 아무도 남지 않을 거란 생각이 든단다. 지금 당장은 "어머니, 어머니" 하고 따라도 내 배 아파 낳은 자식이 아니니 남편이 없으면 남이 될 수밖에 없고, 그러니 남편보다 먼저 죽어야 한다는 것이다.
 돌아보면 할머니의 인생에는 한 번도 완전한 울타리가 없었던 것 같다. 구멍 난 곳이 채워질 만하면 내면의 쓸쓸함은 더 깊어졌고 결국엔 덩그러니 혼자가 되었다. 지금의 행복도 완전한 것은 아니어서 언제고 남편이 떠나면 끈 떨어진 연처럼 홀로일 수밖에 없으니 더없이 불안하고 두렵다. 그래서 할머니는 남편보다 먼저 가고 싶다. 인생의 많은 시간을 외로움으로 허비했기 때문에 얼마 남지 않은 삶의 마지막 순간까지는 가족에, 세상에 연결되고 싶은 것이다. 어쩌면 가장 가까운 사람들에게서 버려졌다는 상처 때문에 가족이라는 틀 안에서 눈을 감고 싶은 마음이 그토록 간절한지도 모르겠다.
 할머니의 그런 무의식이 '줄'에 대한 집착을 낳은 건 아닐까. 주름진 목과 굽은 허리춤에 연결된 줄, 힘없는 팔다리를 일으켜 세워주는 줄, 집 안 곳곳의 소소한 일상에까지 연결되어 있는 줄은 눈에 보이지 않는 할머니의 두려움과 걱정을 잠재우는 상징적인 장치다. 아무리 작은 것이라도 줄에만 매달아두면 안심할 수 있듯이 당신의 인생도 누군가에게서 떨어져 나가지 않게 묶어두고 싶은 것이다. 긴 줄에 연결된 열쇠 목걸이를 하고 서 인터뷰 내내 몇 번이나 '영감 앞에 죽어야 한다'를 주문처럼 되뇌시던 할머니, 세상과 하직하는 순간만이라도 홀로이고 싶지 않은 그의 마음에 코끝이 시큰했다. 그것이 곧 사람에 대한 간절함이라는 걸 묻지 않아도 알 수 있었다.

2장

길 위의 정류장 가게

정류장 옆 구멍가게

—   나주 영산포에서 818번 도로를 타고 봉황면으로 접어들면 아담한 2차로 변에 '담배' 표지판을 따라 전형적인 시골 구멍가게 하나가 눈에 들어온다. 대개가 그렇듯 이 가게도 간판은 없지만 마을 이름을 따서 〈와룡수퍼〉로 불린다. 가게를 기점으로 길은 양 갈래로 나뉘는데 하나는 〈와룡수퍼〉가 속한 와룡마을로, 다른 하나는 작은 서너 마을이 옹기종기 이웃해 있는 인근 마을로 이어진다. 그러니까 〈와룡수퍼〉는 행정구역상으로는 와룡마을에 속하지만 주변의 다른 동네와도 맞닿아 있어서 이 지역의 분기점 노릇을 하는 형국이다. 거기에서 채 백 미터도 안 되는 거

리에 가게만큼이나 호젓한 버스정류장이 있으니, 〈와룡수퍼〉는 어느 모로 보나 마을 입구에 자리한 '동네 앞 구멍가게'인 셈이다.

〈와룡수퍼〉에서 보듯 마을 밖으로 나가는 큰길과 마을 안으로 이어지는 작은 길이 만나는 지점인 마을 입구는 구멍가게의 단골 자리 중 하나다. 동네마다 차이가 있긴 하지만 이런 곳에 위치한 가게는 주민들이 모여 사는 주거구역과 떨어져서 큰길 가까이에 있는 경우가 많다. 마을가게지만 마을의 중심에서 벗어난 모양새인 것이다. 그래서 '동네 앞 구멍가게'는 마을 안에 속하는 동시에 마을 밖에 속하기도 하며, 반대로 그 어느 쪽에도 속하지 않는 어정쩡한 경계인으로 비춰지기도 한다.

달리는 차 안에서 〈와룡수퍼〉를 쉽게 발견한 것은, 오가는 차량이 별로 없는 대로변에 눈길을 사로잡는 정류장, 그곳에 인접해 오롯이 놓여 있는 가게였기 때문이다. 이런 가게는 큰길과 맞닿아서 외지인들 눈에도 잘 띄어 스쳐 가는 일회성 손님을 끌어들일 수 있는 데다 버스정류장 효과도 톡톡하다.

매끈하게 포장된 직선도로가 발달하고 대중교통의 필요성이 증대되면서 이제는 웬만한 시골 마을까지 버스가 누비고 다닌다. 그러면서 유동인구가 보장되어 자연스레 고정소비자가 확보되기 때문에 정류장이 있는 곳이면 가게가 빠질 리 없다. 버스정류장은 새로 가게를 불러들이는 요소이기도 하지만 하루가 다르게 무너져가고 있는 구멍가게를 유지시키는 힘이기도 하다.

이렇듯 길과 길이 교차하는 지점에 위치한 가게는 일회성 고객은 물론 지속성이 담보된 단골손님을 유치할 수 있는 최적의 조건을 갖는다. 소위 교통의 요충지라 할 수 있는 삼거리나 사거리에 구멍가게가 많은 것은 그

큰 도로와 마을로 이어지는 길이 교차하는 지점에 위치한 구멍가게.

때문일 것이다. 포털사이트 지도를 검색해보면 지금도 전국적으로 상호
에 '삼거리'가 붙은 가게가 백 곳이 넘을 정도니 '삼거리 가게'는 입지적 특
수성을 내세운 구멍가게의 전형 중 하나임에 틀림없다.

 공공연하게 '정류소'를 표방하고 있거나 과거에 그랬던 가게도 같은 맥
락으로 볼 수 있다. 기능적 측면 이외에 가게의 위치적 특성을 명백히 담
고 있는 것이다. 공식적인 행정명이 따로 있는데도 마을사람들이 정류장
근처에 자리한 가게를 '○○정류장 가게'라는 별칭으로 부르곤 하는 이유
도 마찬가지다. 밋밋한 상호보다는 위치적 특수성을 부각해서 말할 때 그

가게가 훨씬 정확하게 연상되기 때문일 것이다. 이런 가게에는 이름 못지 않게 정류장 옆 가게라야 경험할 수 있는 재미있는 일상의 장면들이 있어서 특별함을 더한다.

코리안타임 버스

—   지난했던 겨울도 막바지에 다다를 무렵, 뼛속까지 파고드는 냉랭한 바람을 피해 〈와룡수퍼〉에 들어앉아 주인아주머니와 한참 이야기를 나누고 있을 때였다.

아이, 버스 몇 시에 있어?

동네 아주머니가 가게 문을 밀어젖히고 빼꼼히 얼굴만 들이밀더니 대뜸 하는 말이다.

- 으디 갈라고?
- 나주.
- 두 시 반에 있는디.
- 두 시 반에?

시계를 보니 아직 두 시가 안 됐다. 버스시간을 확인한 아주머니가 이내 정류장으로 향하는가 싶더니 잠시 후에 다시 돌아오신다. 버스가 도착하려면 삼십 분도 더 남았는데 오슬오슬한 추위와 맞닥뜨리며 밖에서 기다리기가 영 고생스러웠던 모양이다. 마침 가게 안에는 동네 아저씨 서너 명이 주거니 받거니 술잔을 나누고 있었다. 익히 알고 지내는 사이인 듯 아주머니는 술판에 끼어 앉아 볼멘소리로 버스 기다리다가 허탕 친 이야기를 꺼내놓는다.

한 시 사십 분에 있드만. 아까부터 기달렸는디.

〈와룡수퍼〉에서 엎어지면 코 닿을 거리에 버스정류장이 하나 있다. 이 정류장에는 한 시간에 한 대씩 버스가 정차한다. 그래서 까딱하다가 놓치면 족히 한 시간을 기다려야 다음 차를 기약할 수 있다. 이런 불상사를 미연에 방지하려고 일찌감치 정류장에 나와 있었건만 어찌 된 일인지 올 시간이 훌쩍 지나도 버스는 보이지 않았다. 시골 버스야 시간을 안 지키는 일이 다반사니 오늘도 그런가 싶어 이해하려고 했지만 살짝 약이 오르는 것은 어쩔 수 없는 모양이다.

그렇게 상한 속을 털어놓으며 몸을 녹이다 보니 스르르 화가 풀리는지 아주머니 목소리에 금세 생기가 돌았다. 시간 여유도 생겼겠다, 차 시간 체크해줄 사람도 여럿이겠다, 기분이 한결 나아진 아주머니는 왁자지껄 오가는 이야기판에 정신이 쏙 빨려 들어가고 있었다. 그런데 한창 깔깔대며 웃고 있는 순간, 검은 그림자 하나가 가게 앞으로 쏜살같이 지나가는 것이다. 가게 문을 마주하고 있던 아저씨가 눈이 동그래져서는 "버스, 버스!" 다급하게 소리치며 밖을 가리킨다. 놀란 아주머니가 황급히 뛰쳐나가 있는 힘껏 달음질쳤지만 이미 지나간 버스는 매정하게 뒤도 돌아보지 않았다. 엉겁결에 차를 놓쳐버린 아주머니는 정류장을 떠나지 못하고 한동안 망연자실해 있었다. 보다 못한 〈와룡수퍼〉 아주머니가 한마디 하신다.

요로고 차가 시간을 안 지킨당께. 한 시 반이면 오는데 어떨 때는 한 시 십오 분에 와부러. 근데 오늘은 또 이렇게 늦게 가부러. 가부린 줄 알았드니 이제 가는구만. 이러고 시간을 안 지켜.

그나마 지금은 상황이 많이 나아졌지만 시골 버스의 유연한 운행은 비단 어제오늘 일만이 아닌 듯하다. 1975년 경남 양산군에 사는 한 독자가 신문사에 보내온 기고문에서 그 상황을 짐작할 수 있다.

시골 어느 곳에서나 있을 수 있는 일인지 모르지만 … 지방도로 정기 노선버스의 악질적인 고질 하나는 배차시간의 완전무시이다. … 하루에도 몇 번씩 빼먹는 배차 때문에 중간에서 승차하는 손님들은 아예 버스시간이란 건 생각도 않고 무작정 기다리다가 버스가 나타나면 타는 것이다. … 운이 없으면 한 시간 내지 두 시간, 또는 그 이상 기다릴 때도 있는데 … 이런 코리안타임 버스를 타다 보면 다음 약속은 완전히 무작정 약속이 된다.[1]

와룡마을 버스알리미

—　　　비운의 아주머니가 처음 〈와룡수퍼〉의 문을 밀어젖힌 것은 순전히 버스시간 때문이었다. 정류장에서 버스를 기다리다가 들어오신 걸 보면 집을 나설 때부터 이미 차 시간을 알고 있었던 듯하다. 그런데 제 시간이 되어도 도통 버스가 보이지 않으니 혹시나 싶어 확인해볼 필요가 있었던 것이다.

마을 입구, 정류장 근처에 자리한 〈와룡수퍼〉는 위치적 특수성 때문에 오래전부터 도맡아 해오고 있는 특별한 역할이 있었다. 버스시간 안내가 바로 그것이다. 최근 스마트폰으로 제공하는 생활편의 서비스가 급증하면서 정류장별로 버스 도착 시간을 알려주는 일명 '버스알리미' 앱ⁿⁿ이 널리 활용되고 있다. 그런 맥락에서 보면 구멍가게 주인은 '인간 버스알리미'라고나 할까.

정확한 버스 운행시간을 알려주려면 반드시 갖추어야 할 것이 있다. 다름 아닌 버스시간표다. 정류장을 코앞에 두고 있는 〈와룡수퍼〉에도 예외 없이 버스시간표가 있다. 가게 안쪽의 과자 진열대와 음료수 냉장고 사이에 빳빳하게 코팅된 종이 한 장이 대롱대롱 매달려 있는데, '봉황버스운행시간표'라는 제목 아래 행선지별로 운행시간을 정리해놓았다.

버스시간표는 가게마다 조금씩 다르다. 〈와룡수퍼〉처럼 관공서나 버스회사에서 일괄 배포한 것을 가져다가 붙인 곳이 있는가 하면, 마을주민들이 자주 이용하는 노선만 별도로 정리해서 붙인 가게도 있다. 후자의 경우 주인이 손으로 직접 써서 시간표를 만드는데, 그 엉성한 손글씨에 이웃에 대한 배려와 친절이 뚝뚝 묻어나 있는 것 같아서 정겹다. 영광의 〈현

와룡수퍼에 걸려 있는 버스시간표.

순상회〉가 그랬다. 〈현순상회〉에는 가게에 딸린 살림방 안에 버스시간표가 붙어 있고 그 바로 아래 전화기가 놓여 있다. 전화로 차 시간을 물어오는 사람들이 많기 때문이다. 하루에도 여러 차례 걸려오는 전화 때문에 주인아주머니는 일부러 외우려고 한 것이 아닌데도 군내는 물론 시외로 나가는 버스시간까지 줄줄 외우게 되었다고 한다.

그렇게 와서 어디 전화번호 가르쳐주라고 하고 어디 차 시간 물어보러도 오고. 대부분 동네가 다 와요 나한테. 차 몇 시에 있냐고. 인자는 머리로 다 외웠어요. 시간을 안 봐도.

가게 밖에 버스시간표가 붙어 있는 경우도 많다. 이렇게 하면 굳이 가게 안으로 들어오지 않아도 버스시간을 쉽게 확인할 수 있어서 마을을 스쳐가는 외지인이나 한시가 촉박한 사람들에게 여러모로 유용하다. 그렇더라도 한동네 사람이라면 차 시간만 체크하고 돌아서는 경우는 거의 없다. 안팎이 훤히 보이는 유리문 너머로 가볍게 눈인사를 하거나 절반쯤 문을 열고 고개만 들이민 채 안부라도 묻는 것이 기본이다.

그런데 이렇게 공표된 버스시간표보다 더 중요한 정보가 구멍가게에

방 안에 붙여놓은 현순상회의 버스시간표(왼쪽)와 문밖에 붙여놓은 대추리수퍼의 버스시간표(오른쪽).

있다. 〈와룡수퍼〉에서 보았듯이 버스회사에서 제아무리 꼼꼼하게 운행시간을 설계한다 해도 실제로 버스를 운행하다 보면 예기치 못한 상황이 발생할 수밖에 없다. 도로와 교통 사정에 따라 시간이 앞당겨질 수도, 지연될 수도 있고 노약자 승객을 상대할 때면 마음마저 조심스러워 차문을 열고 닫는 일도 덩달아 느려져야 한다. 그뿐인가, 찰나의 순간에 차를 놓칠세라 뛰어오는 사람이라도 있으면 인정상 잠시 멈췄다가 태울 수도 있는 일이다.[2] 이처럼 예측할 수 없는 상황적인 요인들이 버스 운행에 영향을 미치기 때문에 한 치의 오차도 없이 시간표를 지키기는 어렵다.

　어이없이 버스를 놓친 와룡마을 아주머니도 숱한 경험을 통해 그렇게 들쑥날쑥한 차 시간을 이미 알고 있었다. 그래서 일찌감치 나와 있었던 것인데 막상 올 시간이 한참 지나도 행방이 묘연하니 의심스러운 마음에 옆에 있는 구멍가게에 들른 것이다. 정류장 상황에 관한 한 이 가게만큼 시원스러운 답을 줄 만한 곳이 없기 때문이다. 정류장이 지척에 있어서 시시각각 버스가 지나가는 모습을 볼 수 있으니 여기에서라야 한 시 반 버스가 이미 지나갔는지, 아직 도착하지 않았는지 생생한 현장을 파악할 수 있는 것이다.

버스시간에 대한 답답함은 교통량이 많고 도로가 혼잡한 도시에서도 예외는 아니다. 하지만 날이 갈수록 업그레이드되는 버스알리미 앱은 이 문제를 시원스레 해결해주고 있다. 스마트폰만 있으면 집 안에서도 내가 이용할 버스가 어디쯤 오고 있으며 몇 분 뒤에 도착할지 쉽게 알 수 있다. 그뿐만 아니라 정류장마다 운행 상황판을 설치해 실시간 정보를 제공하고 있어서 웬만하면 차를 놓칠 일은 없을 성싶다.

첨단기술의 혜택마저 더딘 시골 마을에서는 나름의 아날로그 방식으로 구멍가게가 그 역할을 대신하고 있다. 하지만 정류장 상황을 훤히 꿰고 있는 가게라 해도 마음먹고 일일이 체크하지 않는 이상 잠시 한눈팔다 보면 구멍이 생길 수밖에 없다. 얼떨결에 차를 놓치고 망부석처럼 서 있던 아주머니와 딱하게 그 모습을 지켜보던 가게 주인 사이에서 덩달아 안타까움 반, 왠지 모를 웃음 반이 새어 나왔다. 때로 불편하고 부정확하지만 그렇게 서툰 체온이 남아 있는 구멍가게는 적어도 이 마을에선 그들만의 믿음직한 버스알리미다.

옥찬수퍼 동광고속정류소

——   담양군 금성면을 지나는 24번 지방도로를 달리다 보면 우체국과 면사무소, 보건소로 이어지는 석현길과 24번 도로가 만나는 지점이

있다. 여기에 세 갈래 길이 있는데 하나는 석현마을로, 다른 하나는 면 소재지로, 마지막 하나는 담양과 광주를 연결하는 29번 도로와 이어져 남으로는 광주, 북으로는 순창에 가 닿는다. 이곳은 면 소재지인 데다 시외로 드나드는 길목이라 어느 모로 보나 교통의 요지라 할 만하다. 이 삼거리 중심에 버스정류장이 있는데 그 부근에 특이한 간판을 올린 가게가 하나 있다. 이름하여 〈옥찬수퍼 동광고속정류소〉다. 수퍼면 수퍼지 고속정류소는 또 뭔가? 간판이 걸린 가게도 드문 데다 상호에서 풍기는 묘한 호기심에 이끌려 들어갔더니 얼핏 보기엔 여느 구멍가게와 별반 다를 것이 없어 보였다.

그런데 이곳에 들락거리는 사람들 때문에 〈옥찬수퍼〉만의 남다른 면모를 발견할 수 있었다. 우리 뒤를 바짝 따라 들어오신 어르신이 대뜸 던진 한마디는 광주 사는 아들네 다니러 간다는 말이었다. 그러자 주인할머니가 계산대 서랍을 열고 조그마한 종이 한 장을 꺼내시더니 검은색 사인펜으로 몇 글자 적어서 어르신께 건넨다.

서랍 안에는 길쭉한 종이 묶음이 여러 개 있는데 '승차권'이라는 글자와 함께 빨간색으로 일련번호가 인쇄되어 있었다. 또 그 아래 '금성 → '이라고 찍혀 있다. 출발지는 정확히 '금성'이라고 적혀 있는데 도착지 부분은 무슨 영문인지 공란이다. 또 종이의 3분의 2 지점에 점선이 그어져 있다. 도대체 어떻게 사용하는 승차권일까? 서랍 안을 다시 살펴보니 이미 사용한 듯 보이는 한 뭉치가 있다. 점선을 따라 종이를 잘라서 하나는 손님에게 주고 나머지는 가게에서 보관하는 것이다. 공란에 손글씨가 쓰여 있는 것을 보면 가게 주인이 직접 도착지를 기입하고 버스요금 역시 손으로 쓰거나 준비된 도장을 찍어주는 듯하다. 의문의 종이는 절반은 수제로 만

'정류소' 간판을 붙인 옥찬수퍼
와 버스표.

들어지는 이 지역의 버스표였다.

〈옥찬수퍼〉의 서랍 속 버스표를 보니 어릴 적 엄마 지갑 속에서 딸랑거
리던 동그란 토큰과 동네 앞 가게 한쪽을 장식하던 회수권 판매처가 생각
난다. 어릴 적 우리 동네 버스정류장에는 〈미니슈퍼〉라고 간판을 써 붙인
자그마한 가게가 있었다. 동네로 들어가는 골목과 육차선 도로가 만나는
지점에 있어서 정류장 부근에는 늘 사람이 북적였는데 그 때문에 가게에
도 손님이 끊이지 않았다. 동전을 바꾸려고 껌이나 사탕을 사는 학생들,

곁눈질로 가판대에 꽂혀 있는 신문을 훑어보며 버스를 기다리는 아저씨들, 차 타기 전에 미리미리 버스표를 구입하는 아주머니들. 우리도 그랬다. 〈미니슈퍼〉를 이용한 가장 큰 이유는 버스표 때문이었다. 토큰과 회수권은 생활필수품이나 다름없어서 버스가 존재하는 한 영원할 줄 알았다. 그런데 1990년대, 카드 시대가 개막되면서 토큰제가 시행된 지 불과 이십 년 만에 버스표도 완전히 세대교체가 되었다. 지금은 사라져버린 시내버스 승차권, 그것은 어떻게 시작되었을까?

사라진 버스표와 간판

—   우리나라에서는 1928년에 시내버스가 처음 등장했다. 당시 경성부가 부영府營버스를 직영하게 되면서 시내버스를 운행하기 시작했는데, 초기 버스는 지금과 같은 대형버스가 아니라 남색의 12인승 승합차였다고 한다. 버스의 시작과 더불어 승차권도 발행되었으니 버스표의 역사도 짧지는 않은 것 같다.

시내버스 운행과 동시에 발행된 승차권은 1930년 이후 줄곧 승차권 위조와 연관되어 신문 지상에 오르내린다.[3] 사회문제와 맞물리면서 버스 승차권의 역사는 승차권 제도 개선의 역사라고 할 만큼 시대를 거듭해 바뀌고 또 바뀐다. 그중에서도 여러 장을 한 묶음으로 파는 회수권의 부침이 요란했다. 버스 회수권 제도는 일제강점기에도 있었지만,[4] 해방 이후에는 1954년 11월 15일에 처음 실시되었다.[5] 하지만 이때도 여지없이 위조 범죄와 부정 매표 행위가 끊이지 않았다.[6] 요금 인상 시기에 특히 문

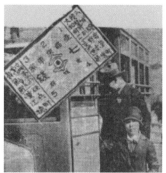

우리나라의 첫 시내버스(왼쪽,《조선일보》1928년 4월 19일자)와 승차권(오른쪽,《조선일보》1928년 4월 22일자).

제가 많았다. 버스요금이 인상되어도 학생권에 관한 한 동결하곤 했는데 암매상들은 이 점을 이용해 저렴한 학생권에 웃돈을 얹어서 음성거래를 하는 경우가 많았다. 또 요금 인상 이전에 이미 구입한 회수권은 통용하게 했기 때문에 새 회수권이 발행되기 전까지 위조표가 집중적으로 나돌아 골치가 아팠다. 때문에 현금과 회수권을 함께 사용할 수 있게 하다가 1966년 8월부터 시내버스 요금을 현금으로 받지 않고 회수권으로만 받는 제도를 처음으로 시행한다.[7] 하지만 성과가 별로 좋지 않아서 이내 다시 병용하는 방침으로 돌아갔다.

이렇게 우왕좌왕하는 사이 회수권 위조 범죄가 끊이지 않고, 현금 일부가 없어지는 사건까지 자주 발생해 애꿎은 버스 안내양이 '삥땅'범으로 몰려 곤혹을 치르는 등 문제가 심각해졌다. 그래서 1977년에는 위조를 방지하고자 토큰을 도입한다.

토큰은 초기에 '토우컨', '버스쇠표'라고도 불렸는데 오십 원짜리 동전 크기에 가운데 구멍이 뚫려 있는 모양이다. 토큰제 시행에 따라 토큰을 판매하는 장소도 필요했다. 처음에는 버스를 이용하는 승객의 편의를 고려해 주로 버스정류장 근처의 담배가게와 문구점, 약국 등 1400여 곳에서 판매하도록 했다.[8] 하지만 매표 수수료가 낮아서 판매소 역할을 자처하는 곳이 많지 않았다. 버스 이용객에 비해 판매소가 턱없이 부족해 불편하다는 목소리가 커지자 한때 토큰 자동판매기가 등장하기도 했지만 마지막까지 버스표 판매를 담당한 것은 역시나 정류장 앞 구멍가게나 가판대 매점 등이었다.

토큰은 학생용과 일반용 두 가지가 있었고 각각 은색과 금색으로 제작했는데 요금 인상을 겪으면서 백동색과 황동색으로 변모했다. 하지만 연령별로 색깔을 달리해 쉽게 구별할 수 있게 한 것이 무색하게, 저렴한 가격 때문에 일반인들까지 학생용 토큰 수요에 가세했다. 학생용은 가판대에 나오기 무섭게 동이 나기 일쑤여서 정작 학생들조차도 학생용 토큰을 구하기 어려웠다.[9]

이런 상황을 틈타 학생용 토큰을 사재기해서 웃돈을 받고 파는 행위까지 발생하자[10] 1979년에는 학생용 토큰을 없애고 대신 회수권을 사용하게 했다.[11] 회수권은 열 장을 한 묶음으로 판매했는데, 낱장마다 점선으로 표시된 절취선이 있었다. 이것을 교묘하게 열한 장으로 잘라서 사용하는 아이들도 있었으니 나이와 상관없이 잔머리를 굴리는 일은 매한가지였던 모양이다.

토큰과 회수권은 현금처럼 사용할 수도 있었다. 학교 앞 문방구나 가게에서 현금 대신 회수권으로 빵이나 과자 등을 사 먹을 수 있었고 갖가지 얄궂은 뽑기도 가능했다. 만홧가게에서도 토큰을 내고 만화책을 볼 수 있었다. 동네 구멍가게에서도 사정은 다르지 않아서 물건을 구매하고 돈이

1977년 서울시에서 도입한 토큰과 1979년 서울시에서 발행한 학생용 회수권.

부족하면 토큰으로 대신 받기도 했다.[12] 그러니 당시 버스표는 제2의 현금이었던 셈이다.

그렇게 소시민의 일상과 함께하던 토큰과 회수권은 1996년 IC칩이 내장된 교통카드 도입으로 사용률이 급격히 낮아지더니 1999년 10월, 추억의 뒤편으로 완전히 사라졌다. 그와 동시에 승차권을 둘러싸고 말도 많고 탈도 많았던 위조나 절도 등의 사회문제도 더는 신문기사에서 찾아보기 어려워졌다.

수시로 바뀌는 도시의 승차권 제도와 달리 시골에서는 예나 지금이나 조금은 클래식한 종이 버스표가 통용된다. 예전에는 군내를 도는 완행버스나 시외로 가는 직행버스 모두 버스표를 구입해야 승차할 수 있었지만, 지금은 군내 버스표는 사라지고 직행버스표만 취급하는 경우가 많다고 한다. 〈옥찬수퍼〉 외에도 정류장 근처 가게에서 버스표를 취급하는 일은 얼마 전까지만 해도 계속되었던 것 같고 여전히 진행 중이기도 하다. 장성 백양사 인근에 있는 〈백양슈퍼편의점〉에는 지금도 버스표를 찾는 사

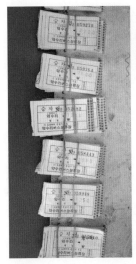

백양슈퍼편의점에서 취급하는 버스표(왼쪽)와 버스표 취급 문구(오른쪽).

람들이 적지 않다. 가게 문에 대놓고 '직행 완행 매표소'라는 문구가 붙어
있을 정도다.

그러고 보면 담양의 〈옥찬수퍼〉는 간판에 적힌 그대로 정류장 가게의
역할을 톡톡히 하고 있다. 어릴 적 우리가 정류장 앞 슈퍼에서 회수권을
샀듯이, 예전부터 버스표는 정류장 가까이에 위치한 가게에서 주로 취급
했다. 버스회사에서 정류장 인근의 가게에 버스표 판매를 위탁하면 한 장
팔 때마다 얼마씩의 이익이 가게 몫으로 떨어진다.

정류장이라고 하면 승객을 태우거나 내려주기 위해 버스가 정차하는
특정 기능을 가진 장소인데, 가게 앞이 바로 버스정류장이어서 〈옥찬수
퍼〉처럼 버스회사를 대신해 승차권 판매를 전담할 경우 이렇게 대놓고
'정류소' 간판을 전면에 내걸었던 것 같다. 여수의 〈명수점방〉도 그랬다.

가게 자리가 면 소재지에 있으면서 마을의 중앙이기도 해서 본래 이름은 〈중앙상회〉였다. 그런데 가게 앞에 버스정류장이 있어서 버스표 판매처를 겸하는 바람에 한때 〈동방여객정류소〉, 〈광주여객화양정류소〉라는 간판을 내걸었다고 한다.

이 가게는 착하고 인심 좋은 주인할아버지 때문에 화양면 사람들이 죄다 찾아올 정도로 장사가 잘됐는데, 정류장과 인접하기까지 해서 가게 안팎은 늘 손님들로 들끓었다. 정류소 간판을 붙이고 장사하던 시절, 〈명수점방〉의 역할은 버스표를 판매하는 일이 다가 아니었다. 당시 중학생이었던 〈명수점방〉 딸은 돌아가신 아버지를 떠올리며 그 시절의 진풍경을 다음과 같이 기억한다.

우리 아부지는 차가 꽉 차잖아요. 그러믄 사람들이 막, 할머니들이 서서 가요. 그며는 그 버스가 꽉 찼는데도 뒤에 가서 한 명 한 명을 다 앉혀요. 할머니들 누구든 앉아서 가게끔 그렇게 배려를 해요. 차장들이 못 하는 일을 아부지가 다 하고 다녔어.

버스표 취급은 기본이고 이렇게 승객들의 안전까지 꼼꼼히 챙기는 것도 가게의 몫이었다. 물론 누가 시켜서 하는 일이 아니고 마땅히 해야 할 의무도 아니었다. 이웃에 대한 배려에서 자발적으로 우러난 따뜻한 마음이었다.

담양의 〈옥찬수퍼〉는 여전히 정류장 역할을 톡톡히 하고 있으니 〈옥찬수퍼〉가 〈동광고속정류소〉 간판을 내거는 것이 전혀 이상하지 않다. 반면 〈명수점방〉은 전성기를 지나 승차권 판매를 그만두면서 정류소 간판을

명수점방의 정류장 가게 시절 간판.

뗀 지 오래다. 이제는 간판의 글자조차 알아볼 수 없을 만큼 희미해졌지만, 여전히 가게 앞 정류장은 남아 있어서 하루에도 여러 차례 버스가 정차하고, 〈명수점방〉은 오가는 사람들이 한 번씩 들렀다 가는 정류장 가게의 명맥을 유지하고 있다.

그냥 갈 수 없잖아

—   대다수 정류장 가게에서 버스표가 사라졌지만, 지금도 정류장을 이용할라치면 인근 구멍가게에 잠시 머물다 가는 사람들이 끊이지 않는다. 버스시간을 알아보러 가든 버스를 타러 가든, 일단 가게에 들어가면 버스가 달려오는 모습이 보일 때까지 앉아 있는 게 일이다. 그래서 차

시간이 가까워질수록 가게 안은 사람으로 하나둘 채워진다. 장성의 〈아곡상회〉도 그랬다.

가을비가 추적추적 내리는 시월 중순, 〈아곡상회〉에도 농익은 가을이 내려앉고 있었다. 이제 막 추수를 끝낸 들판을 배경 삼아 직선도로가 시원스레 뻗은 홍길동로를 달리다 보면 도로변에 동그마니 〈아곡상회〉가 있다. 그 가게에서 길 건너 왼쪽으로 몇 걸음 가면 또 그만큼 호젓하게 버스정류장이 자리한다. 그날은 싸늘하게 비까지 오는 데다 이른 시간에 가게를 찾은 탓인지 손님이 통 보이지 않았다. 며칠 후에 있을 선거 때문에 요란한 유세 차량만 이따금 가게 앞을 지나갈 뿐이었다. 얼마쯤 시간이 흘렀을까, 오랜 정적을 깨고 가게 문이 열렸다. 단정한 외출복 차림의 은발 할아버지가 들어오시자 주인아주머니는 대번에 행선지를 눈치채신다.

광주병원 가시게요?

그러고는 자연스레 커피자판기 버튼을 누르신다. 차 시간이 제법 남았는지 어르신은 갓 뽑아낸 따끈한 커피 한 잔을 손에 들고 담뱃불까지 붙이신다. 잠시 후 또다시 문이 열리더니 빗물이 뚝뚝 떨어지는 우산을 접어 들고 아주머니가 들어오신다.

장에 가셔?

또 한마디, 짧은 물음으로 인사를 대신하며 주인아주머니가 등받이 없는 파란 플라스틱 의자를 문 앞에 놓아주신다. 때마침 그날은 황룡 오일장이 열리는 날이었다. 장에 갈 채비를 단단히 하고 나선 발걸음들이 연이어 가게로 향했다. 인적 없던 가게는 삽시간에 버스를 기다리는 사람들로 북적였다. 하다못해 껌이라도 한 통 사지 않으면 눈치가 보일 만도 한데 가게 주인도, 잠시 머무는 객들도 애당초 그런 생각은 없는 것 같다. 그저 문 앞에 놓인 간이 의자에 걸터앉아 정류장에 시선을 고정한 채 선거는 잘생긴 사람을 찍어야 한다는 둥, 능력이 있어야 한다는 둥 소소한 일상의 관심사를 주고받을 뿐이다.

달달한 커피 한 모금 마시거나 매캐한 담배 한 대 태우며 익숙한 얼굴들과의 가벼운 수다 속에 곧 도착할 버스를 기다리는 곳. 마을사람들에게 정류장 앞 구멍가게는 바로 그런 곳이다. 그러고 보니 규모는 비교할 바 없지만 영락없이 고속터미널이나 기차역의 대합실 풍경이다.

그렇더라도 구멍가게가 도심의 대합실과 다른 점이 하나 있다. 보통의 대합실이 버스나 기차를 타기 위해 잠시 머무는 장소라면, 구멍가게는 탈 때는 물론 차에서 내려서도 어김없이 들렀다 가는 곳이다. 보성의 〈남양상회〉가 그랬다. 가게 앞 남양대로에는 살아온 세월을 말해주듯 밑동 굵은 나무들이 원 없이 초록터널을 이루고 있었다. 그 길 한편, 마을 어귀에 〈남양상회〉가 자리하고 가게 건너편에는 비를 피할 지붕도, 잠시 앉을 벤치도 있는 최신식 버스정류장이 있다. 여느 마을 앞 정류장 가게처럼 위치가 그렇다 보니 차를 타러 나올 때도, 차에서 내려 마을로 들어갈 때도 〈남양상회〉를 거치지 않을 수 없는 형국이다.

그날 우리는 가게 앞 평상에 걸터앉아 맞은편 버스정류장을 바라보며 주인할머니와 두런두런 이야기를 나누고 있었다. 잘 닦인 도로가 아까울 정도로 지나가는 자동차가 거의 없는데 때마침 반가운 버스 한 대가 터덜터덜 들어온다. 잠시 버스가 정차하고 떠난 자리에는 읍내라도 다녀오시는지 분홍색 블라우스를 곱게 차려입은 할머니가 주위를 살피며 조심조심 길을 건너고 계셨다. 할머니는 그냥 지나치기가 영 서운했는지 가게 앞에서 발걸음을 멈추었다. 수십 년 넘게 한마을에서 살아온 터라 속사정을 훤히 알아서 특별히 할 얘기가 있는 것도 아니다. 그저 잠시 앉아 눈도장을 찍는 것이 전부다.

장에 갔다 돌아올 때면 정류장 앞 구멍가게는 더없이 반가운 쉼터가 된다. 장터에서부터 사 들고 온 물건을 바리바리 챙겨서 내리고 나면 한숨 돌려 쉬어갈 곳이 아쉽다. 그럴 때 주저 없이 걸터앉아 물 한 모금 얻어 마시면 몸도 마음도 한결 가벼워진다고 한다. 과연 그 말처럼 〈남양상회〉를 휴식 삼아 피곤한 다리를 잠시 놀렸다가 집으로 향하는 할머니의 걸음이 가뿐해 보였다.

이렇듯 정류장 앞 가게는 마을사람들이 동네를 들고 나는 길에 잠시 들렀다 가는 참새방앗간 같은 곳이다. 버젓이 벤치를 갖춘 정류장이 있어도 그곳은 승하차 지점으로만 이용될 뿐, 정작 중요한 일은 인근 가게에서 이루어진다. 〈남양상회〉도 한때는 버스표를 판매했다고 하니 그 시절에는 더더욱 이 가게를 그냥 지나칠 수 없었을 것이다. 버스표를 살 필요가 없어졌어도 그냥 갈 수 없는 곳이 또 여기다. 〈아곡상회〉에서 보았듯 버스가 도착하기 전까지 잠깐 주어진 여유를 마음 편하게 누릴 만한 장소로 가게만 한 데가 없기 때문이다.

이처럼 차를 탈 때나 내릴 때나 그냥 지나치는 법이 없으니 정류장 앞 가게는 하루짜리 짧은 여정의 시작과 끝이라 해도 과언이 아닐 것이다.

버스에서 막 내려 남양상회에 들르신 동네 할머니.

그래서 구멍가게도 이때만큼은 소매점으로서의 가게보다 일상 속 작은
여행을 함께하는 간이휴게소의 역할이 크다.

내가 우리 아저씨 부를 때는 박씨아저씨야

—   하루에도 서너 번씩 마을사람들의 대합실이 되는 곳, 〈아곡
상회〉에는 주인아주머니와 떼려야 뗄 수 없는 짝꿍이 있다.

내가 우리 아저씨 부를 때는 박씨아저씨야, 박씨아저씨.

남편 이야기를 꺼내며 아주머니는 멋쩍은 웃음을 지어보였다. 삼십오 년간 부부로 살아오면서 한 번도 여보 당신이니, 누구 아빠니 다정하게 남편을 불러본 적이 없단다. 남이 보든 안 보든 그저 '박씨아저씨'라고 부른다. 사정 모르는 사람이 들으면 그냥 알고 지내는 남이겠거니 생각할 만한 호칭이다. 동네사람들이 별나게 여겨도 그게 편하고 좋단다. 도대체 어떤 사연이 있기에 아주머니는 그렇듯 한 걸음 떨어진 자리에서 남편을 바라보게 된 걸까?

처음 〈아곡상회〉를 찾았을 때 아주머니의 말투가 참으로 인상적이었다. 분명 전라도 사투리인데 경상도 억양이 심심치 않게 묻어났기 때문이다. 아주머니는 대구 출신이었다. 중매로 남편을 소개받아 딱 한 번 만나보고 결혼을 결정했다. 당시 아저씨는 얼굴이 약간 부스스하고 어깨가 구부정한 것을 제외하면 별달리 거슬리는 점이 없었다. 그러나 훗날 그것이 어떤 엄청난 고통을 몰고 올지 순진한 열아홉 대구 처녀는 전혀 알지 못했다. 남편은 신경통 약을 달고 살았다. 총각 때부터 관절이 좋지 않아서 약을 먹기 시작했다는데 희멀건 얼굴도, 구부정한 어깨도 모두가 그 때문이었다. 얼마나 약에 의지하고 살았던지 큰아이를 낳은 지 반년 만에 남편은 약 중독으로 온몸이 퉁퉁 부어서 병원에 입원까지 해야 했다. 그 후로 급격하게 건강이 악화되더니 결국에는 방 안에 틀어박혀 생활하는 신세가 되고 말았다.

가족의 생계를 꾸리는 것은 당연히 아주머니 몫이 되었다. 거동이 불편한 남편과 함께할 수 있는 일로는 가게가 딱이었다. 그나마 가게 보는 정도는 맡길 수 있어서 남편에게 잠시 가게를 부탁하고 일하러 다닐 수 있었기 때문이다. 그래서 다 쓰러져가는 막걸리 주막을 인수해서 〈아곡상회〉를 열었다. 하지만 조그만 구멍가게만으로는 아이 셋을 키우며 생활하기에 여간 부족한 게 아니었다. 아주머니는 몸이 열 개라도 모자랄 만큼 바쁘게 움직여야 했다. 가게에 손님이 뜸할 시간이면 틈틈이 농사를 지으러 다녔고, 한 푼 두 푼 모은 돈으로 소도 사서 키웠다. 그때부터 시작된 축사와의 인연은 삼십 년이 지난 지금까지 계속되고 있다. 송아지를 잘 키워 팔면 큰돈이 되어서 자식들 대학 보내고 결혼 시키는 데 커다란 보탬이 되었으니 그만한 효자도 없다고 한다. 하지만 그러기까지 아주머니가 감당해야 할 노동은 말처럼 쉽지 않았다. 언젠가 텔레비전 방송에서 농촌으로 시집온 외국 여성이 고생스럽게 소 키우는 걸 봤는데 그 모습이 꼭 예전의 자기 같아서 짠했다며 고개를 절레절레 흔든다.

아주머니 말씀을 듣고 있자면 소 먹이고 농사짓는 일이 여간 험한 게 아니어서 가게는 아무것도 아닌 것처럼 느껴진다. 그래서 구멍가게는 부업이 아니냐고 여쭈었더니 이렇게 말씀하신다.

이것도 부업이고 저것도 부업이고 다 부업이야.

짧막한 이 한마디에는 사는 것도 부업이라는 의미가 들어 있는 것 같다. 본업은 없고 부업만 있는 인생, 실은 그 중심에 '박씨아저씨'가 있다. 고약스러운 인간들이야 안 보면 그만이고 고된 노동이야 힘닿는 대로 감당하면 그뿐이지만, 남편은 그렇지 않았다. 남편의 상태는 날이 갈수록 나빠져서 이제는 혼자 힘으로 앉을 수조차 없는 지경이 됐다. 밥 먹고 세수하고 옷 입는 것까지, 어느 하나 아주머니의 손길을 거치지 않고는 되는 게 없다. 살림하랴 소 먹이랴 남편 챙기랴, 거기에 가게까지. 몸이 열 개라도 모자라는 하루하루다. 그러니 아주머니의 삶에 정작 본인 자신이 끼어들 여지가 없다. 나만 쏙 빠진 내 인생이니 아주머니의 인생 자체가 본업 없이 부업뿐인 것이다.

사실 아주머니도 사람인지라 쉬고 싶은 마음이 굴뚝같을 때가 있다. 그런데 그게 참 묘하다. 내심 고생하는 아내가 안쓰러워 아저씨가 자청해서 요양원에라도 가 있으면 왜 그렇게 걱정되고 보고 싶은지 모르겠다고 한다. 어쩌다 한 번 아들 며느리에게 남편 수발을 부탁하고 외출하러 나가도 영 마음이 편치 않다. 보고 있어도 힘들고 안 보고 있어도 힘드니 도대체 이것이 무슨 감정인가 싶단다. 아주머니의 그런 양가적 감정이 '박씨 아저씨'라는 호칭에 고스란히 담겨 있는 것 같다. 함께 있을 땐 한 발치 떨어진 남이었으면 싶다가도 막상 떨어져 있으면 마음이 불안하니, 늘 붙어 있으면서 심정적으로만 거리두기를 하는 것이다.

남편에게 가지고 있는 미묘한 감정은 아주머니의 삶에 대한 태도에서도 드러난다. 아주머니는 초탈한 듯 긴긴 한숨 속에 자신의 인생에 대해 이렇게 이야기한다.

나한테 주어진 삶잉게 살아야 되고. 어쩔 수 없고. 어디 가서 바꿀 수도 없고.

벗어나고 싶어도 그것이 나에게 주어진 운명이기에 고스란히 받아내야 한다는 뜻일 것이다. 지나고 보면 안 좋았던 것은 잊히고 좋은 것만 기

억에 남는 게 보통이다. 그래서 추억은 아름답다고들 한다. 그런데 〈아곡
상회〉 아주머니는 그 반대다. 좋은 일은 다 잊혀버리고 안 좋은 것만 남는
다고 한다. 좋은 것만 기억하는 사람은 현재의 삶에 고생스러웠던 과거를
추억할 수 있는 여유가 생겼기 때문일 것이다. 애석하게도 아주머니의 고
단함은 여전히 진행 중이다. 아내를 향한 남편의 의존도는 커져만 가고
가게에서 나오는 수입은 나날이 줄어들어서 당장 올겨울 먹고살 일이 걱
정이란다. 그런들 어찌하겠는가. 어디 가서 바꿀 수도 없는 팔자이니 그
냥 사는 수밖에 없다고 한다. 불평하고 발버둥 친다고 해서 병든 남편이
건강해지는 것도 아니고 할 일이 줄어드는 것도 아니니 그럴 바에야 일찌
감치 내려놓고 이를 악무는 편이 낫다는 것이다.

　그렇게 머리로는 수백 번도 더, 있는 그대로의 삶을 받아들이지만 마음
만은 어쩔 수가 없는 것 같다. 힘겨운 일상과 맞닥뜨릴 때면 꼼짝없이 묶
여 사는 신세가 한스럽기만 해서 열악한 이 현실에서 간절히 벗어나고만
싶어지기 때문이다. 보기 싫어도 볼 수밖에 없고 힘들어도 감당할 수밖에
없듯, 떠나고 싶다고 해서 홀쩍 떠날 수 있는 것도 아니다. 불가능한 일에
대한 소망은 날이 갈수록 커지게 마련이어서 아주머니의 인생은 답답함
으로 가득 차 있다. 스스로를 집 지키는 개라고 표현할 정도다.

　완전히 진돗개가 돼부렀제. 아저씨 봐야지, 가게 봐야지, 소 봐
　야지.

이런 아주머니의 마음을 조금이나마 달래주는 것이 바로 구멍가게다.
마을사람들이 가게에 모여 앉아 버스를 기다리는 시간이면 아주머니는

유난히 밝고 활기차다. 마치 그들과 함께 길을 나설 듯 덩달아 설레는 것도 같다. 언제나 함께 있지만 떨어져 있고 싶은 '박씨아저씨'처럼 이 가게도 차마 떠날 수 없는 붙박이 현실이지만, 아이러니하게도 바로 그곳에서 길 건너 정류장을 바라보며 하루에도 열두 번씩 버스를 타고 마을 밖으로 내달린다. 그렇게라도 아주머니는 매일매일 어디론가 자유롭게 떠나고 싶은지도 모르겠다.

· 쉼터 ·

구멍가게의 어원

'구멍가게'라는 어휘가 처음 사용된 것은 대략 백여 년 전으로 추
정된다. 구멍가게라는 말은 1910년대 이래로 자주 신문기사에 오
르내렸는데, 업종에 상관없이 아주 작은 규모의 가게를 가리키는
말로 쓰였다. '구멍'은 사물의 일부분이 터져서 비어 있는 상태를
뜻하는데, 이것이 유독 '가게'와 결합하면 '작다'는 뜻을 가진다. '구
멍'과 '가게' 사이에 어떤 상관관계가 있어서 그런 것일까? 그 해답
을 찾아 이른 시기 가게의 모습으로 거슬러 올라가 보자.

조선시대 종로 네거리에는 상공업에 종사하는 사람들이 모여
살았는데, 나라에 세금을 내고 상품을 독점 판매할 수 있는 특권을
가진 시전 상인과 가난한 난전 상인이 공존했다. 시전 상인이 나라
의 관리와 보호 아래 있었던 데 비해, 난전 상인은 허가를 받지 않
고 상거래 활동을 했으며 대체로 규모가 작고 경제력이 부족한 영
세 상인으로 지금의 노점상과 유사했다.

이때의 가게 모습은 박제가의《북학의》(1778)에 다음과 같이 묘
사되어 있다. "여염 백성들이 전廛(가게)을 열고 물건을 매매하는
것을 가가假家라고 한다. 처음에는 처마 끝에 차양을 달아서 집 안
으로 옮겨 들일 수 있는 것에 불과했는데 차츰 흙을 바르고 쌓아서
길을 차지하게 되었다." 가정집 한쪽에 임시로 허술하게 지어놓은

1880년 종로거리. 길 양옆에 조그맣게 늘어서 있는 것이 '가가'다.

시설물이 바로 가게였다는 이야기다.

서양인들이 남긴 조선견문록에서도 그 당시 소규모 가게의 모습을 찾아볼 수 있다. 19세기 말 조선을 방문한 미군 에드먼드는 "길가의 가게는 단층집인데 주인도 들어가 앉을 수 없을 만큼 좁아서 바깥에 작은 마루를 놓고 쭈그리고 앉아 있다가 손님이 필요한 것을 말하면 가게 속 시렁에 쌓여 있는 물건을 꺼내온다"고 했다.[1] 또 1900년 제정러시아에서 편찬한 《한국지韓國志》에서는 "볏짚으로 지붕을 덮은 이 건물은 보통 두 칸으로 나뉘어 있으며 거리 쪽을 향한 앞칸에는 겨울이나 여름이나 팔 물건을 진열해놓고 있다. 뒷칸방은 상인과 가족의 살림방이다. 상점이 이러한 모양을 하고 있다 보니 특히 상품의 수요가 적은 겨울철이면 이들 상점 주인은 뒷칸방에 앉아 벽에 만들어놓은 구멍을 통해 자기 상점을 감시하기 마련이다"라고 하여 당시 가게의 모습을 좀 더 구체적으로 묘사했다.[2] 여기에는 특히 '가게'와 '구멍'의 연관성이 잘 드러나 있는데, 벽에 뚫어놓은 구멍은 방 안에서도 가게를 관찰할 수 있게 만든 일종의 장치로 볼 수 있다.

또 1914년 3월 8일자《권업신문》기사에는 "권연갑이나 성냥가치나 벌려놓은 움 같은 구멍가게로야 백 년 간들 무슨 지식이나 경험이 늘며 이익이 생기리오"라는 내용이 있다. '움'이란 겨울에 채소를 저장하려고 땅을 파서 만든 공간으로 굴, 혹은 구멍을 연상시킨다.

한국전쟁 직후 도둑이 들끓던 시절에는 겨우 손 하나 들락거릴 정도로 작은 구멍을 통해서 물건을 사고팔았다고 하니, 매표소의 작은 창구 정도로 그 형태를 짐작할 수 있다. 그즈음에는 특히 '하꼬방'이라고 불리는 허름한 판잣집 가게가 많았는데, 대개 가게에 방이 딸려 있어서 주인이 방문에 조그만 구멍을 내고 방에 앉아서도 가게를 내다볼 수 있게 했다고 한다.[3]

이처럼 초기 가게에서 실제로 구멍의 형태를 찾아볼 수 있으니, 구멍가게는 정확하게 말하자면 '구멍이 있는 가게'라고 해야 맞을 것이다. 그런데 이런 가게가 하나같이 규모가 작아서 구멍이 있는 가게는 곧 작은 가게로 통했던 것 같다. 가게의 외형적 특징이었던 '구멍'이 동시에 작다는 의미를 갖게 된 것이다. 그리하여 이후로 구멍이 있든 없든 '구멍가게'는 영세한 가게를 지칭하는 말로 통용되었으리라 생각된다.

그렇다면 '가게'란 말은 또 어디에서 왔을까? 가게의 어원에 관해서는 두 가지 설이 있다. 하나는 우리말 '가개' 유래설이다. '가개'

1960년대 구멍가게의 모습(《동아일보》1962년 4월 19일자). 사진 오른쪽, 사월공원 간판 아래 구멍가게가 자리하고 있다.

는 물건을 올려두는 시렁이나 선반을 뜻하기도 하고 대강 얽어 지은 집을 말하기도 한다. 전자는 어린이를 위한 한자 학습서《훈몽자회訓蒙字會》(1527)에 보이는데, '가개'의 뜻을 새긴 한자어로 '붕棚'을 썼다. '붕棚'은 벽의 양쪽에 널이나 막대기를 가로질러서 물건을 얹을 수 있게 만든 것이다. '집'을 뜻하는 '가개'란 말은《삼강행실도三綱行實圖》 언해본(1481) '효孝'편에 보인다. 부모상을 당했을 때 자식들이 산소 옆에 여막廬幕을 짓고 시묘살이 했다는 부분에서 한자어 '려廬'를 우리말 '가개'로 표기했다. '려'는 대충 지은 오두막 같은 집을 뜻하니, 여기서 '가개'는 임시로 지은 집을 가리킨다고 하겠다.

다른 하나는 '가가' 유래설인데 한자어와 우리말일 때 뜻이 다르다. 한자어 '가가假家'는 조선시대 궁중 행사를 기록한 의궤를 비롯

19세기 말에 그려진 《기산풍속도첩》, 〈시장〉. 시장에서 난전을 열 때 바닥에 '가가'를 설치한 모습을 볼 수 있다.

해 각종 문헌에 자주 보인다. 왕실 행사는 물론 외근이나 토목공사 때 임시 거처로 '가가'를 지었다고 한 점으로 미루어 필요에 의해 일시적으로 지은 집임을 알 수 있다. 그 때문에 조선 후기에는 난전을 열 때도 가가를 지어서 물건을 사고파는 공간으로 활용할 수 있었으니, 이때의 '가가假家'는 다름 아닌 '가게'를 말하는 것이다.

우리말 '가가'는 1748년 만주어 통역관의 학습서로 발간된 《동문유해同文類解》에 보이는데 '가가'에 대한 한자어로 '붕棚'을 썼다. 이는 《훈몽자회》에서 '가개'와 '붕棚'을 짝지은 것과 같으니, 우리말 '가가'는 '가개'와 같은 맥락으로 시렁이나 선반을 뜻한다고 하겠다. 그러고 보면 '가가'와 '가개' 모두 임시 가옥과 선반이라는 두 가지 뜻을 아울러 가진 셈인데, 언어를 사용하는 시기와 주체에 따라 그중 하나가 선택되었거나 혼용되었을 가능성이 크다. 오늘날 오래된 구멍가게에서 선반 형태의 진열대를 많이 볼 수 있는 것도 일견 이러한 어휘의 쓰임과 연관하여 생각할 수 있을 것이다.

한자어와 우리말로 두루 쓰이던 '가개'와 '가가'는 일제강점기에 '가개' 혹은 '가게'로 함께 쓰이다가 1936년 출판된《시정한 조선어 표준말 모음》에서 '가게'로 통일되었다. 그러나 특정 언어가 완전히 정착하는 데에는 오랜 시간이 걸리는 법이어서 한동안 '가개'와 '가가', '가게'가 함께 쓰인 듯하다. 1960년대까지도 '담배가가', '구멍가가'는 물론 '가개'라는 말이 신문기사에 더러 등장했으니 말이다.

3장

학교 앞 문방구 가게

군것질 천국

─   담양의 〈용구상회〉를 찾은 것은 새 학기가 시작된 지 얼마 안 됐을 때였다. 그날따라 유난히 샛노란 봄볕이 가게 안을 환하게 채우고 있어서 먼지 쌓인 과자 봉지도, 모퉁이가 떨어져 나간 탁자도, 덜거덕거리는 낡은 의자도 마법가루를 뿌린 듯 평화롭고 따스하게만 느껴졌다.

어쩐지 신비스럽기까지 한 이 시골 가게의 정취에 한껏 취해 있는데 난데없이 남자아이 하나가 벌컥 문을 열고 들어왔다. 아이는 천 원짜리 한 장을 움켜쥐고 사탕, 초콜릿, 젤리, 소시지 등이 들어 있는 플라스틱 상자 앞을 서성인다. 어떤 것을 고를까 아주 심각하게 고민하는 눈치더니 종류별로 하나씩 집어들고 주인할머니에게 눈빛을 보낸다. 이렇게 하면 천 원 어치냐는 암묵적인 물음이다. 할머니가 가볍게 고개를 끄덕이자 지체할 것 없이 쌩하니 달음질쳐 나간다. 잠시 후 고만고만한 여자아이가 헐레벌떡 들어와서는 역시나 한 아름 군것질거리를 챙겨 안고 사라진다. 구멍가게에서 어린이 손님을 만난 적이 없던 터라 그 장면은 매우 신선한 기억으로 남아 있다.

〈용구상회〉는 초등학교 앞에 위치해 있어서 심심치 않게 아이들이 드나든다. 최소한의 학생 고객이 보장되어 있으니 매출이 좀 나을까 싶은데 그것도 아니란다. 한때는 학교 앞 문방구에서 거의 다 구매했던 문구류와 학용품마저 대형마트의 점유물이 되다시피 해서다. 특별한 경우가 아니면 이제는 아이들의 소용에 닿지 않게 되어버린 학교 앞 문방구 가게, 그래도 존재 의의가 있다면 바로 이 부분 때문일 것이다. 아이들의 군것질! 백 원짜리 동전부터 천 원짜리 지폐까지, 적은 돈으로도 이것저것 골라 갈 수 있는 곳. 그래서인지 아이들은 개당 이백 원 하는 군것질거리보다 백 원인 것을 선호한다고 한다. 최소한의 비용으로 최대의 만족을 얻기 위해 더 저렴한 것을 많이 찾기 때문이란다.

본래 군것질에는 고급스러움이란 단어가 어울리지 않는다. 조악하고 불결하면서도 강렬한 맛을 느낄 수 있어야 제격이다. 그래서 군것질은 항상 어른들의 눈총에서 자유로울 수가 없었다. 1920년대에 벌써 아이들의 군것질은 신문기사에 오를 정도로 사회적인 문제가 되었다.[1] 일 전錢만 가지고 가면 달콤한 사탕을 사 먹을 수 있는데 부모님에게서 용돈을 받지 못해 속상해하는 아이들에게 '더럽고 위장에 좋지 않다'며 군것질의 해악을 소개하는 기사였다. 하지만 아이들은 달콤한 유혹을 쉽게 포기하지 못

용구상회의 군것질 상자.

했다. 1934년 《동아일보》에 '어린이들의 군것질하는 버릇에 대하야'[2]라는 제목으로 어린이 교육의 당면 문제 중 하나로 군것질 버릇을 언급하고 있는 걸 보면, 이후에도 군것질이 없어졌을 리 만무하며 지속적으로 경계의 대상이 되었음을 알 수 있다.

결국 1960년대 말에 이르면 군것질은 어쩔 수 없는 것이라는 분위기가 확산되면서 막을 수는 없지만 방임하지는 말자며 차선책이 등장하기 시작한다.[3] 특히 군것질을 많이 하면 밥을 잘 먹지 않고 군것질거리를 사려고 돈까지 훔치니 부모가 책임지고 주의를 기울여야 한다는 방향으로 논조가 바뀐다.

1970년대에는 한 걸음 더 나아가 군것질이 어린이들의 욕구를 충족하는 나름의 방식이라고 인정하기에 이른다.[4] 친구들과 도란도란 앉아서 나

문방구 가게의 군것질거리들(국립민
속박물관 제공).

뭐 먹는 군것질은 꼭 배가 고파서나 자극적인 맛을 찾아서가 아니라 그
자체로 큰 즐거움일 수 있다는 것이다. 군것질을 무조건 나쁜 버릇이라고
속단하는 것을 경계해야 한다는 목소리다.

　사실 군것질은 그 자체의 해악보다는 군것질거리의 유해성과 비위생
성 때문에 사회적인 질타의 중심에 있었다. 실제로 벌레가 든 과자, 유독
색소로 만든 비닐주스, 성분을 알 수 없는 분말과자 등을 먹고 식중독에
걸리거나 숨지는 아이들이 꽤 있었기 때문이다.[5] 이런 사고 때문에 한때
불량식품에 대한 부정적인 시선이 극에 달하기도 했다. 문제의 식품 제조
업체를 단속하거나 허가 자체를 취소하기도 했고 불량식품 천국인 학교

앞을 정화하는 게 우선이라는 목소리도 커졌다.[6]

이렇게 불량식품을 둘러싸고 끊임없는 우려와 걱정이 계속됐지만 아이들이 많이 모이는 곳에는 여전히 불량한 재료로 만든 정체 모를 군것질 거리가 넘쳐났다. 한창 성장하는 시기에 아무것이나 먹이고 싶지 않은 어른들의 마음은 결국 군것질을 막지 못할 바엔 좋은 음식을 먹이자는 방향으로 바뀐다. 그래서 제때 식사 외에 먹는 것을 모두 군것질로 뭉뚱그려 보았던 시각에서 벗어나 군것질과 간식을 구분하기에 이른다.[7] 부족한 각종 영양소를 보충하면서 끼니 식사에 지장을 주지 않는 범위에서의 군것질을 '간식'으로 새롭게 명명하고 적극 권장하기 시작한 것이다.

1990년대에 들어서면서부터는 '군것질'이라는 단어 자체에 대한 부정적인 시선이 확연히 줄어들고 군것질의 외연을 확장하는 경향을 보이기까지 한다. '군것질은 과일로 하라'거나[8] 어린이의 용돈에 아예 군것질 비용을 포함시켜서 책임감과 자기조절력을 길러주는 방법이 권장되기도 했다.[9] 군것질을 통해 건강한 몸과 바람직한 정신을 함께 관리해나가자는 취지다.

하지만 아이들은 대개 재료가 좋고 영양도 풍부한 양질의 간식보다 이른바 '불량식품'으로 통하는 재미있고 얄궂은, 짜릿하기까지 한 B급 정서를 좋아한다. 때로 심각한 사회문제로 대두되어 계도의 대상이 되기도 했지만, 밥만으로 살 수 없는 아이들에게 기발한 군것질은 그들만의 또래문화기도 하다. 〈용구상회〉가 아이들에게 인기 있는 군것질거리만 모아서 따로 상자를 만들어둔 것은 그런 어린이 손님에 대한 특별한 배려이자 공감의 한 방식일 것이다.

꼬마 도둑

—   등하굣길에 어김없이 지나치는 학교 앞 가게는 아이들에게 보물창고와도 같았다. 갖고 싶은 것, 먹고 싶은 것, 때로 보고 싶은 것이 가게 안팎에 즐비하게 늘어서서 어린 눈망울들을 단숨에 사로잡곤 했기 때문이다. 그래서 소소한 골칫거리가 늘 주변을 맴돌았다. 가게에서 물건을 훔치는 것은 기본이고 동전을 훔치는 과감함을 보이기도 했다. 그렇게 문방구 가게는 항상 아이들의 좀스러운 도둑질과 마주해야 하는 불편함이 있었다.

어쩌다 한 번 호기심으로 물건을 훔치는 것은 그리 큰일이 아닐 수 있다. 그래서인지 나이가 들면서 이런 일쯤은 가볍게 기억에서 지워버리기 일쑤다. 하지만 가게 주인은 그렇지 않다. 물건을 훔치는 아이들이 어디 한둘이었겠는가? 반은 알아차리고 반은 몰랐을 것이다. 설령 눈치챘다 하더라도 절반은 봐도 못 본 척했을 테고, 그 반만 적발하는 수준이었을 것이다. 그렇게 걸린 극소수의 아이들을 기억하는 건 어찌 보면 직업병일 수도 있다.

나주의 〈금성슈퍼〉에는 잊히지 않는 꼬마 도둑이 있었다.

내가 부엌에서 뭘 허는디 그때 이런 약, 건전지, 그놈을 갖고 나가다가, 나는 모르고 뭔 소리가 나길래 나왔어. 긋드니 애기가 놀래갖고 가다가 저그 평상 아래다 띵겨불고 내빼불드라고. 그래 갖고 한 달 동안을 이쪽으로 안 다니드라고. 자전거를 타고 저리로 돌아다니드라고. 그래갖고 한 달이 넘었는디 요 평상에가 그

애가 앉았어. 그서 내가 머리를 쓰다듬음시로 "아야, 우리 집서는 이렇게 했어도 다시는 딴 디 가서 하지 마라, 강도고 도둑질이라고 해. 절대로 못쓴다. 너허고 나만 알아 이." 그르고 지금까지도 누구한테 말한 적이 없어.

건전지를 몰래 가져가려다 주인할머니와 눈이 마주친 뒤로는 가게 앞을 지나가기가 겸연쩍어서 먼 길로 우회해 다녔다고 하니, 부끄러워할 줄 아는 어린아이의 순진함이 한편으론 재미있다. 할머니는 아이의 불미스러운 행동을 둘만의 비밀에 부치고 조심스레 타일러 보냈다. 그때의 꼬맹이가 이제는 장성해서 담배 사러 가게에 온다고 하는데 그 아이만 보면 늘 옛날 생각이 난다니, 할머니의 가게 인생에 꽤나 인상적인 사건 중 하나였던가 보다. 아이도 그 일을 기억하고 있을지는 모르지만.

영암의 〈모녀상회〉 아주머니가 또렷하게 기억하는 이야기는 좀 특별했다.

할머니 밑에서 살고 있던 어떤 가시내는, 분명 백 원어치 계산했는디 봉께 양쪽 주머니가 미어터져. 한 천 원어치 가져갔드라고. 그래서 내가 "세상에 백 원어치 삼서 이렇게 가져가면 아줌마는 얼마를 팔아야 만회가 되겠냐?" 그랬어. 그랬더니 이 애기가 무릎을 꿇고 빌믄서 울드라고. 할머니한테만 말하지 말라고. 근디 그러고 있을랑게 애기들 한 패가 우르르 가게로 밀려왔어. 그래서 내가 얼른 "왜 그러냐? 무르팍이 아파서 우냐? 조심해야지 넘어지고 그러냐" 그랬당께. 애기들이 눈치 못 채게 할라고. 근디 지금은 여그 지 할머니한테 대님서도 나한테는 들오도 안 해. 한 이십 살, 시집 갈 나이 됐을 것인디.

학교 앞에서 가게를 꾸리며 사십 년을 버텨온 아주머니는 어린 마음에 얼마나 먹고 싶었으면 몰래 집어 가기까지 하겠냐며 웬만한 것은 그냥 눈 감아주었다. 그런데 이 아이의 경우는 욕심이 좀 과해서 지나칠 수 없었다. 큰맘 먹고 한마디 하며 주의를 주려고 하는데 하필이면 그 순간 또래 아이들이 몰려들었다. 혹시나 친구들 사이에 소문이 퍼져서 놀림이라도 당할까 싶어 혼내는 건 나중으로 미뤄야 했다. 그래서 무릎 꿇고 울면서 빌고 있는 아이에게 앞으로는 넘어지지 않게 조심하라며 서투른 연기를 한 것이다. 학교 앞 가게에서 아이들을 상대해온 오랜 경험으로 그 세계를 누구보다 잘 알고 있었을 아주머니만의 현명한 대처법이다.

넓은 아량으로 위기를 모면하게 해주었으면 아이는 그것을 오랫동안 기억하고 있어야 할 텐데 그렇지 않았다. 그날의 부끄러움을 되살리고 싶지 않아 기억 못 하는 척하는지, 너무 어려서 저지른 실수라 까맣게 잊어버렸는지 진실은 알 수 없지만 아주머니의 선한 배려까지 잊히는 것 같아 섭섭하다. 그렇다고 먼저 나서서 옛날이야기를 꺼낼 수도 없는 노릇이다. 정작 나쁜 짓을 한 아이들은 쉽게 잊어버리는데 주인아주머니의 기억만은 세월을 따라 차곡차곡 두께를 더해가니 조금은 서글픈 모순이다.

그와 달리 호기심으로 구멍가게에서 몰래 과자 훔쳐 먹은 일을 추억처럼 털어놓는 경우도 더러 있다. 여수의 〈풍류주막〉 인근에는 학생 수가 꽤 되는 중학교가 있었는데 그 시절 손장난하던 아이들이 다 커서 찾아와 옛날 일을 자백하기도 한단다.

옛날에는 도로도 없고 쪼그만 농로길이 저 아래 덕양까지 있어. 그서 학생들이 요리 걸어 다녔거든. 그때는 대문이 없고 아무것도 없고 그렇게, 바쁘다 보믄 방에 가 있고 인자 돈주머니가 없고 식기 같은 것이나 깡통에다 딱 담아놓고 근디. 그놈 들고 가서 저 밑에 가서 털어 먹고 깡통이나 식기 같은 것은 또랑에 던져불고. 그니까 중학교 아들이 그러지 보통. 우 들어와갖고 사 먹는 거 맹이로 해갖고 훔쳐갖고 가고. 그런 애기들이 커갖고 장가가네. 즈 그 입으로도 그래. 여그서 돌라 먹었다 이거야. 나중에 커갖고 그른 말 헌 사람도 있어.

까까머리 학생들이 자식 같고 손자 같은 생각에 알고도 못 본 척 내버려둔 마음을 아는지 모르는지 무용담처럼 꺼내놓는 해묵은 이야기에 주인아주머니도 속없이 웃어 보일 수밖에.
〈용구상회〉 할머니도 같은 마음이었다. 초등학교 다닐 때 이 가게에서 빵 좀 가져다 먹었다는 아이들이 훗날 성인이 되어 찾아와 예전에 그랬지 하고 털어놓기도 하는데, 사실 할머니는 이미 다 알고 있는 내용이다.

- 긍게 어디 가므는 그래라, 저 아줌마 빵도 가지가도 모르고 뭣
  도 가지가도 모른다 모른다 그래요. 몰라서 암 말도 안 하간
  디? 가만 봐두지. 암 말 안 해. 우리 애기들도 키우고 그렇게 내
  비뒀어요. 지기들이 이제는 말합디다.
- 조사자: 다 커가지고?
- 예.

- 조사자: 그럼 돈을 내놔야지요. 이자를 쳐가지고.
- 고론 돈 안 내놔도 밥 먹고 산디 뭣 허게 고놈을 받는다요. 헌 애들은 내가 다 잘 알고 있지라.

가게 아주머니가 아무것도 모르는 줄 알고 저희끼리 쑥덕거리던 일을 이런 마음으로 받아준 줄 알았다면 심정이 어떨지 자못 궁금하다. 철없이 저지른 실수라고 때로는 까맣게 잊어버리고 일부러 외면하기도 하며, 가벼운 우스갯소리로 털어놓아도 그런 아이들을 바라보는 시선은 크게 다르지 않다. 어린 마음에 공감해주고 대충 넘어가는 것. 하지만 다 커서도 그 속을 전혀 모르는 걸 보면 아주 조금은 서운하지 않을 수 없다.

눈이 붐빈다

— 담양의 〈대치서점〉은 좀 특이하다. 가게의 이름은 '서점'인데 실제로는 문방구다.

이런 착오가 생길 수 있었던 것은 예전에는, 특히 초등학교 앞 문방구의 경우에는 서점과 문방구를 함께 운영했던 곳이 많았기 때문이다. 학교 앞에 이런저런 가게가 함께 있을 수 있는 공간적 여유가 없었으니 참고서와 학습지 등 학생들에게 필요한 기본적인 학습서와 문방구류를 함께 취급하는 것이 자연스러운 일이었다. 《동아전과》, 《표준전과》를 비롯한 참고서류, 《이달학습》, 《다달학습》을 비롯한 정기간행 학습지를 문방구에서 샀던 기억 하나쯤은 누구나 가지고 있을 것이다. 〈대치서점〉도 그랬다. 학

희미하게 남아 있는 '대치서점' 상호.

습서는 물론 수업 부재료까지, 학교 수업에 필요한 것이라면 최대한 구비
해놓았다.

옛날에는 이달학습, 다달학습 그런 것이 있었거든요. 그런 것을
학교에서 인자 채택을 해요 선생님들이. 그러믄 우리가 너주고.
그때는 한 학년이 사백 명, 오백 명 그렇게 됐으니까 여그서 찰
흙, 교재. 찰흙, 수수깡 그렇게 선택허믄 사백 명, 오백 명이 다 사
거든요. 그런 것이 좀 남고. 그런 부교재, 지금은 그런 것이 뭐 필
요 있습니까? 다 학교에서, 조달청에서 조달형가 어쩡가 몰라도
다 그렇게 해서 해부리니까 전혀 장사가 안 돼요.

1980년대에 발행된 《표준전과》와 《이달학습》.

〈대치서점〉 앞에 있는 한재초등학교는 한창 때 학년당 학생 수가 사오백 명에 달할 정도로 대단했었다고 한다. 그러니 전교생으로 따지면 이삼천 명이나 되는 아이들이 교문에서 몇 발자국 안 되는 문방구에 뻔질나게 드나들었을 게 자명하다. 주인아저씨 말로는 적어도 하루에 천 명 정도는 출입했을 거라고 한다. 그렇게 많은 아이들이 때마다 수업 준비물을 사 갔으니 문방구도 참 할 만했겠다 싶다. 아이들이 한꺼번에 몰려들어 오면 물건 팔고 받은 돈을 따로 챙길 틈도 없어서 비닐포대에 툭툭 던져넣었다고 하니, 그 시절 학교 앞 문방구의 인기가 어느 정도였을지 짐작하고도 남는다.

특히나 수업이 끝나면 문방구 안은 그야말로 북새통이었다. 물건을 고르는 아이, 물건 값 치르는 아이, 그 속에서 장난치는 아이 등, 한시도 가만있지 않는 개구쟁이들 통에 난리도 아니었을 텐데, 이때가 바로 아이들에게는 물건을 훔칠 수 있는 최고의 순간이기도 했다. 반면 주인아저씨의 입장에서는 매상이 많이 올라서 좋기는 하지만, 계산을 해주면서도 다른 아이들을 유심히 살펴야 하니 이중삼중으로 주의가 필요한 시간이었다.

그러니 시시껄렁한 물건을 훔치는 것은 보고도 그냥 눈감아줄 수밖에. 얼마 안 되는 돈으로 아이와 실랑이를 벌여봐야 이득이 없기 때문이다. 다른 아이들 보기에도 좋지 않고 그렇게 할 수 있는 시간적인 여유도 없었다. 또 그런 경우를 일일이 잡아내면 학생들 사이에 금방 소문이 돌아서 다른 가게로 가자는 분위기가 형성된다. 한재초등학교 앞에만도 문방구가 두 곳이나 더 있었다고 하니 서로 간에 은근히 경쟁하지 않을 수 없었다는 것이다.

〈용구상회〉에도 그런 시절이 있었다. 방과 후에 엄청나게 몰려드는 아이들 때문에 정신이 없었는데 그 와중에 좀도둑질하는 아이를 보게 되면 모른 척 그냥 두었다고 한다.

혼자 봉게로 거시기 헐 수는 없제. 눈 둘인디 어찌고 다 거시기 헌다요? 암도 모른디 그냥 넘어가야제. 암도 모른데 냅뒀제. 그래야 오제 글안으믄 안 와요. 애기들 단속하면 안 와요. 딴 놈들까지 못 오게 딱 거시기 해분디.

눈이 두 갠데 어떻게 그 많은 아이들을 다 보겠느냐는 할머니의 말씀이 재미있다. 초등학교 앞에서 문방구를 겸했던 화순의 〈북면상회〉 아저씨는 문방구 가게의 이런 상황을 정확한 표현으로 정리해주셨다.

학생들이 오믄 눈이 붐벼. 눈이 바뻐. 그것이 왜냐, 아 즈그들이 몰려와갖고 가만가만 그래갖고 가불믄 백 원짜리인지 천 원짜리인지 정신없이 다 뺏겨부러. 그러니까 저 그놈을 지켜야 헌디. 그

놈들 와불믄 더 활발허당게. 그니까 와가지고 물건을 훔쳐갈까봐 계속 보고 있는 것이여. 눈이 아주 바뻐.

'눈이 붐빈다'는 표현은 참 그럴듯하다. 하굣길에 문방구 가게 주인은 눈이 열 개라도 모자라다. 요즘처럼 CCTV가 있는 것도 아니어서 순전히 육안으로 그 많은 아이들을 지켜봐야 하니 두 눈이 바빠질 수밖에 없다는 말이다. 손님이 많아 가게가 붐비는 만큼 눈도 붐비는 것이다. 짤막한 이 표현에서 그 옛날 성황을 이루었던 학교 앞 문방구 가게의 진풍경이 훤히 그려진다.

구멍가게 CCTV

—   장흥의 〈문흥수퍼〉는 오래전에 팔다 남은 문구류의 흔적으로 이 가게가 학교 근처에 자리한 문방구 가게였음을 입증한다. 시골 가게와 어울리지 않게 이곳에서 가장 눈에 띄는 것은 컴퓨터다. 그렇다고 최첨단 신상품을 생각하면 오산이다. 가게 중앙에 떡하니 자리 잡고 있는 것은 한물가도 단단히 간 386 PC 모니터이기 때문이다.

  - 조사자: 저 컴퓨터는 뭐가 되는 겁니까?
  - 저거 CCTV. 왜 이것을 해놨냐므는 어린애들이 손을 많이 대. 그래 인자 효과지. 효과만 보게 한 거지. 있다 허므는 애기들이 손장난을 덜 하지.

언제나 그렇듯 필요는 발명을, 혹은 발견을 낳는다. 눈이 붐비는 문방구 가게에서는 주인이 일일이 아이들을 감시하기 어렵고, 설령 불미스러운 행동을 발견했다 해도 대놓고 나무라기가 마뜩잖았다. 이럴 땐 아이들 스스로 행동을 단속할 수 있게 하는 방식이 필요하다. 그래서 생각해낸 것이 CCTV다. 주변의 일거수일투족을 빠짐없이 체크하는 첨단기술 탑재 CCTV라면 더없이 좋겠지만, 시골 가게에 그런 게 있을 리 만무하다. 일부러 돈을 들이지 않고도 웬만큼 경계심만 불러일으킬 수 있으면 그것으로 충분하다. 모니터 CCTV는 그런 목적에 딱 들어맞는 장치였다.

〈와룡수퍼〉에는 어디에서도 볼 수 없는 CCTV가 있다. 주인아주머니 말에 따르면 바깥양반이 손재주가 뛰어나서 가게 곳곳에 아저씨의 손길이 닿지 않은 곳이 없단다. 그중 하나가 자칭 '몰래카메라'다. 보통 구멍가게에는 가게를 보면서 살림까지 겸할 수 있도록 작은 방이 하나씩 딸려 있다. 〈와룡수퍼〉에도 살림방이 있는데 거기에 아주 특이한 볼거리가 있

시멘트 벽을 뚫어서 만든 와룡수퍼의
쪽유리.

방문에 구멍을 뚫고 밖을 내다볼 수 있게 만든 화림리 구멍가게와 문흥수퍼의 방문형 CCTV.

었다. 방문 옆의 시멘트 모서리 중간쯤이 뻥 뚫려서 유리가 박혀 있는 것이다.

그 모습이 하도 신기해서 처음부터 이런 상태였는지 물었더니 특별히 필요해서 만든 것이란다. 바로, 방 안에서 밖을 내다보기 위해 만든 장치였다. 그런 일이 정말 가능한가 싶어 방에 들어가 앉아보니 딱 앉은키만 한 높이에 유리가 있어서 가게 사정이 한눈에 들어온다.

〈와룡수퍼〉처럼 대담한 방식은 아니지만 이런 용도의 장치를 다른 곳에서도 찾아볼 수 있었다. 어떤 모양으로 어떻게 만들든 방 안에서 가게가 내다보이게만 하면 되니 복잡할 필요가 없다. 그렇게 단순하고 명확한 생각에서 비롯된 것이 자칭 '방문형 CCTV'다. 오래된 가겟방에는 대개 나무로 틀을 짠 창호문이 있는데, 문 위에 바른 종이를 조금만 활용하면

방 안에서도 충분히 밖을 내다볼 수 있다. 주인의 입맛대로 종이를 잘라 내면 되는 것이다. 화순의 〈화림리 구멍가게〉는 조금 크다 싶게 널찍한 사각형으로 오려냈고, 모니터 CCTV를 장착한 〈문흥수퍼〉는 작은 구멍 여섯 개를 뚫었다.

그런가 하면 화순의 〈운농수퍼〉는 좀 특이했다. 방문 하단의 유리 부분에 마침맞게 달력을 잘라 붙였는데, 왼쪽을 비스듬히 내려 붙여서 경사를 만들었다. 방바닥에 앉아서 눈을 갖다 대면 딱 좋을 정도의 높이라고 생각했는데 과연 그랬다.

아래를 이렇게 들어가지고 확인하는 거. 바깥에서 비칠께미 내가 우에서 볼라고. 우에서 인자 눈만 하나 대노믄 보이지. 일부러 비스듬히 해놨지. 눈 하나만 대믄 누가 오나 볼라고. 그랑께 좋지라, 이렇게 앙거서 딱 보이고.

대개의 가게들이 이런 '방문형 CCTV'에 의존하는 데 비해 〈와룡수퍼〉

달력을 잘라 만든 운농수퍼의 방문형 CCTV.

차량용 백미러를 활용한 와룡수퍼의 CCTV. 방문 앞과 가게 입구에 하나씩 달려 있다.

는 다채로운 CCTV의 천국이었다. 이 가게의 감시카메라는 방에만 있는 것이 아니다. 방 안에서 쪽유리를 통해 조금만 위를 올려다보면 천장을 가로지르는 대나무 시렁 끝에 번뜩이는 사각 거울이 매달려 있다. 이건 또 뭔가 싶어 가까이 가보니 거울에 익숙한 문구가 적혀 있다.

 사물이 보이는 것보다 가까이 있습니다.

 차량용 백미러인 것이다. 〈와룡수퍼〉 아주머니는 이것을 '몰래카메라'라고 소개해주셨다. 백미러의 방향이 매장을 향하고 있어서 가게 내부가 훤히 비치는데 그 모습이 방 안의 쪽유리를 통해 고스란히 눈에 들어온다. 이렇게 쪽유리와 백미러만 있으면 방에 앉아서도 누가 들어오는지, 어떤 물건을 만지작거리는지 구석구석 지켜볼 수 있는 것이다. 이런 백미러 몰래카메라는 가게 입구에 하나 더 있는데 가게가 워낙 작다 보니 그것 역시 방 안의 쪽유리를 통해서 충분히 볼 수 있다.
 손바닥만 한 가게에 CCTV를 세 개씩이나 달아놓은 걸 보면 주인아주머니 성격이 참으로 꼼꼼하다. 그 덕에 여차하면 방 안에 들어앉아서도 한눈에 가게 전체를 살펴볼 수 있으니 이보다 실용적인 아이디어가 어디 있을까.

지금은 버스정류장의 영향이 크지만 〈와룡수퍼〉도 학교 앞 가게 역할을 하던 때가 있었다. 그 시절에는 〈대치서점〉과 마찬가지로 학생 손님이 많아서 눈을 크게 뜨고 아이들을 지켜봐야 했을 것이다. 구멍가게와 도둑은 떼려야 뗄 수 없는 관계인 만큼 나름의 자구책을 마련하는 것이 당연하다. 학교 앞 문방구 가게에 조악하게나마 이런 도난 방지 시스템이 많이 보이는 것은 철모르는 아이들이 많이 드나들었던 만큼 주의해야 할 사건 사고가 많았기 때문일 것이다. 하지만 학교가 폐교되고 나서도 이 카메라들은 꽤 유용해 보인다. 방 안에 있든 방 밖에 있든 상황에 따라 안락하고 편리하게 아주머니의 가게 살림을 지켜주는 든든한 경호 역할을 하기 때문이다.

문방구와 놀잇감

—   1978년 6월 22일자《동아일보》에 흥미로운 설문조사가 소개되었다.[10] 초등학생 천 명을 대상으로, 필요한 물건을 구입할 때 어디를 이용하느냐는 질문을 던졌다. 1위는 학교 앞 문방구, 2위는 동네가게, 3위는 슈퍼마켓, 4위는 백화점이었는데 학교 앞 문방구를 선택한 아이들의 비율이 무려 64.5퍼센트였다. 그러니까 1970년대 후반까지만 해도 문방구는 초등학교 아이들이 물건을 구매하는 가장 중요한 장소였다

는 말이다.

아이들은 문방구에서 주로 어떤 물건을 구입했을까? 군것질거리도 물론 많았지만, 문방구 구멍가게의 핵심은 역시 학용품이다. 학용품 중에서는 주로 어떤 것을 구입했을까? 이에 대한 《동아일보》의 1979년도 설문조사에 따르면 공책이 58퍼센트로 가장 많고, 다음이 연필 20퍼센트, 지우개가 19퍼센트 순이다.[11] 예전에는 선생님의 판서를 공책에 옮겨 적는 일이 학교 수업의 중요한 부분이어서 공책의 수요가 많을 수밖에 없었다. 그래서 새 학기가 시작될 무렵이면 문방구는 한 학기 동안 필요한 공책을 한꺼번에 장만하려는 아이들로 북새통을 이루었다.

수요가 많은 만큼 문방구에 대한 불만도 많았다. 품질이 좋지 않았기 때문이다. 연필은 심이 쉽게 부러지고 공책은 낱장을 묶어 맨 실이 수시로 풀어졌으며, 지우개도 공책만 새까매지거나 찢어질 뿐 잘 지워지지 않아서 문제였다. 이런 불만 사항이 신문에까지 보도된 것을 보면 그만큼 문방구에 대한 수요도, 관심도 높았던 것 같다.

학교 앞 가게에서 학용품만큼 인기 있었던 것은 저렴한 가격으로 손에 넣을 수 있는 놀잇감이었다. 문방구의 또 다른 역할은 아이들에게 놀이 도구를 제공하는 것이었다. 도시화와 산업화로 인해 삶의 양식이 달라지고 놀이 공간이 협소해지면서 전통놀이가 점차 사라지자 그 빈 공간을 문방구 놀이가 대신하게 되었다. 문방구에서 구할 수 있었던 조악한 수준의 놀잇감은 참 많았다. 우리의 발걸음을 문방구로 이끌었던 추억의 놀이 도구에는 어떤 것이 있었을까?

우선 딱지를 생각해볼 수 있다. 큼지막한 두꺼운 종이판에 동그란 딱지들이 붙어 있는데 뜯기 쉬우라고 많은 부분이 절단되어 있었다. 아니, 달

문방구에서 팔던 다양한 놀이
도구들.

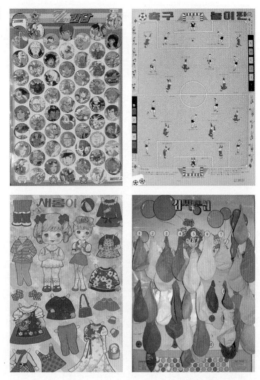

랑달랑 붙어 있었다고 표현하는 게 맞겠다. 그 종이판을 사서 딱지를 뜯
어내는 것부터가 큰 재미였다. 딱지를 모두 떼어내서 한 손 가득 움켜쥐
면 마음이 뿌듯해지고 부자가 된 느낌이었다. 놀이 방식도 다양했다. 일
정한 수만큼 딱지를 쌓아놓고 손으로 바닥을 쳐서 그 바람으로 넘어가는
딱지를 가져가는 일종의 퍽치기, 딱지에 그려져 있는 별의 개수를 겨뤄
서 더 많은 별을 내보인 쪽이 이기는 방식도 무척 재미있었다. 딱지놀이
를 잘하는 친구는 집에 큼지막한 딱지 상자를 따로 둘 정도였으니 그만
큼 딱지를 많이 샀다는 것이고, 그만큼 뻔질나게 문방구에 드나들었다는

말이다.

 책상에 금을 긋고 책받침 끝을 잘라서 튕겨가며 놀았던 미니 축구는 문방구에 종이 축구가 들어오면서부터 한층 격이 높아졌다. 지우개놀이도 재미있었다. 책상 위에 지우개를 올려놓고 상대편 지우개를 밖으로 밀어내면 이기는 지우개 밀어내기, 손가락으로 지우개 한쪽을 눌러 움직여서 상대편 지우개 위에 올리면 승리하는 지우개 씨름 등 방법도 여러 가지였다.

 여학생들에게 선풍적인 인기를 끌었던 종이 인형도 있었고, 각종 미니 인형도 문방구에서 구입하는 주요한 장난감이었다. 풍선도 참 많이 불었다. 두꺼운 종이에 매달려 있는 색색의 풍선 중에 마음에 드는 것으로 뽑아 갈 수도 있고, 번호를 뽑아서 해당 번호의 풍선을 가져갈 수도 있었다. 별것 아닌 듯해도 뽑는 재미가 쏠쏠해서 그 맛에라도 풍선을 많이 샀던 것 같다.

 딱총과 폭음탄에도 광분했다. 가난한 시절이었지만 명절 전후로는 아이들의 주머니도 제법 두둑해져서 이때만큼은 뽐내며 살 수 있는 장난감을 선호했다. 한 번 쏘거나 던질 때마다 굉음을 내는 딱총과 폭음탄은 그래서 인기가 많았다.

 하지만 불량식품만큼이나 이런 놀잇감도 문제가 많아서 불미스러운 사고가 걸핏하면 신문 지상에 오르내리곤 했다. 딱총놀이를 하다가 실명하거나 화약을 터뜨리다 화상을 입는가 하면, 지금도 인기가 있는 물방울 놀이액에서 유해성분이 다량으로 검출되었다는 등 신문만 들여다보면 마음 푹 놓고 살 만한 놀잇감이 없었다. 아이들에게는 그런 위험도 별반 소용이 없었다.[12] 눈에 보이는 것이 또렷할수록, 귀에 들리는 소리가 클수

모녀상회에서 취급하고 있는 화약
류와 뽑기놀이(왼쪽 위아래), 그리
고 산정상회에 남아 있는 전자오락
기(오른쪽).

록 재미는 훨씬 더했기 때문이다. 여전히 문방구 가게의 역할을 충실히
하고 있는 〈모녀상회〉에 유독 화약류 놀잇감이 많은 걸 보면 시대를 막론
하고 그 인기는 수그러들지 않는 모양이다.

　1980년대로 넘어오면서 도시의 문방구를 중심으로 전자오락기가 들
어오자 아이들이 아예 문방구 앞에 쭈그리고 앉아서 노는 경우가 많아졌
다. 전자오락에 대한 사회적 경계의 목소리[13]와 함께 학교가 끝날 무렵이
면 늘 선생님의 주의사항 중 하나가 '오락하지 마라'였지만, 자그마한 모
니터 속에서 내가 원하는 대로 움직여주는 캐릭터들을 무시하고 그냥 지
나치는 것은 참기 힘든 일이었다.

다양한 놀잇감이 증명하듯 문방구는 공부해서 출세해야 한다는 강박적 명령에 찌들어 있던 아이들에게 각종 놀이 도구를 구입할 수 있는 유일한 해방구였던 셈이다. 그러니 문방구를 향하거나 문방구에서 나오는 아이들의 발걸음은 교실을 향할 때와는 완전히 다를 수밖에 없었다.

주사위를 열심히 굴리면
착한 어린이가 됩니다

———   학교 앞 가게에서 취급하는 학용품과 놀잇감에는 학습보조와 놀이라는 기본적인 기능 외에 또 다른 무언가가 있었다. 아이들이 많이 쓰는 받아쓰기 공책이나 일기장에는 어김없이 이런 글귀가 있었다. "착하고 씩씩한 겨레의 선봉이 되자." "효도하는 사람이면 나라에도 충성한다." 그런가 하면 '국기에 대한 맹세' 전문이 공책 뒷면에 인쇄되어 있기도 했다. 요즘 말로 하면 학용품 곳곳에 인성 교육을 위한 텍스트가 널려 있었던 셈이다.

학용품뿐만 아니라 놀잇감에도 교육적 의도는 빠지지 않았다. 대표적인 것이 '뱀주사위놀이'다. 뱀주사위놀이는 1970~1980년대에 초등학교를 다닌 사람이라면 누구나 기억하고 있을 법한 놀이다. 총천연색 종이에 1부터 100까지 숫자가 쓰여 있는데 짝수 칸마다 유치하고 조잡하기 그지없는 그림이 인쇄되어 있다. 놀이 방법은 이러하다.

주사위나 윷으로 수대로 100번까지 먼저 가면 승리합니다. 나쁜 일을 하면 벌을 받아 후퇴하며 착한 일을 하면 고속도로를 타고 드라이브를 하지요. 여러분은 언제나 착한 일만 하세요.

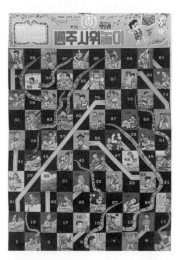

뱀주사위놀이판.

군이 친절하게 놀이법을 적어놓은 것은 권선징악적인 계몽 효과를 부각시키고 싶은 의도로 보인다. 시대가 시대이니만큼 놀이가 교훈적이라는 점을 일부러 알리고 싶었던 것이다. 무상성無償性 때문에 놀이는 시대를 막론하고 언제나 사회적 담론의 공격 대상이었다. 어렸을 적 귀에 못이 박이게 들었던 "그만 놀고 공부해!"라는 말이 대변해주듯이 놀이는 항상 현실적인 소용이 없다고 인식되었다. 그런데 놀이를 통해 교훈을 얻을 수 있으니 얼마나 좋은 일인가. 뱀주사위놀이를 열심히 하면 착한 어린이가 된다니, 지금 생각하면 정말 유치하기 그지없는 놀이의 계몽성이 당시에는 그럴싸한 것이었다. 100까지 도달하는 과정에서 착한 일을 하면 고속도로를 타고 위로 올라가고, 나쁜 일을 하면 뱀에 이끌려 아래로 내려간다. 아이들이 제일 무서워하는 뱀과 당시 문명의 최선두에서 경제 발전을 이끌었던 고속도로가 짝을 이루어 선과 악을 가르는 흑백논리로 활용된 것이다.

더 재미있는 것은 착한 일과 나쁜 일의 내용이다. 착한 일은 대개 이렇다. 거동이 불편한 어르신을 부축해드린다, 운동을 열심히 해서 상을 받는다, 공부를 열심히 해서 우수한 성적으로 졸업한다, 연구를 열심히 해서 과학자가 된다, 다친 사람을 열심히 보살펴서 훌륭한 의사가 된다 등. 그렇다면 여기에서 퀴즈 하나! 방금 열거한 것들 중 가장 높은 상승효과를 내는 착한 일은 무엇일까? 정답은 공부를 열심히 해서 우수한 성적으로 졸업하는 것이다. 초등학생용 놀이 도구이니 충분히 예상할 수 있는 답이다.

그런데 그것으로 끝이 아니다. 착한 일에는 이렇게 어느 시대나 보편타당한 내용만 있는 것이 아니었다. 당시의 시대상과 연결될 수 있는 것도 많다. 일례로 산에 나무를 심으면 20계단을 상승할 수 있다. 농사를 열심히 지어서 곡식을 많이 수확하거나 닭에게 모이를 주어서 달걀을 얻는 것도 중요했는데 각각 18계단, 20계단을 상승할 수 있다. 그렇다면 여기서 두 번째 퀴즈! 총 54계단을 상승할 수 있는 당대 최고의 착한 일은 무엇일까? 정답은 간첩 신고다. 산에서 어슬렁거리는 낯선 사람을 경찰에 신고해서 표창장을 받는 일이 최고의 착한 일이었다. 귀에 못이 박이게 들었던 반공 교육의 자장이 놀이에까지 뻗쳤던 것이다.

나쁜 일도 지금 보면 참 재미있는 구석이 많다. 아이들이 일반적으로 많이 하는 것으로는 벽에 낙서하기, 친구랑 싸움하기, 과식하기, 공부 게을리하기 등이다. 당시의 시대상을 알 수 있는 나쁜 일로는 언 강에서 스케이트 타기, 철로 위에서 놀기, 화약이 든 장난감을 가지고 놀기, 나무를 함부로 베기, 산에서 불장난하기 등이 있고, 소소한 것으로는 나무에 올라가기, 개를 발로 차기 등이 있다. 그렇다면 여기서 마지막 퀴즈! 총 52계단을 내려오는 최고의 나쁜 일은 무엇일까? 정답은 남의 물건을 훔치는 일이다. 이 일을 하면 52계단을 내려와 감옥에 갇히는 신세가 되고 만다.

소매치기나 절도 범죄가 사회적으로 기승을 부렸고, 학교에서도 이런 일이 비일비재했으니 참 골칫거리였다. 교실에서 누군가의 소지품이 없어져 눈을 감고 범인을 색출했던 경험은 다들 가지고 있을 것이다.

뱀주사위놀이는 한국형 보드게임인 윷놀이에 비해 오르내림의 우연적 요소가 많아서 훨씬 재미있었다. 특히 60번을 넘어가면 곳곳이 뱀이다. 80번을 넘어가면 거의 뱀 밭이라고 해도 과언이 아닐 정도로 하강 계단이 많다. 그러니 100번에 가까이 갔다고 해서 승리를 장담할 수 없다. 엎치락뒤치락하다가 운 좋게 뱀 밭을 벗어나면 비로소 100에 도달할 수 있으니 마지막까지 손에 땀을 쥐게 한다. 여기에 교육적 효과까지 있으니 놀이를 많이 한다는 나무람에도 신경 쓸 필요가 없었다.

사실 1970~1980년대에는 문방구뿐만 아니라 많은 상품이 계몽적인 사회 분위기에 짓눌려 있었다. 예를 들어, 성냥 중에서 가장 유명했던 '화랑성냥' 통을 보면 옆면에《명심보감》의 글귀가 적혀 있었다.

한때의 분한 것을 참으면 백 날의 근심을 면할 수 있느니라.

성냥을 켜면서《명심보감》을 읽는다는 것은 지금으로서는 상상하기 어려운 일이지만 당시의 사회 분위기는 대체로 그랬다. 그러니 계몽의 주요 대상인 아이들의 물품에 교훈적인 내용이 빠질 수 있겠는가? 뱀주사위놀이의 계몽성도 이러한 분위기의 일환일 것이다.

해성슈퍼에서 판매 중인 화랑성냥.

학교 앞 작은 학교

—　　　　아이들을 상대로 물건을 파는 일은 티끌 모아 태산 격이다. 지금으로 따지면 백 원, 이백 원 하는 자잘한 물건을 수없이 팔아서 이득을 취하는 노동중심형 영업인 셈이다. 그래서 문방구에는 붐비는 눈과 함께 코 묻은 돈을 정신없이 계산해야 하는 수고로움이 늘 함께했다. 한 가지 즐거운 면이 있다면 아이들이 성장하는 모습을 아주 가까이에서 지켜볼 수 있다는 것이다. 그 때문에 문방구는 어떤 형태로든 아이들의 도덕적 혹은 정서적 성장에 도움이 되는 길을 걸을 수밖에 없었다. 문방구는 단순히 아이들을 상대로 장사하는 곳이 아니라 아이들과 함께 부대끼고 성장하는 곳인 셈이다. 그러한 실례를 보여준 가게가 담양의 〈대치서점〉이다.

한번은 퇴근허고 책을 사러 충장로 삼복서점을 가는디, 한 청년이 부르더라고요. "아저씨!" 아니 누구냐고, 혹시 한재초등학교 앞에서 문구점 하는 아저씨 아니냐고. 아 그렇다고. "모르시겠습니까?" 이런디 아 당연히 모르지, 어떻게 알었어. "그래요. 제가 초등학교 때 담배를 피웠다가 아저씨한테 혼났습니다." "그러냐?" "아, 제가 꼭 차를 한잔 대접을 해드리고 싶습니다." 그래서 차를 한잔했더니 그 이야기를 쭉 해요. 그 이후로 자기는 절대로 담배를 안 피우고, 지금은 법원에 서기로 있다고 그러더라고.

짐작할 수 있겠지만, '그 이야기'란 초등학교 시절 친구들끼리 호기심으로 담배를 몰래 피우다가 문방구 아저씨한테 걸려서 한겨울에 알몸으로 벌을 서고 반성문을 일주일 동안 쓴 끝에 겨우 용서를 받았다는 내용이다. 그 아이가 올바르게 성장해서 사회에 나가 제몫을 톡톡히 하고 있다니 〈대치서점〉 아저씨로서는 뿌듯하지 않을 수 없는 일이었다.

나주 〈이화상회〉 아저씨도 문방구 가게 시절에 손장난 심한 아이를 훈계하고 보람을 느낀 적이 있다고 한다. 웬만한 도둑질은 어쩌다 한 번 호기심이려니 생각하고 그냥 넘어가거나 비밀로 하는 게 보통이지만 이 아이에게만은 유독 강하게 나갔다. 부모한테까지 이야기한 것을 보면 아마도 습관적으로 물건을 훔친 모양인데, 이런 아이는 그냥 내버려 두면 앞날이 잘못되겠다 싶어 큰맘 먹고 나서지 않을 수 없었다.

한 놈은, 길 잘못 나간 놈은 내가 딱 잡아줬어. 뭐냐믄 손짓거리를 해갖고 그런디 그때는 나보고 서운허다고 즈그 부모들도 그랬어. 근디 나중에는 그놈이 올바른 길로 해갖고 잘됐잖아. 고놈이 즈그 집에 오믄 인사하고 뭐 사갖고 가고 그래. 고맙다고. 그른 길로 가믄 안 되지. 그 대신에 훔쳐 가믄 돈이 얼마나 됐든지 십 원 하나 주란 소리는 절대 안 했어. 나는 그른 거 안 받는다, 근디 그른 짓거리 허믄 안 된다. 넘들이 그래, 돈을 받으라고. 나는 그른 거 받을라고 허는 것이 아니고 애들이 좋은 길로 가야 되는 것이지. 그걸 깨우쳐줘야지. 돈 멫 푼 있어도 살고 없어도 사는디.

물론 문방구에만 이런 경험이 있지는 않았을 것이다. 하지만 내내 아이들을 상대하고 아이들과 씨름하다 보면 훈계할 일이 상대적으로 많을 수밖에 없었다. 그렇다고 잘못을 저지른 아이를 무조건 학교나 학부모, 경찰에 넘기는 것도 아니었다. 〈대치서점〉 아저씨의 다음 말씀처럼, 나름의 소신과 철학, 사명감으로 융통성 있게 아이들을 편달했다.

> 애기들이 백 원, 이백 원 가져간 것은 어떡해 눈감어야지. 상도의 상 그렇게 허믄 안 되지만은 좀 그런 것은 그냥 넘어가버리고, 인자 정식으로 잡어서 교육적으로 갈쳐야겠다 그런 놈은 갈쳐주지요. 이렇게 좋은 길이 있고 나쁜 길이 있는데 어뜬 길을 선택하겄냐 니가. 그러믄 거시기 좋은 길을 선택허지요. 그러믄 니가 지금 헌 일은 나쁜 길로 가고 있다, 그것을 우리가 잡어줘야지만이 니가 좋은 길로 갈 수 있다 그런 식으로 애기들을 훈육을 해서 거시기 허고.

그러니까 문방구는 크게 보면 학교의 자장 안에 들어와 있는 준교육기관이었던 셈이다. 유독 많이 맞았던 초등학교 선생님을 기억하듯이 자신의 잘못을 바로잡아준 문방구 아저씨를 기꺼이 기억하는 것도 이 때문일 것이다. 학교 앞에서 문방구를 하는 보람은 바로 이런 데에 있었다.

이른바 준교육기관으로서 문방구의 면모는 〈모녀상회〉에서 가장 잘 볼 수 있다. 아주머니는 단순히 학생들에게 물건을 파는 사람이 아니라 아이들의 어머니이자 선생님이었다.

> 엊그저께 서울 갔다 오다가 광주 어디 시장에서 우연히 나를 고모라고 부르는 반가운 애기를 만났당께. "어매 반가운 거. 우리

고모가 왔네." 그람서 자두도 하나 주고 귤도 이만한 거 또 주고 다래같이 생긴 것도 하나 주고 그러드만. 즈그들도 그러지마는 학교 다닐 때 징허게 내가 애기들한테 잘했어. 난 애기들한테 '너 왔냐' 소리도 안 했어. '자네 왔는가' '조심해 가소' 꼭 그렇게 말해주고 그랬어. 아그들이 배울 낮이잖아.

문방구를 오래하신 분들은 대개 이러한 마음가짐과 자세를 가지고 있었다. 하지만 〈모녀상회〉 아주머니는 그중에서도 좀 특별했다. 시공간을 뛰어넘어 학생들과 우호적인 관계를 유지할 수 있었던 것은 그만큼 삶을 공유해온 시간이 많았고, 나이와 상관없이 아이들을 존중해주었기 때문일 것이다. 일상적인 만남은 물론이려니와 소풍이나 운동회처럼 특별한 행사에도 아주머니는 빠지지 않고 참여했다.

이렇게 학교에서 소풍을 가믄 리아카에다가 술이고 음료수고 까득 싣고 따라가. 리아카로 동네 뒤까지 갖고 갔다가 산꼭대기로 올라가면 학생이고 학부형이고 선생님이고 같이 들고 올라가. 학생들 큰 놈은 맥주 상자 들고, 선생님들은 계란 상자 들고.

운동회야 여느 가게들도 많이 참여하지만, 필요한 물건을 이고 지고 소풍까지 따라가는 일은 흔치 않았다. 그렇게 악착같이 따라다닌 것은 물건을 팔려는 욕심 때문이 아니었다. 그런 특별한 행사까지 함께해야 진정한 학교 앞 가게의 역할을 해낼 수 있다고 생각했던 것이다. 언제 어디서나 학생들에게 필요한 것을 공급해주는 문방구 가게의 무게감이 느껴지는 대목인데 이것이 다른 구멍가게에는 없는, 문방구만이 가지고 있는 특수성이라 하겠다.

〈모녀상회〉 아주머니는 심지어 수학여행도 함께 갔단다. 그 역시 물건을 팔기 위해서가 아니었다. 가게는 어머니께 부탁드리고 휴가차 선생님이나 학생들과 어울려 유람을 했던 것이다. 그럴 수 있을 정도로 평소에 친분이 두텁고 학생들과 동고동락했던 부분이 무척 많았다는 이야기다. 아주머니는 학교 손님을 '내 식구'라고 자주 표현했다. 선생님과 학생들을 가족처럼 생각한다는 말인데 그런 마음은 상대방에게도 통했던 것 같다. 선생님들도 학생들도 문방구를 학교의 일부라고 생각했기에 소풍 짐을 함께 들어주고 수학여행에 동행해도 전혀 이상하게 여기지 않았을 것이다.

학교를 향한 진심 어린 애정과 유달리 적극적이고 활달한 성품 덕에 아주머니의 가게는 지금도 이 동네 아이들에게 명소로 남아 있다. 〈모녀상회〉의 간판에서는 아주머니의 넘치는 에너지가 여실히 느껴진다. 왼쪽부터 '문구', '학생사', '모녀상회', '만물상회'라는 다양한 이름이 한 간판 안에 빼곡히 들어차 있다. 구멍가게가 대개 간판이 없는 것과 비교해보면 참 유별나다고 할 수 있다. 처음 이곳을 방문했을 때 오른쪽 창문을 보고 깜짝 놀랐다. "착하고 정직하게 자라다오"라는, 교실 급훈 액자에나 있을 법한 문구가 둥그렇게 박혀 있었기 때문이다.

오지랖이라고 생각할 수도 있지만 그렇지 않다. 학교 앞 문방구가 단순히 문구류만 파는 곳이 아님은 여러 번 말해도 지나침이 없다. 학교와 지역공동체, 또는 학생과 교사, 지역주민을 연결하면서 교육공동체를 형성하는 중요한 매개 역할을 했던 것이다. 그러한 문방구의 위상을 아직도

상호가 여럿인 모녀상회 간판.

아련하게 간직하고 있는 곳이 바로 〈모녀상회〉다.

밤은 없고 낮만 있으믄 쓰겄다

—   〈모녀상회〉 아주머니는 정말 특별했다. 무턱대고 들어간 우
리를 국빈급으로 환대해준 몇 안 되는 가게이기도 했지만, 별달리 이야기
를 유도하지 않아도 문방구와 관련된, 또 인생사에 대한 수많은 이야기를
줄줄이 풀어내 주셨던 참 고마운 분이었다. 아주머니는 이 동네에서 태어

나 〈모녀상회〉 앞에 있는 초등학교를 나왔다. 원래는 28회로 졸업했어야 했는데, 한국전쟁이 터지고 학교가 불타면서 우여곡절 끝에 30회로 졸업했다. 그건 약과다. 아주머니를 유독 예뻐했던 큰오빠가 참전했다가 행방불명자가 되었고 연이어 둘째 오빠도 목숨을 잃었다. 어려서 홍역을 앓다가 죽은 오빠와 언니 둘까지 합치면 팔남매 중 다섯 형제를 잃은 것이다.

그런 아픔을 뒤로하고 아주머니는 스물두 살에 고창에서 피난 내려온 남편을 만나 결혼했다. 시댁은 살길이 막막할 정도로 무척 가난했다. 가진 것 없이 시작한 부부는 어떻게든 살아보려고 열심히 일했는데, 아주머니 나이 서른다섯에 아저씨가 그만 세상을 떠나고 만다. 결혼 생활은 십삼 년 정도 했지만 군대 삼 년을 제외하고 돈 벌러 간다고 이곳저곳 떠돌아다닌 기간까지 빼고 나면 오남매를 낳았어도 함께 지낸 것은 고작 오륙 년밖에 되지 않는다.

막막한 마음에 친정집이 있는 이곳으로 돌아와서 바로 그해부터 시작한 것이 이 문방구 가게였다. 구멍가게를 하는 대개의 경우와 마찬가지로 아주머니에게 문방구는 어쩔 수 없는 선택이자 이것 아니면 안 되는 운명적인 것이었다. 혼자서 아이 다섯을 키우기는 버거우니 아래로 둘은 고아원에 맡기라는 주변의 권유도 있었지만 도저히 그럴 수가 없었다. 아주머니는 자전거를 배워 짬이 날 때마다 빈 병이나 폐지 모으는 일까지 하면서 악착같이 돈을 벌었다. 그렇게 어떤 상황에서도 자식을 버릴 수 없다는 집념으로 오남매를 모두 건사했다.

아주머니가 삶을 놓아버리지 않고 다잡을 수 있었던 힘의 원천은 아이들이었다. 바로 문방구를 찾는 아이들과 아주머니의 자식들이다. 고단한 중에도 아주머니는 아이들이 커가는 모습을 지켜보며 삶의 의지를 새롭게 했을 것이다. 특히 맏아들이 큰 위안이 되었다고 한다. 고된 일과 후에 끙끙 앓아누우면 엄마 어디 아프냐며 자상히 살펴주고, 가게 문 닫는 시간이 늦어지면 동생들 밥 다 챙겨 먹이고 엄마 밥 식지 않게 불을 때고 있던 아이였다. 산에 나무하러 가면 작은 지게를 지고 졸래졸래 따라와 힘을 보탰던 것도 이 아이였으니, 그 때문에 훗날 큰아들이 가슴 아프게 하는 일을 해도 절대 속상해하지 않았다고 한다. '어렸을 때 내 가슴 찡하게 만들어줬으니 너 할 일은 이미 그때 다했다'고 생각했다는 것이다.

그렇게 사십 년을 문방구에서 아이들과 함께했다. 혼자서 울기도 많이 울었다고 한다. 전쟁 통에 가족들이 가슴 아프게 떠났고 남편까지 일찍 잃었으니 눈물이 많을 수밖에 없었을 것이다. 그런 눈물을 이겨내는 방법은 웃음이었다. 그래서인지 아주머니의 이야기 속에는 진한 슬픔 이면에 그것을 넘어선 듯한 웃음이 스며 있어서 묘한 울림을 준다.

우리 전화번호가 472에 2040이거든. 말만 했다 허는 애기들은 '40번 가게'라고 해야 알아. 지금도 이 근동에가 40번 가게라고 허믄 학교 앞 문방구라는 걸 다 알어. 40번으로 불러. 내가 광주로 물건 하러 가믄 충장로 쪽에 이쪽저쪽 거리에서 아는 사람 만나잖어? 그럼 "어매 40번도 왔네" 그래. 그라믄 내가, "엠병, 내가 번호 붙은 여자냐?" 그라믄 엄청 웃어.

그러다 아주머니의 뜻밖의 말에 또 한 번 웃음이 빵 터졌다. 자신은 탤런트를 했어야 했다고. 탤런트를 했으면 아주 잘했을 거라고. 무슨 말이냐고 물었더니 이렇게 답했다.

나는 그랗게 제대로 배왔으믄 탈렌트를 했을 것이어. 금방 눈물
도 잘 나고 또 금방 웃음도 잘 나고. 이렇게 말허믄 사람들이 웃
어. 그랗게 다 그렇게 가슴 아프게 가셔부렀어. 그란 데다가 남편
까장 빨리 가부니까. 눈물도 많은데 웃음도 많애.

참 애잔한 느낌을 주는 말이었다. 현실은 불우하지만 순간순간 상황 그
대로를 받아들이며 솔직하게 감정을 표현하는 것이 아주머니의 삶의 방
식이었다. 아주머니의 이야기를 듣다 보면 안쓰러운 마음이 들다가도 큰
소리로 웃게 되는데, 이런 복합적인 감흥을 줄 수 있는 분이 그리 많지는
않을 것이다. 그래서일까, 아주머니의 다음과 같은 바람은 참 많은 것을
생각하게 했다.

밤은 없고 낮만 있으믄 쓰겄다.

단순하게 생각하면 한 푼이라도 더 벌 수 있는 낮이 혼자 지내야 하는
밤보다 좋다는 과부의 애환과 장사치의 욕심으로 들릴 수 있지만 속뜻은
그렇게 간단하지 않다. 어젯밤에도 저녁 내내 잠이 오지 않아서 새벽 세
시부터 일어나 찌개 끓이고 밥 안치고, 앞마당에 떨어진 감나무 잎사귀까
지 쓸어놓았지만 아침은 쉽게 오지 않았단다. 그렇게 부산을 떨어도 누구
하나 그만하고 자라는 사람이 없으니, 혼자 지내는 더딘 밤이 싫어서 낮
만 계속되면 좋겠다는 바람인 것이다.

아주머니는 가진 것 하나 없이 오직 문방구 가게만 사십 년 가까이 하
면서 다섯 자식을 키워냈다. 그러면서 질곡의 한국현대사와 비운의 인생

사도 함께 견뎌냈다. 이런 아주머니 인생의 핵심이 묻어나 있는 말이 바로 '밤은 없고 낮만 있으믄 쓰겄다'이다. 애써 씩씩하게 웃으며 살아왔지만 어찌 보면 한없이 고단하고 어두웠던 밤 같은 인생에 이제는 눈물지을 날 없이 환한 햇살만 있었으면 좋겠다는 바람인 것도 같다. 한 편의 인생시를 읊조리듯, 낮과 밤의 대립적인 심상이 문방구와 함께했던 아주머니의 지나온 삶과 오버랩 되면서 참 많은 여운을 남긴다.

"잘해준 것 없어. 잘해준 것이 아니라 내가 더 잘해부러.

저가 농협 있잖아요. 저리 가믄 다믄 십 원이라도 싼 건 사실이여.

근디 구태여 그리 안 가지. 여기서 가져가.

긍께 나도 모르겄어. 저리 가믄 싸고 그렇게 간단헌디.

나도 모르겄어. 미스테리여."

— 보성 〈미력슈퍼〉 단골아저씨, 마트를 두고 왜 굳이 더 비싼 이곳에 오냐는 질문에

2부

구멍가게가 걸어온 길

마을공동가게에서 구멍가게로

새로운 발견

— 　　물 오른 봄기운에 눈 닿는 풍경마다 황홀해지는 사월, 담양
의 13번 국도에도 봄은 절정이었다. 마른 가지를 뚫고 올라온 연둣빛 새
순이 가로변 메타세쿼이아에 활기를 불어넣고, 심심할 새 없이 나타나는
연분홍 철쭉, 흐드러진 벚꽃이 그러지 않아도 날아가는 마음을 하늘로,
들로 띄워 올리고 있었다.

　덕분에 내내 쌓여 있던 일상의 긴장이 한꺼번에 풀리고 마음마저 나른
해져 졸음이 솔솔 오려던 순간, 언뜻 보이는 간판 하나가 우리를 멈춰 세
웠다. 웬만큼 거리가 있어서 간판의 글자를 정확하게 알아볼 수는 없었지

만 어쩐지 동네가게의 분위기가 물씬 풍겼기 때문이다. 이 건물을 기점으로 집들이 에둘러 있는 데다, 그 자리가 큰길과 마을길이 이어지는 동네 입구여서 지체 없이 운전대를 돌려야 했다. 파란색 슬레이트 지붕에 깔끔한 크림색 외벽, 시골 가게에선 드물게 간판까지 제대로 걸었는데 거기에는 〈오룡리 구판장〉이라고 쓰여 있었다.

'구판장'이란 이름을 처음 접한 것은 바로 그때였다. 생소한 상호 때문에 이 가게는 존재만으로도 호기심을 자아냈다. 그러나 아쉽게도 〈오룡리 구판장〉은 건물과 간판만 남아 있을 뿐 이미 영업을 그만둔 상태였다. 위치는 물론 담배 표지만 보아도 틀림없이 가게인데 대놓고 구판장이란 간판을 내걸었으니 그 속사정이 여간 궁금한 게 아니었다. 구판장이란 도대체 무엇일까?

구판장이라는 명칭을 염두에 두고 다녀서인지 이후에도 '구판장'이라는 이름 아래 영업 중인 가게를 여럿 만났다. 그중 한 곳은 〈오룡리 구판장〉처럼 간판을 내걸기까지 했는데 막상 들어가 보니 상호의 특수성을 제외하고는 시골에서 흔히 볼 수 있는 구멍가게와 별반 다르지 않았다. 주인아주머니는 새로 가게를 인수하면서 이전 상호를 그대로 사용하고 있다고 했다. 마을사람들에게는 구판장이 곧 가게여서 오랫동안 써오던 명칭을 굳이 바꿀 필요가 없었던 것이다. 그러니까 일반 가게와 구판장을 구별하는 의식 자체가 없는 셈이다. 또 다른 곳의 경우, 별도로 간판을 달지 않았지만 정식 사업자 명칭이 구판장으로 되어 있고 마을에서도 그렇게 부른다고 한다. 하지만 여기에서도 여타 소매점과 다른 구판장만의 특수성을 발견하지는 못했다. 이름은 존재하지만 실상은 보이지 않는 구판장, 그 실체가 점점 더 궁금해졌다.

이미 영업을 그만두었지만 '구판장'과 인연을 맺게 해준 오룡리 구판장.

구판장에서 점방으로

—   그러다가 찾은 곡성의 〈근촌리 점빵〉에서 비로소 구판장에
한 걸음 다가갈 수 있었다. 1장에서 보았듯 동네 안에 자리한 이 가게는
대놓고 '점빵'을 표방하지만, 그 옆에 작게 '근촌리 마을구판장'이라고 덧
붙여놓은 점이 특이했다. 주인아저씨가 가게를 시작한 것은 불행한 사고
때문이었다. 마을회관을 새로 지을 때 지붕 수리를 하다가 떨어져서 척추
를 크게 다친 것이다. 이후 몸 쓰는 일을 할 수 없게 되자 궁여지책으로 가
게를 인수했는데, 그 가게의 시작이 바로 구판장이었다.

맨 첨에 회관을 지어서 구판장을 할 때는 이 년간은 공짜로 하라고 그리고. 이 년 뒤에서부터는 세금을 좀 부락에다 들여놔라. 그래갖고 그 사람이 한 오륙 년 해갖고 잘 벌었제. 그다음에 또 다른 사람이 삼사 년 하고 그다음에 근촌부락 이장이 거그서 한 오륙 년 하고. 그다음에 제가 했어요.

즉 마을에 처음 구판장이 들어섰을 때에는 일정 기간 동안 일종의 가게 임대료를 면제해주고 그 뒤부터는 마을 차원에서 임대료를 받은 것이다. 그렇게 이전에 여러 사람을 거친 기간과 아저씨가 인수해서 운영한 기간을 합치면 〈근촌리 점빵〉이 생긴 지는 삼십 년 정도 된다. 그러니까 이 가게는 1982년쯤에 〈근촌리 구판장〉이라는 이름으로 문을 연 것이다. 마을에서 처음 구판장을 시작할 때는 여기에서 벌어들인 수익 중 일부를 마을에 내놓는 방식으로 운영했다고 한다. 이렇게 한 데는 구판장이 마을을 기반으로 한 공동가게라는 인식이 있었기 때문이다. 구판장을 이용할 때도 특별한 규칙이 있었다고 한다.

그때는 이용권이라고 했어요. 예를 들어서 그 점방에 가서 물건을 천 원어치 사믄 이용권이라고 판때기를 하나씩 줘요. 그 이익금을 그 사람한테다 올려줘. 그래가지고 절대 이 점방에 있는 것은, 구판장에 있는 것은 일절 시장에 가서도 사지 마라고 했지.

예전에는 구판장에서 물건을 구매하면 구매한 금액에 따라 별도의 이익금을 소비자에게 배당해주었다는 것이다. 그뿐만 아니라 마을사람들에게 최대한 구판장을 이용해 물건을 구입하도록 유도했는데, 때로는 강제성을 띠기도 해서 구판장에서 취급하는 물건은 절대로 다른 곳에서 사지 말라고 주의를 주기도 했단다. 왜 이런 규칙이 있었을까?

지금처럼 도로와 교통이 발달하지 않았던 시절, 농어촌 지역에서는 하루에 겨우 몇 차례 다니는 버스를 잡아타고 닷새마다 열리는 오일장에 나가야 물건을 구입할 수 있었다. 그런 제한 없이 언제든 필요한 물건을 살 수 있다면 더할 나위 없을 것 같을 때, 마을주민들이 조합원이 되어 함께 운영하는 구판장이 설립되었다. 집집마다 얼마간의 돈을 갹출해서 생필품이나 농기구 등 필요한 물건을 공동으로 사 들여 저렴하게 판매하는 곳이 바로 구판장이었다. 또 거기에서 얻은 수익금을 마을발전기금으로 활용했으니, 구판장은 공공의 목적하에 탄생한 마을공동가게였던 것이다.

공동체의 이익과 편리를 위해서 만든 만큼 원활한 운영과 유지가 가능하려면 마을구성원들 간의 긴밀한 연대의식이 필요했다. 그래서 구판장 운영과 이용에 관한 규칙을 만들어 마을의 소비생활을 결속하고 이를 계기로 단합을 유도했던 것이다. 근촌리 마을이 "구판장에 있는 것은 일절 시장에 가서도 사지 마라"고 공표한 것은 그러한 배경하에 만들어진 구판장 이용규칙 중 하나였던 셈이다.

마을공동체 단위로 일어난 집단적 협동심 때문에 한때는 동네의 자그마한 구멍가게들이 문을 닫거나 구판장으로 흡수될 정도로 구판장 열기가 뜨거웠다고 한다. 그러나 구판장으로 출발한 근촌리 가게가 구판장보다 '점빵'이라는 이름을 전면에 내세운 것처럼, 구판장은 이제 생경하기까지 한 예스러운 단어가 되어버렸다. 경우에 따라 상호를 바꾸는 것은 물론, 명목상 이름만 남겨놓더라도 이제는 완전히 사유화되어 구멍가게와 다를 바 없어졌다. 마을공동가게였던 구판장은 어쩌다가 본모습을 잃고 개인 소매점으로 바뀌게 되었을까? 그 질문에 답하기 위해 구판장의 출발점으로 거슬러 올라가 보자.

잘사는 마을의 조건

—　　　　구판장 바람이 불기 시작한 것은 1960년대다. 1961년에 들어선 군사정권은 경제성장에 중점을 두고 경제개발5개년계획을 수립하는데, 여기에서 추진한 농촌개혁 사업 중 하나가 '모범부락'이다. 모범부락은 본래 일제강점기에 농촌을 재편하는 과정에서 시행한 지방통치체제의 하나였다. 지방의 촌락을 조직화하고 이데올로기 선전의 거점으로 삼고자 일제의 통치 방침을 가장 잘 이행하는 마을을 '모범부락'으로 선정해 표창한 것이다.[1]

이후 해방과 한국전쟁을 거치면서 사회정비 방향의 일환으로 꾸준히 거론되다가 1960년대에 이르러 특히 모범부락을 부각시켰다. 모범부락은 낙후된 농촌을 살기 좋은 마을로 탈바꿈하기 위한 프로젝트로, 서로 돕고 협동하여 농촌을 부흥시키자는 목표를 지향했다. 이를 실현하기 위해 모범부락의 조건을 구체적으로 제시했는데 그중 하나가 바로 '협동조합 구판장이 있는 마을'이었다.[2]

'함께'라는 공동체의식을 공고히 하기 위해서는 개개인이 책임과 권리를 갖는 방식이 필요했기 때문에 구판장의 전제조건으로 마을주민들로 구성되는 협동조합이 우선시되었다. 그래서 1961년 창립한 농협과 연계

구판장, 공동목욕탕, 이발관이 이웃해 있는 모습(《경향신문》 1963년 9월 3일자).

해 이듬해 이만 천여 곳에 달하는 전국의 리里, 동洞 등 소규모 마을 단위에 농협 사무실과 구판장을 건설할 계획을 세우고[3] 구판장 사업을 대대적으로 장려한다. 구판장 외에도 마을회관의 전신 격인 공회당과 공동목욕탕 설치 등 공공성을 강조하는 조건을 내걸어 마을 단위의 협동조합에서 정미소, 구판장, 공동이발소, 공동창고 등을 짓기 시작했다.[4] 나라에서는 이러한 범국가적 목표에 부응해 성과를 이룬 마을을 '모범부락'으로 선정함으로써 정부 시책을 널리 장려하는 홍보 수단으로 활용하기도 했다.

담양 영천리는 당시의 분위기가 고스란히 남아 있는 마을이다. 1960년대의 농촌진흥사업은 1970년대 새마을운동으로 연결되는데, 이때 역시 마을 공동작업장 건립을 주요 과제로 내걸었다. 그런 만큼 이 마을에는 구판장을 사이에 두고 왼쪽으로 마을회관이, 오른쪽으로 마을창고가 나

마을회관, 구판장, 마을창고가 나란히 있는 담양 영천리의 모습.

란히 놓여 있다. 마을창고의 경우, 입구에 새겨진 '새마을창고'라는 글자 아래 '74년 1차 지원사업'이라고 쓰여 있는 것으로 미루어 새마을지원사 업이 한창이었던 1974년에 지어졌음을 알 수 있다. 그 어름에 마을회관 과 구판장도 함께 문을 열었다고 하니 당시의 정부 시책을 충실히 이행한 흔적이라 하겠다.

하지만 장밋빛 꿈으로 만발했던 구판장 프로젝트는 결국 실패하고 만 다. 구판장이 기존의 소매점 구실을 하던 재래시장, 이른바 오일장과의 경쟁에서 살아남지 못한 것이다. 무엇보다 가격 면에서 재래시장에 비해 저렴하지 않았다.[5] 공동체의 내부로 들어와 있는 소매점이 싼 가격으로 물건을 공급한다는 것 자체가 어불성설이다. 수십 개 마을을 상대하는 시 장상인들은 구판장과 비교할 수 없을 만큼 대량으로 물건을 취급하기 때문에 가격경쟁력에서 우세할 수밖에 없었다. 게다가 동일 품목이라도 종류가 훨씬 다양해서 제아무리 마을공동가게라 해도 마을사람들의 발걸음이 시장으로 향하는 것은 당연했다. 급하게 필요한 물건이 있으면 구판장을 이용하기도 했는데 그마저도 대개 외상이었다. 구판장 설립 초기에는 '외상 불가'가 원칙이었지만 외상이 없이는 매출 자체가 저조했기 때문에 어쩔 수 없었다. 그 결과 나날이 늘어가는 외상 거래 탓에 현금이 제대로 돌지 않아서 수익을 기대하기는커녕 구판장의 존립 자체마저 위태로워졌다.[6]

구판장이 실패한 이유를 근본적으로 생각해보면 크게 두 가지가 있다. 첫째, 마을공동체를 지나치게 이상적인 집단으로 상정했다는 점이다. 앞서 재래시장과의 비교에서 보았듯 구성원들의 실제 삶을 고려하지 않은 이상화된 구상은 일시적인 효과를 거둘 수는 있었지만 장기적으로 안착하기 어려웠다. 둘째, 구판장을 경제적인 논리로만 접근했다는 점이다. 마을공동가게가 단순히 물건을 공급해주는 소매상의 위상에 그쳐서는 공동체 안에서 제대로 자리 잡을 수 없다. 수익 창출을 목적으로 판매에만 초점을 두었던 구판장은 결국 상점의 기능 말고는 아무런 역할도 하지 못했다. 그마저도 물건의 구색이나 가격 면에서 재래시장에 밀리자 생활필수품이나 농기구를 취급하던 것에서 벗어나 술, 과자, 음료수 등 자질구레한 물품 위주로 판매하며 구멍가게처럼 되기 시작했다. 이에 따라 의욕에 넘쳤던 처음과 달리 당초 2만여 곳에 달했던 구판장은 1968년 말에 2700곳으로 줄어드는데, 그나마도 제대로 운영되는 것은 700여 곳에 그쳤다.[7] 답사 도중에 종종 만나게 되는 폐구판장의 흔적이 그러한 실정을 여과 없이 보여주는 듯했다.

곡성 오지리 7구의 폐구판장.

공동구매의 원조, 부녀회 가게

—　　　　영암 대신리에는 상호가 아주 특이한 가게가 있다. 이름하여 〈대신부인회〉다. 이 가게에는 온종일 노래방기계가 돌아간다. 아내와 사별하고 홀로 가게를 지키는 아저씨가 허전하고 외로운 마음을 구성진 트로트 가락으로 달래기 때문이다. 얼마 뒤 나주에서 비슷한 이름을 가진 가게를 또 만났다. 나주 나들목에서 831번 노안삼도로를 타고 달리다 보면 도로변에 큼지막한 입간판 하나가 서 있는데 거기에 〈안산부녀회슈퍼〉라고 쓰여 있다. 가게 돌아가는 모습이나 규모로 봐서는 두 곳 모두 영락없이 구멍가게인데 '부인회', 혹은 '부녀회슈퍼'로 이름을 내걸었으니 여기에는 뭔가 특별한 사연이 있을 것 같았다. 알고 보니 〈대신부인회〉도 〈안산부

녀회슈퍼〉도 처음에는 마을공동
가게로 시작했다고 한다.

〈대신부인회〉는 본래 마을 부
녀회에서 운영하던 가게였다고
한다. 예전에는 마을별로 부인회
를 결성해서 가게를 운영하는 일
이 많았다. 〈대신부인회〉도 부녀
회가 주축이 되어 만든 마을공동
가게였던 것이다. 마을에서 뜻을
같이해 만든 만큼 처음에는 가게
가 번창할 줄만 알았다. 하지만 외
상 손님이 많아지면서 수익이 제
대로 나지 않자 얼마 못 가 도산해
버렸다고 한다. 그 가게를 돌아가

안산부녀회슈퍼의 간판.

신 아주머니가 인수해서 오십여 년간 운영했는데, 상호를 바꾸지 않고 그
대로 써서 지금도 마을사람들은 〈대신부인회〉라고 부른단다. 〈안산부녀
회슈퍼〉 역시 마을 부녀회에서 시작한 가게를 개인이 인수했고, 당초에
사용하던 부녀회슈퍼 간판을 그대로 쓴다고 했다.

부인회 혹은 부녀회 가게는 어디에서 온 것일까? 그 실체를 좀 더 정확
하게 파악하기 위해서는 다시 구판장으로 돌아가야 한다. 1970년 시작
된 새마을운동으로 소득 증대와 소비 촉진을 통해 농촌지역을 개발하자
는 움직임이 더욱 강렬하게 일어나면서, 영영 사라지고 말 줄 알았던 구
판장이 다시금 부활한다. 당시 국가적 차원에서 '잘사는 농촌'을 부르짖

으며 개선해야 할 생활의 구태들을 나열했는데, 그 하나가 유구한 역사를 담고 있는 오일장이었다. 열심히 일하기에도 모자란 시간에 장에 드나드느라 시간 낭비, 돈 낭비에 술까지 마시고 퇴폐풍조를 조성한다는 이유였다.[8] 그러면서 오일장 출입 없이도 필요한 물건을 마을 안에서 구매할 수 있는 여건, 즉 구판장을 갖추도록 했다. 마을공동가게인 구판장 설립의 명분과 정당성을 부여한 것이다.

이 지점에서 농협이 다시 등장한다. 1960년대에 실패한 구판장을 혁신하기 위해 '연쇄점'이라는 타이틀을 내걸고 새로운 형태의 판매점을 선보인 것이다.[9] 연쇄점은 서너 개 조합을 한데 묶어 삼천여 가구를 담당할 정도로 규모가 커서 소단위 마을에까지 일일이 설치할 수 없었다. 그래서 작은 마을을 중심으로 다시 구판장 설립을 추진했는데, 여기에서 핵심적인 역할을 맡은 것이 바로 부녀회였다.

경제활동을 통한 여성의 사회 참여는 1970년대 들어 부쩍 활발해진다. 1960년대 산업화 정책으로 농촌 인구가 계속 감소하자 농촌여성들이 경제활동에 참여하는 비율도 높아지기 시작했다. 이 시기를 전후해 농촌생활개선사업을 추진하는 과정에서 여성단체가 꾸준히 조직되었는데,[10] 그 연장선상에서 새마을운동이 계기가 되어 전국의 마을 단위로 더 많은 여성조직이 결성되었다.

이러한 분위기를 적극 활용해 1973년 농협 주도로 '새마을부녀회'를 조직하고, 여기에서 마을 구판장을 운영하게 했다. 부녀회는 마을 가꾸기와 공동노동은 물론 공동소득사업을 통해 높은 수익을 거두고, 그렇게 모인 기금으로 일용상품을 공동구입해 염가로 판매하는 마을구판장을 운영했다. 구판장에서 취급하는 물건을 농협 연쇄점이 전격 공급했으니, 사실 이즈음의 부녀회 구판장은 농협 연쇄점의 하위분소 격이라 해도 무방할 것이다. 그러고 보면 시기를 막론하고 농촌의 소비생활은 언제나 농협의 자장 안에 있었던 셈이다.

〈대신부인회〉와 〈안산부녀회슈퍼〉는 바로 이러한 맥락 속에서 탄생한 가게다. 오십 년 역사를 가진 〈대신부인회〉는 1962년에 문을 열었으니 1960년대 농촌진흥사업과 1970년대 새마을사업을 온몸으로 겪어낸 마을공동가게의 산증인이다. 〈안산부녀회슈퍼〉도 만만치 않다. 마을 부녀회 소관이었던 가게를 시어머니가 인수해서 운영하다가 십칠 년 전부터는 지금의 주인인 며느리가 이어받았다. 사십 년 단골손님이 드나들 정도니 최소한 1972년 즈음에 가게 문을 처음 열었을 것이다. 그러니까 실패를 딛고 혁신을 내건 농협의 구판장 사업과 연계해 농촌의 여성조직이 왕성한 활동을 시작한 바로 그 무렵인 것이다.

이와 같은 부녀회 활동은 여성의 사회참여를 적극 강조했던 당시의 정부 시책에 부응한바, 1970년대 언론들은 부지런한 여성들이 일궈낸 구판장 성공사례를 대대적으로 소개했다. 일례로 1975년 《경향신문》은 '새마을의지 르포'라는 기획연재를 마련해 가난한 농촌마을 여성이 부녀회를 조직하고 부녀회에서 벌인 공동사업을 바탕으로 마을기금을 만들어 빈곤에서 벗어나게 되었다는 식의 내용을 연이어 보도했다.[11]

하지만 성황리에 재점화되었던 구판장도 그리 오래가지 못했다. 산업화 바람을 제대로 타고 급격히 경제가 성장하면서 농촌의 현실도 완연히 달라지기 시작했다. 1960년대부터 거론되던 농촌 인구 문제는 1970년대 후반에 이르면서 더욱 심각해진다. 청장년층이 도시로 대거 떠나면서 인구가 급감하여 인력 부족 현상까지 나타난 것이다. 이 때문에 여성들이

부녀회 가게로 시작한 대신부인회.

대체인력으로 나서서 가정 내 농사일을 책임져야 하는 경우가 많아졌다.[12] 그런 현실에 직면해서는 공동체의 가치도 우선이 될 수가 없었다. 회원들의 참여가 뜸해지자 구판장의 존속 기반이 무너지기 시작했고 운영도 점차 부실해졌다. 그래서 끝내 부녀회가 구판장 사업에서 손을 떼기에 이르렀고 그 결과 〈대신부인회〉와 〈안산부녀회슈퍼〉처럼 특정 개인에게 운영을 맡기면서 이익금만 배분하거나 아예 가게 자체를 넘기는 추세가 된 것이다.

우리가 답사한 구멍가게들 중 마을공동가게의 역사를 거쳐온 곳은 총 다섯 군데였다. 담양 〈영천리 구판장〉과 구례 〈죽마리 구판장〉, 영암의 〈대신부인회〉와 나주의 〈안산부녀회슈퍼〉, 그리고 곡성의 〈근촌리 점빵〉이다. 이 가게들은 전시대의 마을공동가게가 변화하는 세태 속에서 새로운 방안을 모색하며 살아남아 온 과정을 보여준다. 물론 거기에 공공가치의 실현이라는 본질은 사라진 지 오래인데, 그 변천의 도정에서 과도기적 면모를 살펴볼 수 있다.

〈대신부인회〉와 〈안산부녀회슈퍼〉는 앞서 말했듯 탄생, 성장, 쇠락에 이르기까지 부녀회 조직과 운명을 같이했기 때문에 소유권과 운영권을 애초에 부녀회에서 가지고 있었지만, 지금은 개인에게 모두 넘긴 상태다. 〈영천리 구판장〉과 〈죽마리 구판장〉은 사정이 조금 다르다. 운영권은 개인에게 넘겼지만 소유권은 지금도 마을에 있어서 구판장에서 나온 수익 중 일부를 마을에 돌려주는 방식으로 유지되고 있다.

그런가 하면 〈근촌리 점빵〉은 좀 특이하다. 〈근촌리 점빵〉의 역사를 되짚어서 이 가게가 처음 문을 연 시기를 추정해보면 1982년 즈음이다. 당시 공공건물인 마을회관에 구판장을 차리면서 운영은 처음부터 개인에게 맡겼다. 애초에 구판장의 소유와 운영을 철저히 분리한 셈이다. 처음에 임대료를 받지 않고 무료로 공간을 내준 것은 초기 운영과 관리에 대한 수고의 대가였을 것이고, 일정한 시간이 지난 뒤부터 마을 차원에서 임대료를 받기 시작했다. 여러모로 잡음이 많았어도 마을에 구판장이 필요하다는 생각이 남아 있어서 그렇게라도 있는 편이 나았던 모양이다. 하지만 그마저도 번거로웠는지 지금은 소유권까지 개인에게 넘기면서 완전히 소매점이 되었다. 속사정을 자세히 알 수는 없지만 〈대신부인회〉와 〈안산부녀회슈퍼〉도 이러한 과도기를 거쳐서 지금의 모습으로 정착했으리라 짐작된다.

문밖으로 나온 여성, 부인상회

—   사실 여성들이 공익을 목적으로 수익사업에 뛰어든 것은 구
판장이 처음은 아니다. 부인회 혹은 부녀회 가게의 연원은 일제강점기에
여성들이 중심이 되어 만든 '부인상점'과 '부인상회'로 거슬러 올라간다.
1905년에 문을 연 〈안현부인상점〉은 우리나라 최초의 부인상점이다. 이
가게는 항일운동가 이준 열사의 아내인 이일정 여사가 직접 소유하고 운
영했다.[13] 그는 나라의 독립을 위해 국내외로 떠도는 남편을 뒷바라지하
고 집안 살림을 경영하려면 여성도 경제적으로 자립할 수 있어야 한다고
생각했다. 그래서 살던 집을 팔아 지금의 안국동인 안현동에 가게를 내고
바늘과 실, 단추, 빗, 족집게, 비누 등 여성 필수품과 살림살이를 주로 판매
했다.[14] 여기에서 얻은 수익으로 가난한 유학생들에게 장학금을 주는가
하면, 그 무렵 일어난 국채보상운동에도 참여해 국채보상부인회를 결성
하고 돈이 될 만한 것을 모아 나랏빚을 갚는 데 바쳤다.

이를 발단으로 여성들이 주축이 되어 부인상회나 부인상점을 열기 시
작한다. 그 인기는 대단해서 세간에 부인이발소, 부인차점까지 생길 정도
로 '부인○○'이라는 간판을 흔히 볼 수 있었다.[15] 상호에 '부인'을 내건 가
게는 영리를 위한 개인 사업장으로 이용되는 경우가 많았지만, 단체나 조
직을 결성해 운영할 때는 그렇지 않았다. 부인상회가 특히 그랬다.

1920년 설립된 〈동아부인상회〉는 '여자는 가사에 집중한다'는 당시의
통념을 깨고 여성들이 주축이 되어 진행한 최초의 근대적 사업으로, 기혼
여성만을 주주로 모은 소비조합의 성격을 띠었다. 여기에서는 주로 여성
들이 필요로 하는 물품을 공동으로 구입해 판매하고 이익금은 조합원들

동아부인상회 조합원 모집 광고(《조선일보》1920년 3월 9일자).

에게 배당했다.[16] 새로운 방식으로 설립, 운영된 〈동아부인상회〉는 이후 날로 번창하면서 사회적으로 끊임없이 이슈화되는데, 이를 롤모델로 전국 여러 지역에서 부인상회가 결성된다.[17]

1923년에 시작된 물산장려운동도 부인상회의 설립을 촉진했다. 물산장려운동은 일제의 경제적 수탈에 맞선 민족경제자립운동으로 물자를 아껴 쓰고 우리 손으로 만든 상품을 사용할 것을 권면했다. 이를 위해 여성들은 토산애용부인회를 결성해 〈토산애용부인상회〉라는 상점을 열고, 거기에서 나온 수익금을 토산장려운동과 자선사업에 사용했다.[18]

경제활동과 결합한 여성들의 애국운동은 이후에 설립된 부인상회의 활동에도 영향을 주었다. 1929년 홍성에서는 일본인들이 점유하다시피 한 상업현실을 우려해 우리 자본을 기반으로 부인상회를 조직하여 좋은 성과를 거두었고,[19] 해미, 안악, 마산 등지에서도 잇달아 부인상회를 열고 거기에서 얻은 수익을 아이들 교육 사업에 기부했다.[20]

〈안현부인상점〉의 인기에 영합해 상업적인 가게들이 '부인' 상호를 차용한 데서 알 수 있듯이, 모든 부인상회가 공공의 가치를 목표로 운영되지는 않았다. 부인상회의 애초 취지와는 달리 가게에서 취급하는 물건이 주로 부인용품이었기 때문에 '부인상회'라는 잘 알려진 이름을 내걸고 장사를 하는 경우도 많았다. 그렇더라도 용어의 혼선이 있을망정 소비조합으로서의 부인상회가 여성들 스스로 찾아낸 일상에서의 애국운동이었다는 점을 부인할 수는 없다. 일제강점기라는 불안한 국내정세하에 범국가적 애국운동과 궤를 같이하면서 경제적 자립 의지를 키우고 공공의 가치를 실현하는 데 앞장섬으로써 여성들의 주체적인 사회참여의 장을 만들어냈기 때문이다.

이후 부인상회는 농촌지역의 부녀회 활동으로 이어진다. 1930년대 일제의 식민교육에 대항해 지식인들이 앞장선 농촌계몽운동이 절정에 다다를 무렵, 농촌에서는 하루가 다르게 부인회가 증가했다. 하나의 군에 한두 개밖에 없던 부인회가 일 년 만에 열다섯 개로 대폭 늘어날 정도였다.[21] 붐처럼 일어난 부인회는 생활에 필요한 물품을 공동구입, 알선할 목적으로 부인상회를 조직하고 회원들의 출자금을 모아 상점을 열었는데, 어디까지나 그 목적은 경제적 자립 의식을 함양하는 데 있었다.[22] 이어 해방과 한국전쟁으로 부인상회의 활동이 잠시 소강기에 접어들지만, 앞서 보았듯 1960년대부터 시작된 범국가적 차원의 농촌개발운동은 부녀회 조직의 구판장 사업을 통해 여성들의 사회참여를 다시금 이끌어냈다.

이처럼 나라가 위태로울 때마다, 혹은 국면 전환의 기로에 있을 때마다 여성들이 스스로 감당할 만한 자리를 찾아 제몫을 해낸 것은 우연이 아닌 듯하다. 특히나 그것이 '가게'라는 경제 행태를 통해 효과적으로 구현되었음을 볼 때 가게와 여성 사이에는 어떤 내밀한 관계가 있는 것이 아닐까 생각된다. 그런데 그러한 연관성은 거국적인 차원에서만 나타난 것이 아니었다. 일제강점기와 근대화라는 국가적 격변기에 여성들이 부인상회나 구판장을 통해 나름의 경제활동을 감당했듯이 비운의 개인사 속에서도 여성과 가게는 연결되어 있었다.

구멍가게는 여성이 주체가 되어 운영하는 경우가 많다. 우리가 답사한 현지의 구멍가게 주인도 상당수가 여성이었다. 가게가 부수적인 수입원일 경우, 남편이 농사를 짓거나 다른 직업이 있어서 가게가 아내의 몫이 되는 것은 이해할 만하다. 그런데 유일한 생계 수단이 가게일 때도 대개 여성이 중심이 되어 가게를 운영하고 있었다. 이런 경우, 거의가 주인아주머니의 질곡 많은 인생사와 맞물려 있어서 가게는 어쩔 수 없는 운명처럼 받아들여지기도 한다. 녹록지 않은 현실적 여건 속에서 그나마 할 수 있는 일을 찾다 보니 가게만 한 것이 없었기 때문이다. 사정이 어찌 되었든 공과 사를 막론하고 오래전부터 여성이 감당할 수 있는 경제활동의 영역으로 가게가 큰 비중을 차지했던 것만은 사실인 것 같다. 가게와 여성 사이에 어떤 상관성이 있기에 그럴까?

잘되는 가게의 비결

— 앞서 우리는 1960~1970년대 구판장 사업이 실패한 이유를 외부적인 요인에서 찾았다. 그런데 원인은 거기에만 있는 것이 아니다. 근본적인 문제를 규명하기 위해 부녀회 자체로 눈을 돌려 그 본질과 성격을 되짚어보면 구판장 실패의 또 다른 이유는 물론, 그 지점에서 가게와 여성의 특별한 관계성도 생각해볼 수 있을 것이다.

부인상회에서 시작해 부녀회, 구판장 등의 이름으로 마을공동가게가 문을 열고 한때 전성기를 거쳐 쇠락에 이르기까지, 가게의 운명을 결정 짓는 핵심은 무엇보다도 구성원들의 단합과 연대의식이었다. 국가공동체, 혹은 마을공동체의 결속을 필요로 하는 시점에서 여성들은 타의로든 자의로든 여성 특유의 인적 구심력을 발휘해 그들만의 조직을 만들었다. '함께'라는 구호 아래 부녀회가 주축이 된 구판장은 그래서 처음에는 활기를 띠었다.

하지만 목표지향성이 짙은 마을공공사업은 그리 오래가지 못했다. 본질적인 원인은 아이러니하게도 부녀회 조직의 한계에 있었다. 당시 부녀회 사업은 국가적 목표 성취를 위한 중앙관리체계하에 있어서 표면적인 성과를 최우선으로 삼았다. 실적에 따라 표창을 하고 대대적으로 모범사례를 보도하는 분위기는 공공연하게 부녀회 간의 경쟁을 부추겨 부녀회 활동에 목적지향성을 배가했다. 사업을 계획하고 실행하는 방식도 문제였다. 지역 실정에 어두운 상위기관에서 사업 내용을 일방적으로 정하고 통지하는 바람에 정작 마을의 현실적인 요구가 반영되지 못했고, 실제 수행과정에서도 개인의 목소리가 배제된 채 소수의 지도자 중심으로 의사결정이 이루어져 회원들의 불만을 야기했다. 1980년대에는 중앙기구의 영향력이 더욱 커지고 부녀회 활동이 극소수의 운영진을 중심으로 돌아가면서 더더욱 현실과 괴리되는 결과를 낳았다.[23]

더 나은 삶을 위해 한마음으로 시작했지만 이러한 상황은 구성원들의 참여를 이끌어내는 데 한계를 가져왔고, 결국 부녀회 내부에 갈등이 생기면서 조직의 탄탄한 기반이었던 유대감마저 약화되기에 이른다. 그러니 공동출자로 설립, 운영되는 마을공동가게인 구판장은 당연히 존속되기 어려웠다.

　권위적인 목적지향성이 부녀회를 와해시킨 키포인트였다면, 역으로 조직을 건강하게 유지시킬 수 있는 기초체력으로는 어떤 요소가 있을까? 여성의 사회 진출이 활발해지면서 '위미니지먼트womanagement'라는 말이 생겨날 정도로 근래에는 여성 특유의 배려와 공감능력을 바탕으로 한 조직 운영방식이 눈길을 끌고 있다. 또 기업의 조직문화와 마케팅, 세일즈 등 경제사회 분야에서의 성취와 여성성의 상관관계를 분석한 결과, 여성 특유의 친화력과 이타적 배려, 공감능력이 각 분야에서 긍정적으로 작용해 좋은 성과를 낸다는 결론도 속속 발표되고 있다. 조직 운영과 여성성의 이러한 상관관계에 주목할 때 '관계'와 '과정'이 생략된 채 '목표'와 '성취', '경쟁'에 방점이 찍혔던 부녀회 사업이 오래갈 수 없었던 것은 일견 자연스러운 결과로 이해된다.

　아이러니하게도 마을공동가게의 시작과 끝에는 여성 특유의 성향이 맞물려 있었다. 처음 뜻을 모아 조직을 만들고 필요한 활동들을 해나가면서 나누었던 공감대는 구성원들을 하나로 결집하는 역할을 했지만, 바로 그 '공감'이 희미해지면서 끝도 쉽게 찾아왔다. 결국 부녀회에서 개인의 손으로 넘어간 구판장은 공공성을 고집할 필요가 없어졌기 때문에 마을공동가게의 옷을 벗고 자연스럽게 구멍가게가 되어갔다. 그리고 공동의 목표가 사라진 자리에 대신 '관계' 중심의 커뮤니티가 들어왔다.

　구멍가게가 된 구판장이 오래 지속될 수 있었던 이유 중 하나를 꼽으라면 그 역시 '여성성'이라는 생래적 특성에서 찾아볼 만한데, 특히 관계지향성이 한몫을 한다. 마을의 가게는 불특정 다수에게 열려 있는 개방적인 장소인 동시에 일상의 소소한 관계들이 결집되는 곳이다. 누구에게나 열려 있어서 예기치 않은 만남과 소통의 기회가 생기는가 하면, 수십 년간 맺어온 일상의 관계가 더욱 돈독해져서 공동체의 결속을 효과적으로 이끌어내기에 최적의 장소인 것이다. 여기에 가게를 운영하는 데 상대적으로 타고난 여성 특유의 관용과 배려가 더해지면서 더 큰 시너지를 낼 수 있었다.

이런 사례를 잘 보여주는 곳이 담양의 〈영천리 구판장〉이다. 이 가게가 속해 있는 무정면에는 한때 마을마다 구판장이 있었다. 그런데 우리가 답사했을 때 문을 열고 있는 곳은 〈영천리 구판장〉 하나밖에 없었다.

매양리도 구판장으로 했지. 시골은 원래 새마을부녀회에서 돌아가면서 했지. 이렇게 이렇게 하다가 이자는 누가 못 하잖아 이런 거를. 그니까 그런 게 없어졌어. 그래도 마을 형식적으로 구판장이지. 근데 이거는 마을에서 하는 것이지. 마을에다 세를 주고 하는 것인데, 여기는 아직까지도 마을사업이야. 이게 마을 거라, 공동마을가게라 안 팔고, 마을에 돈을 너주고 그런 식으로. 오룡리도 원래 그렇게 됐는디 오룡리도 없어졌고. 성도리도 마을 구판장인데 없어졌고.

주인아주머니는 마을에 세를 넣어주고 장사하기 때문에 이 가게를 마을공동가게라고 말한다. 같은 방식으로 시작했던 매양리·오룡리·성도리 구판장은 없어졌는데 이곳만 남아 있는 이유가 무엇일까? 바로 '관계'가 활발히 살아 있기 때문이다. 그 관계를 형성하고 유지하는 바탕에 다름 아닌 주인아주머니가 있었다.

여성은 대인관계에 있어서 경쟁보다 관계 형성에 초점을 두기 때문에 타인과의 정서적 유대를 중요시하고 갈등의 상황이 와도 문제를 원만하게 해결하려는 성향이 강하다고들 한다. 실제로 구멍가게를 운영하는 아주머니들에게서 그런 모습을 많이 본다. 마을의 현실에 공감하기 때문에 불편을 무릅쓰고 배려하고 베푸는 측면이 있고, 마을 구성원들 간의 원만한 관계 유지를 위해 남모르게 애쓰는 부분도 많다. 그런 가게일수록 사람이 많이 모여서 매출도 상대적으로 좋고 분위기도 활기차다. 〈영천리 구판장〉이 그랬다.

이 가게 주인아주머니는 마을에 관한 한 좋고 나쁜 것을 모두 아우르며 가게를 운영한다. 막걸리 새참꾼들이 밭에서 따 온 상추며 고추를 들고 오면 군말 없이 씻어서 내주고, 뒤처리가 번거롭다며 집에 있는 기계를 놔두고 굳이 가게에 나와 고춧가루를 갈아 가는 동네 아주머니들까지, 참으로 번다하게 챙겨야 할 일이 많은데도 언제나 무던히 받아낸다.

그렇게 소소한 일상에서 아주머니와 마을 간의 관계가 두터워지기도 하지만 더 중요한 것이 있다. 가게에서 무슨 말을 하든 무슨 행동을 하든 자율성을 보장하면서도, 그 언행이 타인에게 혹은 마을 전체에 문제 되지 않게 하려고 관계를 조율하는 것이다. 그러기까지 아주머니 홀로 감내해야 하는 부분이 분명히 있었다. 가능하면 사람들과 섞이지 않고, 봐도 못 본 척 들어도 못 들은 척 한 발자국 떨어져서 마을의 관계를 통찰하는 것이다. 비슷한 상황에서 똑같이 구판장 가게로 시작했어도 〈영천리 구판장〉만이 꿋꿋이 살아남을 수 있었던 비결은 이처럼 '관계'를 잘 살린 데 있었다.

〈영천리 구판장〉에서 보듯 마을을 향해 거리낌 없이 공간을 열어두고 나름의 경험으로 쌓은 유연한 운영의 묘를 발휘해 사람들의 관계를 활성화하는 장이 되면서 구멍가게는 구판장 혹은 부녀회 가게의 흔적을 안은 채 지금까지 유지될 수 있었다. 그 중심에 바로 여성성이 있고 실제로 여성이 있었으니 구멍가게는 결국 여성과 궤를 같이한 셈이다.

36.5°C 마을 정보통

—   구판장의 시대는 이미 오래전에 끝났고 구멍가게도 쇠락의 길에 접어든 지 오래여서 조만간 완전히 사라질 운명에 놓여 있다고들 말한다. 하지만 실상을 들여다보면 꼭 그렇지만은 않다. 때로는 소박한 동네점방으로, 때로는 구판장이나 부인회 같은 전시대의 이름표를 달고 여전히 성황인 가게들이 있다. 그런 가게들은 주인이 문을 닫지 않는 한 쉽게 없어질 것 같지 않다. 왜 그럴까? 해답의 실마리를 무안에서 또 하나 찾을 수 있었다.

초여름 뙤약볕이 심상치 않은 무더위를 예고하던 6월, 무안 〈사야상회〉에서는 이 마을 양파 농민들의 성토대회가 열리고 있었다. 동절기 양파 농사는 보통 11월에 씨앗을 심어서 6월 중순쯤 수확한다는데 우리가 방문한 날은 때마침 수확과 매상이 한창일 때였다. 그날도 양파 매상을 마치고 목이나 축일 겸 가게에 자리 잡은 아저씨를 필두로 시간 차를 두고 하나둘 모여드는데 모두들 첫마디가 양파다. 양파밭 노동이 워낙 힘들어서 인부 구하기가 어렵다는 이야기부터 금년 수확량은 어느 정도이며, 일 킬로당 얼마에 팔았는지 묻고 답한다. 새로 나온 양파 품종을 알려주는가 하면 해

감자 농사 이야기가 오가는 미력슈퍼의 술자리.

마다 소요되는 인건비를 얼마로 책정해야 할지도 의견이 분분하다. 그야말로 양파 농사에 관한 모든 정보가 쏟아져 나오는 것이다.

그즈음 보성의 〈미력슈퍼〉에서는 감자 농사 이야기가 한창이었다. 감자 수확량이 줄어서 값이 올랐다는 둥, 감자밭 일당이 얼마라는 둥 화제가 온통 감자다. 나주의 〈안산부녀회슈퍼〉에서도 마찬가지였다. 오전 일을 마치고 둘러앉은 술자리에 농사 이야기가 그득하다. 콩 농사를 지을 때 조류의 피해를 최대한 줄이는 방법에서부터 효과적인 병충해 방지 대책, 벼의 품종 가운데 어떤 것이 좋고 어떤 것이 나쁜지 등등을 각자의 경험을 토대로 풀어낸다.

이런 모습이 농번기 농촌마을의 구멍가게 풍경이다. 일 년 중 최고로 바쁜 이때, 구멍가게는 단순히 물건을 사고 술을 마시는 소매점이 아니라 농사와 관련한 각종 경험과 정보를 공유하는 토론의 장이 된다. 오랜 시간 한마을에 살았어도 농사짓는 법은 제각기 다르게 마련이어서 실전에서 터득한 저마다의 경험을 공유하며 잘못된 것을 바로잡기도 하고 모르고 지나쳤던 부분을 보충하기도 하는 것이다.

그런데 이런 이야기를 왜 굳이 구멍가게에서 하는 걸까? 몸소 체득한 정보를 누군가와 공유하려면 우선 만나야 한다. 작은 시골 마을에서 술 한잔 곁들이며 부담 없이 모일 수 있는 곳으로는 구멍가게만 한 데가 없다. 애당초 시간을 정하고 만나는 것도 아니다. 저마다 할 일을 마치는 대로 잠깐의 휴식을 위해 가게를 찾을 뿐이다. 각자의 스케줄에 따라 움직여도 농번기의 일상이 대개 비슷하다 보니 자연스레 만나지는 것이다. 이때 최고의 술안주는 공통의 관심사, 바로 농사 이야기다.

그렇게 형성된 구멍가게 이야기판은 마을 구성원들의 다양한 경험과 생각을 하나로 모으는 공론의 장이 된다. 가게를 거점으로 서로 다른 의견을 나누며 소통하는 과정이 이루어지므로 가게는 뜻하지 않게 마을공동체를 결속하는 구심점 역할을 하게 되었다. 이런 분위기는 특정한 목적과 의도 없이 자연스럽게 형성되지만 사람들을 한곳으로 모으는 공간이 있었기에 가능했다. 평소에도 아무런 목적 없이 습관처럼 들렀다 가는 곳이지만 사람들은 마을에서 구멍가게가 얼마나 필요한 장소인지 잘 알고 있다. 그래서 이렇게 말하기까지 한다.

이런 데 와야 그래도 얘깃거리가 생기지. 말하자믄 여기가 영농 교육장이여. 여기서 정보 교환도 되고. 그래서 이렇게 옛날 가게가 아주 중요해요.

토론이든 활발한 의견 교환이든 사람이 모이는 곳이라야 가능한데 가게가 바로 그런 역할을 한다는 것이다. 구멍가게에는 영농 정보뿐만 아니라 마을과 관련한 크고 작은 소식과 소문이 모이기도 한다. 도시에 비할 바는 못 되지만 해가 갈수록 농촌의 마을 결속력도 약해지고 있다. 구멍가게에서 만난 어르신 대다수가 웬만한 일이 아니면 한자리에 모이기도 힘들다며 시골도 이제는 예전 같지 않다고 아쉬워한다. 사라져가는 모임이 아쉬운 것은 그만큼 소통할 기회가 줄어들기 때문일 것이다. 그런 안타까움을 조금이나마 달래주는 곳이 바로 구멍가게라고들 말한다.

사실 공공연한 마을 소식은 설비가 잘 갖추어진 마을방송과 목청 좋은 이장님의 목소리를 통해서도 충분히 제공받을 수 있다. 그럼에도 소통을 이야기하면서 굳이 가게에 주목하는 이유가 무엇일까. 구멍가게에서라야 가능한 소통 방식 때문이 아닐까 싶다. 마을방송은 특정 시간, 특정 지역에 일방적으로 전달하는 식이라서 시공의 제약이 크다. 그에 비해 가게에서는 드나드는 사람의 수만큼 꼬리에 꼬리를 물고 개인방송이 만들어져서 아무 때나 들르기만 하면 마을 소식을 들을 수도, 이야기할 수도 있는 것이다.

구멍가게 단골들은 단선적인 전달이 아닌, 서로 간에 의사 교환이 이루어져야 비로소 제대로 된 소통이라고 생각하는 것 같다. 담양의 〈강쟁상회〉에서 만난 아저씨가 그랬다. 방송도 방송이지만 그래도 가게에 나와야 제대로 된 정보가 있다고 말한다. 정보의 질이 다르다는 것이다. 마을 방송은 공공성이 짙어서 국한된 지역을 대상으로 최소한의 객관적 정보만 전달하는 게 핵심이다. 그에 비해 구멍가게는 인근 마을에까지 두루 영향력을 미치고 있어서 꼭 이 동네 사람이 아니어도 여기만 들르면 지인들 소식을 비롯해 갖가지 배경과 시시콜콜한 정황까지 생생하게 얻어들을 수 있다. 좀 더 광범위한 전파력을 가지고 속사정까지 깊이 있게 담은 이웃의 이야기를 공유하는 것이다. 그래서 소통의 공간으로서 가게가 얼마나 필요한지 절감하는 목소리가 많다. 여수 소라면 〈담배집〉에서 만난 아저씨도 그랬다.

이 옆에 마을은 마을이 작으니까 이런 구멍가게가 없어져버렸어요. 옛날에는 거기서 만나갖고 이 얘기 저 얘기 하며 정담도 나누고 덕담도 나누고 하는데 지금은 그런 게 없어져갖고 갑갑해. 자기 마을이 어떻게 돌아가는지도 모르고. 왜냐면 정보가 없으니까. 대화가 없고 그러니까. 나도 지금 옆 마을 이장이 아들 결혼시켰다는데 그걸 몰라가지고. 이런 데 오면 그런 이야길 다 들을 것인데 나중에 들은 거야.

가게가 없어지고 나니 만날 기회가 사라지고, 만남이 단절되니 덩달아 대화도 끊어져서 마을 소식에도 어둡게 된다는 것이다. 바꾸어 말하면 얼굴을 마주해야 소통이 가능한데 그러려면 사람이 모일 장소가 필요하니 가장 중요한 것은 공간이라는 뜻일 것이다. 사람들이 필요로 하는 바로 그 지점에 구멍가게가 있었다.

문만 나서면 카페와 식당이 즐비한 도시에서는 이런 상황을 이해하기가 어려울지도 모르겠다. 마을을 벗어나지 않는 한 질리도록 매일 보는 얼굴이 전부인 시골마을에서 구멍가게는 카페와 술집, 식당의 역할을 겸비한 멀티플레이스다. 여기에서 누군가를 만나 밥도 먹고 술도 마시며 쏟아내는 이야기는 그 자체가 마을 소식이 되어 자연스럽게 구멍가게에 쌓인다. 그래서 마을 정보에 목마른 사람들은 가게를 찾는다. 오죽하면 담양의 〈영천리 구판장〉에는 '죽산일보'라는 애칭이 있을 정도다.

> 뭐든지 소식정보를 들으려면 여기를 와. 여기를 한 일주일간 빼먹잖아? 그러면 마을에서 초상나도 몰라. 오늘 뭐 결혼식 있어도 모르고. 여기서 정보가 흘러가고 정보가 나오고. 여기 와서 아저씨들이 "오늘은 뭔 일 없어요?" 물어. 며칠 안 온 사람은 뭔 일 있었냐고 묻고. 옛날에 이장님들도 오면 오늘 죽산일보, 죽산소식 뭐냐고 그러고.

'죽산'은 〈영천리 구판장〉이 속한 마을 이름이다. 마을 소식이라면 하나도 빠짐없이 가게에 모여 있으니 가게에 나가지 않으면 정보가 탁 막힌다는 것이다. 이 재미난 이름에서 구멍가게를 마을의 중요한 일부로 여기는 사람들의 마음을 엿볼 수 있다.

창살 없는 감옥이야

—   구멍가게화 된 구판장이 '일상의 공유와 소통'이라는 자생력을 바탕으로 새로운 역사를 써가는 한편에는 순기능만 있는 것이 아니다. 질적으로나 양적으로나 다양한 정보의 집결지인 만큼 구멍가게에서는 정체불명의 소문이 만들어지기도 한다. 일명 '카더라 통신'으로 통하

는 소문은 주로 개인의 신변잡기에 관한 가십 수준인데, 자질구레한 사건 사고에 저마다 주관을 덧붙여가며 은근슬쩍 남의 얘기를 하는 것도 다반사여서 뒷담화가 난무하기도 한다. 그런 식으로 부풀려진 허황한 이야기는 일종의 비밀스러운 쑥덕거림 속에 만들어지고 전파되기 때문에 사람들이 수시로 드나드는 곳에서 나오기 십상이다. 재미있는 것은 이런 이야기를 공유하면서 사람들은 공동체 구성원으로서의 친밀감을 다시금 확인한다는 사실이다. 그런데 여기에는 분명 싸움과 갈등을 야기할 만한 위험스러운 부분이 있다.

이러한 부정적인 측면에도 불구하고 구멍가게가 그들만의 소통의 공간으로 사랑받은 것은 문제의 소지를 무마하기 위해서 가게가 자처해온 특별한 역할 때문이다. 그런 역할을 가장 잘해온 가게 중 하나가 〈영천리 구판장〉이다. 〈영천리 구판장〉은 우리가 다녀본 가게 중에서 손님이 가장 많이 들락거리는 곳이었다. 마을에 과수 농가가 많아서 수입이 좋은 데다 청장년층도 적지 않아서 여러모로 장사에 득이 됐다. 또 가게 바로 옆에 마을회관과 마을창고가 있어서 해마다 수확한 농산물을 모아놓고 농협에 수매하는 행사를 벌인다. 이때 부녀회에서 음식과 술을 장만하는데 바로 이 가게가 장소를 제공한다. 그래서인지 가게 안에 탁자 여러 개를 나란히 붙여서 많은 사람이 한꺼번에 모여 앉을 수 있는 공간을 만들어놓았다.

마을 돌아가는 사정이 그러하니 가게 자리로 이만한 곳이 없다. 하지만 처음부터 장사가 잘되지는 않았다. 광주에서 이주해 온 아주머니가 이곳에 자리를 잡고 마을과 어우러지기까지 말 못 할 노력이 컸다. 김해 김씨 집성촌으로 유달리 씨족의식이 강했던 마을사람들은 낯선 외지인에게

여러 사람이 모여 앉을 수 있게 만든 영천리 구판장 내부.

쉽게 마음을 주지 않았다. 아주머니는 살얼음판을 걷는 심정으로 봐도 못
본 척 들어도 못 들은 척, 조그만 실수도 하지 않으려고 늘 조심스럽게 처
신했다. 그러다 보니 어느새 하나둘 아주머니를 인정하게 되었고 지금은
너나없이 편하게 드나드는 마을의 명소가 되었다고 한다.

　아주머니의 침묵이 바로 이 가게의 성공요인인 셈인데 그 마음은 지금
도 변함이 없다. 다양한 사람들이 드나드는 만큼 별의별 이야기가 망라되
는 곳이기에 가게를 거점으로 뜬소문이 퍼지고 문제가 발생할 가능성은
언제든 열려 있다. 그래서 꼬투리를 잡히지 않으려면 손님들과 절대로 섞
이지 말아야 한다는 것이 아주머니의 철칙이다. 사람들 틈에서 말을 섞다
보면 이야기가 부풀려지고 왜곡되어서 마을에 갈등이 생기고 싸움이 일
어나기 때문이다. 이 지점에서 아주머니는 적절한 거름장치 역할을 하고

있었다. 민감한 화제에 관한 한 스스로 말을 아끼는 것은 기본이고, 꼭 이야기해야 할 경우에는 긍정적인 부분은 부풀리고 부정적인 부분은 좋은 쪽으로 바꾸어서 전했다고 한다.

내 입에서 발산이 돼버리면 싸움이 나고 그러지. 내가 워낙 말을 안 하는 사람이라. 말을 해버리면 이게 왔다 갔다 하잖아. 그니까 절대로 말을 안 해. 항상 좋게 말해. 이 사람 이렇게 하면 싸움이 되니까 거짓말을 빗대서 말해. 나쁘다고 말했는데 좋다고 말했다고. 그래야지 싸움도 안 되고 그러지. 말이 여기서 요만큼 했는데 여기 오면 요만큼 붙고 여기 오면 요만큼 붙어. 그러니까 여기서 조금만 잘못하면 트러블이 생기고 말이 새고 싸움이 돼.

또 하루가 멀다 하고 벌어지는 술자리에 절대로 끼어서는 안 되며 술한 잔도 받아먹지 말아야 한다고 말한다. 술기운 탓에 자칫 긴장이 풀려서 말실수를 할 수 있기 때문이다. 이 가게뿐만 아니라 구멍가게 주인 대다수가 거기에 동의한다. 〈연산상회〉 할머니는 가게에 와서 술 마시며 뒷담화하는 사람이 있으면 아예 대놓고 경고까지 할 정도다.

"여 길갓집잉게 허지 마. 여그는 술 먹을라고 왔제 집이들이, 뭔숭볼라고 왔어? 숭보믄 나한테 들어가고 뭔 숭보제 허믄 내가 무슨 댑변 허겄어? 허지 마 나가서 혀." 그래부러. 숭보믄 안 되지. 넘 말 허믄 못써. 긍게 요것도 가게 헐라믄 입이 무거야 혀. 나불나불 쌈이나 붙이고 못써.

이처럼 가게를 하려면 입이 무거워야 한다며 가능하면 이야기판에 끼지 않으려 하고 금주는 필수라고들 한목소리로 말한다. 마을사람들에게는 마음껏 소통할 자리를 열어주면서 정작 자신은 한 발자국 떨어져서 관조자 역할을 하는 것이다. 이렇게 수십 년간의 경험을 통해 터득한 지혜로 구멍가게는 마을에서 발생할 수 있는 크고 작은 갈등의 완충지 역할을 해왔다. 완고한 마을사람들이 타성他姓바지 외지인을 한마을 사람으로 인정하게 된 데에는 아주머니의 그러한 현명한 처세술이 있었다.

그리고 또 하나, 누구도 따라올 수 없는 근면 성실도 한몫을 했다. 사실 이 아주머니는 내 손으로 아이들을 키워야 한다는 생각에서 가게를 시작했다. 육아를 병행하며 할 수 있는 일을 찾다 보니 가게만 한 것이 없었던 것이다. 가게 덕에 아이들을 품고 생활할 수는 있었지만 그만큼 잃은 것도 많단다. 마을사람들의 신임을 얻으려면 누가 보든 안 보든 늘 똑같이 성실해야 한다고 생각했다. 그래서 새벽 다섯 시면 문을 열고 밤 열 시에 문 닫는 일을 이십여 년간 하루도 거르지 않았다. 가게를 지키느라 아이들과 놀러 한 번 가본 적이 없고 입학식, 졸업식에도 참석하지 못했단다. 장성한 아들이 군대 갈 때도 잘 다녀오라는 말 한마디로 끝이었고 제대해서 돌아올 때까지 면회 한 번 가보지 못했다고 한다.

하루 문 닫는다고 누가 뭐라고 하지도 않을 텐데 그토록 지독하게 했던 것은 가게가 개인의 소유물이 아니라 마을의 공공장소라고 생각했기 때문이다. 사람들이 많이 모이고 장사가 잘되는 가게의 경우 대체로 이런 의식을 가지고 있었다. 오십여 년간 가게를 지켜온 장성의 〈삼태상회〉 할머니도 평생 가게 문을 닫은 적이 없다고 한다.

내가 요 가게 문을 평생 잠그들 못하고 산 사람이여. 어디 잔칫집 있어도 못 가. 요놈 가게 문 잠그고 가야 항께. 오직 요 가게만 보고 평생을 살았어. 어디 구경 가고, 또 누가 가자고 하믄 문 잠가 놓고 가고 요런 식으로 하믄 안 돼. 무조건 하나 차리믄 끝까지 봐부러. 마을에서 버스 불러서 구경 가도 나는 안 가.

이렇게 하게 된 것은 이 작은 구멍가게가 마을에서 맡고 있는 역할이 무궁무진하기 때문인지도 모른다. 하루에도 열두 번씩 벌어지는 술자리인가 하면, 마을 우편물과 택배 보관소이기도 하고, 현금이 필요한 사람에게 급전을 융통해주는 간이은행이기도 했다. 한때는 소화제와 반창고 등 간단한 구급약품까지 구비하고 있어서 간이약국으로 통하기도 했단다. 이처럼 다양한 분야에 걸쳐 마을의 일상 깊숙이 스며들어 있기 때문에 하루라도 문을 닫으면 소소하게나마 불편이 생길 수밖에 없다. 그러다 보니 마을사람들에게는 언제나 열려 있는 자유로운 공간이지만 정작 가게 주인에게는 바깥에 나가고 싶어도 나갈 수 없고, 하루쯤 쉬고 싶어도 쉴 수 없는 갑갑한 족쇄가 되어버렸다. 그래서 〈영천리 구판장〉 아주머니는 이렇게 말씀하신다.

인생을 다 바쳤잖아. 이게 창살 없는 감옥이야. 여기 공간에서는 그도 시간은 가지만 나갈 수가 없잖아. 친구들도 만날 수가 없잖아. 긍게 전화해서 애들하고 맨날 이야기하면 이십 분, 삼십 분썩 하지. 창살 없는 감옥이야.

가게는 인생의 많은 부분에서 아주머니에게 힘이 되어주었지만 그 때문에 일상의 소소한 재미들을 잃어버리기도 했다. 그런 사연이 조금은 안타까워 애잔한 마음이 드는데 아주머니는 의외로 긍정적이다. 현실이 그렇더라도 세상 돌아가는 대로, 물 흘러가는 대로 욕심 부리지 않고 사는 게 제일이라니 말이다. 그 말은 아쉬움이 많은 지난 세월, 아주머니 스스로에게 거는 주문처럼 들렸다.

5장

구멍가게는 어떻게 살아남았을까

야속한 관계, 모기

— 여름이 절정에 오를 무렵인 칠월, 영암에 있는 〈금월상회〉를 방문했다. 한여름이라고는 하지만 구멍가게들은 대체로 통풍이 잘돼서 항상 시원한 편이다. 손님을 많이 받아야 하니까 그렇기도 했겠지만, 동네 입구에 널찍하게 자리하고 있어서 뒷문만 열어놓으면 그야말로 천연에어컨이 따로 없는 경우가 많았다. 그런데 〈금월상회〉는 사정이 좀 달랐다. 가게의 내부 공간은 꽤 넓은 편이었는데 뒤가 꽉 막혀 있어서 통풍이 잘되는 조건이 아니었다. 그 때문에 아주머니와의 대화는 한증막에서 모래시계를 두고 벌이는 사투와도 같았다.

더위, 그리고 모기와의 사투로 힘겨웠던 금월상회.

덥기만 하면 그런대로 땀을 흘리며 참겠는데 더한 것이 있었다. 견디기
힘들 만큼 우리를 괴롭힌 것은 바로 모기였다. 〈금월상회〉에서 두세 시간
머무는 동안 모기에 물린 곳이 한두 군데가 아니었다. 진지하게 인터뷰를
하고 있으니 티를 낼 수도 없는 상황! 아주머니 얼굴만 쳐다보며 모기에
게 온몸을 고스란히 내주고 있어야만 했다. 조사를 마치고 나올 때는 간
신히 눌러 참았던 가려움이 극에 달해 정말이지 감당하기 힘든 지경이었
다. 중간중간 손이 닿은 곳은 이미 붉은 기운을 넘어 진물이 흐르고 있었
다. 〈금월상회〉가 잊히지 않은 것은 팔 할이 이 모기 때문이다.

평소 모기에 물릴 때면 물고 물리는 싸움 없이 그냥 순순히 피를 좀 나

누어주면 좋겠다고 생각했다. 모기와 나누는 피 정도야 얼마든지 내주어도 사는 데 지장이 없으니 말이다. 그렇게 상호 협의하에 일정량의 피를 기부하면 모기는 목숨을 걸고 사람에게 달려들지 않아도 되고, 우리는 견딜 수 없는 가려움에 고통스러워하지 않아도 되니 서로 얼마나 좋은 일인가 말이다. 하지만 세상의 이치가 그렇지 않다. 모기는 어떻게든 우리 피부에 촉수를 꽂아야 하고, 우리는 그런 모기를 증오하면서 없애야 한다. 참 야속하면서도 안타까운 일이다.

구멍가게 잔혹사

—　　　세상에는 모기 말고도 야속하고 안타까운 관계가 많다. 구멍가게와 농협 하나로마트의 관계가 꼭 그렇다. 〈금월상회〉 앞에도 예전에는 하나로마트가 있었다고 한다. 〈금월상회〉가 위치한 자리는 제법 큰 농협 공판장이 있어서 사람들이 수시로 드나들던 곳이었다. 유동인구가 많은 만큼 장사가 무척 잘됐을 법도 한데 꼭 그렇지는 않았단다. 바로 하나로마트 때문이었다. 저렴한 가격에 다양한 물건을 선택적으로 골라 살 수 있으니 사람들의 발길은 자연 그곳으로 향할 수밖에 없었다.

　사실 답사 초기에는 구멍가게를 찾느라 애를 좀 먹었지만 어느 정도 경험이 쌓이자 요령이 생겼다. 면 단위의 우체국이나 면사무소에 문의하면 마을 정보를 제법 얻을 수 있어서 어느 지역에 가든 관공서는 빼놓지 않고 들렀다. 그런데 바로 그 주위에 늘 농협 하나로마트가 있었다. 거의 모든 면 소재지에 하나로마트가 있는 셈인데, 시골 구멍가게의 운명은 거의 이 하나로마트가 결정했다고 해도 과언이 아니다. 물론 농촌 인구가 줄어든 것도 구멍가게의 쇠퇴를 부추기는 중요한 요인이기는 했지만 결정적인 요인은 하나로마트였다.

예전에 나주 〈이화상회〉 인근에는 오 킬로미터 안팎의 거리에 가게가 열세 곳이나 될 정도로 정말 많았다고 한다. 그런데 농협 마트가 생기고부터 하나둘 문을 닫더니 이제는 겨우 두 곳만 남았다고 한다. 주인아저씨는 그렇게 많던 구멍가게가 없어진 이유가 농협 하나로마트 때문이라고 했다.

우리가 보며는 시골 구멍가게는 못해먹게 돼 있어 정책적으로. 왜냐, 농협 하나로마트에 파는 가격에 우리는 물건이 들어와요. 그러니까 술병을 보믄 유흥업소용 있고 우리 일반 파는 용 있고 슈퍼용 있고 근디. 싸게 들어가부러. 또 음료수 같은 것을 그 사람들은 많이 파니까 싸게 줘부리잖아요. 그러믄 뭐뭐 싸드라 허고 다 가부러요. 그래갖고 우리 다시에도 가게가 거의 없어져부렀어. 살 수가 없어.

담양 〈대치서점〉 아저씨도 농협 마트가 없었을 때는 그래도 매출이 쏠쏠하니 좋았다고 한다. 학용품 사러 왔다가 과자도 사 가고, 라면이 필요해서 왔다가 음료수도 들고 가면서 장사 회전이 잘됐다. 그런데 농협 마트가 들어오면서 상황이 급격히 나빠졌다. 농협 마트와 때를 같이해 자동차나 오토바이 등 이동수단도 좋아져서 웬만큼 거리가 있는 마트도 수월하게 이용할 수 있게 된 점도 크다. 거기다가 농협 마트의 공격적인 할인

행사도 주요하게 작용했다. 영암의 〈모녀상회〉 아주머니는 농협 마트의 할인 때문에 갈수록 너무 힘들다고 말한다.

나도 문 몇 번 닫았어야 돼. 막 농협 마트에서 세일한다고 광고 들어가부러. 그런디 너무나 힘들드라고. 여그도 농협이 있지마는 하다못해 홈키파 하나도 딱 세일해부러. 나 떠는 가격보담도. 하드도 팔아먹을 수가 없어. 저 박스에는 이천 원이라고 써지고 콘을 천 원에 줌시로 우리보다가 천이백 원, 천오백 원까지 받아라 그런디, 농협에서 천 원에 팔고 있으니 누가 사 먹겠어. 애기들이 전부 내려가. 그래서 내가 공전이 될망정 너그들이 다리 아프고 거까정 뛰어갔다 오니 느그들한테만큼은 내가 천 원에 주마 그라고. 그렇게 콘 같은 거 하나도 없이 싹 나가부렀어. 이자 내가 농협 가격으로 주니까. 근디 저런 것은 한 오륙백 원에 들오믄 우리 아무리 못해도 칠팔백 원 받아야 된디 육백 원에 팔고 있어 농협에서. 이거 해먹을 수가 없어. 완전히 죽여부렀어. 밟아부렀어. 죽여만불믄 된디 죽여갖고 밟아부러 완전히. 너무 해분다니까.

물건 들여오는 가격에 다만 일이백 원이라도 붙여야 수익이 나는데 농협 마트에서는 애당초 들여오는 가격에 팔고 있고, 할인행사라도 하는 날에는 훨씬 더 저렴해져서 도저히 당해낼 수가 없는 것이다. 어차피 경쟁이 안 될 바에야 코 묻은 돈 들고 멀리까지 뛰어다니는 아이들이 안쓰러우니 한 푼 안 남아도 농협 마트 가격에 아이스크림을 주는 편이 낫단다. 그렇게 농협 마트의 등장은 동네 구멍가게를 죽여버렸다. 죽이는 것도 모

할인행사를 하고 있는 농협 하나로마트.

자라 죽여서 완전히 밟아버렸다는 아주머니 말이 무참하고도 실감 나게 들렸다.

　하나로마트가 새로 개장한 곳에 가보면 대대적인 할인행사 팸플릿이나 플래카드가 면 소재지를 비롯해 작은 마을에까지 속속들이 걸려 있는 모습을 쉽게 확인할 수 있다. '농협'이라는 프리미엄에 저렴한 가격과 다양한 상품 구색이 곁들여지면서 구멍가게뿐만 아니라 경쟁하는 다른 중대형 마트까지도 모두 고사시키는 것이 하나로마트였다. 소규모 구멍가게로서는 이러한 상황을 특별히 개선해나갈 수 있는 여력이 없으니 결국 문 닫을 시간만 기다리는 수밖에 없었다.

　〈금월상회〉도 마찬가지였다. 이미 많은 가게에서 이러한 사정을 들어온 터라 애써 물어보지 않아도 〈금월상회〉의 형편을 짐작할 수 있었다. 차분하게 말씀하시는 아주머니의 속마음을 충분히 이해할 수 있어서 격앙된 표정으로 '참 나쁜 사람들' 하고 거들었더니 아주머니의 반응이 의외였다. 사실은 하나로마트(당시는 농협 연쇄점)가 먼저 생겼고 자기는 그 후에 가게를 열었다는 것이다. 1970년대부터 있었던 농협 연쇄점 옆에 복숭아를 몇 개 놓고 팔면서 이 구멍가게가 시작됐다고 한다. 그러다가 손님이 라면을 끓여달라면 끓여주고 음료수를 찾으면 가져다 놓다 보니 이것저것 갖춘 가게가 되었단다. 완성형 가게로 시작한 것이 아니라 진화형으로 차츰 가게가 완성되어간 것이다.

초기에는 농협 마트와 취급하는 물건이 겹치지 않았던 모양이다. 굵직한 물건들은 선점자인 하나로마트의 몫이었고, 복숭아를 비롯한 과일이나 라면, 음료수, 과자를 파는 것이 〈금월상회〉의 몫이었다. 하지만 차츰 시간이 지나면서 판매하는 물건들이 겹치기 시작했다. 〈금월상회〉에서 손님 끄는 것을 보고 하나로마트도 음료수와 과자 등 소소한 품목까지 갖다 놓았기 때문이다. 초기에는 가게별로 물건을 납품받는 제조사, 즉 해태나 롯데 등이 나뉘어 있었는데, 언제부턴가 하나로마트에서 브랜드를 가리지 않고 모두 들여놓으면서 그 룰마저도 무너졌다고 한다. 그로 인해 〈금월상회〉는 구멍가게로서의 독자성이 사라져버렸다.

이때부터가 이 가게의 아픔이었다. 배려를 기대하진 않았지만 여기에서도 뭘 좀 팔 수 있게 해주어야 하는데 전혀 그렇지 못한 모양이었다. 하나로마트 직원은 하나라도 더 팔려고 악착같이 영업장을 운영했고 그럴수록 아주머니는 더 힘들었다고 한다. 이제 남은 것은 영업시간밖에 없었다. 오전 아홉 시부터 오후 여섯 시까지 영업하는 하나로마트 영업시간을 피해서 새벽 일찍부터 가게 문을 열고 밤늦게까지 장사를 했단다. 공판이 있는 날은 어차피 사람이 많이 몰리니 장사가 제법 됐다. 토요일 오후나 일요일도 하나로마트가 문을 닫으니 열심히 장사를 해야 하는 날이었다. 틈새를 찾아서 장사를 하는 것은 고역이면서 아픔이기도 했다. 아주머니는 이것을 "농협에서 다 묵고 난 찌꺼기를 주서 먹었다"고 표현했다. 그렇게 농협과 함께한 애증의 세월이 이십 년을 훌쩍 넘었다.

아름다운 상생

— 한때 구멍가게가 누렸던 호황의 흔적이 더러 남아 있는 마을이 있다. 한 마을에 겨우 하나 있을까 말까 한 가게가 놀랍게도 지척에 나란히 이웃해 있는 것이다. 보성의 〈대겸가게〉와 〈남양상회〉, 장흥의 〈호계슈퍼〉와 〈하꼬방 가게〉가 그랬다. 보성의 두 가게는 길 하나를 사이에 두고 눈인사를 주고받을 만큼 가깝고, 장흥의 가게들은 길을 건널 필요도 없이 바로 옆에 찰싹 달라붙어 있다. 업종이 다른 것도 아닌데 똑같은 가게가 어떻게 이렇게 함께 있을 수 있을까? 비결은 바로 합의에 의한 상도의를 지키는 데에 있었다.

〈대겸가게〉에서는 담배를 팔지 않는다. 〈남양상회〉가 담당하기 때문이다. 〈호계슈퍼〉도 마찬가지로 〈하꼬방 가게〉에서 취급하는 담배를 건드리지 않는다. 담배를 제외한 다른 물건들도 가게별로 정하느냐 하면 그건 또 아니다. 구멍가게에서 취급하는 품목이 거기서 거기인지라 담배처럼 특정한 것만 빼면 대개가 비슷하다. 두 가게가 이렇게 가까이 있으면 손님들도 주인들도 예민할 것 같다고 했더니 전혀 그렇지 않다는 반응이다.

나란히 이웃해 있는 호계슈퍼(왼쪽)와 하꼬방 가게(오른쪽).

그래 안 해. 술 먹을지 아는 사람들은 그 집 앞에서 술 먹는 사람들 만나믄 거기서 먹는 게 옳고. 여그서 만나서 술 먹는 사람은 여그서 먹고 그라지. 요리 올 사람을 저리 델꼬 가선 안 되지. 그것은 상도에 어긋낭께. 그것같이 미운 것 없어. 손님이 우리 집으로 올라고 한단 말이요, 그란디 "어이 이리 와 이리 와" 끄집고 그 집으로 델꼬 가불믄 그것은 상도의를 모르는 놈이여.

이웃 가게를 있는 그대로 인정하면 된다는 말이다. 다만 어디로 가든 손님 마음이지만 옆 가게에 가려는 사람을 절대 채 가서는 안 된다는 게 철칙이다. 주인은 물론 손님도 기본적으로 지켜야 할 상도의만 지키면 두 가게가 경쟁하지 않고 오래도록 사이좋게 지낼 수 있다는 것이 이분들의 경험 섞인 진리다.

농협 하나로마트로 인해 수난의 세월을 겪은 〈금월상회〉는 그처럼 함께 살아가는 가치를 일찌감치 깨닫고 누구보다도 충실하게 실행해온 가게다. 〈금월상회〉에서 한창 인터뷰를 하던 중에 옆집 아주머니가 잠시 다녀갔다. 이 아주머니는 본래 〈금월상회〉 옆에서 정육점을 했는데, 장사가 잘 안돼서 미련 없이 접고 노가다 십장으로 일하러 다닌다고 했다. 함께 장사했던 경험이 있어서인지 〈금월상회〉 아주머니와는 둘도 없는 단짝 친구였다. 그런데 곰곰이 생각해보면 두 사람은 단짝이 되기 어려운 조건이었다. 물론 취급하는 품목은 달랐지만 겹치는 부분이 꽤 있었기 때문이다. 정육점을 했지만 고기만 판 것이 아니다. 직접 고기 요리를 해서 술도 함께 팔았다. 전라도 지역에서 흔히 볼 수 있는 이른바 식육식당이었던 것이다.

구멍가게의 핵심 품목 중 하나가 바로 술이다. 그래서 구멍가게에는 한쪽 구석에 항상 술자리가 마련되어 있다. 그런 술을 옆집에서 좋은 고기 안주에 팔고 있으니 당연히 이 가게에도 영향이 있었을 것이다. 게다가 〈금월상회〉가 먼저 생겼고 정육점이 나중에 생긴 것이라면 〈금월상회〉에서 술을 팔 수 있는 권리를 주장해도 될 법했다. 하지만 아주머니는 그렇게 하지 않았다. 고깃집에서 고기 말고 취급할 수 있는 품목은 술밖에 없으니 술에 대한 권리를 그쪽으로 넘겨준 것이다. 여기에는 하나로마트로 인해 겪었던 아픔이 주요하게 작용했다고 한다.

소주 그거 내가 팔면 뭣해. 나도 아픈 것을 겪어봤는데. 내가 저
런 것을 개선했으믄 좋겠다 했는디. 돈 천 원에 내가 뭘 판다고
안 한다고 다 그리 보내고 헝게. 저 아줌마는 나보다 늦게 장사를
시작했어도 이웃을 하고. 저 아줌마가 뭐 논 것을 나는 절대 안
놓고. 저 아줌마는 이런 것을 안 놓제. 그래도 이런 것도 놓고 술
먹는 사람이 음료수도 노쇼 그런다니까 손님들이. 즈그들이 한
병이나 먹을라면서. 또 물도 노세요 그러믄 다른 것 전혀 안 놓고
술만 놓드라고. 이 옆에 왕자네 집으로 가라고. 왕자네 엄마네로
가라고.

〈금월상회〉 아주머니는 과감하게 술자리를 포기했다. 옆집과 공생하기
위해서였다. 술 마시는 자리를 만들지 않고 술은 그저 판매용으로만 두었
다. 가장 걱정했던 문제는 고깃집에서 안주만 시킨 다음 옆집 구멍가게에
서 술을 사다가 마시는 것이었다. 〈금월상회〉에서는 천 원짜리 한 장이면
살 수 있는 소주가 고깃집에서는 이천 원 정도 하니 그럴 수 있는 일이었
다. 정육점 아주머니가 술을 팔아서 남길 수 있는 이문을 보전해주기 위
해 〈금월상회〉에서는 술을 가정용으로만 판매하고 옆집으로 가져가서
먹지는 못하도록 했다. 대신 고깃집에서도 가게에서 마시는 술과 고기 안
주 외에는 다른 물건을 절대로 판매하지 않았다고 한다. 어떤 사람들은
굳이 고기 안주를 먹고 싶지 않고 간단히 술만 한잔하고 싶어서 술값을
좀 더 받더라도 〈금월상회〉에서 술을 마실 수 있게 해달라고 조르기도 했
다는데, 아주머니는 단호하게 거절했다.
　두 사람이 단짝 친구가 될 수 있었던 데는 이처럼 서로에 대한 배려가

깊게 자리하고 있었다. 술을 팔아서 얻을 수 있는 이득을 포기하고 대신 인생의 단짝 친구를 얻은 셈이다. 하나로마트에서는 찾아볼 수 없는 두 사람만의 삶의 방식이 뭉클하게 다가오는 지점이었다.

변신의 귀재, 농협 마트

— 예전부터 하나로마트가 이렇게 많지는 않았다. 하나로마트의 전신인 농협 연쇄점은 1970년 1월 장호원에서 처음으로 개장했다.[1] 농협은 그 전에도 정부의 정책과 공조하면서 소매유통점을 시도한 바 있었다. 그 첫 사업이었던 구판장 사업이 1960년대 잠깐 반짝하다가 사라졌다. 일부를 제외하고는 대개 큰 재미를 보지 못했기 때문이다. 그것을 혁신하면서도 막 시작한 새마을운동과 보조를 맞출 새로운 사업이 필요했다. 그래서 나온 것이 '연쇄점'이다.

마을 단위의 구판장과는 달리 연쇄점은 당시로서는 거대 규모의 유통점이었다. 대개 삼천여 가구 정도, 그러니까 좀 규모가 있는 면 단위 혹은 군 단위에 하나씩 개장되었는데, 이층 건물을 지어서 다양한 물건을 구비하고 주민들을 유혹했다. 사실 이렇게 연쇄점을 대대적으로 개장한 데는 오일장을 없애려는 의도가 숨어 있었다고 한다. 장호원의 경우는 실제로 연쇄점이 생기고 오일장이 없어지기도 했다. 오일장을 없애고 연쇄점을 장려한 이유가 무엇일까?

첫 번째 이유는 농촌의 노동생산성이 떨어진다는 데 있었다. 오일마다 시장을 가게 되니 시간을 많이 허비하고 그만큼 일을 적게 한다는 것이

1971년 여주군 북내면 농협 연쇄점 개점식.

다. 그래서 오일장을 십일장으로 바꾸자고 하면서 혹 있을 수 있는 불편
은 구판장이나 연쇄점을 통해 해소하라고 했다. 두 번째 이유로 음주문화
와 소비풍조를 들었다. 시장을 오가다가 만나는 얼굴들과 술 한잔하는 것
도, 필요 이상 이것저것 많이 사는 것도 저축을 장려하는 정부의 입장에
서 못마땅했던 모양이다.[2]

　외적 조건이 크게 바뀌지도 않았는데 생활문화에 깊게 뿌리박혀 있던
오일장을 십일장으로 바꾸고 그 대신 연쇄점을 이용하게 하는 것은 쉬운
일이 아니었다. 억지로 바꾸려고 해서 되는 게 아니고 물적 토대가 변화
해야 했는데, 그 점을 간과한 것이다. 오일장은 사라지지 않았고 외려 연
쇄점이 판매 부진을 겪으면서 재고가 잔뜩 쌓여 심각한 경영난에 부딪히
는 경우까지 생겨났다.[3]

1980년대에 이르러서야 비로소 농협 연쇄점의 이용객이 늘어난다. 소득 수준이 향상되면서 백화점 형식을 빌려온 연쇄점이 서서히 이용자를 확보하기 시작한 것이다. 1980년대 중흥기를 맞으면서 확장되었던 농협 연쇄점은 1990년대로 넘어오면서 지금과 같은 형태의 하나로마트로 변신하게 된다.[4] 대형할인점이 인기를 끌면서 농협도 농산물을 직거래할 수 있는 유통망을 만들기 시작했다. 이때 대도시에 하나로클럽이 생겨났고, 농촌지역에서는 기존에 있던 연쇄점을 하나로마트로 통일하고 면 단위에까지 하나로마트를 개설하여 전국적인 풀뿌리 유통망을 장악해나가기 시작했다.

금융을 담당하는 농협지점을 주요한 거점으로 확보하고 있었던 농협은 다른 대형유통망이 진출할 수 없는 농촌지역에 손쉽게 파고들 수 있는 유리한 조건을 갖고 있었다. 면 단위의 소재지에 가보면 농협지점이 반드시 있고 그 옆에 항상 하나로마트가 짝을 이루고 있다. 인구의 규모가 크면 크게 작으면 작게, 자유자재로 규모를 맞춰 가면서 하나로마트는 대형마트와 구멍가게의 중간 정도 위상을 가지고 전국의 모든 농어촌을 장악했다.

그뿐만 아니라 도시 지역에도 농산물 직거래라는 명분으로 많은 매장을 확보하면서 그 세력을 점차 확장해나가고 있다. 2020년 기준 전국에 매장을 2219곳 보유하고 있다는데, 전국의 읍면 수가 1400여 곳인 점을 감안하면 거의 모든 읍과 면에 하나로마트가 있고 도시에도 꽤 많이 있는 셈이다. 이처럼 전국 단위의 높은 매장점유율에다 2012년 이래로 삼 년 연속 소비자 선정 최고의 브랜드 대상(대형마트 부문)을 차지했고 몽골의 수도 울란바토르에까지 진출할 정도니 그야말로 하나로마트 만만세인 세상이다.

〈금월상회〉는 1973년에 처음으로 모습을 갖추었다. 새마을운동이 시작되고 공판장이 활기를 띠면서 규모가 큰 면 단위에 연쇄점이 생기기 시작한 시점이다. 당시 정부의 적극적인 지원까지 더해져서 그 힘은 더욱 막강했을 것이다. 거인과도 같은 농협 연쇄점 옆자리에서 소박한 형태의 작은 가게로 시작했으니 무척 힘들었을 것이다. 〈금월상회〉는 연쇄점이 하나로마트로 변신하는 모습도 봤고, 그 과정에서 하나뿐인 직원의 월급마저 보전할 수 없어지자 가차 없이 문을 닫는 모습까지도 지켜봐왔다. 1999년 농협 공판장이 옆 동네와 통합되면서 유동인구가 급격하게 줄어들자 수익성을 보장받지 못한 이곳의 하나로마트가 결국 문을 닫아버린 것이다.

외길 인생, 구멍가게

——   구판장이 연쇄점이 되고 연쇄점이 하나로마트가 되는 과정은 근 사십 년에 걸친 대장정이었다. 그동안 구멍가게가 예전 모습만을 그대로 유지하고 있었느냐 하면 그렇지 않았다. 우선 〈금월상회〉가 첫 모습을 드러낸 1973년의 상황이 구멍가게의 역사에서 어느 정도의 위치에 있었는지 살펴볼 필요가 있다.

〈금월상회〉 아주머니가 1970년대 초반에 복숭아를 팔며 가게를 시작한 것은 우연한 일이 아니었다. 구멍가게가 시작된 시기는 대체로 일제 강점기로 추정할 수 있다. 1920년대 신문에 이미 구멍가게, 혹은 구멍가

일제강점기 잡화점의 모습.

가라는 말이 등장하는 것을 보면 꽤 이른 시기부터 작은 규모의 소매점
이 있었음을 알 수 있다.[5] 일제강점기에 들어서면서 물건 파는 곳이 더욱
활성화되었는데 특정 상품을 전문적으로 파는 가게에 '상점' 혹은 '상회'
라는 명칭을 많이 내걸었다. 하지만 이런 가게는 웬만큼 규모를 갖춘 판
매점이었고, '가게'라는 이름을 붙이는 경우는 대체로 동네에서 살림집과
판매점을 겸하거나 작은 규모로 특정 품목만을 취급하는 곳이었다.

　지금 우리가 인식하고 있는 수준의 구멍가게는 사실상 한국전쟁을 전
후한 시기에 본격적으로 생겼다고 보는 편이 타당할 것 같다. 한국전쟁기
혹은 그 직후에 작은 규모의 생필품 가게가 여기저기 생겼는데 대개 방이
딸린 한쪽에 물건을 진열해놓고 파는 구조였다. 주인은 방문 한쪽에 조그
만 구멍을 만들어 수시로 밖을 내다보면서 손님이 오는지 확인했으며 여
기에서 '구멍가게'라는 말이 생겼다는 것이 정설이다. 일설에는 강도를

막기 위해 창문 사이에 작은 구멍을 내고 물건을 판매한 데서 유래했다고도 하고, 출입구가 구멍처럼 작아서 그런 이름이 생겼다고도 한다.

1950년대가 구멍가게의 태동기라면 1960년대는 구멍가게의 도약기라 할 수 있다. 1960년대로 넘어와 구멍가게가 차츰 붙박이 소매점으로 자리를 잡아가면서 일정한 수입이 보장되고 물건이나 현금의 규모도 커지자 사회적인 위상이 달라지기 시작했다. 이는 다음 두 기사를 비교해보면 쉽게 알 수 있다. '면세기준이 없기 때문에 떡 장사, 엿 장사, 구멍가게, 빈대떡 장사 할 것 없이 과세를 하게 되어 문제가 있다'는 1958년《동아일보》기사[6]와 '구멍가게·정액소득자 등 저소득층에 중과해서 문제'라는 1968년《동아일보》기사[7]다. 십 년 사이에 같은 신문의 과세에 관한 기사에서 구멍가게의 위상이 많이 달라졌다. 1958년에는 엿장수 등 떠돌이 상업인과 같은 부류로 취급되다가 1968년경에는 정액소득자와 같은 부류로 묶이고 있다. 물론 그렇다고 해서 구멍가게를 운영하는 사람들이 저소득층에서 벗어난 것은 아니지만 빈민층이라는 이미지는 사라졌다고 하겠다.

이렇게 달라진 위상을 반영하는 것이 구멍가게에 도둑이 들었다는 기사다.[8] 새삼스럽게 구멍가게에 도둑이 든 사건을 기사화했다는 것도 중요하지만 그 도둑의 성격도 문제다. 1965년 1월《경향신문》기사를 보면 구멍가게에 도둑이 들었는데, 그냥 좀도둑이 아니라 강도 수준이다. 그것도 사인조 떼강도. 계획적으로 손님을 가장해서 들어와 칼을 휘두르면서 돈을 훔쳐 달아났다고 하니 요즘 같으면 금은방에서나 있을 수 있는 일이다.[9] 그 정도로 이즈음에는 구멍가게의 사회적인 위상이 크게 높아졌다고 하겠다.

아이스크림과 청량음료의 보급, 라면의 출현, 장수과자의 시작과 더불어 식품의 위생과 품질에 대한 이야기가 서서히 시작되면서 구멍가게는 풀뿌리 공동체의 깊숙한 곳에 자리를 잡게 된다. 1960년대 중후반을 넘어서면서 풀뿌리 소매점으로서의 자기 위상이 확실해지고 일정한 수입도 보장받게 되어 어느 정도 수효의 가구를 갖춘 동네가 있으면 자연스럽게 구멍가게가 떠오를 정도로 충분한 자기 위상을 정립하게 되었다. 1966년《경향신문》에 실린 다음 기사를 보면, 이즈음 우리가 생각하는 보편적인 구멍가게의 이미지가 확실히 정착되었다고 할 수 있겠다.

6·25 때 머리를 잃고 겨우 축대만이, 그것도 파괴 변형된 형태로 옛 규모를 말해주는 수원성북문(장안문)을 돌아 시내버스를 내려 구멍가게로 들어가 키 만드는 집을 물어본다.[10]

곡식을 까부를 때 쓰는 '키'를 손수 만드는 집을 찾기란 쉽지 않았을 것이다. 근처인 것은 확실한데 정확히는 잘 모를 때 손쉽게 물어볼 수 있는 곳이 바로 버스정류장 앞에 위치한 구멍가게였다. 버스에서 내려 길을 묻기 위해 구멍가게로 들어가는 발걸음의 자연스러움만큼이나 동네 앞 구멍가게는 당연한 자기 자리를 잡았다고 하겠다.

1970년대와 1980년대는 우리나라 구멍가게의 전성기다. 정확히는 1975년경부터 1985년경까지다.[11] 물론 지역마다 사정이 좀 다르기는 하지만, 대체로 1970년대에 새마을운동과 함께 농촌의 구멍가게가 전성기로 향했고, 1980년대로 넘어오면서는 농촌 도시 할 것 없이 구멍가게의 문화적 위상이 더욱 뚜렷해졌다. 소득 수준이 향상되고 구멍가게에서 취급할 수 있는 공산품도 대량으로 생산되었기 때문이다. 1960년대에 구멍가게에서 파는 식품은 대개 대체재로서의 이미지가 강했다. 그러니 종류나 수효에 일정한 한계가 있을 수밖에 없었다. 이에 비해 1970년대로 넘어오면서는 여유재로서의 이미지가 강해져서 그야말로 수많은 상품이 쏟아져 나왔고, 그 때문에 종류나 수효에서 월등히 많은 물건을 팔 수 있는 시기였다.

그렇다고 1990년대처럼 대형마트나 편의점이 들어서지도 않았다. 공동체 내부 깊숙한 곳에서의 소매점, 즉 생활공간에서의 소매점은 주로 구멍가게가 담당하게 되면서 최고의 전성기를 맞이하게 된 것이다. 그러다가 1990년대 중반 이후로 급격하게 쇠락한다. 도시의 경우는 대형마트와 편의점이, 농촌의 경우는 중소 마트나 농협 하나로마트가 소매점의 자리를 새롭게 꿰차게 되었기 때문이었다.

그러니까 〈금월상회〉 아주머니가 복숭아를 팔기 시작한 1973년은 농촌 구멍가게가 도약기를 지나서 막 전성기로 접어들었던 시기였다. 젊은층의 인구가 늘고 경제성장과 더불어 소득 수준이 높아지면서 구멍가게를 중심으로 하는 소매점에서의 소비가 급격하게 증가했다. 농사짓지 않아도 구멍가게를 열심히 하면 충분히 먹고살 수 있겠다는 생각을 할 수 있게 된 것이다. 그래서 수중에 땅 한 평 없었던 아주머니는 결혼하자마자 곧바로 구멍가게를 시작한다. 농협에서 빚을 얻어 농협 연쇄점 옆에 복숭아를 비롯한 이런저런 물건을 팔 수 있는 가게를 조그맣게 꾸몄던 것이다.

구멍가게에는 있고 농협 마트에는 없는 것

— 　　　시골의 오일장을 대체하고자 했던 농협 연쇄점과 구멍가게의 전성기에 차린 소박한 복숭아 가게는 그렇게 1973년 영암 시종면에 자리를 잡게 되었다. 다행히 〈금월상회〉는 구멍가게가 호황을 누릴 무렵 시작했기 때문에 농협 마트의 억센 견제에도 꿋꿋이 버틸 수 있었다. 그런데 그토록 아주머니를 힘들게 했던 농협 마트가 먼저 문을 닫았다. 물론 유동인구가 줄어들면서 급격하게 매출이 감소했기 때문일 텐데, 〈금월상회〉라고 예외는 아니었다. 그럼에도 〈금월상회〉는 사십 년간 가게를 유지해왔다. 상식적으로 생각하면 규모와 자본의 측면에서 농협 마트와 견줄 수 없는 〈금월상회〉가 먼저 문을 닫았어야 할 것 같은데 현실은 정반대였다. 왜 그랬을까?

이 아이러니한 의문에 답하려면 보성의 〈미력슈퍼〉에서 손님 한 분을 만나야 할 것 같다. 〈미력슈퍼〉는 교통의 요지라 할 수 있는 면 소재지 삼거리에 위치한 꽤 잘나가는 가게다. 위치가 위치인 만큼 이런 가게의 경우 제법 규모를 갖춘 곳이 많지만, 〈미력슈퍼〉는 그야말로 구멍가게다. 규모가 작아도 기본적으로 유동인구가 많은 데다 지근거리에 마을사람들의 일터인 논밭이 있어서 무심코 지나가다가도, 땀 흘려 농사일을 하다가도 자주 들를 수 있는 그런 곳이다. 하지만 새로 우회도로가 생기고 근처에 하나로마트가 들어오면서부터 장사가 시원치 않다고 한다.

〈미력슈퍼〉를 찾았던 때는 한창 분주한 농사철이었다. 이른 시간임에도 손님이 제법 많이 오갔는데 가게 안쪽에 마련된 좁은 술자리를 꽤 오랫동안 붙들고 있는 아저씨가 있었다. 이십 년째 단골이라는 이 아저씨에게 그렇게 오래 드나들 정도로 이 가게에 특별한 서비스가 있느냐고 물었더니 대답이 의외였다.

　잘해준 것 없어. 잘해준 것이 아니라 내가 더 잘해부러. 저가 농협 있잖아요. 저리 가믄 다믄 십 원이라도 싼 건 사실이어. 근디 구태여 그리 안 가지. 여기서 가져가.

　아저씨의 말대로라면 주인아주머니가 특별히 잘해주는 것도 없는데 농협 마트를 이용하지 않고 굳이 더 비싼 돈을 내고 여기에 오는 이유가 무엇일까? 분명히 뭔가 있음에 틀림없다고 생각하고 단도직입적으로 다시 물었더니 더 의외의 대답이 돌아왔다.

　긍께 나도 모르겄어. 저리 가믄 싸고 그렇게 간단헌디. 나도 모르겄어. 미스테리여.

　인터뷰를 하다 보면 결정적인 순간에 이렇게 어물쩍 넘어가는 경우가 있다. 이 어정쩡한 대답은 아저씨가 내는 수수께끼처럼 여겨졌다. 딱히 정확하게 꼬집어 이야기할 순 없지만 본인만 느끼는 무언가가 있으니 그 미스터리를 찾아보라는. 한동안 〈미력슈퍼〉가 돌아가는 상황을 지켜보다가 그 해답을 찾아냈다.
　〈미력슈퍼〉는 우리가 찾은 구멍가게 중에서 장사가 가장 잘되는 곳이었다. 〈미력슈퍼〉에 머물렀던 두세 시간 동안 이십 년 단골부터 시작해 참 많은 사람이 다녀갔다. 그 때문에 도중에 인터뷰가 끊기기 일쑤였고, 손

삼거리에 위치한 미력슈퍼.

님 상대하는 아주머니를 기다리느라 제법 오래 지체할 때도 있었다. 좁다
란 가게 사방으로 드나드는 사람들을 피하다가 급기야는 여러 번 밖으로
밀려나기도 했다. 자연히 인터뷰는 지연되었고, 할 일이 없어진 우리는
오가는 손님들의 행동을 찬찬히 살펴볼 수 있었다. 여기에 정말 재미있는
구석이 많았다.

　논일 하다가 들어온 동네아주머니가 막걸리 한잔 털어 마시고는 이내
다시 일하러 나간다. 이상하게도 이 아주머니는 돈을 내지 않고, 대신 누
군가의 이름만 대고 나가버렸다. 주인아주머니께 이유를 물었더니, 오늘
뜬모(이앙기로 모심은 것 중에서 빠진 데를 때우는 작업) 하는 집에서 따로 새참

을 준비하지 않아서 품앗이하는 사람들이 그 집 이름으로 외상을 달아놓고 새참을 먹는 것이란다. 특별한 말이 오가지 않아도 동네 사정을 훤히 꿰뚫고 있는 아주머니도 신기했지만 이런 방식으로 자연스럽게 일이 맞아 돌아가는 것이 무척 놀라웠다.

그 와중에도 맨 처음 만났던 단골아저씨는 벌써 여러 차례 술자리를 바꾸어 앉았다. 마치 가게에 들르는 모든 손님을 접대하는 것처럼. 이미 얼큰하게 취해가는 기색이 역력한데 전혀 자리를 끝낼 생각이 없는지 들어오는 사람마다 붙들고 끊임없이 담소를 나누었다.

바로 이것이 농협 하나로마트에서는 볼 수 없는 광경이다. 〈미력슈퍼〉에는 마을사람들의 '관계'가 살아 있었다. 관계가 살아 있으면 이야기가 만들어질 수 있다. 단순히 판매자와 소비자의 관계만 존재하는 농협 마트에서는 이야기가 만들어지지 않는다. 반면 상업적인 기능을 뛰어넘은 구멍가게에서는 수많은 이야기가 생성되고 공유되는데, 그 이야기는 사람들의 관계를 더욱 살아 있는 것으로 만들어준다.

오늘 누구네 집에서 무슨 일을 하며, 거기에 어떤 사람들이 동원되는지 모조리 꿰고 있는 분이 〈미력슈퍼〉 아주머니다. 그러니 일하다가 들어와서 막걸리 한잔 먹고 가는 사정을 굳이 묻지 않아도 된다. 이십 년 지기 단골 아저씨는 가게를 찾는 모든 사람과 술친구여서 굳이 거들 것도 없다. 농협 마트에서는 부릴 수 없는 호사다. 농사와 관련된 일부터 동네사람들 이야기, 텔레비전에서 얻은 생활정보에 이르기까지 다양한 이야기를 함께 나눌 수 있다. 이러한 만남이 끊임없이 계속되기 때문에 구멍가게는 단순히 물건만 사는 곳이 아니라 지극히 일상적이지만 풍부한 삶의 공간인 것이다.

제 입장에서는 항상 편하고 좋아. 잘해준 것 없어요. 그냥 사람이 편해.

단골아저씨가 했던 중요한 이 말을 빠뜨릴 뻔했다. 항상 편해서 좋다는. 비싼 돈 내고 왜 오는지 모르겠다는 미스터리한 의문이 어쩌면 이 한마디로 해소될 수 있을지 모르겠다. 오히려 특별히 뭔가를 해주지 않아서 편안한 일상처럼 되어버린 것은 아닐까. 오면 오는 대로 가면 가는 대로 이 작은 가게에서 자연스레 부딪는 사람들과 끊임없이 관계를 맺고 이야기를 만들어간다. 구멍가게는 바로 그러한 일상을 이어주는 '관계의 핵심'에 위치하고 있다.

이처럼 〈금월상회〉를 중심으로 수많은 관계가 형성되어 있다 보니 단순히 장사가 안된다는 이유만으로 문을 닫을 수는 없는 일이다. 이것이 하나로마트와 구멍가게의 큰 차이이자 구멍가게의 생명력이며, 옆집 아주머니와 단짝 친구가 될 수 있었던 이유이기도 하다. 이익을 남기는 것만 생각했으면 선택할 수 없었던 길이다. 굳이 상도덕을 꺼내지 않더라도 옆집 아주머니와의 관계가 훨씬 더 소중했고, 매출이 신통치 않아도 이 가게를 필요로 하는 마을사람들의 마음을 저버릴 수가 없었던 것이다.

왕자네 가게와 피아노

— 〈금월상회〉 아주머니에게 사십 년 동안 가게를 해오면서 가장 힘들었던 점이 무엇이냐고 물었다. 대체로 이런 질문을 하면 사람 대

하는 것이 어렵다고 답한다. 사람 비위 맞추기가 너무 힘들다는 의미다.
그런데 이 아주머니의 대답은 달랐다.

아이들 교육이 제일 힘듭디다.

아들과 딸, 이렇게 자녀 둘을 키우면서 가게를 보느라 소풍이나 운동회
때 아이들과 함께해주지 못한 것이 안타까웠다고 한다. 철부지 아이들은
그런 엄마의 사정을 이해하기보다 원망이 먼저여서 항상 미안하고 힘들
었단다. 그러다가 중고등학교를 광주로 보내게 되어 아이들만 따로 나가
살다 보니 어머니로서 살뜰히 챙겨주지 못한 것이 또 못내 아쉬웠다. 그
래서인지 아주머니는 가게 때문에 자식들이 좋은 대학에 가지 못했다고
생각하고 있었다.

자녀 교육이 힘들다고 이야기하는 사람들은 대개 교육에 관심이 많다.
이 아주머니도 마찬가지였다. 그만큼 신경을 많이 썼기 때문에 힘들었던
것이다. 이 가게의 별칭은 '왕자네 가게'다. 왕자가 누구냐고 물었더니 아
들의 어릴 적 별명이란다. 몸집도 좋고 씩씩해서 아주머니가 아들을 '왕
자님'이라고 부르던 것이 마을에 퍼지면서 그렇게 불렀다고 한다.

한번은 멀쩡하게 생긴 사십대 중반의 신사가 찾아와서 어릴 때 이 마을
에서 살았다며 안부를 묻는데, 예전에 왕자네를 무척 부러워했단다. 자기
부모님은 농사일 하느라 자식들 공부에 전혀 신경을 쓰지 못했는데, 왕자
네는 아주머니가 가게를 하니까 옆에서 아이들 공부를 챙겨주는 모습이
항상 부러웠다는 것이다. 특히 왕자네 아주머니의 교육열이 대단했다는
기억을 생생하게 하고 있었단다.

이 연배의 아주머니들이 대체로 교육열이 높은 편이지만 특히 구멍가게를 하시는 분들은 조금 더했던 것 같다. 코흘리개 어린아이가 사십 년이 지나도록 아주머니를 특별하게 기억하고 있었던 이유도 그 때문일 것이다. 〈금월상회〉가 하나로마트로 인해 힘든 상황에서도 꿋꿋이 버틸 수 있었던 이유 중 하나는 바로 이러한, 아이들에 대한 교육열이었다. 어떻게 해서든 자식들만은 훌륭하게 키워내고 싶은 소망이 새벽부터 부지런을 떨게 만들었고 저녁 늦게까지 가게 문을 열도록 이끌었다. 그렇게 안간힘을 썼지만 기대한 만큼 교육이 잘 이루어지지는 못했던 모양이다. 바로 그 부분이 안타깝고 아쉬워서 아직도 가장 힘들었던 기억으로 남아 있는 듯하다.

세월의 힘은 누구도 거역할 수 없는 법인가 보다. 힘겹게 경쟁하던 하나로마트도 사라지고 사이좋게 술을 나눠 팔던 고깃집도 문을 닫았듯이, 이 가게도 그다지 오래 유지될 수 있을 것 같지 않았다.

긍게 나도 힘이 딸려서 이제는 못 허겄네. 그냥 버텨보면서 버텨보자 이러는 것이지. 힘이 있어 버티는 것이 아니고 용기로 버티는 것이지.

아마 이 용기의 밑바탕에는 무엇보다도 동네사람들과의 관계가 있을 것이다. 정만큼 떼기 힘든 것이 없고 사람 관계만큼 끊기 어려운 것이 없다. 오래 버텨온 만큼 두터워진 마을사람들과의 관계를 쉽게 놓을 수가 없어서 용기 내어 가게를 유지해온 것일 테다.

하지만 이것이 다가 아니었다. 아주머니 용기의 원천에는 뭔가 특별한 것이 있었다. 바로 '손녀딸'이다. 여섯 살인 손녀딸에게 아주머니는 큰 약속을 하나 했다. 피아노를 사주기로 한 것이다. 일곱 살에 피아노를 치면 손가락이 발달해서 공부하는 데 좋다는 말을 듣고 사주마 약속한 것이다. 그래서 손녀딸 피아노 사줄 때까지는 가게를 계속해야 한단다. 가게 수입이 그 정도는 아닌 듯해서 내심 걱정스러웠는데 다행히 방법은 따로 있었다.

- 내가 콩 농사 잘 짓고 가게 열심히 해갖고 우리 손녀딸 피아노 사주기로 약속했거든요. 오늘 전화해서 할머니 돈 다 모았냐고 하네. 피아노 살 돈 모았냐고 해. 그래서 아직 콩이 안 익었다 그랬어요.
- 조사자: 콩을 엄청 많이 심어야겠네요.
- 심었어요. 한 천 평 정도 심었어요. 돈이 적으믄 메주를 쒀야지. 콩은 일 키로에 만 원이다 그러믄 메주는 이만 원. 배로 상승해. 그렇게 머리를 돌려야지 메주로. 메주는 팔 수 있으니까. 내가 손수 만들었다, 내 밭에서 콩을 재배해서 순수 우리 것이다 그렇게 해서 팔라고.

아주머니의 힘은 이제 가게에서 나오는 것이 아니라 콩밭에서 나온다. 자식들 공부는 가게가 시켰는데 손녀딸 피아노는 콩이 사주게 되려나 보다. 거기에도 바지런한 노동은 어김없이 따라온다. 단순히 콩만으로는 이문이 많이 남지 않아서 콩을 삶아 메주로 만들어 팔아야 하기 때문이다. 자식들 뒷바라지를 위해 궂은일을 마다하지 않았던 것처럼 할머니가 된 지금도 어린 손녀의 피아노만 생각하면 고된 과정조차 즐겁게 감내할 수 있을 것 같아 보인다.

결국 사십 년 넘게 이어오던 이 구멍가게는, 하나로마트와의 대결에서도 끝까지 살아남았던 이 가게는, 손녀딸에게 피아노를 사주고 나면 문을 닫을 운명에 처해 있다. 아주머니에게는 살짝 미안한 얘기지만 〈금월상회〉의 콩 농사가 단번에 아주 잘되지는 않았으면 좋겠다.

· 쉼터 ·

슈퍼마켓의 역사

구멍가게의 역사를 짚어보는 자리에서 빼놓을 수 없는 것이 슈퍼마켓이다. 우리가 찾아간 구멍가게들의 절반 정도는 '상회'라는 이름을 가진 전통적인 구멍가게였다. '상회'는 각종 소매유통점을 이르는 전통적인 명칭으로 일제강점기 이전부터 사용되어왔다. 구멍가게가 정식 소매유통망으로 흡수되면서 일반적으로 붙였던 이름 또한 '상회'다. 그다음으로 많은 명칭이 바로 '슈퍼'다. 열에 둘 정도가 '슈퍼'라는 이름을 가졌는데, '구판장', '담배집', '점빵' 등의 이름보다 훨씬 비중이 크다. 그렇다고 해서 이름에 따라 구멍가게의 규모나 성격이 다르냐 하면 꼭 그렇지는 않다. 다만 이름이 붙여지는 역사적 상황이 가게마다 조금씩 달라서 다른 명칭으로 불리고 있을 뿐이다.

'슈퍼'라는 명칭은 대체로 1970년대 후반 무렵부터 붙여지기 시작했다. 우리나라 최초의 슈퍼마켓은 이보다 십 년 정도 이른 시기인 1964년 한남동에 개장한 '한남슈퍼'였다. 하지만 한남슈퍼는 외국인을 대상으로 한 마켓이었고, 내국인을 위한 슈퍼는 1968년 중림동에 문을 연 '뉴서울슈퍼마켓'이 처음이었다. 그런데 이때의 '슈퍼마켓'은 우리가 지금 생각하는 '슈퍼'와 차원이 달랐다. 뉴서울슈퍼마켓만 해도 삼백 평 규모였으니 지금의 대형마트와 유사한 형태다. 개장식에 대통령 내외까지 참석했고, 각종 신문에 기사화될 정도로 대단했다.

1968년 개장한 뉴서울슈퍼마켓.

　하지만 대형슈퍼마켓은 당시의 경제적인 상황으로 비추어 봤을
때, 그다지 효율적인 소매유통점이 될 수 없었다. 구멍가게보다 주
로 재래시장과 경쟁해야 했던 슈퍼마켓은 1970년대 중반까지는
제대로 수익을 낼 수 있는 형편이 아니었다. 신문기사에 따르면,
1974년에야 소비자들이 슈퍼마켓 이용에 익숙해지면서 비로소
수지 균형을 맞추게 되었다고 한다.[1] 그러니까 슈퍼마켓이 들어오
고 십 년 정도는 구멍가게에 그다지 위협적인 존재가 아니었다는
말이다.

　1970년대 중반부터 슈퍼마켓은 새로운 도약을 한다. 평균 백 평
정도로 규모가 더 작아져서 서서히 구멍가게와 경쟁하는 체제를
갖추기 시작했다. 그러면서 지역공동체 안으로 파고들기 위해 체
인 체계를 갖추고 곳곳에 체인점을 개설하기 시작했다. 서서히 대
형슈퍼체인점들이 구멍가게를 위협하자 구멍가게 역시 여기에 대

응하기 위해 자체적인 체인망을 갖추기 시작했다. 그리하여 슈퍼마켓과 구멍가게의 본격적인 경쟁이 1980년대 초부터 첨예하게 펼쳐진다.

슈퍼마켓의 강점은 가격이 싸다는 데 있었다. 그러려면 세 가지 조건이 갖추어져야 했다. 구멍가게에 비해 규모가 크고, 체인망으로 저렴한 가격에 물건이 공급돼야 하며, 실제 매장에서는 구매자가 직접 물건을 골라 계산대로 가지고 오는 이른바 셀프 서비스 방식이 필요했다. 경제적인 형편이 좋아지면서 외상과 같은 구멍가게의 장점이 많이 희석되고 싼 가격에 물건을 살 수 있는 장점이 강조되면서 서서히 슈퍼마켓으로 눈을 돌리는 소비자가 늘어갔다. 1986년 결국 구멍가게는 일부 품목에서 소매유통업의 1위 자리를 슈퍼마켓에 내주고 만다. 조미료나 식용유 같은 물건은 여전히 구멍가게에서 많이 샀지만 스낵류 등의 경우 슈퍼마켓 비중이 구멍가게를 앞지르기 시작한 것이다.[2]

밀리기 시작한 구멍가게도 그냥 보고만 있을 수는 없었다. 도시의 변두리 지역을 중심으로 1970년대 중반부터 구멍가게 조직화가 시도되었다. '근대화 연쇄점'이라는 이름으로 구멍가게의 조직을 갖추어 싼 가격에 물건을 공급하는 시스템을 만들기 위한 노력이었다. 1980년대부터 슈퍼마켓이 본격적으로 인기를 끌기 시작하면서부터는 시골에 있는 구멍가게들도 자구책을 고민하기 시작했다. 이러한 변화의 와중에 흔히 볼 수 있었던 신문기사는 '사기'다. 1981년에는 슈퍼마켓보다 싸게 상품을 공급해준다고 속여 시골 구멍가게에서 십만 원에서 삼백만 원까지 사기를 친 일당을 검거했다는 사건이 보도되기에 이른다.[3] 이 기사를 통해 당시 구멍가게가 전성기를 누리고 있어서 사기당할 정도로 큰 현금을 가지고 있었고, 슈퍼마켓보다 저렴한 공급가격에 솔깃할 만큼 슈퍼마켓의 상승세도 두드러져서 두 형태의 소매점이 경쟁관계에 있었음을 짐작할 수 있다.

이후에도 슈퍼마켓은 끊임없이 소형화되면서 구멍가게의 상권을 위협했고, 구멍가게는 슈퍼마켓화 하기 위해 열심히 조직화와 환경 개선을 해나갔다. 1980년대 중후반으로 넘어가면서는 소매유통업의 약 구십 퍼센트를 슈퍼마켓과 구멍가게가 장악하면서 치열하게 경쟁하며 서로를 닮아갔다. 그러니까 경쟁과 융합을 함께했던 것이다. 1994년의 신문기사는 슈퍼마켓과 구멍가게를 소규모 점포의 대표적인 예로 묶어서 제시하고 있으니,[4] 이즈음에 이미 슈퍼와 구멍가게의 구분이 무의미해졌음을 보여준다 하겠다.

6장

구멍가게의 변신,
이름으로 말하다

슈퍼인가 편의점인가

—   장성 북하면에는 〈백양슈퍼편의점〉이라는 간판이 걸린 가게가 있다. 슈퍼면 슈퍼고 편의점이면 편의점이지 슈퍼편의점이라니, 참기이한 이름이다. 왜 하필 '슈퍼'와 '편의점'을 나란히 두었을까? 궁금증을 참지 못해 가게 문을 두드렸는데 돌아오는 답이 너무 허망했다.

몰라요. 내가 이 가게를 하기 전부터 있었으니까. 십오 년은 넘었지. 몰라. 왜 그랬는지는.

백양슈퍼편의점.

　찜찜한 마음을 안고 밖으로 나와 간판을 찬찬히 살펴보니 특이한 점이
있었다. '백양슈퍼편의점'이라는 글자 위에 이 가게에서 취급하는 주요
제품이 열거되어 있는 것이다.

　전화카드·필름·잡화·담배·버스표

　잡화, 담배, 버스표야 지금도 취급하고 있고 필름은 아주 오래전부터 사

용되었으니 딱히 새로울 것이 없다. 그런데 전화카드! 바로 거기에 이 요상한 가게 이름을 풀 만한 열쇠가 있었다.

전화카드가 가장 활발하게 사용되던 시기는 1990년대 중반이었다. 각종 행사의 기념품이나 답례 선물로 사용될 정도로 전화카드는 그 당시 전성기를 구가했다.[1] 아마도 이러한 분위기 속에서 전화카드를 간판 맨 앞에 내세웠을 것이다. 그렇다면 가게 이름으로 '슈퍼'에 '편의점'을 곁들인 시기는 대략 이십여 년 전으로 추산할 수 있다. 편의점이 지방 도시로 확장되던 시기도 1990년대 중반이었으니 얼추 맞아떨어지는 셈이다.

그런데 아직도 의문이 가시지 않았다. 대도시도 아니고 면 단위의 시골 슈퍼가 그렇게 일찍부터 편의점이라는 말을 사용할 필요가 있었을까? 이 질문의 실마리를 풀 만한 두 가지 단서가 있다. 우선 슈퍼에 편의점이라는 말을 갖다 붙인 전 주인이 바로 광주에서 이주한 대도시 출신이었다는 점이다. 그러니까 광주에서 막 유행을 타기 시작한 편의점이라는 세련된 이름을 사용하고 싶었던 것이다. 또 하나는 이곳이 관광지라는 점이다. 북하면 소재지는 유명 사찰인 백양사 입구에 자리하고 있다. 그래서 외지인들이 많이 들락거렸을 테고, 그들의 눈길을 끌자면 좀 더 세련된 이름이 필요했을 것이다.

그렇다고 아예 '편의점'이라는 이름만 내걸기에는 부담스러운 면이 많았던 모양이다. 자그마한 시골마을에서 낯선 '편의점'만 내세우기도 마뜩잖았을 테고, '편의점'이 가진 비싸다는 이미지도 부담스러웠을 것이다. 결론은 '슈퍼'와 '편의점'을 합치는 것이었다. 물론 이 모두가 추론이기는 하지만 '슈퍼편의점'이라는 이름이 구멍가게 변천의 또 다른 국면을 이해할 수 있는 중요한 표지임은 틀림없는 듯하다.

겉 다르고 속 다른 태양수퍼

— 〈백양슈퍼편의점〉에서 몇 발자국 떼지 않은 지점에 또 하나
의 구멍가게가 있다. 이름하여 '태양수퍼'! '슈퍼'만 많이 봤던 우리에게
'수퍼'란 이름은 범상치 않았다. 간판의 글씨도 특이했는데 페인트로 글
자를 직접 써 넣은 아주 오래된 방식이다. 여기에도 분명 사연이 있을 것
같아 이유를 물으니 이번에는 대답이 아주 구체적이었다.

　옛것을 좀 지켜보려고 그랬지. 어머니가 해오시던 것이라.

　사실 슈퍼마켓이 우리나라에 처음 들어왔을 때는 '수퍼마키트'로 표기
했다. 그랬던 것이 '슈퍼마케트'로 되었다가 '슈퍼마켓'이 되고, 소규모 동
네가게에 붙는 이름으로 '슈퍼'가 많이 쓰이면서 구멍가게의 또 다른 명
칭으로 정착했다. 〈태양수퍼〉는 본래 주인아저씨의 어머니가 운영했다고
한다. 젊은 날 산전수전 다 겪으며 객지로 떠돌던 아저씨는 어머니가 돌아
가신 후 고향으로 내려와 옛 가게를 다시 시작했다. 그러면서 어머니에 대
한 기억을 더듬어 예전 이름 그대로 '수퍼'를 고수한 것이다.
　옛것을 간직하려는 마음은 또 다른 부분에도 남아 있었다. 바로 출입문
이다. 삼십 년 이상 됨직한 아주 오래된 가게에서나 볼 수 있는 나무문인
데 미색 페인트를 입힌 것만 조금 다르다. 미닫이문을 바꿀 수 있는 경제
적인 여력이 없지는 않았지만 손님과 마주하는 최초의 공간을 예전 그대
로 보존하고 싶은 생각이 더 컸던 것 같다. 그래서 유난히 깔끔한 것을 좋
아하는 아저씨가 페인트칠을 새로 하는 선에서 살짝 손을 보았다.

예전 이름을 고수하고 있는 태양수퍼.

그렇다고 해서 이 가게가 예전 모습을 그대로 재현하는 박물관 같은 장소인가 하면 그렇지는 않다. 깔끔하고 질서정연하게 정돈된 가게 내부는 간판이나 출입문의 정감과는 사뭇 달랐다. 진열장도 오래된 구멍가게에서 볼 수 있는 허름한 형태가 아니라 지금의 편의점에서 주로 사용하는 최신식이었다. 상품을 진열하는 방식에도 꽤 신경을 썼다. 품목별로 가지런히 열을 맞췄는가 하면 브랜드가 정면에 오도록 배치해서 손님들이 원하는 물건을 쉽게 찾을 수 있게 했다.

가게 내부만 놓고 보자면 밝은 조명과 세련된 상품 진열 때문에 〈백양슈퍼편의점〉보다 오히려 이곳에 편의점이라는 명칭이 더 잘 어울린다는 생각까지 들었다. 이럴 거면 굳이 '수퍼'라는 옛 이름을 고수할 필요도 없고, 오래된 출입문을 보존할 이유도 없지 않나 싶을 정도다. 〈백양슈퍼편

상표가 잘 보이도록 물건을 진열한 태양수퍼.

의점〉이 슈퍼와 편의점이라는 명칭을 함께 사용해 무척 어색한 조합을 보여주었다면, 〈태양수퍼〉는 예스러운 간판과 출입문이 가게 안의 모습과 정반대의 조합으로 다가와서 낯설었다. 그러니까 이 가게는 '수퍼'의 외양에 '편의점'의 속내를 가진 곳이었다.

변화의 현장, 장성군 북하면 약수리

—   장성군 북하면 약수리, 우리가 이곳에 주목한 이유는 바로 여기에서 구멍가게의 현재와 미래를 함께 볼 수 있기 때문이었다. 이 지역에는 유독 다양한 이름의 가게들이 공존한다. 그만그만한 거리에 여덟

곳이나 되는 가게가 밀집해 있는데, 앞에서 본 〈백양슈퍼편의점〉과 〈태양수퍼〉 외에 〈장성슈퍼〉, 〈고바우마트〉, 〈현대편의점〉, 〈파리마트〉, 〈세진마트〉, 〈복돼지슈퍼〉가 있다. 애석하게도 마지막 두 가게는 얼마 전에 문을 닫았다고 한다.

〈장성슈퍼〉는 약수리에서 가장 구멍가게다운 가게다. 살림방을 제외하고 가게 면적만으로는 네다섯 평 정도밖에 안 되는데도 간단하게 술을 마실 수 있는 탁자를 비롯해 음료수 냉장고와 아이스크림 냉동고 등 있을 건 다 있었다. 주인아주머니가 고생스럽게 농사짓다가 가게를 시작한 지는 이십오 년쯤 됐는데, 가게 하나로 자식들을 모두 가르쳤다는 점에서도 보통의 구멍가게와 같은 길을 걸었다. 하지만 IMF 이후 급격하게 바뀐 소비문화와 인근 농협 하나로마트의 영향으로 사양길에 접어들었고, 이제는 관광지를 오가는 뜨내기 담배 손님으로 그나마 유지되는 실정이다. 그래도 사람들 만나고 소일거리 삼는 정도로 가게에 만족한다고 하니 〈장성슈퍼〉도 그렇게 저물녘 한가운데로 기울고 있었다.

〈장성슈퍼〉와 가까운 거리에 규모가 꽤 큰 〈고바우마트〉가 있다. 〈고바우마트〉는 원래 〈고바우슈퍼〉였다. 2012년에 장사 더 잘되라고 슈퍼에서 마트로 이름을 바꿨는데 지금도 〈고바우슈퍼〉로 기억하는 사람이 많다고 한다. 이왕 바꿀 거면 더 세련된 '편의점'이 좋지 않았느냐고 했더니 편의점은 비싸다는 인식이 있어서 아니란다. 실제로 '마트'로 이름을 바꾼 효과가 있는지 매출이 꾸준하다고 했다.

담양 출신인 아저씨는 돈 벌러 사우디아라비아에 갔다 온 뒤 이곳에 정착했다고 한다. 남들처럼 농사지을 땅이 있는 것도 아니어서 가게에 전념할 수밖에 없었는데, 지금도 신발과 주방 잡화, 그릇에 이르기까지

약수리에 남아 있는 가게들의 위치.

만물상회라고 해도 무방할 정도로 많은 물건을 취급하고 있다. 1980년
대에 전성기를 누렸지만 역시 1997년 IMF를 계기로 내리막에 접어들었
고, 비슷한 시기에 인근의 하나로마트까지 몸집이 커지면서 급격하게 무
너지기 시작했다. 마트로 이름을 바꾼 것은 이러한 흐름을 거슬러보려는
마지막 몸부림이었다.

　〈현대편의점〉은 백양사로 들어가는 큰 도로변에 외따로 떨어져 있는데
국제결혼을 한 외국인 아주머니가 남편 없이 혼자서 운영하고 있었다. 편
의점이라는 이름만큼 내부도 깔끔하고 규모도 상당하지만 장사가 안되
기는 마찬가지여서 곧 접을 예정이라고 한다. 〈파리마트〉는 초등학교 앞
에 있는 문방구 가게다. 그나마 학교 앞이라 고정적으로 아이들이 드나들
고 있어서 근근이 유지될 뿐, 한눈에도 영 신통치 않아 보였다.

　약수리 전체로 보면 '마트'라는 이름을 가진 가게가 세 곳이었는데 한 곳이 사라졌고, '슈퍼'도 세 곳이었는데 한 곳이 사라진 셈이다. 편의점이라는 이름을 가진 가게는 슈퍼편의점을 포함해서 두 곳이다. 〈고바우마트〉도 원래는 슈퍼였다는 점을 고려하면 구멍가게 명칭의 흐름을 충분히 짐작해볼 수 있을 것 같다. 수퍼가 슈퍼가 되고, 슈퍼가 마트가 되고, 또 슈퍼가 편의점으로 나아가는 방향을 감지할 수 있다. 아직 남아 있는 가게들을 이 순서대로 나열해보면 〈태양수퍼〉, 〈장성슈퍼〉, 〈파리마트〉, 〈고바우마트〉, 〈백양슈퍼편의점〉, 〈현대편의점〉이다.

명칭이야 어찌 됐든 어느 가게나 장사가 잘되지 않았다. 그나마 형편이 나은 곳이 〈백양슈퍼편의점〉인데 약수리 한복판이자 버스정류장 바로 앞에 자리해서 아직은 손님이 있어 보였다. 그다음이 이름을 바꾸고 효과를 본 〈고바우마트〉다. 나머지는 문 닫기 일보 직전에 있었다.

이렇게 정리해볼 수 있을 것 같다. 다른 동네와 마찬가지로 지금의 구멍가게는 '슈퍼'라는 이름이 가장 잘 어울리는 형식이다. 그러니까 〈장성슈퍼〉 정도가 현재 구멍가게의 전형이라고 할 수 있다. 하지만 이러한 전형은 기울어가는 구멍가게의 역사를 반영할 수밖에 없다. 뭔가 변화가 있어야 그나마 버틸 수 있다. 〈백양슈퍼편의점〉처럼 '편의점'이라는 말을 곁들일 수도 있고, 〈현대편의점〉처럼 아예 '편의점'으로 넘어갈 수도 있다. 〈파리마트〉나 〈고바우마트〉처럼 '마트'로 변신할 수도 있다. 〈태양수퍼〉가 그랬듯이 아예 전성기를 누렸던 과거로 넘어가 추억을 자극하는 방법도 있을 수 있다.

하지만 그 어떤 방법으로도 침몰해가는 구멍가게의 역사를 건져낼 수는 없었다. 그나마 가장 효과적이었던 것은 〈백양슈퍼편의점〉이었다. 물론 여기에는 이곳이 관광지라는 점이 주요하게 작용했다. 슈퍼가 편의점과 결합하여 외지인과 내지인을 모두 공략하려던 전략은 참 그럴싸했다. 그렇다고 해도 시간을 되돌릴 수는 없었다. 〈백양슈퍼편의점〉 역시 새로 맡을 사람만 찾는다면 가게를 넘겨줄 생각이라는데 기울어가는 가게를 인수할 사람이 과연 나타날까 싶다.

이곳에도 어김없이 하나로마트가 있었다. 하나로마트는 꽤 오래전에 생겼는데 처음에는 규모도 작고 거래도 많지 않았다고 한다. 〈백양슈퍼편의점〉 아주머니 말로는 사람들의 인식이 따라가지 못했기 때문이란다. 예전에는 저렴한 가격으로 물건을 구입하는 데 대한 집착이 적었고, 함께 살아가는 이웃의 구멍가게를 이용해야 한다는 공동체적 인지상정이 더 강하게 작용했다는 말이다. 하지만 IMF를 기점으로 사람들의 생각이 바뀌었다고 한다. 이제는 싼 가격으로 물건을 구입하는 데서 오는 만족도가 아주 높아진 것이다.

〈백양슈퍼편의점〉 아주머니는 술을 예로 들었다. 하나로마트에서 술을 구입하는 가격이 이 가게로 들어오는 가격보다 싸다는 것이다. 그러니 구멍가게에서 술을 사는 데 주저함이 있을 수밖에 없다. 예전처럼 한 병씩 사서 먹는 것도 아니고 상자 단위로 구입하게 되면서부터는 가격 차이가 더욱 커졌다. 우스갯소리로 '이제는 하나로마트에서 물건을 사다가 팔아야겠다'고도 했다.

이것이 장성군 북하면 약수리에서 찾은 구멍가게의 현주소다. 구멍가게들은 어떻게든 살아남아 보려고 여러 가지 방법을 동원해보지만 이미 대세는 기울었고, 거기에 하나로마트가 가세해 얼마 남지 않은 구멍가게의 생명력을 야금야금 갉아먹고 있는 형국이랄까.

막다른 골목, 슈퍼에서 마트로

— 　　구멍가게의 현재 상황을 좀 더 살피기 위해서는 슈퍼에서 마트로의 변화를 이해하는 것이 중요하다. 앞서 이야기한 바 있듯, 1970년대 초에 유입되기 시작한 '슈퍼'는 대체로 초기에는 '수퍼'로 불렸다. 〈태양수퍼〉 아저씨가 기억하고 있는 전성기도 바로 이때쯤이다. '수퍼마키트'가 '슈퍼마케트'가 되었다가 '슈퍼마켓'이 되었다. 그러면서 슈퍼마켓과 구멍가게가 결합하여 많은 구멍가게가 '슈퍼'라는 이름을 사용하게 되었다.

'마트'라는 이름은 1990년대부터 신문에 등장하기 시작했다. 1990년에 일본의 훼미리마트가 우리나라에 처음 들어오면서 마트라는 이름이 사용되었다.[2] 동양제과에서 편의점 사업에 진출하면서 내건 상호가 '동양마트'이고[3] 선경유통이 1992년 슈퍼마켓 모델로 유통점을 개설하면서 붙인 이름도 'S마트'였다. 하지만 이렇게 붙여진 이름들은 '마트'라는 이름이 가진 본래적 의미와는 조금 거리가 있다. 원래 마트는 백화점과 슈퍼의 중간 형태에 어울리는 이름이었다. 1990년 해태유통에서 '해태마트'라는 유통점을 개점하게 되는데 여기에서 추구했던 것이 중저가의 대중대량판매점GMS이었다.[4] 백화점에서는 고가품이 거래되고 슈퍼마켓에서는 저가의 생필품이 거래되니 중저가의 대량 구매를 원할 경우 마트로 오라는 것이었다.

하지만 이런 실질적인 내용보다는 슈퍼 이후 새로운 유통망의 이름으로 마트가 쓰이기 시작했다는 점이 중요하다. 슈퍼마켓과 구멍가게가 결합하면서 많은 구멍가게가 슈퍼라는 이름을 붙이기 시작하자 슈퍼가 가지고 있었던 신선함이 퇴색했다. 그 빈자리를 마트라는 이름이 차지하기 시작한 것이다. 1994년 유통시장 전면 개방에 대비해서 한국슈퍼연합회에서 현대적인 슈퍼마켓 체인점을 마련했는데 그 이름은 슈퍼가 아니라 '코사마트'였다.[5] 이때의 경쟁 상대는 1990년대 이후 새롭게 등장한 편의점이었다. 그러니 구시대적인 슈퍼라는 이름 대신 편의점에서도 많이 사용했던 마트라는 이름을 쓰지 않을 수 없었다.

백화점 업계도 편의점이나 슈퍼마켓 시장에 적극 진출하게 되면서 다양한 형태의 마트가 새롭게 나타나기 시작했다. 뉴코아백화점의 뉴마트, 그랜드백화점의 그랜드마트, 가든백화점의 가든마트, 롯데백화점의 롯데마트(편의점)가 대개 이 시기에 등장했다. 이러한 유통시장의 변화에 대처하고자 동네 구멍가게들도 조합을 만들어 새로운 체인점으로 이름을 바꾸었는데 그마저도 'KC마트'였다.[6] 이렇듯 1990년대 중후반은 그야말로 마트 전성시대였다.

〈고바우슈퍼〉가 〈고바우마트〉로 바뀐 시점도 그 무렵이다. 슈퍼라는 오래된 이름을 마트라는 새로운 이름으로 바꿔서 신선한 느낌을 주고, 마트가 가지는 중저가의 느낌을 함께 주기 위함이었다.

하지만 이런 식으로 이름을 바꾸는 것은 매우 드문 경우다. 구멍가게의 이름은 처음 붙여진 것이 계속 이어지는 경우가 훨씬 많다. 〈고바우마트〉 주인아저씨가 시류에 적극 대처할 마음을 먹었던 것은 아마도 이곳이 면소재지이고 관광지 근처라는 점이 작용했던 듯싶다. 일반적인 시골의 구멍가게에 마트라는 이름이 붙은 경우는 지금도 거의 찾을 수 없다. 구멍가게가 기울기 시작하는 시점에 들어온 마트라는 이름을 시골 구멍가게에서까지 쓰기에는 시간이 많이 늦었기 때문이다.

유통의 새바람, 편의점

— 1990년대 이후 구멍가게의 또 다른 경쟁 상대는 바로 편의점이었다. 이 시점은 구멍가게의 쇠락기와 겹쳐 있다. 슈퍼마켓이라는 큰 파고를 슬기롭게 이겨냈던 구멍가게는 편의점이라는 새로운 유통망에 맥없이 무너지고 있는 것이다.

편의점이 우리나라에 처음으로 등장한 시기는 구멍가게가 전성기를 구가하던 1982년이다.[7] 롯데세븐이 연중무휴로 첫 개장을 했는데, 얼마 못 가서 철수하고 만다. 투자 및 관리 비용이 많이 들고 가격경쟁력이 없으며 야간이동인구가 적어서였다. 한마디로 편의점 방식이 호응을 얻기에는 사회적 분위기가 무르익지 않았던 것이다. 1988년에 노량진 C스토아가 국내 개인 자본으로 문을 열고[8] 1989년에 세븐일레븐 1호점이 서울 송파에 개장했지만[9] 역시 큰 성과를 내지는 못했다.

편의점은 1990년대로 접어들면서부터 각광받기 시작했다. 그 배경에는 신용카드 시대의 개막이라는 외적 요인이 작용했다. 신용카드와 함께 본격적으로 욕망을 소비할 수 있는 조건이 갖춰졌기 때문이다. 그와 맞물려 서서히 구멍가게식 자본주의 시대가 막을 내리고 있었다. 기본적으로 구멍가게에는 허영과 사치와 욕망의 물품이 없었다. 꼭 필요한 물건 즉 필수품, 그것도 '생활의 낮은 차원에서 소용되는 필수품'들로 가득했다.[10] 하지만 편의점은 달랐다.

1991년 외국계 편의점이 주택가까지 유입되자 구멍가게는 치명타를 입기 시작한다.[11] 이어 1992년에 편의점의 점포망이 지방으로까지 진출함에 따라[12] 구멍가게가 편의점으로 대체되는 현상이 가속화되었다.

1996년에는 유통시장이 본격적으로 개방되면서 외국계 대형할인유통점까지 자리하기 시작했다. 이때 외국계 창고형 할인점인 까르푸가 우리나라에 처음 진출했다.[13]

1997년 IMF를 기점으로 구멍가게는 급격하게 쇠락하기 시작한다. 소비가 큰 폭으로 줄어들기도 했고, 대기업과 외국계 유통기업이 지방으로 본격 진출했기 때문이기도 하다. 또한 지방의 경우, 이때를 즈음하여 농협이 유통망을 새롭게 정비하고 하나로마트를 지역 단위로까지 확장시켰다. 삼십오 년 넘게 구멍가게를 운영한 〈고바우마트〉의 주인아저씨가 IMF 때 매출이 급격하게 감소했다고 할 정도니 체감할 수 있는 매출의 변곡점이 바로 그 지점이었던 것이다. 이와 함께 1990년대 말부터 대형유통점이 속속 들어서면서 그 세를 확장하기 시작했다.[14] 자동차 수가 늘면서 원거리에 있는 대형유통점을 찾는 소비 패턴이 각광을 받기 시작한 것이다. 그러니까 구멍가게의 쇠락과 편의점의 부상은 서로 다른 맥락에서 동시에 일어났다.

이전 시기에 구멍가게를 위협했던 구판장, 연쇄점, 슈퍼마켓 등은 애초 구멍가게와는 다른 차원의 모델로 소비유통망에 뛰어들었었다. 규모, 판매방식, 공동체에서 차지하는 위상에 있어 구멍가게와는 확실히 다른 것이었다. 자기 위상이 확실했던 구멍가게는 이러한 도전을 슬기롭게 극복하고 또 융합하면서 살아남을 수 있었다. 하지만 편의점은 사정이 달랐다. 편의점은 처음부터 구멍가게와 유사한 규모와 위치로 침투해 들어왔다. 골목 어귀에 24시간 내내 환하게 불을 밝힌 편의점은 사람들의 눈에 금방 띌 수밖에 없었다.

우주선 내부처럼 밝고 쾌적하다는 조명,[15] 기호에 따라 소비하도록 유혹하고 촉진하는 유리벽[16]은 편의점의 대표적인 특징으로 자리 잡았다. 구멍가게에서 공동체적 결속에 의해 합리적인 소비가 가능했다면, 이제는 그것이 사라진 자리를 조명과 유리가 대신하면서 욕망을 소비하도록 유도하고 있다. 조명과 유리가 만들어내는 깨끗함은 편의점이 구멍가게를 이겨낼 수 있는 최고의 자산이기도 했다.[17] 거기에 다양한 제품 구색과 밤낮없는 영업시간, 냉장 보관에 대한 신뢰가 쌓였고, 여성 노동력의 사회 진출이라는 사회적 분위기까지 더해지면서 편의점은 구멍가게를 대신할 수 있는 미래의 소매유통업으로 자리 잡아가고 있다.

〈백양슈퍼〉가 〈백양슈퍼편의점〉으로 바뀌고 〈현대편의점〉이 새롭게 문을 열었던 시점도 대개 이 시기다. 시골의 경우 거주민 대다수가 노령층이어서 편의점에 어울리는 욕망을 만들어내기 어렵다. 그래서 농촌에 편의점이 들어설 여지는 많지 않다. 하지만 관광지는 달랐다. 주말이면 도시에서 몰려오는 일회성 손님이 많았고 그들은 욕망을 소비하는 데 익숙해 있었다. 이것이 궁벽한 산골인 장성군 북하면에 어설픈 모습으로나마 편의점이 들어올 수 있었던 이유다.

구멍가게, 그다음 장

—   사회환경에 발맞춘 변화가 부지런히 진행되는 점으로 미루어 앞으로 편의점의 시대가 더 활짝 열릴 것이라는 데에는 이견이 없는 것 같다. 구판장이나 슈퍼마켓과 다르게 편의점은 애초부터 구멍가게가 가지고 있던 네트워크적 속성에 능동적으로 대처했다. 그러한 특성을 사

업화하여 다음과 같이 편의점의 기본적인 속성으로 수렴해나가고 있다. 이것이 편의점이 뛰어난 창조적 적응 능력을 발휘하는 부분이다.[18]

> 질적인 차원에서 편의점은 더 이상 단순한 소매유통업이 아니다. 가게로서, 빵집으로서, 약국으로서, 문방구로서, 꽃집으로서, 사진관으로서, 금은방으로서, 가전제품 대리점으로서, 만화방으로서, 식당으로서, 술집으로서, 카페로서, 은행으로서, 여행사로서, 주민센터로서, 우체국으로서, 파출소로서, 어린이집으로서, 복지기관으로서, 구호시설로서, 문화센터로서 시나브로 편의점은 '천의 얼굴'을 갖게 되었다.[19]

사실 편의점이 가진 '천의 얼굴'은 많은 부분 구멍가게가 가지고 있었던 네트워크적 특성을 새롭게 재편한 것들이다. 매장에서 먹고 마시는 문화만 봐도 편의점에서 구멍가게의 DNA를 찾을 수 있다. 구멍가게가 실내에 탁자와 의자를 갖추고 소소한 술자리를 만들어놓았다면 편의점에는 일명 '편맥(편의점 맥주)'이 있다. 매장 밖에 놓인 파라솔 아래서 맥주를 마시는 것이다. 그뿐만이 아니다. 구멍가게는 단골손님이 가져오는 신선한 재료로 주인아주머니가 솜씨를 부리기도 하고, 라면을 끓여달라는 사람이 있으면 거절하기 어려워 작은 식당을 자처하기도 했다. 편의점 역시 반조리식품 위주의 다양한 음식을 구비해놓고 손님이 알아서 활용해 먹을 수 있도록 온수기와 전자레인지, 탁자 등을 고루 갖추었으니 더욱 편리하게 진일보한 가게 안 식당이라고 해도 무방할 것이다.

우체국과 금융 관련 서비스에서도 편의점은 구멍가게와 닮아 있다. 우체통을 활용해 마을사람들의 공과금 납부를 책임져온 〈연산상회〉와 마을의 택배 업무를 적극 보조하고 있는 〈미력슈퍼〉의 모습은 현재 편의점에 고스란히 들어와 있다. 급하게 현금이 필요할 때 돈을 빌려주던 마을은행의 역할도 편의점에서는 자동현금인출기ATM가 대신하고 있다.

이처럼 구멍가게가 담당했던 기능들이 편의점에서는 첨단기술과 장비가 동원되어 좀 더 간편하고 체계적인 방식으로 업그레이드되어 있음을 볼 수 있다. 여기에 변화하는 시대에 발맞추어 구멍가게에는 없는 새로운 역할들이 더해지면서 외연을 무한 확장하고 있으니 편의점의 진화는 어디가 끝일지 가늠할 수 없을 정도다.

이 때문에 편의점의 수는 급격하게 증가하고 있다. 한국편의점협회에 따르면 2000년 말 국내 편의점 수는 2826곳 수준이었는데 2018년 기준 4만 3632곳으로 열다섯 배가량 늘어났다.[20] 주택가나 관광지, 유흥가 등 사람의 출입이 많은 곳이면 예외 없이 편의점이 들어섰다. 이미 거의 모든 고속도로 휴게소와 대형병원에 편의점이 들어서 있고, 지하철 역사 안에서도 쉽게 찾아볼 수 있다. 사정이 그러하니 대기업들이 앞다퉈 편의점 사업에 진출하려는 이유를 충분히 짐작할 수 있다.

하지만 시골의 경우 사정이 조금 다르다. 일단 결제수단의 변화에 능동적으로 대처하기 어렵다. 시골 구멍가게에서 가장 골치 아파하는 것 중 하나가 이 문제다. 도시에서 하던 버릇으로 담배 한 갑을 사면서 내미는 카드가 무척 못마땅하다고 한다. 이문이 많지 않은 상황에서 소액상품마저 카드로 결제하면 버티기가 힘들다는 것이다.

편의점을 소화할 만큼 주거 인구가 많지 않은 것도 문제다. 공동체의 규모가 날로 작아져서 지금의 구멍가게가 사라지면 더는 가게를 기대할 수 없을 정도로 수요가 거의 없다. 면 소재지는 그래도 사정이 좀 낫지만 여기에는 농협 하나로마트가 굳건히 버티고 있다. 다만 하나로마트의 영업시간이 제한적이어서 휴일이나 밤 시간을 타깃으로 편의점이 들어설 가능성은 있다.

시골이라도 관광지의 경우 상대적으로 편의점이 들어설 여지가 많다. 관광객들이 밤늦게까지 활동한다는 점도 있지만 다양한 물품을 두루 갖추고 있다는 것도 강점이다. 특히 도시 손님들은 이미 익숙한 편의점을 이용할 가능성이 높다. 백양사를 중심으로 관광지가 형성되어 있는 장성군 북하면에는 이미 식당과 편의점을 함께하는 가게가 성업 중이다. 입지 조건이 이러한 곳에는 편의점이 계속 늘어날 것으로 전망할 수 있다.

그렇다면 구멍가게도 사라지고 편의점도 들어설 수 없는 시골마을에서는 어떻게 생필품을 구입할 수 있을까? 대안으로 나온 것이 바로 '이동슈퍼'다. 앞서 보았듯이 장성의 〈연산상회〉를 방문했을 때 이동식 가게인 만물트럭을 만난 적이 있었다. 묵직한 짐을 실은 트럭이 흥겨운 트로트 가락으로 마을 입성을 알리면 기다렸다는 듯 사람들이 모여드는데, 만물상회를 방불케 할 정도로 다양한 물건이 가득하다. 〈연산상회〉는 좀 특별하게 가게가 만물트럭과 마을의 중간에서 구매대행 역할을 했지만, 이동슈퍼가 들어오면 대개 그 마을만의 소소한 장이 열린다. 가격이 터무니없이 비싼 것도 아니고, 동네마다 정기적으로 들어오는 날을 정하기 때문에 이용하는 데에 큰 불편이 없다.

이동슈퍼의 효과가 제법이었던지 영광군 묘량면에서는 아예 협동조합의 형태로 〈동락점빵〉이라는 이동슈퍼를 마련했다. 인구도 많지 않은 데다 주민 대다수가 고령이어서 마을에 가게가 없으면 곤란할 수밖에 없는

영광군 묘량면의 이동슈퍼 '동락점빵'.

데, 차량으로 마을을 돌며 기본 생필품과 제철 농산물을 공급해주는 것이다. 여러 마을이 연합해 만든 조합에서 운영하기 때문에 효율적으로 운영할 수 있다고 한다. 이곳 외에도 이미 이동슈퍼는 농촌마을에서 쉽게 볼 수 있는 보편적인 풍경이 되었다. 구멍가게가 사라진 곳, 편의점이 들어설 수 없는 곳에서는 바로 이 이동슈퍼가 그 미래를 책임지고 있다고 하겠다.

늦게 찾아온 봄

—   다양한 형태의 소매점이 등장하고 최첨단 멀티플레이어인 편의점이 대세로 떠오르면서 구멍가게가 완연한 쇠락기에 접어든 것은 어찌할 수 없는 현실이다. 구멍가게 주인들은 대개 그 사실을 인정하고 경

제적인 수익보다 사람과의 소통에 가치를 두며 가게를 유지하고 있다. 하지만 그 와중에도 어떻게든 살아남아 보려는 움직임이 있다. 마냥 뒷짐 지고 앉아만 있다가 가게 문을 닫을 수는 없다는 것이다. 장흥 〈문흥수퍼〉는 학교 앞 문방구로 오랫동안 자리 잡아온 가게였다. 2012년 인터뷰 당시만 해도 이 가게는 그냥 가게였다. 하지만 사 년 뒤 택시업을 겸하는 형태로 변신을 꾀했다. 그러면서 간판도 '문흥슈퍼'로 바꾸고 '부산택시'라는 표지를 더했으니 가게와 운수업의 콜라보인 셈이다.

한창 호황기에는 가게가 주업이고 마을 품앗이를 비롯해 이발소, 정육점, 식당 등을 부업으로 하는 방식이 우세했다면, 이제는 반대로 가게가 부업인 상황일 것이다. 그렇게라도 버텨보려고 새로운 업종을 더해가며 외연을 확장하는 가게들이 어딘가에는 또 있을 것이다. 이런 방향 역시 비관적인 현실 속에서 구멍가게가 모색해낸 돌파구 중 하나라고 할 수 있다.

그런가 하면 조금 다른 차원에서 구멍가게의 다음을 생각하게 하는 곳이 있다. 구례 화엄사 인근에는 구멍가게답지 않게 잘 정돈된 가게가 하나 있다. 바로 〈제일슈퍼〉다. 주인아주머니가 가게를 시작한 지는 고작 팔 년밖에 안 됐다. 그럼에도 주목하지 않을 수 없었던 것은 아주머니에게 이 가게의 의미가 아주 특별했기 때문이다. 그리고 그것이 늦가을에 접어든 구멍가게의 객관적 현실 속에서 또 다른 시선으로 구멍가게를 바라볼 수 있게 한 계기가 되었기 때문이다.

〈제일슈퍼〉는 천장도 낮고 면적도 그다지 넓지 않아서 공간 자체가 전반적으로 아담한 느낌을 준다. 하지만 용도별로 갖춰놓은 진열장에 갖가지 상품을 가지런하게 진열해놓았고, 품목마다 야무지게 가격표를 만들어 붙여서 한눈에도 질서정연하다. 대개의 구멍가게가 주인만 알 수 있는

'문홍슈퍼'로 간판을 바꾸고 택시업을 겸한 문홍수퍼.

산만한 진열과 인테리어로 무질서의 현장을 방불케 하는 데 비하면 이 가게는 그야말로 정리정돈의 끝판왕이었다. 구멍가게스럽지 않은 이러한 질서는 어디에서 기인한 것일까?

〈제일슈퍼〉 아주머니를 고달프고 혼란스럽게 했던 것은 고추보다 매운 시집살이였다. 시어머니는 청상과부의 몸으로 어려운 살림을 꾸리느라 일이 몸에 배인 데다 성격도 투박해서 어린 손주들이라도 그냥 노는 꼴을 못 봤고 툭하면 욕지거리를 하기 일쑤였다. 넉넉지 않은 형편에 시동생 둘과 사남매까지 키우려니 아주머니는 삼십여 년간 인근 식당을 전전하며 궂은일을 도맡아야 했는데, 지친 몸을 이끌고 집에 돌아오면 시어머니가 시키는 일도 만만치 않아서 맘 편히 쉴 틈이 없었다. 쉽게 끝나지 않는 고단한 노동도 힘들었지만 시어머니에게서 받는 미움과 구박 때문에 마음은 더 괴로웠다.

호랑이 할머니. 막 뭐라고 한마디 하믄 머리 쥐뜯을라고 그러고. 넌 자 안 들어가믄 말이 안 되고. 없는 집 와갖고 살라고 발악을 하는데 그냥 그렇게 미워하드라고. 쳐다볼 때도 똑바로 안 보고 뭔 말을 하믄 비꽈서 말하고.

얼굴 한번 제대로 쳐다보지 못할 정도로 시어머니가 무섭고 힘들어서 도망가고 싶은 마음도 많이 들었다. 그때마다 어린 아이들이 마음을 붙잡아주었는데, 특히나 장애가 있는 큰딸 때문에 더더욱 발걸음이 떨어지지 않았다. 고부관계에 있어서는 마냥 순종적이고 여린 것 같지만 아주머니에게는 두말할 것 없이 단호한 면모가 있었다.

글써라도 좀 써놓고 갈라고 마음먹고 멫 번 썼었어. 못 살겠다고. 긍께 한번 나가므는 우리는 안 들어올 성질이거든. 그러니까 못 나간 거여.

한번 마음먹으면 반드시 실행하고 마는 성격이라 쉽게 뛰쳐나가지 못 했다는 이 말씀이 매우 인상적이었다. 그런 성격이 깔끔하게 가게를 쓸고 닦고 정리하는 것으로 드러나는 듯했다. 제대로 할 게 아니면 손도 대지 않겠다는 마음인 것이다.

수십 년 넘게 가게를 해온 분들에 비하면 이 아주머니와 구멍가게의 인연은 아주 짧다. 하지만 세월의 두께와 상관없이 아주머니에게 이 가게는 매우 중요한 의미가 있다. 가게를 인수하면서 호랑이 같기만 했던 시어머니가 돌아가셨고 자식들도 장성해 제 살길을 찾아 떠났으니 이제는 걸릴 것 하나 없이 자유로운 내 세상이 됐다. 살다 보니 영원할 것 같았던 혼란의 시간도 끝날 때가 있었다. 그래도 그 시절 맺혔던 가슴속 응어리는 여전히 한으로 남아 있다.

가난, 시집살이, 아픈 자식, 무엇 하나 정돈되지 않았던 산만한 인생을 이제라도 차근차근 정리하며 살고 싶어서일까. 아주머니는 유독 세심하게 가게 정리에 신경을 쓰고 손님들이 편리하게 가게를 이용할 수 있도록 배려를 아끼지 않는다. 나란히 줄 맞춰놓은 상품들과 손수 만든 가격표가 그런 아주머니의 속내를 여실히 보여준다. 가게에서 나오는 수익이 많지는 않지만 본인만의 방식으로 가게를 꾸미고 정리하면서 재미를 느끼고, 이전에 없었던 삶의 질서를 찾아가고 있는 것이다.

구멍가게의 시대는 저물었고 이제 다가올 겨울만 남겨두고 있는데 아주머니에게 가게는 봄이었다. 막 피어난 홀가분한 마음들이 인생의 2막을 열어주었을 때 가게가 그 시작을 함께해주었기 때문이다. 기울어가는 구멍가게의 현실을 안타까워하다가 만난 〈제일슈퍼〉, 누구에게나 구멍가게가 끝은 아니라는 생각에 이곳에서 잠시 따뜻한 그다음을 엿볼 수 있었다.

· 쉼터 ·

사라진 구멍가게

자동차를 운전하고 국도를 달리다 보면 유독 눈에 띄는 가게들이
있다. 한눈에도 족히 수십 년은 넘었을 법한 허름한 나무문과 남루
한 기와지붕, 얼룩덜룩 벗겨진 흙벽. 오래된 구멍가게 찾기에 혈안
이 되어 있을 때 그런 풍경들을 마주하면 먼발치에서부터 가슴이
두근거리곤 했다. 그런데 막상 다가가보면 실망하는 경우가 많았
다. 꽉 잠긴 문도 그렇고, 뚝 끊긴 인기척이 이 가게의 다한 수명을
말해주고 있었기 때문이다. 유리창 안으로 들여다보이는 휑한 풍

담양 대전면의 문 닫은 가게들.

강진 도암면의 폐가게(위)와 영광 묘량면의 폐가게(아래).

경에 말 못 할 아쉬움을 안고 돌아서는 날이면 좀 더 일찍 나섰어야 했다는 진한 후회가 남곤 했다.

가게 앞에 벌여둔 평상이나 담배 표지판이 남아 있는 경우는 그래도 최근까지 영업을 했던 곳이다. 이전의 흔적을 아예 지우려는 듯 그마저도 없이 초라한 건물만 동그마니 남은 곳도 많다. 그 오랜 세월이 지운다고 단박에 지워지겠는가. 참 이상하게도 가게였던 곳은 어딜 봐도 티가 난다. 빛바랜 우체통, 텅 빈 공중전화박스, 조각조각 남아 있는 홍보 스티커, 비스듬히 세워진 낡은 평상, 그리고 이쯤이다 싶은 가게 자리.

곡성 오곡면에는 어찌할 수 없는 상황 때문에 눈물을 머금은 마음이 고스란히 보이는 가게가 있다. 문을 닫는 게 영 속이 상했는

곡성 오곡면의 문 닫은 가게들.

지 간판을 차마 없애지 못하고 바닥에 내려놓았다. 떼놓은 간판이 아직 남아 있는 걸 보면 폐업을 결정한 지 얼마 되지 않은 것 같아 서 더 아쉬웠다.

　1970년대 이래 도로 정비 사업이 활기를 띠면서 인적 드문 시골에까지 매끈한 신작로가 깔렸다. 울퉁불퉁한 땅을 평평하게 다 져서 도로를 내느라 길은 높아졌는데, 그 때문에 정작 제자리를 지키고 있던 주변의 집들은 밑으로 푹 꺼졌다. 도로보다 낮은 가게를 흔히 볼 수 있는 것은 그래서다. 대표적인 곳이 나주의 〈금성슈퍼〉 였다.

　－ 조사자: 예전에 포장이 안 됐을 때는 먼지가 많이 들어왔 겠는데요?

도로보다 낮은 후산리 수퍼(위)
와 효곡슈퍼(아래).

- 그랬어. 자갈이었어. 나 시집옹께 이 집이 있긴 있었어.
  빤듯했어. 이 집이 질 때 빤듯했다네 이 땅이. 근디 이 도
  로가 높아졌다네. 차근차근차근히 올라와부렀어.

해남의 〈후산리 수퍼〉와 구례의 〈효곡슈퍼〉도 마찬가지였다. 가
게 터가 접도구역이라 집을 올릴 수도 없는 데다 새로 난 길이 높
아지는 바람에 가게 건물은 더 낮아졌다.

이제는 도로 확장도 구멍가게를 위협하는 데 한몫한다. 편리와
안전을 명목으로 기존의 도로를 삼차선 혹은 사차선으로 확장하
는 추세다. 그러는 사이 많은 가게가 수십 년간 본래 자기 자리였
던 도로변에서 밀려나 문을 닫거나 새로 이주할 곳을 찾느라 고심
하게 되었다. 길보다 낮아진 〈금성슈퍼〉와 〈효곡슈퍼〉는 인근에

또 한 번 대대적인 도로 공사를 앞두고 있다. 그 도로가 완공되고 나면 그나마도 근근이 유지하고 있는 간판을 완전히 내려야 할지, 어딘가 마땅한 자리로 옮겨 가야 할지 모르겠다고 걱정이다.

시간 단축을 위해 우회도로가 생기면서 매출에 타격을 입은 가게도 많다. 무안의 〈해광상회〉가 자리한 해제면은 타 지역에서 신안으로 들어가려면 꼭 거쳐야 하는 곳이었다. 그런데 우회도로가 생기면서 굳이 이 마을을 지나지 않고도 곧장 드나들 수 있게 됐다. 그 때문에 유동인구가 급격하게 줄어들어 가게 매출도 뚝 떨어졌다고 한다. 도로의 발달은 분명 많은 부분에서 긍정적인 효과를 가져왔지만, 구멍가게에만큼은 부작용도 컸던 것 같다.

자동차의 증가도 구멍가게의 운명에 지대한 영향을 미쳤다. 대중교통을 이용해 여행을 다니던 시절에는 대개 여행지에 있는 가게에서 필요한 물품을 구매했다. 하지만 자가용이 대중화되면서 이동과 운반이 편리해지자 아예 출발할 때부터 필요한 모든 것을 갖추고 떠나는 추세가 되었다. 그 때문에 관광지 부근의 가게라 해도 기껏해야 라면 몇 봉지, 음료수 몇 개 더 나가는 것이 다일 뿐, 큰 수익을 기대하기는 어려운 실정이다.

시대와 환경의 변화에 따라 사람살이도 변화할 수밖에 없다. 유통 생태계의 가장 밑바닥에 있는 구멍가게가 없어지는 것은 어쩌면 당연한 수순일 것이다. 답사를 나설 때마다 한두 번씩은 꼭 만나는 폐가게들이 그러한 현실을 말해준다. 어쩌면 머지않아 그마저도 사라져 시골 구멍가게의 흔적은 책 속에서나 만나보게 될지 모른다.

이런 가게들의 소임은 무엇이었을까. 더는 버틸 수 없어 간판을

나주, 화순, 보성, 강진의 폐가게들(왼쪽 위부터 시계방향).

내린 지금, 구멍가게가 담고 있었던 상업적인 기능 이외의 가치들은 어디에서 어떻게 구현되고 있을까. 조금은 아쉽고 착잡한 마음에 수명 다한 폐가게 앞에 설 때면 시간의 묘비 앞에 선 듯 숙연해지곤 한다.

"벽은 뭣으로 발라졌든디 드럽길래,

술 장시가 갖고 와서 내가 이쁜 걸로 싹 발라분 거여. 도배해부러.

저렇게 이쁜 아가씨 어디서 봤소?

누가 보믄 그래. 와따 어서 이런 걸 많이 주서났소?"

— 해남〈해성슈퍼〉주인할머니, 소주 홍보 포스터로 도배한 벽을 보며

3부

구멍가게 들여다보기

구석구석 클로즈업

7장

시간은 쌓인다

—　　　　나주의 노안삼도로를 달리다 보면 푹 꺼진 도로변에 나지막하게 들어앉은 가게 하나가 있다. 주변 도로를 포장하면서 차가 다니는 큰길이 높아지자 상대적으로 가게 터는 낮아진 탓이다. 가게에 손댄 것은 하나도 없는데 변화와 개발의 바람을 타고 세월이 만들어낸 풍경이다. 길은 끊임없이 더 편리하고 더 넓은 미래를 향해 가속도로 달리는데 그 모습을 지켜보는 구멍가게는 전혀 아랑곳없는 듯하다. 언제나 그 자리에서 똑같은 모습으로 느릿느릿 한결같은 걸음을 유지하고 있으니 말이다. 같은 시공 속에 서로 다른 속도로 달려온 두 지점, 신작로와 구멍가게는 그

도로보다 낮아진 금성슈퍼.

럼에도 불구하고 묘하게 잘 어우러져 과거와 현재를 하나의 풍경 안에 오
롯이 담아내고 있다.

〈금성슈퍼〉는 외관만 보더라도 나이깨나 먹었을 성싶다. 숨겨둔 시간
이 딱 여기에 머문 듯 고색창연한 자태가 지나가던 발길을 저절로 멈추
게 만든다. 가게 앞에는 누구라도 잠시 앉았다 가라고 낡은 평상이 놓여
있고, 오랜 세월 사람들의 손때로 반질반질해진 문틀은 푸른 이끼 가득한
슬레이트 지붕과 어우러져 그윽한 풍취를 자아낸다. 한때 짭짤한 수입원
이었던 커피자판기도 고장 난 그대로 자리만 차지하고 있지만, 동전 하나
넣으면 금방이라도 잊었던 옛 기억 하나 톡 튀어나올 것처럼 이 가게의

오십 년 역사를 차곡차곡 담아둔 듯하다.

　어울리지 않을 듯 어울리는 풍경은 가게 밖에만 있는 게 아니다. 희끄무레 닳아빠진 문턱을 넘어 들어가면 그 안에도 눈길 닿는 곳곳마다 시간을 품은 옛 물건이 가득하다. 그럼에도 이곳이 현시점의 가게라고 말해주는 것은 마트 진열대에서 흔히 볼 수 있는 과자 봉지, 편의점을 연상시키듯 냉장고 안에 줄지어 들어찬 음료들이다. 소비자의 입맛에 따라 시시각각 바뀌는 최신 인기 상품들이 반백 년 버텨온 낡은 진열장과 어우러져 오늘을 살아내고 있는 것이다. 구멍가게는 그렇게 옛 시간을 품은 채 또다시 현재의 시간을 쌓아가고 있다.

숨은 공간 찾기

—　　담양 〈대치서점〉에 들어섰을 때 가장 먼저 눈에 띈 것은 가게 한복판에 벌여놓은 진열대였다. 플라스틱 상자를 뒤집어놓고 그 위에 평평한 나무판을 올린 다음, 각종 바구니와 종이 갑을 이용해 아이들이 좋아할 만한 과자며 사탕 같은 주전부리를 종류별로 갈라놓았다. 그 뒤에 유사한 모양의 더 널찍하고 높은 진열대가 또 하나 있다. 대개의 가게에는 이처럼 진열대가 있다. 형태는 각기 다르지만 그것이 메인무대인 만큼 수요가 많은 인기상품이 자리를 차지한다.

　〈대치서점〉의 것은 사실 진열대라 하기에도, 그렇다고 진열장이라 하기에도 엉성하다. 평평한 상판과 그것을 떠받치는 하부가 있으니 얼추 평상과 비슷하다. 도심의 노점상이나 재래시장에서도 이와 비슷한 방식으

대치서점의 진열대.

로 물건을 늘어놓고 파는 풍경을 흔히 볼 수 있다. 적은 돈으로 원하는 위
치에 손쉽게 설치할 수 있는 데다 지나가는 시선을 끌어당기기에 효과적
이기 때문일 것이다.

　이런 식의 진열대는 오래전부터 구멍가게에서 통용되어온 것 같다. 무
안의 〈사야상회〉 주인아저씨 말에 따르면 예전에는 주로 시멘트바닥에
장판을 깔고 그 위에 물건을 놓고 팔았다고 한다. 영광의 〈현순상회〉 아주
머니도 처음에는 '와상臥床' 혹은 '평상平床'을 구석에다 놓고 그 위에 물건
을 진열했다고 한다. 물자가 귀했던 만큼 지금처럼 공간이나 용도별로 가
구의 종류가 다양하지도 않았고, 웬만하면 돈을 들이지 않고 있는 물건을
활용하거나 쓰임새에 맞게 만들어 쓰는 추세였다. 그러니 평상형 진열대
는 상업을 목적으로 제작한 판매설비의 초기 형태라고 할 수 있다.

조선 후기 시장의 좌판 상인.

이런 진열대의 모습은 조선시대에도 보인다. 조선 후기 시장의 풍경을 담은 위 사진을 보면, 한 상인이 평평한 나무판을 펼쳐놓고 그 위에 물건을 진열한 뒤 엉거주춤 앉아 있다. 이것을 '좌판坐板'이라고 한다. 평상처럼 받침과 상판으로 구성되어 있는데 그보다는 규모가 작고 단순하다. 무엇보다도 높이가 낮아서 쭈그리고 앉아야 물건의 면면이 제대로 눈에 들어오는데, 좌판이라는 이름은 아마도 그런 이유에서 붙여진 듯하다.

평상형 진열대는 일제강점기와 해방 이후에도 상당 기간 요긴하게 활용되었던 것 같다. 당시의 신문 연재소설을 살펴보면 구멍가게를 묘사하는 대목에 이런 형태가 자주 등장한다.

- 모퉁이의 구멍가게에서 내노았든 자반 목판을 끄러드리느라고 갈팡질팡하는 모양이 눈에 힐끈 띄었다.[1]
- 목판 위에는 세수비누, 화장지, 껌 등속이 서로 자리다툼 하듯이 빽빽이 놓여 있었다.[2]
- 목판가게에 사이다며 쥬스 등속을 늘어놓고…[3]
- 봄이나 여름이면 골목길까지 목판을 내어놓고 과일을 팔고 있던 구멍가게는 날이 추웠기 때문에 좌판을 거둬들이고 있었다.[4]

이처럼 소설에 종종 묘사될 정도로 나무로 만든 좌판, 혹은 평상을 가게 밖에 내놓고 그 위에 갖가지 물건을 늘어놓은 방식은 당시 구멍가게에서 흔히 볼 수 있는 일반적인 진열대의 형태였다. 여기에서 한 걸음 더 나아가 품목별로 따로 상자를 만들어 올리기도 했다. 〈대치서점〉이 용기에 담아 군것질거리를 구분한 것처럼 두부, 생선, 사탕 등 각각의 품목이 담긴 상자를 진열대 위에 별도로 올려놓은 것이다. 그중에서도 과자상자는 아주 매력적이었는데, 박완서의 소설《엄마의 말뚝》에 그 형태가 자세하게 묘사되어 있다.

구멍가게 좌판에는 각기 종류가 다른 사탕이나 과자가 든 나무상자에다 유리 뚜껑을 덮어 진열했었는데, 주인은 일 전짜리 손님한테는 돈만 받고 직접 집어가게 내버려 두었다. 나는 뒤편에 있는 새로운 사탕을 맛보고 싶어 앞에 있는 유리 뚜껑을 짚고 몸을 실리면서 뒤편의 뚜껑을 열려다가 그만 쨍그렁 하면서 큰 유리를 박살을 냈다.

평상형 진열대와 유리뚜껑이 달린 과자상자.

　나무로 만들어진 과자상자는 칸칸이 나뉘어 있어서 종류별로 주전부리를 구분해놓을 수 있었다. 또 상자 한쪽에 경첩을 달고 유리뚜껑을 연결해서 사탕이나 과자를 꺼낼 때마다 뚜껑을 올렸다 내렸다 할 수 있게 했다.

　과자상자에 이렇게 유리뚜껑을 단 데에는 그럴 만한 이유가 있었다. 1960년대 신문에는 비위생적인 포장 탓에 가게에서 식품을 사 먹고 병이 났다는 기사가 많이 실리는데,[5] 포장 상태가 불량인 경우도 있지만 처음부터 뚜껑이 없는 진열장에 먹거리를 놓고 판 데서 그 원인을 찾았다. 그나마 포장해놓은 것도 포장재나 기술이 현저히 떨어져서 걸핏하면 찢어지기 일쑤였으니 포장은 해도 문제, 안 해도 문제였다. 그렇듯 애매한 포장의 시대에 유리뚜껑 달린 과자상자는 상자 자체가 일종의 포장지 역할을 했던 것이다.

평상형 진열대는 공간의 단점을 보완하기 위한 장치로도 볼 수 있다. 규모가 작은 가게일수록 진열 공간을 조금이라도 더 확보하려면 문밖으로 눈을 돌릴 수밖에 없다. 여기에 운반이 용이해서 영업시간에 맞추어 편리하게 물건을 들이고 낼 수 있으니 이동식 진열대로 사용하기에 평상은 안성맞춤이었다. 그렇게 가게 밖으로 나온 평상형 진열대는 턱없이 부족한 공간 문제를 해결하는 동시에 지나가는 걸음을 붙잡기도 해서 일석이조의 효과를 가져왔다.

그런가 하면 가게 안에 또 하나의 해결책이 있다. 나주 〈금성슈퍼〉는 과자 진열장과 냉장고 사이로 사람 하나가 겨우 지나다닐 수 있을 만큼 협소하다. 그래서 가게 안에 평상을 벌여놓는 것은 상상할 수도 없다. 그렇다고 바깥 공간을 활용하지도 않았는데, 그렇다면 이런 가게에서는 어디에 물건을 진열할 수 있을까? 〈금성슈퍼〉에서는 한 번쯤 고개를 들어 위를 올려다볼 필요가 있다. 구멍가게식 상품 진열의 하이라이트가 바로 거기에 있기 때문이다.

이 가게는 천장과 맞닿은 공간을 십분 활용했다. 나무판을 쪼개 만든 선반을 윗벽에 설치하고 간장, 식용유, 세제, 전구, 두루마리 휴지 등을 올려놓은 것이다. 사용기간이 제법 길어서 한 번 구입하면 찾는 빈도가 낮은 상품들은 이런 곳에 두어도 별로 불편하지 않다. 그래서 수요가 많은 물건은 손님들 손이 닿는 곳에, 그렇지 않은 것은 이렇게 높은 선반에 올려두고 필요할 때마다 주인이 꺼내준다. 이런 식의 선반형 진열대는 다른 가게에서도 많이 찾아볼 수 있었다. 나주 〈와룡수퍼〉는 술자리와 부엌이 가게 면적의 대부분을 차지해서 사실 매장이라고 할 만한 공간이 거의 없

천장 가까이에 설치한 금성슈퍼의 선반형 진열대와 와룡수퍼의 대나무 시렁.

다. 그래서 어떻게든 물건을 놓아둘 자리가 필요했는데 다행히도 빈 틈새를 잘 찾아냈다. 천장 가까이, 벽과 벽 사이에 대나무 두 개를 걸쳐서 시렁을 만들고 그 위에 물건 상자들을 올려놓은 것이다.

작다 작다 해도 이보다 더할 순 없으니, 장흥의 〈하꼬방 가게〉는 우리가 다닌 곳 중 가장 옹색한 가게였다. 건물이 세로로 길쭉한 형태라 발 닿는 면적은 얼마 안 되는데, 상대적으로 천장이 유난히 높아서 뜬 공간이 많았다. 바로 그 점을 활용해 물건을 진열한 모습이 재미있다. 노란 테이프와 고무장갑, 플라스틱통 등 잡다한 생활용품을 비닐봉지에 넣고 천장 대들보에 대롱대롱 매달아놓은 것이다. 또 대나무 시렁을 대들보에 걸쳐서 두루마리 휴지를 얹었는가 하면, 윗벽에 나무 선반을 달아서 양초와 부탄가스를 올려놓았다. 궁하면 통한다고 했던가, 열악한 환경 속에서도

대들보와 시렁을 활용해 물건을
올려놓은 하꼬방 가게.

빈 공간을 잘 찾아내 살뜰하게도 활용했다.

　사실 이렇게 작은 시골 구멍가게에서는 손님이 직접 물건을 골라 가는
일이 많지 않다. 그래서 딱히 통로가 넓을 필요도, 매장이 클 필요도 없다.
주인아주머니 혼자 간신히라도 들어갈 수 있으면 충분하다. 그리고 그 나
머지, 비어 있는 구석을 찾아내 진열 공간으로 활용하면 그만이다. 남들
눈에는 종잡을 수 없이 어수선하고 혼란스러워 보이지만 있을 것은 다 있
을 법한 제자리에 있고, 주인아주머니는 언제나 척척 손님이 원하는 물건
을 찾아다 줄 수 있다. 여유라고는 좀처럼 없어 보이는 손바닥만 한 공간,

그곳을 가득 채운 물건들 사이에도 오직 주인만 아는 질서가 있는 것이다. 구멍가게는 그렇게 카오스(혼돈)와 코스모스(질서)가 미묘하게 공존하는 재미있는 공간이다.

유리문 진열장과 잠금장치

— 　　　진열대가 구멍가게의 숨은 공간을 책임진다면, 진열장은 가게의 가게다움을 드러내놓고 보여준다. 평상과 선반을 이용한 진열대는 일종의 보조공간으로 눈이 가는 미끼상품과 구매빈도가 낮은 생필품을 도맡았다. 그에 비해 진열장은 구멍가게의 실질적인 주 무대여서 인기 있는 대표상품들을 그럴듯한 모양새로 비치하고 있다. 그래서 제대로 가구다운 틀을 갖추고 있는데 가게마다 그 형태가 달라서 찾아보는 재미가 있다.

담양 〈용구상회〉의 진열장이 그중 하나다. 〈용구상회〉에는 출입문을 사이에 두고 양쪽에 똑같은 모양의 나무 진열장이 하나씩 놓여 있다. 위 칸과 아래 칸으로 구분된 이 진열장에는 각각 미닫이 유리문이 달려 있어서 장식장 같은 느낌을 준다. 가게 문을 처음 열 때부터 함께했다고 하니 그 세월도 삼십 년이 훌쩍 넘었다. 군데군데 금이 간 유리며 부서진 문틀, 덧대 칠한 페인트가 지나온 시간을 말해준다. 그래도 아직은 끄떡없다. 무너진 부분에 노란 테이프만 딱 붙여주면 제 기능을 하는 데 별 문제가 없기 때문이다.

주인할머니 말에 따르면, 몇 년 전 낡은 집을 허물고 새로 건물을 지으

용구상회의 유리문 진열장.

면서 가게도 보수를 했다고 한다. 그때 진열장을 새로 짜 넣으려고 했는데 유리문 없이 앵글로 만드는 것만 가능하다기에 칠만 새로 해서 지금까지 쓴다고 한다. 값나가는 귀중품을 취급하는 것도 아닌데 그깟 문이 무엇이기에 새 진열장까지 포기했는지 언뜻 이해가 가지 않았다. 고개를 갸웃하던 중 문틀에 움푹 파인 구멍을 발견했다. 뭔가 특별한 쓰임새가 있는 흔적인 것 같았는데, 그것이 바로 문 달린 진열장의 비밀을 풀 열쇠였다.

〈용구상회〉는 초등학교와 이웃한 학교 앞 문방구 가게다. 그래서 정식으로 등록된 상호는 '용구상회'지만 마을에서는 예나 지금이나 '학교점방'이라고 부른다. 한창 장사가 잘되던 시절에는 한꺼번에 쏟아져 들어오는 아이들을 할머니 혼자서 감당할 여력이 없었다. 그래서 문 달린 진열장이 필요했는데 여기에는 잠금장치도 필수였다. 미닫이문이 겹치는 부분에

홈을 파고, 거기에 가늘고 긴 쇠막대 열쇠를 넣고 돌렸다 빼는 방식으로 잠금장치를 만든 것이다. 그러니까 이 진열장은 도난 방지의 역할을 했던 것이다. 지금은 폐교되었지만 학교와 인접해 있던 가게들에 여지없이 비슷한 형태의 진열장이 있는 걸 보면 문 달린 진열장은 문방구 가게에서 특히 효용이 컸던 것 같다.

그때는 그럴 만한 이유가 있었다 해도 손님이라곤 고작 하루에 서넛이나 될까 말까 한 지금도 유리문을 고집하는 이유가 뭘까? 할머니가 힘주어 말하기를, 물건을 그냥 두면 먼지가 쌓여서 보기 싫다며 진열장에는 꼭 문이 있어야 한단다. 듣고 보니 일리가 있다. 한때 할머니의 눈이었던 삼십 년 지기 진열장은 이제 그 역할을 바꾸어 한없이 무뎌진 할머니의 일손을 돕고 있다.

담양의 〈강쟁상회〉에도 고풍스러운 분위기가 물씬 묻어나는 진열장이 있다. 크기도 꽤 크지만 주인할머니가 관리를 잘하신 덕분에 부서진 데 하나 없이 깔끔하다. 여기에도 미닫이문이 겹치는 지점에 잠금장치의 흔적이 남아 있다. 까딱하다가는 무너져 내릴 것 같은 여수 율촌면 〈담배집〉 진열장에는 유리문 끝에 쇠고리를 달아서 자물쇠를 걸 수 있게 했다. 이 외에 장성 〈아치실 가게〉, 나주 〈금성슈퍼〉, 해남 〈해성슈퍼〉에도 형태는 조금씩 다르지만 잠금장치를 갖춘 유리문 진열장이 있었다. CCTV의 개념조차 없던 시절에는 이런 형태의 진열장이 일종의 도난 방지 역할을 겸했기 때문에 많은 가게에서 선호했던 것 같다. 도둑도 도둑이지만 물자가 귀했던 만큼 과자 한 봉지에도 신중을 기했던 조심스러운 마음이 녹슨 잠금장치에 고스란히 담겨 있는 듯하다.

율촌면 담배집의 유리
문 진열장.

여럿이 함께

— 급속한 경제성장과 더불어 다양한 상품이 넘쳐나고 구멍가
게도 호황을 맞으면서 더 많이, 더 효율적으로 물건을 진열할 필요가 생
겨났다. 그래서 나온 것이 일정한 규격으로 칸칸을 나누어 만든 책장형
진열장이다. 장성 홍길동 테마파크 뒤편에는 오십 년째 이 자리를 지키고
있는 〈아치실 가게〉가 있다. 오래 묵었다고 마냥 정감 어린 것만은 아닐
텐데, 이 가게는 사람살이와 주변 환경이 멋들어지게 어우러져서 눈을 뗄
수 없는 정경을 자아낸다. 찌그러진 양철지붕에 얼룩덜룩한 흙벽, 그 앞
에 버티고 선 아름드리 단풍나무는 이 작고 오래된 가게를 지키는 호위무
사 같다. 또 가겟방을 데우는 아궁이가 밖으로 드러나 있어서 불을 지필
때마다 거뭇거뭇한 그을음이 벽을 타고 올라와 이 가게만의 나이테를 만
들었다.

세월의 정취가 가득한 아치실 가게.

　외관만큼이나 가게 안은 구석의 향연이다. 두 칸 방 사이에 좁다란 툇마루가 있는데, 놀랍게도 거기에 가게를 꾸렸다. 그러니 물건이라고 해봐야 열 손가락 안에 꼽을 정도다. 그나마도 방치되어 있다시피 한 라면과 담배를 제외하면 소주 열댓 병, 간장 서너 병이 다인데, 물건을 늘어놓은 진열장이 하도 옹색해서 눈길을 끌었다. 투박하게 틀을 짜고 엉성한 선반을 가로걸어서 간신히 모양새를 갖춘 것이 한눈에 봐도 버려진 나무판자를 주워다가 대강 두드려 맞춘 듯했다.

　이런 식의 진열장은 구멍가게에서 가장 흔하게 볼 수 있는 형태다. 무안의 〈해광상회〉와 영암의 〈대신부인회〉에는 〈아치실 가게〉와 비교할 수

아치실 가게, 대신부인회, 남양상회의 책장형 진열장(왼쪽부터 시계방향).

없을 만큼 잘 다듬어진 나무 진열장이 벽면에 가지런히 들어차 있다. 유리문 진열장처럼 굳이 문을 달거나 뒤판을 대지 않고 가로세로 판목만 연결하면 되니 공정이 단순해서 가격도 저렴한 데다 공간 활용도까지 높아서 상품을 진열하는 용도로 그만이다. 형태는 같지만 재료를 달리해서 만든 경우도 있다. 바로 철제 앵글로 조립한 진열장이다. 나무 진열장은 못질로 고정해서 제작하기 때문에 한번 완성하면 변형이 어렵지만, 철제 조립장은 언제든 원하는 위치에 원하는 모양으로 다시 조립할 수 있어서 실용성이 크다. 그래서인지 웬만한 가게에 철제 조립장 하나쯤은 꼭 있다.

재미있는 것은 어느 가게든 한 가지 형태의 진열장만 고집하지 않는다는 점이다. 대표적인 곳이 영광의 〈현순상회〉다. 이 가게는 사방 벽을 두르고도 모자라 가게 한복판까지 여러 진열장이 공간을 가득 메우고 있다.

그중 유독 눈길을 끄는 것이 하나 있다. 높낮이가 들쑥날쑥하고 나무판의 두께도 제각각이어서 한참이나 부실해 보인다 했더니 주인아주머니의 남편이 버려진 나무판자를 주워다가 어설픈 솜씨로 만든 것이란다. 그런 가 하면 서점을 운영하던 지인이 폐업하면서 기증한 책장을 가로로 길게 놓기도 했다. 이렇게 필요할 때마다 각기 다른 곳에서 각기 다른 사연을 안고 들여왔는데, 생김새는 달라도 한 공간에 모아놓으니 묘하게 한 식구 같은 느낌이 난다.

영암의 〈모녀상회〉와 〈세홍상회〉도 각종 진열장을 구경하기에 좋은 가게다. 특히 이 두 가게에는 전혀 예상치 못한 장면이 있어서 흥미로웠다. 오래된 나무 진열장과 철제 조립장 사이에 도시의 마트나 편의점에서 흔히 볼 수 있는 편의점식 진열장이 섞여 있는 것이다. 속도는 달라도 사람 사는 곳이면 어디든 변화의 바람이 불게 마련이니 시골 구멍가게라고 예외는 아니다. 물자가 넘쳐나고 새로운 기술들이 쏟아지면서 하루가 다르게 동종업계 간의 경쟁이 심화되어가는 요즘, 옛것만 고집해서는 살아남을 수 없다는 심리가 이렇게 최신식 진열장을 들이는 것에서도 나타난다.

구멍가게에는 이처럼 적게는 한두 종류, 많게는 서너 종류의 진열장이 한데 어우러져 있다. 물론 처음부터 의도적으로 다양성을 추구했던 것이 아니다. 단출하게 유리문 진열장 하나로 시작했다가 철제 조립장을 더하는가 하면, 평상형과 책장형이 공존하기도 하고, 거기에 편의점식 진열장을 곁들이기도 했다. 서로 다른 시간이 뒤섞여서 도무지 어울릴 것 같지 않은 이 조합은 오랜 세월, 변화의 바람을 맞으며 구멍가게가 걸어온 흔적을 말해주는 것 같아서 오히려 아주 잘 어울리는 옷을 입은 듯하다. 가

현순상회(위)와 모녀상회(아래)의 다양한 진열장들.

게마다 다른 진열장 풍경에는 그 가게만의 내력이 고스란히 담겨 있으니, 겉보기에는 상품 배열이 다인 것 같아도 그 이면에는 사실 구멍가게의 시간이 전시되어 있는 것이다.

나만의 비밀번호

—   장흥 〈하꼬방 가게〉는 구멍가게라는 말이 딱 들어맞을 정도로 공간이 작고 좁다. '하꼬방'이란 저렴한 재료로 엉성하게 지은 판잣집을 말한다. 〈하꼬방 가게〉의 내력은 이렇다. 가게를 차리고는 싶은데 가진 게 워낙 없다 보니 달리 방법을 찾아야 했다. 그래서 밤중에 남의 산에 몰래 들어가 솔가지를 베어다가 겨우겨우 오두막 형태만 갖춰놓고 장사를 시작했다. 주인할머니는 그때를 되짚으며 '서럽게, 서럽게 지은 집'이라고 했다. 그 사연이 서글퍼서일까. 시간이 흘러 지금의 모습으로 가게를 다시 지었어도 사람들은 처음 그대로 '하꼬방'이라고 부른다.

새로 지은 가게도 결코 크지 않다. 서너 평이나 될 만한 면적에 잡다한 물건들이 발 디딜 틈 없이 꽉 들어차 있는데 그 와중에 술탁자까지 있다. 신기하다 못해 경이롭기까지 한 광경에 눈을 동그랗게 뜨고 구석구석 둘러보는데 한쪽 벽에 정체를 알 수 없는 숫자들이 주르륵 적힌 종이가 붙어 있다. 1에서 10까지 줄 세워서 꾹꾹 눌러 쓰고 각각의 숫자 옆에 천, 만 단위의 숫자를 병기했다. 그런 식으로 만들어 붙인 종이가 여섯 장이나 된다.

수열을 활용해서 배로 늘어나는 숫자들을 표시한 것일까 생각해보았지만 시골 구멍가게에서 그 무슨 황당한 추측일까 싶다. 왜 저런 조합을 써놓았는지, 그것은 또 무슨 의미인지 여쭤보았더니 '나만의 비밀번호'라며 안 가르쳐주려 하신다. 그중 하나에 '소주'라는 글자가 적혀 있기에 상품 가격이 아니냐고 지레짐작했더니 그제야 웃으며 말씀하신다.

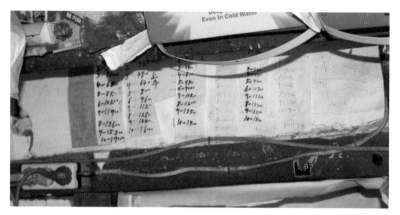
하꼬방 가게 벽에 붙어 있는 가격표.

늙어농게 옛날 머리하고 틀려. 여러 개 가져가믄 계산허기가 복
잡헝께 언능 계산을 헐라고. 저놈을 쳐다보믄 금방 알아.

물건 값을 일일이 계산하기가 번거롭고 실수도 잦아서 한 개 사면
1700원, 두 개 사면 3400원, 세 개 사면 5100원… 하는 식으로 아예 수
량별 가격을 적어놓은 것이다. 젊은 날엔 잘 돌아가는 머리로 암산 한 번
하면 끝이었는데 이제는 나이가 들어서 암산은커녕 물건 가격을 잊어먹
기도 일쑤다. 그래서 이렇게 표를 만들어 붙였더니 여간 편하고 믿음직스
러운 게 아니란다.
　구멍가게에는 이처럼 자기만의 방식으로 가격표를 만들어놓은 곳이
많다. 봄비가 촉촉이 내리던 삼월, 영광 〈현순상회〉에도 빗줄기가 떨어지
듯 뚝뚝, 까만 글줄들이 여기저기 떨어져 있었다. 가게 중앙의 허술한 수
제 진열장에 칸칸마다 깨알 같은 글자가 적혀 있고, 그 둘레의 크고 작은

현순상회 진열장에 쓰여 있는 가격표.

진열장에도 일정한 간격을 두고 줄줄이 글자들이 쓰여 있다. 자세히 들여다보니 그것은 다름 아닌 물건 가격이었다. 간장이 놓인 곳에는 간장 가격, 세제가 놓인 곳에는 세제 가격, 라면이 놓인 곳에는 또 라면 가격을 적어놓은 것이다.

뭐가 급했는지 대개 진열장에 곧바로 써놓았다. 그러다가 가격이 오르면 견출지에 새 가격을 써서 덧붙였는데 견출지도 삐뚤빼뚤, 글씨도 괴발개발이다. 물건을 상자째 올려놓은 경우에는 상자 겉면에 낱개 가격을 써서 한눈에 잘 알아볼 수 있게 했다. 그렇게 기분 내키는 대로 써놓은 가격표만 봐도 주인아주머니가 얼마나 무던한 성격인지 짐작할 수 있다.

해남 〈해성슈퍼〉는 그보다 한 수 위다. 가격은 표기해야겠는데 어떤 방

상품 용기에 써넣은 해성슈퍼의 가격표.

식으로 할지 생각하고 말 것도 없다. 상품 자체에 직접 써버리면 그만이기 때문이다. 그마저도 글씨가 예쁘지도 가지런하지도 않다. 주인이 알아볼 수 있을 정도로만 대충 끄적거린 수준인데 얼핏 보면 꼭 낙서 같다. 있는 물건도 반짝반짝 광이 나게 쓸고 닦아야 할 판에 아무렇게나 글자를 써놓다니 이게 대체 무슨 심리일까. 딴엔 그렇다. 간장병에 간장이 있으면 되고 세제통에 세제가 들어 있으면 되지 그깟 플라스틱 용기에 글자 하나 쓴다고 문제 될 게 무엇인가 말이다.

그렇더라도 이왕이면 좀 정갈하고 반듯하게라도 쓰면 좋으련만 너무 성의 없는 게 아닐까 싶었는데, 알고 보니 이 가격표는 손님을 위한 것이 아니었다. 시골 구멍가게에서 물건을 사는 가장 간단한 방법은 주인에게 직접 달라고 하는 것이다. 인터뷰 중에 만난 손님 대다수가 그런 방식으

일목요연하게 정리한 남양상회(왼쪽)와 금월상회(오른쪽)의 가격표.

로 물건을 사 갔다. 처음부터 제 눈으로 찾을 생각은 조금도 없이 일단 주문하고 본다. 그러면 주인이 자기만의 질서로 어딘가에 올려둔 물건을 척척 내오고, 손님은 주인이 달라는 대로 값을 치른다. 그러니까 이 가격표는 순전히 나이 들어서 기억이 가물가물해지는 주인아주머니 자신을 위한 것이다.

보성 〈남양상회〉와 영암 〈금월상회〉에 가보면 가격표가 처음부터 주인의 편의를 위해 만들어진 것임을 더더욱 확신할 수 있다. 〈남양상회〉에는 한눈에 보기에도 일목요연하게 정리된 가격표가 있다. 컴퓨터 자판을 두드려서 물건 가격을 일일이 작성하고 A4용지에 깔끔하게 출력까지 해서 진열장 옆면에 붙여둔 것이다. 아무리 봐도 주인할머니 솜씨는 아닐 듯한데, 과연 인근 초등학교에서 행정 일 보는 큰아들의 작품이란다.

〈금월상회〉도 비슷하다. 오십여 종의 상품명 옆에 각각의 가격을 나란히 적은 방식은 똑같은데 일일이 손으로 썼다. 해 넘긴 달력 뒷면을 재활용한 탓에 정갈한 손글씨 사이로 큼지막한 달력 속 숫자가 은근히 내비친다. 이렇게 가격표를 정리해둔 까닭을 물으니 간혹 남편이 대신 가게를 봐주는데 그럴 때 참고하라고 적어두었다고 한다.

그런데 구례 〈제일슈퍼〉는 성격이 좀 달랐다. 일단 한눈에 보기에도 가격표에서 성의가 물씬 느껴졌다. '손글씨 가격표란 이렇게 만드는 것이다'라고 표본을 제시하듯 깔끔하고 질서정연했다. 〈제일슈퍼〉는 화엄사 인근에 자리해서 외지 관광객의 발걸음이 잦은 곳이다. 그래서 다른 가게에 비해 품목도 다양하고 같은 종류라 해도 수량이 제법 많았다. 상품 진열도 종류별로 가지런히 해놓았는데 그 옆에는 반드시 가격을 적어놓은 종이가 있었다.

아이스크림 냉장고 위에는 각종 아이스크림 가격을 표기한 종이가, 컵라면 옆에는 또 그에 해당하는 가격표가 있다. 특히나 '인상 1,080'이라고 적힌 이 종이는 물건 값이 올랐다는 내용까지 포함하고 있어서 글자에 담긴 주인아주머니의 친절에 절로 미소 짓게 된다. 껌, 통조림, 과자 등에도 여지없이 네모반듯하게 가격표를 만들어 붙였다. 손글씨라는 점만 제외하면 편의점과 대형마트에서 볼 수 있는 가격 표기 방식과 다르지 않다. 이렇게 물건마다 하나하나 정성을 들여 가격표를 만들어 붙인 것은 온전히 손님에 대한 배려로 보인다. 가게의 입지상 외지 손님이 많아서 한눈에 쉽게 알아볼 수 있도록 한 것이다.

그러고 보니 영광 〈현순상회〉 가격표도 일면 이와 같은 맥락으로 이해된다. 〈현순상회〉는 인근에 원자력발전소가 있어서 한때 발전소 직원들과 외지 손님으로 호황을 누리던 시절이 있었다. 드나드는 사람이 많고

품목마다 가지런하게 가격표를 만들어 붙인 제일슈퍼.

매출 규모가 클수록 소비자의 시선에 맞춘 서비스가 생겨나는 것은 당연
하다. 〈현순상회〉 진열장에 물건별로 빼곡히 가격을 써놓은 것은 바로 그
런 이유 때문인 듯하다. 이 점이 주로 마을을 상대하는 가게와 다른 지점
이다. 구멍가게의 가격표는 그렇게 필요에 따라 만들어진 그들만의 비밀
번호다.

그들만의 포스트잇

—   십일월에 접어든 장성 〈연산상회〉는 안 그래도 없는 손님,
그마저도 더 뜸한 농한기 구멍가게의 모습을 여실히 보여준다. 뚝 끊긴

인적만큼이나 주인할머니의 손길도 언젠가부터 딱 멈춘 듯, 가게에는 해묵은 시간의 흔적만 넘쳐난다. 시커먼 먼지로 돌돌 둘러싸인 전선이 빨랫줄처럼 여기저기 걸쳐 있는가 하면, 낮은 천장이며 기둥에 제 세상 만난 거미들이 열심히도 집을 지어댄다. 언제 칠하고 말았는지 누렇게 바래버린 흰 벽은 군데군데 갈라져 금이 간 데다 어지럽게 나붙은 종잇조각, 희미해진 글자들이 얼룩덜룩 지나온 날들을 추억한다. 오래된 구멍가게를 둘러보노라면 때로 마음이 심란해진다. 낡고 허름해도 주인의 바지런한 손길이 닿은 곳엔 나름의 정취와 온기가 있다. 하지만 어디서부터 손대야 할지 모르게 방치되다시피 한 곳은 늙어가는 주인할머니를 따라 가게도 금방 무너져내릴 것 같아 애잔하다.

거칠게 돌아가던 흑백영화 필름이 어느 순간 지지직 멈춘 것처럼, 〈연산상회〉 구석구석을 좇아가던 눈길이 딱 멈춰지는 지점이 있었다. '맥주 5병 외상'. 아담한 체구의 할머니가 손을 뻗으면 딱 닿을 만한 높이에 이렇게 쓴 종이가 붙어 있는 것이다. 언제 붙였는지 기억에도 없을 만큼 빛바랜 종이는 그마저도 절반이 찢겨나가 있었다.

그보다 조금 위에 벽에다 대고 직접 쓴 글자도 있다. '신일상회 522-7375'. 할머니의 주 거래처인 신일상회 전화번호다. 거기에서 왼쪽으로 조금만 눈을 돌리면 메모 종이가 또 하나 붙어 있는데 그것도 태반이 찢겨나갔다. 이쯤 되면 이 가게에 온전한 게 하나라도 있을까 싶은데 다행히 있다. 인근 도시에 나가 사는 자식들 주소가 언제든 찾아보기 쉽게 가게 문 옆에 꼭 붙어 있는 것이다.

외상 내역과 거래처, 아들딸 주소. 생각해보면 벽에 적힌 모든 것이 할머니에게는 아주 중요한 내용들이다. 그래서 절대로 잊어버리지 않게 어

연산상회 벽에 남아 있는 메모의 흔적.

딘가에 기록해놓아야 했는데 그게 바로 벽이었다. 새로 칠하지 않는 한 사라질 리 없고 눈만 돌리면 바로 찾을 수 있으니 벽만큼 지속성이 강하고 쉽게 눈에 띄는 곳도 없을 것이다. 필요에 따라 외상장부가 되기도 하고 주소록이 되기도 하니 〈연산상회〉의 벽은 할머니만의 만능 메모판인 셈이다.

이렇게 가게 벽을 메모판으로 십분 활용한 경우는 다른 곳에서도 찾아볼 수 있었다. 장흥 〈하꼬방 가게〉의 흰 벽에는 삐뚤빼뚤 투박하게 적어놓은 글자가 여러 군데 있다. '소주 탐지상사 63-6008 63-6009', '매실 14,000'. 소주 도매상 전화번호와 매실 가격을 기록한 것이다.

그런가 하면 영암 〈금월상회〉에는 가겟방 옆에 휴대전화 번호 하나가 적혀 있다. 주인아주머니와 친분 있는 마을 지인의 번호란다. 혼자 있을

하꼬방 가게 벽에 남아 있는 메모.

때 위급한 상황이 발생하면 경황이 없어서 전화번호가 금방 생각나지 않기 때문에 잘 보이는 곳에 써두었다고 한다. 유사시를 대비한 비상연락망인 셈인데, 메모 속 주인공을 아주머니만 알 수 있도록 알파벳 약자로 표시해서 개인정보까지 보호하는 센스를 발휘했다.

나주 〈금성슈퍼〉는 아예 정식으로 메모판을 걸어두었다. 겉모습만으로도 연식을 충분히 알 수 있는 칠판이다. 가게 문 바로 위에 절반은 칠이 벗겨진 칠판을 걸고 소방서와 경찰서 번호를 적어놓았다. 구멍가게는 현금을 만지는 업종이기 때문에 도둑이나 강도 등의 위험에 상시 노출되어 있다. 그래서 〈금월상회〉 아주머니가 유사시 비상연락망을 챙기듯 〈금성슈퍼〉도 칠판을 활용해 나름의 대비책을 마련한 것이다.

〈금성슈퍼〉의 메모판은 칠판뿐이 아니다. 조금도 예측할 수 없는 곳, 바로 천장 대들보에 요구르트와 아이스크림 업체 번호를 써놓았다. 칠판에

가겟방 옆에 적어놓은 금월상회의 비상연락처.

쓰건 기둥에 쓰건 메모는 모두 분필을 사용했다. 기왕에 칠판을 걸었으니
필기구도 분필을 선택했을 것이다. 그것이 사방 넓은 벽을 놔두고 굳이
천장 대들보를 활용한 이유이기도 했다. 그렇더라도 필요할 때마다 의자
를 딛고 올라가 그 높은 곳에 글자를 써놓기가 편하지는 않을 텐데 주인
할머니의 취향도 참 독특하다.

　나주 〈신흥상회〉의 메모판은 그야말로 상상초월이다. 〈신흥상회〉를 생
각하면 바람과 매미, 그리고 나무가 떠오른다. 가만히만 있어도 땀방울이
폭발하던 팔월의 한복판, 이 가게 앞에 나와 앉으면 한여름 무더위도 전
혀 무섭지 않다. 잠시도 멈추지 않는 바람 때문이다. 바람이 어찌나 거센
지 지나가는 자동차 소리가 묻힐 정도다. 거기에 제철 만난 매미들이 눈
치 없이 울어대는 통에 녹음해 온 인터뷰 파일은 누가 주인공인지 모를

칠판과 대들보를 활용한 금성
슈퍼의 메모.

정도로 난감한 지경이 돼버렸다.

　그런데 그보다 더 강렬한 것이 있었다. 〈신흥상회〉는 참 특이했다. 삼단
시멘트 계단 위에 가게가 올라앉아 있는 것도 보기 드문 장면인데, 계단
중간에 난데없이 느티나무 한 그루가 우뚝 솟아 있다. 어쩌다가 돌계단을
뚫고 올라왔는지 사정은 알 수 없지만, 그 나무가 〈신흥상회〉의 마스코트
인 것만은 확실하다.

　가게 앞 평상에 나와 앉아 있으면 코앞에 바로 나무가 있어서 일부러
보려 하지 않아도 대번에 눈에 들어온다. 그런데 무슨 일인지 그 나무기
둥에 자잘한 글자들이 쓰여 있었다. 좀 더 가까이 다가가 살펴보니 똑같
은 숫자가 줄지어 세 번이나 적혀 있다.

신흥상회 앞 나무기둥에 적힌 메모.

　왜 나무에 같은 숫자를 여러 번 써놓았느냐고 여쭈었더니 민망한 듯 웃
으시며 소주 배달업체 번호란다. 연락처 적은 종이를 자꾸 잃어버려서 일
부러 잘 보이는 곳에 써 놓았다는 것이다. 애벌레가 허물을 벗듯 계절 따
라 시시각각 나무껍질이 벗겨지기 때문에 전화번호를 써놓은 부분이 떨
어져나갈 것을 대비해 여러 번 적어놓았다고 한다. 살아 있는 나무를 메
모지로 활용할 생각을 누가 할 수 있을까? 아마도 현장감 넘치는 가게의
일상이 자연스럽게 그리하라고 말해주었을 것이다. 그것이 더도 덜도 없
는 구멍가게의 현실일 텐데, 나무가 주는 운치 때문인지 시원하게 불어오

는 바람 때문인지 〈신흥상회〉의 메모판은 아직까지도 말랑말랑한 낭만
으로 남아 있다.

홍보는 셀프

—   구멍가게에 드나드는 사람은 참 다양하다. 물건을 사러 오는
손님은 기본이고 농사일 하다가 잠시 쉴 겸 새참 먹으러 오는 사람, 그냥
지나치기 섭섭해서 안부차 들르는 사람까지. 이런 부류는 대개 한동네 사
람이다. 그런데 이 외에도 마을 밖, 그러니까 외부에서 오는 사람도 적지
않다. 구멍가게 벽에는 그런 사람들의 흔적이 고스란히 남아 있다.

화순 〈운농수퍼〉 벽에는 '지붕수리 박규주 박봉식'이라는 손글씨가 쓰
여 있다. 박규주, 박봉식 씨가 누구인가 하면 시설수리업체 사장님이다.
마을사람 중 누구라도 지붕 고칠 일이 생기면 연락하라고 직접 써놓고 간
것이란다.

운농수퍼 벽에 적힌 수리업체
번호.

구멍가게 곳곳에 붙어 있는 홍보 스티커.

 벽뿐만 아니라 기둥과 문, 냉장고 옆면, 심지어 평상 위까지 구멍가게 곳곳에는 홍보 스티커가 덕지덕지 붙어 있다. 그 종류도 참 다양하다. 택배회사, 유통업체, 식품업체, 설비업체, 가스업체, 건강원, 식당, 사료업체, 농기계업체, 축산업 관련 업체, 방앗간, 철공소, 인공벌 수정 업체, 택시업체 등등, 일상생활과 관련된 온갖 업종이 총망라되어 있다.

 이 중에는 가게에 직접 물건을 대는 업체도 있고 가게와 별반 관련이 없어 보이는 곳도 있다. 유통업과 식품업의 경우 가게 운영과 실질적인 연관이 있기 때문에 업체와 가게 쌍방의 필요하에 스티커를 붙였겠지만, 그 외에는 죄다 가게보다 마을주민들의 일상에 도움이 되는 업종들이다. 일례로 담양 〈영천리 구판장〉에는 '수퍼벌', '호박벌', '우리벌' 등 인공벌 관련 업체의 스티커가 많다. 이 마을의 주력 사업이 방울토마토 하우스여서 과수를 많이 보기 위해 수정을 돕는 인공벌을 이용하는 집이 많다고 한다. 그런 사정을 잘 아는 업주들이 가게를 홍보 거점으로 삼아 스티커를 붙여놓은 것이다.

왜 하고많은 장소 중에 구멍가게를 선택했을까. 집집마다 전단지를 뿌려도 되고 마을회관 같은 공공장소를 이용해도 되는데 말이다. 사업주는 최소한의 비용과 노동력으로 최대 효과를 얻을 수 있는 방법을 찾아야 했을 것이다. 마을 구멍가게가 바로 그 최적의 장소였다. 가게는 마을사람들이 하루에도 여러 번씩 편안하게 드나드는 곳이다. 농번기에는 아침저녁 술참 하러, 장에 갔다 돌아올 때는 잠시 쉬었다 갈 겸, 딱히 볼일이 없어도 습관처럼 오가다 들르는 그런 곳이다. 그러니 집집마다 다닐 필요 없이 단 한 번, 단 한 장의 스티커로 이보다 더 좋은 효과를 낼 수 있는 장소는 없다.

포스터도 효과적인 홍보 방식 중 하나다. 해남의 〈해성슈퍼〉는 홍보 포스터를 활용해서 이 가게만의 재미있는 풍경을 만들어냈다. 〈해성슈퍼〉의 벽에는 소주 홍보 포스터가 유난히 많이 붙어 있다. 어여쁜 연예인이 소주잔을 든 사진이 한쪽 벽면을 모두 채울 정도다. 일반적으로 그러하듯 상품을 홍보하기 위해 포스터를 붙였을 거라고 생각했는데 그게 다가 아니었다.

벽은 뭣으로 발라졌든디 드럽길래, 술 장시가 갖고 와서 내가 이쁜 걸로 싹 발라분 거여. 도배해부러. 저렇게 이쁜 아가씨 어디서 봤소? 누가 보믄 그래. 와따 어서 이런 걸 많이 주서났소?

주인할머니에게 소주 홍보 포스터는 멋진 도배지였다. 오래된 가게를 단장하던 중 마침 소주 유통업체에서 홍보 포스터를 가져왔기에 여러 장 얻어서 새로 벽을 바른 것이다. 덕분에 이 소주는 다른 어떤 상품보다도

해성슈퍼 벽을 도배한 소주
홍보 포스터.

홍보 효과가 톡톡하고, 할머니의 가게는 한결 깨끗하고 발랄해졌으니 윈
윈win-win 전략이 따로 없다.

할머니의 입맛에 맞게 광고 포스터가 사용된 것처럼 구멍가게에서는
어떤 물건이든 정해진 용도대로 쓰이는 법이 없다. 그때그때 상황과 필요
에 따라 기발한 아이디어와 만나 새로운 목적으로 재탄생하는 경우가 많
다. 다른 사람의 눈에는 어떻게 보일지 모르지만 할머니는 이렇게 해놓으
니 얼마나 예쁘냐며 만족해하신다. 아마도 속사정을 모르는 업체 측에서
는 〈해성슈퍼〉의 전폭적인 홍보에 무한 감사를 표할 것이다.

DIY 술탁자

—　　　구멍가게 단골들에게 가게에서 제일 중요한 게 무엇이냐고 물으면 한 치의 주저 없이 술자리라고 말할 것이다. 그래서인지 어느 가게에 가든 술자리가 꼭 있다. 시골 구멍가게에는 물건을 사러 오는 사람보다 술 한잔하러 오는 사람이 더 많다. 가게가 크면 큰 대로 작으면 작은 대로 막걸리 한잔 기울일 자리를 만들어두는 이유다. 꼬꼬마 가게인 장흥 〈하꼬방 가게〉에까지 이런 공간이 있는 걸 보면 할 말은 다 했다.

구멍가게에 있는 고만고만한 술자리에 특별한 색깔을 입히는 것은 다름 아닌 탁자다. 순전히 술 마시는 용도로 사용되고 있으니 '술탁자'나 마찬가지다. 가게마다 술탁자가 다른 것은 당연한데, 그게 꼭 일상에서 쉽게 볼 수 있는 완제품이 아니어서 눈이 간다. 새로운 가게를 방문할 때마다 술탁자에 대한 기대감을 갖게 되는 건 그 때문이었다.

해남 〈초호리 슈퍼〉의 술탁자에는 웬만해선 따라갈 수 없는 정성스러운 손길이 가득하다. 이곳의 술탁자는 본래 전기공사나 통신작업용 전선을 감아놓는 이른바 케이블드럼이었다. 그 자체로 크기가 워낙 큰 데다 무게도 만만치 않아서 양옆의 둥근 판을 바퀴 삼아 밀고 다니는 게 보통이다. 그런데 전선을 다 풀어 쓴 빈 통을 바닥에 세워놓으니 한 면은 밑받침이 되고 다른 한 면은 상판이 되어서 탁자로 쓰기에 안성맞춤이다. 주인아주머니는 그 점을 놓치지 않았다.

이거는 전선 감는 건데, 전선 감는 양반들이 차에다 싣고 다니길래 물어봤어. 이것을 팔 수 없냐고. 그러니까 그냥 주드라구. 이

케이블드럼을 활용한 초호리 슈퍼의 술탁자.

것이 이렇게 안 생기고 쇠가 나와가지고 울뚝불뚝하고 그런데 우리 아저씨가 전부 뜯어가지고 맨들었어. 이거를 불로, 가스로 꼬실러. 그래가지고 빼빠로 문질러서 니스칠 해. (탁자 위에 때운 흔적을 가리키며) 여기는 줄이 풀린 데라 구멍이 났는데 우리 아저씨가 박았어. 장판을 깔면 이게 뜰 수 있고 안 좋드라고. 그래서 애초에 이거를 안 발랐어. 상은 가볍잖아요. 가벼우믄 그냥 술 한잔 먹고 이렇게 해도. 이거는 무겁잖아요 묵직허니. 그래서 이거를 했지. 이게 진짜 좋아.

애초에 산업용 도구였던 것을 탁자로 바꿔 쓰려니 손볼 데가 한두 곳이 아니었다. 위아래 삐져나온 쇠고리를 뜯어내고 거칠거칠한 표면은 매끄럽게 사포질했다. 가게 복판에 떡 버티고 있는 나무기둥에 붙여두려고 둥근 판 일부를 잘라낸 것도 아이디어다. 탁자 윗면은 실질적인 쓰임새가 많아서 품을 더 들였는데, 아랫부분과 색깔을 달리하고 그 위에 니스를 한 번 더 칠해 반짝반짝 윤이 나게 했다. 군데군데 남아 있는 못 자국과 구멍도 나름의 방식으로 덧대고 메워서 실용성을 더했다. 전선을 매듭지으려고 뚫어놓은 구멍을 빈틈없이 때우고, 툭 튀어나와 걸리적거리는 나사도 병뚜껑으로 덮어서 가렸다. 너무 커서 메우기도 애매한 자리는 거기에 딱 들어맞는 냄비받침을 끼워서 재떨이로 사용할 수 있게 했다. 그렇게 요모조모 세심하게 관찰하고 손길을 더한 결과 어디에도 없는 이 가게만의 술탁자가 완성되었다.

비슷한 환경에서 비슷한 업종에 종사하다 보면 생각도 닮아가는지, 나주 〈와룡수퍼〉에도 똑같이 케이블드럼을 재활용한 술탁자가 있다. 하지만 〈와룡수퍼〉의 것은 또 다르다. 〈초호리 슈퍼〉가 투박한 본래 형태를 다듬고 변형해가며 참신한 쓰임새를 발견해냈다면, 〈와룡수퍼〉는 노란 장판 하나 덧씌우는 것으로 아주 단순 명확하게 리모델링했다. 이후에도 케이블드럼을 이용해 나름의 취향대로 만든 탁자를 더러 볼 수 있었는데, 돈 한 푼 들이지 않고도 충분히 실용적인 술탁자를 만들기에 이만한 재료가 없었던 것 같다.

그런가 하면 무안 〈해광상회〉의 술탁자는 그야말로 전무후무한 독특함의 최고봉이었다. 일반적인 탁자에 비해 높이는 더 높고 가로는 더 길쭉하며 폭도 좁아서 그 형태가 바bar에 가까웠다. 말이 그렇지, '바' 하면 연

와룡수퍼의 술탁자.

상되는 도시적 세련됨과는 영 거리가 멀다. 시멘트를 발라 만든 투박한 상판에 노란색 장판을 덧씌우고, 지지대 역할을 하는 하단부 역시 시멘트로 틀을 잡은 다음 타일을 붙여서 장식했다. 이런 모양의 탁자를 본 적이 없어서 무척 생경하게 느껴졌는데, 〈사야상회〉 주인아저씨 말에 따르면 예전에는 오히려 흔했다고 한다.

옛날에는 지금 저 사람 술 먹는 자리를 세멘트 해놨거든. 이렇게 옆으로 길게. 광천리는 지금도 그런 식으로 해놨어. 우리는 뜯어 버렸지. 우리도 그렇게 돼 있었는데 뜯어불고 탁자 이른 거 놔분 거여. 거그는 옛날식으로 그대로 있어. 장판만 깔아놓고. 우리도 그렇게 했었어. 세멘트에다 해가지고 장판만 딱 깔아서 술 먹는 데 앉아서 먹고. 그 옛날 시대지. 옛날식.

〈해광상회〉와 처남 매형 사이라는 〈사야상회〉는 시대 변화에 발맞추어

해광상회의 술탁자.

시멘트 술자리를 뜯어버리고 신식 탁자를 놓았지만 〈해광상회〉는 지금
까지 그 모습을 그대로 간직해오고 있다. 삼사십 년 전만 해도 물자가 풍
부하지 않아서 지금 같은 탁자는 구경하기조차 힘들었다고 한다. 그래서
집을 짓고 남은 시멘트로 술탁자를 손수 만들었는데, 이런 식으로 투박하
게 시멘트를 굳혀서 탁자 대용으로 사용하는 것이 일반적이었다고 한다.
값비싼 양주나 와인이 아니라 소주와 막걸리가 올라가는 농촌식 바인 셈
이다.

그 자체만으로도 개성이 넘치는 구멍가게 술탁자를 한층 더 구멍가게
답게 완성해주는 아이템이 있으니 바로 병따개다. 구멍가게에서 병따개
는 실과 바늘처럼 술탁자에 따라붙는다. 장성 〈연산상회〉의 술탁자에 앉
으면 긴 줄에 대롱대롱 매달려서 눈앞으로 왔다 갔다 하는 병따개와 마주

술탁자에 병따개를 고정시킨 북면상회.

서까래에 병따개를 매달아놓은 연산상회.

할 수 있다. 도대체 어디에서 내려왔나 싶어 병따개에 연결된 줄을 따라가다 보면 고개를 젖히고 천장을 올려다보게 된다. 천장 서까래에 줄 끝을 묶어서 바로 아래 있는 술탁자까지 내려오게 만든 것이다. 술손님이 병따개를 찾으면 어디에 두었는지 생각 안 날 때가 많고, 번거롭게 주인을 부를 것 없이 알아서 쓰라고 매달아둔 이유도 있으니 이런 것을 두고 적재적소라 하는 게 아니겠는가.

이렇게 구멍가게에는 대개 약속이나 한 것처럼 병따개 자리가 정해져 있다. 병따개에 줄을 매달아 술탁자 가까이에 걸어두는 게 가장 흔한 방법인데, 그럴 때는 라이터도 함께 매달아놓는다. 술과 담배는 떼려야 뗄 수 없는 단짝인 만큼 병따개든 라이터든 손님이 찾기 전에 눈에 잘 띄는 곳에 달아두는 것이다.

그런가 하면 줄 없이 병따개 자체를 탁자나 벽에 고정하기도 한다. 화순 〈북면상회〉는 술탁자에 못을 박고 병따개를 부착해 탁자와 병따개를 하나로 세팅했고, 여수의 〈명수점방〉과 〈담배집〉은 벽에 못을 박아 병따개를 걸어두었다.

취향에 맞게 고치고 다듬고 조합해 탄생시킨 술탁자와 거기에 단짝처럼 붙어 있는 병따개에 이어, 출처도 모양도 다채로운 의자가 더해지면 비로소 완벽한 구멍가게식 술자리가 완성된다. 태생이 특이한 의자 하면 장흥 〈하꼬방 가게〉를 빼놓을 수 없다. 이 가게에는 등받이에 '동아제약'이라는 글자가 희미하게 남아 있는 긴 의자가 있는데, 본래 읍내 약국에서 사용하던 벤치를 약국이 문을 닫으면서 넘겨주었다고 한다.

앞에서 익히 보아왔듯 진열장도 그렇고 술탁자도 그렇고, 구멍가게에

하꼬방 가게의 약국용 벤치.

구멍가게의 오래된 의자들.

서는 웬만하면 돈을 주고 물건을 사지 않는다. 완전히 고장 나서 사용할 수 없는 경우에도 버리는 법이 거의 없다. 그 덕에 구멍가게는 더러 시간을 모아놓은 고물상 같은 느낌도 든다. 언제 만들어졌는지 가늠조차 어려운 낡은 의자들도 그런 그림을 완성하는 데 한몫한다. 〈대겸가게〉의 닳아빠진 재봉틀 의자, 칠이 다 벗겨진 〈금월상회〉의 스툴, 모난 네 귀퉁이가 세월 타고 둥글어진 〈신흥상회〉의 나무벤치는 차마 내다 버릴 수 없는 이 가게들의 시간이다.

그런가 하면 보성 〈미력슈퍼〉에는 각양각색의 의자들이 총망라되어 있다. 학교에서 쓰던 걸상, 모양도 재질도 제각각인 철제 의자, 행사장용 플라스틱 스툴까지. 어떻게 이렇게 다양한 의자를 모았느냐고 물으니, 인근의 공사장 인부들이 외상값을 못 갚은 대신 미안한 마음에 하나둘 가져다준 것이란다. 쿨하게 웃는 아주머니를 보니 돈 대신 필요한 집기라도 받아서 딱히 손해는 아니라고 생각하는 듯한데, 속사정이야 어찌 되었든 주인과 손님이 함께 완성한 술자리라 특별히 의미가 있어 보였다.

구멍가게 자체가 가지런한 질서를 말하기에는 어울리지 않는 공간이 기 때문일까. 다른 사람의 눈에는 마구잡이로 늘어놓은 카오스의 세계처럼 보여도 그곳에는 엄연히 주인만의 방식으로 만들어놓은 질서가 존재하듯, 이렇게 각기 다른 이야기를 품고 어우러진 탁자와 의자도 어수선하지만 정겨운 술자리를 그대로 닮아 부조화 속의 조화를 이룬다.

맨날 이사만 했제, 비워주라 그름 비워주고

— 구멍가게에는 대개 방이 하나씩 딸려 있다. 어느 정도 규모를 갖춘 가게라면 영업공간인 매장과 생활공간인 가정집이 완전히 분리되어 있지만 그렇지 못한 곳이 많다. 말 그대로 손바닥만 한 가게가 유일한 생계 수단인 사람들은 따로 집을 마련하지 못하고 가게에 딸린 방에서 먹고 자며 장사까지 해야 했다.

매장과 술자리가 손님의 몫이라면 가겟방은 오롯이 가게 식구들의 공간이다. 그런데 사실은 그게 그렇게 칼같이 구분되지 않았다. 달랑 한 칸 있는 이 방마저 화투판과 술판으로 손님들 차지가 되기 일쑤였기 때문이다. 그런다 해도 대놓고 싫은 내색을 할 수가 없다. 그저 가겟집의 숙명이려니 생각하며 속으로 삭일 수밖에. 필요할 때마다 손님들의 놀이방으로 탈바꿈하기도 하지만, 그래도 가겟방의 본질은 사생활에 있다. 그래서 여기에는 구멍가게를 생활 터전으로 삼아 그 자리에서 장사하고 살림을 꾸려온 가게 식구들의 시간이 녹아 있다. 나주〈와룡수퍼〉가 특히 그랬다.〈와룡수

와룡수퍼.

퍼〉의 가겟방은 유난히 고단했던 주인아주머니의 인생사를 고스란히 담고 있었다.

〈와룡수퍼〉에서는 음료수 하나를 사 마셔도 제일 비싼 걸로 고르고 싶어진다. 그게 무슨 도움이 될까마는 가난을 벗 삼아 지금껏 살아오신 아주머니의 지난날을 알기에 물 한 모금도 그냥 얻어먹기가 미안스럽다. 〈와룡수퍼〉의 살림살이는 가게 외관에서부터 빛을 발한다. 거친 바람 한번 불면 행여라도 날아갈까 싶어 허술한 슬레이트 지붕에 묵직한 타이어를 얹어놓았다. 찌그러진 양철문도 한몫한다. 예전에는 뗐다 붙이는 식으로 입구를 완전히 막고 터야 하는 양철판 하나가 전부였다. 그래서 차가 지날 때마다 흙먼지가 폴폴 날려 들어와 여간 불편한 게 아니었다. 다행히 지금은 제대로 형태를 갖춘 미닫이 덧문이 있는데, 사실 그렇게 한 지도 얼마 안 됐다.

가난은 어지간한 불편도 참고 살게 만든다.

　가게 안을 보자면, 좁은 공간에 숨 돌릴 틈도 없이 술탁자가 놓여 있고 그 한쪽에는 물건이 거의 없다시피 한 진열장이 있다. 그리고 딱 그만큼의 면적을 부엌과 가겟방이 차지한다. 부엌 옆으로는 창고가 연결되어 있는데 이름만 창고이지 비닐하우스 대를 세워 임시로 확보해놓은 공간에 지나지 않는다. 그렇게라도 하지 않으면 세간을 들여놓을 곳이 턱없이 부족하기 때문이다. 가게, 살림방, 부엌이 한데 모여 있으니 자연 장사와 살림의 경계도 없어져서 부엌 싱크대나 방 안에 소주를 보관하는 일도 다반사다. 그렇게 가게에 딸린 단칸방에서 아주머니 가족이 오밀조밀 모여 살았다.

　〈와룡수퍼〉의 허름한 외관만큼이나 아주머니의 삶은 가난으로 점철되어 있었다. 스물하나에 가진 것 하나 없는 남편을 만나 결혼했으니 시작부터 고난이었다. 경작할 땅 한 평 없고, 남다른 기술이 있는 것도 아니어서 젊은 부부가 벌어먹고 살 길은 남의 집 품팔이뿐이었다. 그러나 그 생활도 오래가지 못했다. 영산포의 작은 셋방에서 시작한 남의 집 살이는 잊을 만하면 서러움을 안겨주었다. 집주인은 사전에 한마디 예고도 없이 집을 비우라고 하기 일쑤였는데 그때마다 없이 사는 죄로 군말 없이 방을 뺄 수밖에 없었다.

　살믄서 맨날 이사만 했제. 그때는 너무 작은 방에서 산디 비워주라 그름 비워주고. 또 딴 디로 가믄, 쪼까 맘에 안 들믄 또 딴 집에 가고. 이사를 한 멫 번 했으까. 겁나 많이 했어. 열 멫 번 했구만.

그렇게 끊임없이 옮겨 다니다 보니 마을 안에서 마을 밖으로 점점 밀려나 결국에는 영산포 끝자락에 나앉게 되었다. 그것이 끝이 아니었다. 둘째를 낳고 사흘째 되던 날, 산후 조리도 채 못 끝내고 또다시 쫓겨나듯 마을을 떠나야 했다.

그때 찾아 들어간 곳이 지금 사는 와룡마을이다. 처음 이사한 집은 아주머니의 표현을 빌리자면 '기어 들어가고 기어 나오는 방'이었다. 좁은 방은 둘째 치고 천장이 어찌나 낮은지 드나들 때마다 수시로 머리를 찧기 일쑤였다. 그 방에서 딸 셋을 더 낳고 세 번 더 이사한 끝에 지금의 가게를 인수해서 정착했다.

아주머니가 가게를 인수한 것은 어쩔 수 없는 선택이었다. 남의 집 품팔이만으로는 늘어나는 가족의 생계를 더는 감당하기 어려웠다. 궁여지책 끝에 눈에 들어온 것이 마을 입구에 자리한 가게였다. 장사는 물건을 팔고 손님을 대하는 최소한의 방법만 익히면 별다른 기술이 필요한 것도 아니어서 두 번 생각할 이유가 없었다. 어떻게든 마을 안에서 자리 잡고 싶었지만 결국에는 가게에 딸린 단칸방으로 밀려나고 말았다.

콧구멍만 한 가겟방에서 복작거리며 버텨내는 동안 다행히 아주머니의 형편은 점점 나아졌다. 가게 부근에 있는 정류장과 초등학교 덕분에 손님이 끊이지 않아서 수입이 꽤 짭짤했기 때문이다. 아주머니는 그때의 기억을 떠올리며 말씀하신다. 그나마 이 가게로 와서 엄청 성공한 셈이라고.

더는 밀려날 곳이 없어서 시작한 가게였지만 그곳에서 아주머니는 삶의 전환기를 맞이했다. 가게를 기점으로 서럽게 쫓겨나는 신세에서 벗어났고 남은 반찬을 손님들 술안주로 내줄 만큼 여유도 생겼다. 이제는 자식들이 장성해 객지로 나가고 부부와 막내딸만 남아서 그 작던 방도 넓게만 느껴진다고 한다. 아주머니는 지금의 현실에 매우 만족해했다. 다른 욕심도 걱정도 없이 마음이 조용한 것만으로도 큰 부자가 된 것 같다니 아주머니가 생각하는 부와 행복은 참으로 소박하다.

모진 가난을 겪어냈다고 모두가 아주머니 같지는 않을 것이다. 궁핍한 삶은 사람을 악하게 만들기도 하니까 말이다. 그 속에서 참다운 행복과 삶의 가치를 찾아낸 것은 아주머니가 잃지 않고 살아온 보석 같은 마음 때문일 것이다. 인터뷰를 마치고 나오는데, 들어갈 때는 보이지 않았던 외벽의 담쟁이덩굴이 눈에 들어왔다. 그리고 그것이 꼭 아주머니와 닮았다는 생각이 들었다. 스산한 겨울 담장에도 제 나름의 무늬를 그려내는 담쟁이처럼, 아주머니의 가난은 고단했던 삶도 빛나게 하는 강인한 생명력이 아니었을까.

· 쉼터 ·
구멍가게와 부업의 세계

곡성 목사동면에는 특이한 가게가 하나 있다. 밖에서 보면 틀림없이 점포가 두 곳인데 안에 들어가서 보면 한 공간이다. '주류일체' '안주일체' '한식전문'이라고 써 붙인 식당 문으로 들어가든 담배 표지판이 걸려 있는 가게 문으로 들어가든 별도로 보이는 두 매장은 하나로 연결되어 있다. 내부에 임시로 문을 달아서 공간을 구분하려고 애쓴 흔적이 있지만, 실제로는 그 문이 가게와 식당을 오가는 연결점이 되어서 별개로 생각하기 어렵다. 이 가게는 보이는 그대로 상호마저 〈음식점상회〉였다. 주인이 식당과 가게를 병행하고 있는 것이다.

더 재미있는 가게를 보성에서 발견했다. 처음에는 〈노동식당〉이

가게와 식당을 겸하고 있는 음식점상회.

식당 간판을 내건 구멍가게.

라고 써 붙인 간판을 보고 그냥 지나치려고 했는데, 기와 얹은 토담
에 오똑 꽂혀 있는 담배 표지판이 발길을 붙잡았다. 〈노동식당〉 내
부는 영락없는 구멍가게일 뿐 식당의 흔적은 어디에서도 찾아볼
수 없었다. 지금은 그만두었지만 한때 가게를 보면서 인근 학교와
면사무소 직원을 상대로 점심장사를 했다고 하는데, 그 이력이 간
판에 그대로 남아 있는 것이다.

　많은 구멍가게가 이처럼 가게 외에 부업을 가지고 있다. 구멍가
게 주인의 '투잡two-job'은 특히 먹거리와 관련해서 절정을 이루
었는데, 〈음식점상회〉처럼 가게 안에 식당이 들어가 있는 경우가
적지 않다. 음식점을 겸한 것은 가게를 시작할 때부터 자연스럽게
따라온 일인 듯하다. 무안 〈해광상회〉와 〈사야상회〉를 비롯해 나
주 〈신흥상회〉와 〈이화상회〉, 영암 〈신흥상회〉 등 여러 곳이 처음
가게 문을 열면서 정육점도 같이 했었다고들 하니 말이다. 우시장
이 발달했던 나주 지역은 특히나 식육점을 겸한 가게가 많았다고

식육점 간판이 남아 있는 사야상회.

한다. 당시 마을에서 소나 돼지를 잡으면 그것을 소분해서 파는 일
은 가게가 도맡았다. 변변한 식당이 따로 없던 시절에는 가게에서
직접 요리해 팔기도 했는데, 거기에서 '식육점'이라는 이름이 생겨
났다고도 한다. 당시의 상황을 증명하듯 〈사야상회〉 입구에는 아
직까지도 '사거리식육점'이라는 그때의 잔재가 나붙어 있다.

　식육점만큼 인기가 있었던 부업으로 이발관이 있다. 지금은 읍내
에나 나가야 만날 수 있는 이발관이 예전에는 동네마다 하나씩 있
었다. 그 이발관을 구멍가게에서 병행한 경우가 많았다. 구례 〈죽
마리 구판장〉의 경우 가게 안에 이발관이 함께 있었다고 한다. 무
안 〈사야상회〉 아저씨도 가게를 보면서 바로 옆에 이발관을 두고 직
접 운영했다고 하니 식육점에 이발소까지, 부업의 역사가 화려하다.

　시골마을의 이발관은 1960~1970년대 농촌근대화 바람이 남
겨놓은 흔적이라 할 수 있다. 구멍가게를 찾아다니다 보면 마을 공
공시설과 가게가 짝을 이루는 풍경을 종종 만날 수 있다. 한때 국

가적 차원에서 친목, 위생, 산업 등과 관련한 모든 것을 마을에서 자체 해결할 수 있게 하려고 필요한 공공시설을 마을 단위로 설치하게 했다. 위생시설인 공중목욕탕과 이발관도 그 일환이었는데, 처음에는 마을에서 공동으로 운영했지만 〈사야상회〉에서 보듯 훗날 개인이 소유하고 운영하는 방식으로 바뀌었다.

또 하나 많이 볼 수 있는 것이 정미소다. 정미소도 처음에는 마을 공공사업으로 시작했지만 나중에는 개인 소유로 넘어갔다. 파란 지붕의 〈강쟁상회〉 옆에 붉은 슬레이트를 얹은 정미소가 이웃해 있듯, 정미소는 구멍가게와 인접해 있을 뿐 아니라 가게 주인이 겸한 경우도 많았다. 나주 〈금성슈퍼〉 할머니가 그랬다. 본래 정미소를 운영했는데 살림이 좀처럼 나아지지 않자 가게를 인수해서 안팎으로 뛴 것이다. 그때 겸했던 정미소가 아직도 가게 근처에 남아 있다고 한다.

그런가 하면 전혀 생각하지 못한 신선한 조합도 있다. 1980년대 이후 카메라가 서서히 보편화되고 사진문화가 대중화되면서 사

정미소와 구멍가게가 이웃해 있는 모습.

사진관을 겸한 가게.

진관도 구멍가게의 부업으로 자리매김했다. 장성 〈파리마트〉처럼 사진관과 가게가 한 공간에 공존했던 것을 보면 가게 주인이 사진관을 겸하는 경우도 꽤 있었던 모양이다.

이렇게 다양한 업종이 구멍가게와 결합되어 있었던 것은 가게 수입만으로는 생계가 어려웠기 때문일 것이다. 기본적으로 농사 지을 땅이 있어서 농사일과 가게를 겸하는 경우가 가장 보편적인데, 그나마 땅 한 뙤기도 없으면 다른 분야로 눈을 돌려야 했다. 식육점이나 식당은 별도로 건물을 마련하지 않아도 가게 한편에 공간을 확보하고 손님을 받으면 그만이어서 겸업하기에 가장 좋은 업종이었을 것이다. 이도 저도 여의치 않을 때는 〈삼태상회〉 할머니처럼 남의 집 품을 팔아서 돈을 만들었으니, 화려한 부업의 세계만큼 구멍가게에서 살아온 날들은 결코 녹록지 않았다.

8장

눈깔사탕에서 컵라면까지

오래된 히트상품

—　　1997년, 삼성경제연구소에서 한국의 역대 히트상품 50선을 선정해 발표했다.[1] 1위는 서태지와 아이들 음반이었다. 서태지 광풍이 휩쓸고 지나갔던 1990년대 초반으로부터 멀지 않은 시기라 이런 결과가 나왔을 것이다. 봉고, 영화 〈서편제〉, 에이스 침대, 아래아한글, 드라마 〈모래시계〉 등 실로 다종다양한 상품이 이름을 올렸다.

그렇다면 여기서 퀴즈 하나. 히트상품 20위권에 이름을 올린 다음과 같은 상품들의 공통점은 무엇일까?

순위	히트상품	대對기업영향	대소비자영향	대사회영향	총점
1	서태지와 아이들 음반	74.2	92.4	89.4	85.7
2	한글과컴퓨터 한글	77.8	87.3	81.0	82.5
3	동아제약 박카스	81.8	77.4	90.9	82.5
4	럭키 하이타이	77.3	81.8	89.4	82.4
5	농심 새우깡	74.2	74.2	87.9	77.9
6	롯데 칠성사이다	69.8	77.8	84.1	76.9
7	SBS연속극 모래시계	68.2	81.8	77.3	76.2
8	이명래 고약	66.7	75.8	84.9	75.3
9	동양제과 초코파이	75.8	69.7	75.8	73.3
10	조선맥주 하이트	75.8	72.9	69.7	73.0

럭키 하이타이(4위), 농심 새우깡(5위), 롯데 칠성사이다(6위), 동양제과 초코파이(9위), 조선맥주 하이트(10위), 삼강 쭈쭈바(11위), 불티나 라이터(12위), 모나미 153 볼펜(13위), 비락 식혜(15위), 제일제당 다시다(18위), 해표 식용유(19위)

그렇다. 모두 우리가 구멍가게에서 자주 접했던 상품이다. 20위 중 절반이 넘는 열한 개 상품을 구멍가게에서 취급했다는 사실은 무척 중요한 의미를 내포한다. 히트상품은 문화사의 척도라고 할 수 있다. 사람들이 열광적으로 좋아했던 상품은 지난 세기 구멍가게와 더불어 우리 문화사의 핵심을 관통해왔다고 해도 과언이 아니다.

위의 히트상품들을 묶어서 구멍가게의 일반적인 도면을 그려볼 수도 있다. 구멍가게는 대체로 다음과 같은 배치를 하고 있다. 일단 가게 안에 들어서기 전 맨 먼저 아이스크림 냉장고를 만난다. 턱없이 좁은 공간 탓에 밖으로 밀려났을 수도 있겠지만, 지나가는 사람들을 유혹하려는 의도가 더 강했던 것 같다. 무더운 여름날 가게 앞 아이스크림 냉장고를 그냥 지나치기는 무척이나 어려운 일이니 말이다. 우리는 그 속에서 삼강 쭈쭈바(11위)를 수도 없이 꺼내 먹었다.

이제 문을 열고 가게 안으로 들어가 보자. 출입구 오른편에 음료수 냉장고가 놓여 있다. 달달한 음료를 원하면 냉장고 제일 위 칸에서 비락 식혜(15위)를, 톡 쏘는 탄산을 원한다면 그 아래 칸에서 초록 유리병에 담긴 칠성사이다(6위)를 꺼내면 된다. 답답한 갈증을 한 방에 날리고 싶다면 맨 아래 칸에서 조선맥주의 하이트(10위)를 꺼내 들어도 좋다.

가게 정면에는 높이가 낮은 평상형 진열대가 놓여 있고, 그 위에 갖가지 과자며 사탕이 올라 있다. 거기서 익숙한 농심 새우깡(5위)을 마주하고, 그 옆에 상자째 놓여 있는 정을 듬뿍 담은 동양제과 초코파이(9위)에도 눈길을 준다. 이제 가게 벽 쪽으로 한 바퀴 돌아보자. 여기에는 주로 조미료와 식료품이 진열되어 있다. 제일제당 다시다(18위)와 해표 식용유(19위)는 그쯤에서 만날 수 있다. 그 옆에는 각종 생활용품이 있는데 럭키 하이타이(4위)도 빠지지 않는다.

이제 남은 곳은 주인아주머니가 앉아 있는 가겟방 앞이다. 꼭 문방구점이 아니더라도 웬만한 구멍가게는 거기에 각종 문방구를 쌓아놓았는데,

그 자리에서 모나미 153 볼펜(13위)을 볼 수 있다. 마지막으로 가겟방 안쪽에 담배가 있고 그 주변 어딘가에 불티나 라이터(12위)가 함께했다.

이렇게 그려본 일반적인 구멍가게의 도면에서 가게 안의 각 구역을 대표하는 상품들이 곧 히트상품이었다고 보면 틀림없다. 그리고 보면 구멍가게는 우리 생활문화사의 축소판이나 다름없었다. 구멍가게를 뻔질나게 드나들면서 우리는 먹고 마시고 쓰는 일상 속 생활문화의 변천과 함께했던 것이다. 앞서 본 히트상품의 이름들이 한없이 익숙하게 들렸던 것은 바로 그런 구멍가게 덕분이 아닐까.

옷만 없고 모든 게 다 있는 거여

—   사실 구멍가게에서 취급했던 물건들을 모두 살펴보기는 쉽지 않다. 과자, 사탕, 껌, 우유, 요구르트, 빵, 아이스크림, 음료수, 건어물, 채소, 두부, 드링크, 간식류, 라면, 과일, 생선, 구강용품, 세탁용품, 기타 생활용품, 냉동식품, 곡물, 조미료, 통조림, 문방구, 장난감… 이렇게 큰 덩어리만 나열해도 참 많다. 공산품이 아닌 과일, 채소, 생선 등도 구멍가게의 단골 메뉴였다. 쌀과 연탄을 판매하는 곳도 많았고,[2] 학교 앞 문방구에서는 만화책도 빌릴 수 있었다.

그뿐만이 아니다. 동네 단골아주머니들의 증언에 따르면 여수 〈명수점방〉은 아마도 우리가 다녀본 가게 중에서 가장 다양한 물건을 구비했던 구멍가게가 아닐까 싶다.

동네아주머니 1 : 내가 시집온 지가 삼십육 년짼데 그때는 가게가 공간이 넓었어요. 그리고 여그 가게에 과자 그런 게 가득 차고. 그 당시는 여가 제일 컸어요. 구멍가게라도 젤 컸어. 기름집도 하고 연탄집도 하고 동방여객, 주유소, 농약방, 매표, 전부. 여가 전설 집이여.

명수점방 딸 : 오빠가 대학교 다닐 때 방학 때 오잖아요. 그러믄 농약, 기름, 담배 모든 잡화를 다 하니까 막 아침부터 시골 구석구석에서 농약 사러 와요. 그때 보면 사과상자에다 돈을 셀 수가 없는 거예요 그때. 그름 오빠는 돈만 시고 있고. 저는 그래서 사과상자, 요즘 비리로 사과상자라고 허믄 그게 이해가 돼요. 옛날에 진짜 어마어마하게 장사가 잘됐어요.

동네아주머니 2 : 여러 가지여 이 집이. 호맹이도 팔고 쇠스랑도 팔고 곡괭이도 팔고. 나 시집옹게 그런 것도 팔았다. 만물상회여. 여러 가지 다 있었지. 얼마까지 낫이랑 호미랑 팔았어, 멫 년 전까지. 낫, 호미, 쇠스랑, 괭이, 또 연탄, 기름, 담배, 매표. 많이 했어. 그 때 신발도 팔았어. 신발집도 했어. 옷만 없고 모든 게 다 있는 거여. 만물상회였어.

이렇게 기본적인 생필품에서 시작해 농약, 호미, 쇠스랑, 곡괭이 같은 농기구는 물론 기름, 연탄, 신발까지 웬만한 잡화는 다 팔았다. 거기에다가 '동방여객'이라는 간판을 달고 버스표까지 취급했다고 하니, 아주머니 말대로 옷만 빼고 다 파는 그야말로 '만물상회'였다. 각양각색의 물건을 갖춘 만큼 손님도 많아서 수입이 짭짤했다. 한창 장사가 잘될 때는 사과

식료품과 생활용품, 각종 잡화를 두루 갖춘 구멍가게.

상자에 돈이 수북이 쌓일 정도였다고 하니 말이다.

어렸을 적 기억을 더듬어보면 대체로 그랬다. 우리 동네 구멍가게에
도 없는 것이 없었다. 어쩌다 한 번이나 필요할까, 평소에는 거의 찾지 않
는 물건이 과연 있을까 싶은데 주인아주머니는 신기하게도 어느 구석에
선가 꺼내 들고 나왔다. 이것이 바로 주택가 지근거리에서 생필품을 주로
취급하는 구멍가게의 최강 매력이었다. 규모는 비할 바 아니지만 다양한
코너에 온갖 종류의 물건을 모두 구비한 대형할인매장에 견주어도 만물
상회로서의 이미지는 크게 차이가 없었던 것 같다.

구멍가게가 만물상회 이미지를 가질 수 있었던 원동력은 무엇이었을
까? 바로 생활밀착형 가게라는 점이다. 예전의 공동체적 삶에서는 조그
만 생필품 하나도 공유하는 경우가 많았다. 어떤 제품이 좋다고 입소문이

퍼지면 인근에 사는 대다수가 그 제품을 사용했다. 그러니 구멍가게에서는 동네사람들이 많이 찾는 제품을 가져다 놓지 않을 수 없었을 것이다. 또 주거환경이나 생활환경이 엇비슷해서 필요한 물건도 거기서 거기였다. 여러 사람이 연달아 찾는 물건이라면 앞으로도 수요가 더 있을 거라고 판단할 수 있어서 특정 상품에 대한 수요 예측도 가능했다. 그렇게 구멍가게는 마을공동체의 소비 패턴과 성향을 꿰뚫고 있어서 종류를 망라해 물량을 조절해가면서 골목의 소비생활을 전담할 수 있었다.

이처럼 다양한 구멍가게 속 상품들에는 어떤 이야기가 얽혀 있을까? 지면의 한계상 그 모두를 다루기는 어려우므로 몇몇 핵심 상품을 중심으로 '만물상회' 구멍가게의 추억을 떠올리고, 구멍가게와 상품을 매개로 펼쳐지는 생활문화사의 단면을 살펴보자.

하나 물고 십 리 가는 눈깔사탕

—   우리나라 사탕의 대명사를 꼽으라면 단연코 눈깔사탕이다. 눈깔사탕은 일명 '오다마'라고도 하는데, 대체로 개화기에 신문명과 함께 일본을 통해서 들어온 것으로 추정된다. 1921년 신문기사에 이미 "눈깔사탕에 반한 아이 모양"[3]이라는 표현이 있는 것을 보면 담배와 더불어 구멍가게의 상품으로서는 역사가 꽤 오래된 듯하다. 또한 1948년, 서울의 거리 풍경을 다룬 신문기사 중 "입속에는 눈깔사탕을 물었는지 한편 볼이 밤알만큼 톡 불거진 중년부인"[4]이라는 묘사를 보면 눈깔사탕이 꼭 아이들만을 위한 군것질은 아니었던 것 같다. 어찌 보면 가장 이른 시기에 국

민상품의 지위에 올랐던 게 아닐까
싶다.

눈깔사탕.

눈깔사탕은 일단 그 크기가 압도
적이었다. 입에 넣으면 볼이 불룩 튀
어나와서 불편함을 느낄 정도였으
니 말이다. 단맛을 내는 사탕이 크고
단단하다는 것은 무척 매력적인 조
건이다. 그 기분 좋은 달콤함을 오랫
동안 즐길 수 있기 때문이다. 강진 〈랑동가게〉에는 이 사탕과 함께한 어린
시절을 재미나게 기억하는 단골손님이 있었다.

그전에 우리가 국민학교 댕길 때, 국민학교 댕기기 전에도 독과
자. 독과자는 여그서, 우리 동네가 저 건너 마을이여, 거 가갖고도
물고서 한참 뛰어놀아. 오다마라고 있어 오다마. 엿을 해가꼬 이
룻게 커. 오다마가 요정도까진 안 크고. 그놈에다 설탕을 딱 묻혀.

무안 〈사야상회〉에도 커다랗고 단단한 눈깔사탕의 달콤함을 생생하게
기억하는 아저씨가 있다.

눈깔사탕. 서울사람들은, 지금 애들 눈깔사탕이라고 하믄 뭔지
몰라. 십리과자. 옛날 십리과자. 과자 하나 먹으믄 한 십 리씩 고
놈 깨부수고 간다고 십리과자.

이분들의 이야기를 들어보면 눈깔사탕은 오래 먹을 수 있다는 것이 가장 큰 장점이자 특징이었던 것 같다. 크기도 엄청난 데다 딱딱하기가 돌덩이 같아서 그거 하나 물고 있으면 이 마을 저 마을 돌아다니며 놀아도 충분하고, 십 리도 너끈히 갈 수 있었다니 말이다. 그래서 붙은 별명이 '십리과자'다. 십 리를 가려면 대체로 한 시간 정도가 소요되니까 사탕 하나로 한 시간은 행복할 수 있었던 것이다.

눈깔사탕은 오래 먹는 즐거움뿐 아니라 단 한 알로 여러 입이 즐거울수 있어서 더 좋았다. 군것질이 귀한 시절, 고만고만한 동갑내기 친구들과 나눠 먹을 수 있었기 때문이다.

그놈을 갖고 독으로 막 때려. 깨지제. 그놈을 몇이 나눠 먹어. 돌로 때리믄 그것이 좍 벌어져. 깡깡해갖고.

어찌나 단단한지 돌이 아니면 쉽게 깰 수도 없었던 모양이다. 그래서 '독과자' 혹은 '돌사탕'이라고도 불렀는데, 그것을 친구들과 함께 쪼개 먹는 재미도 꽤나 쏠쏠했다.

눈깔사탕은 아이를 키우는 부모들에게도 인기였다고 한다. 이유 없이 울고 보채는 아이들 입안에 이 사탕 하나만 넣어주면 한동안은 조용하게 지낼 수 있으니 얼마나 고마운 사탕이었겠는가? 이런 국민사탕이 문제 제기를 받은 것은 1960년대 후반 무렵이다. 불량식품과 더불어 어린이 건강에 악영향을 끼친다는 신문기사들이 나오면서 눈깔사탕은 위축된다. 위기감은 곧 크기를 줄이는 방향으로 유도되었다. 1979년에는 '눈깔'이라는 말이 품위가 없다는 이유로 표준어에서 제외됨으로써 '눈깔사탕'

이란 이름도 어색한 조어가 되어버렸다.

1980년대로 넘어오면서는 사탕을 둘러싼 부정적 시선이 한층 배가되면서 그 인기가 잠시 시들해진다. 그 특유의 단맛 때문에 인기를 누렸던 사탕은 역설적으로 단맛 때문에 눈총을 받기 시작한 것이다. 끈적끈적한 촉감 때문에 비위생적이라는 지적을 받기도 했고, 아이들의 성장과 치아 건강을 위해 가급적이면 단맛을 줄여야 한다는 지적도 항상 따라다녔다. 그럼에도 사탕은 여전히 살아남아서 더욱 다양한 종류로 출시되어 아이들의 전폭적인 지지를 받고 있다.

눈깔사탕의 추억은 흑백시대의 전유물만은 아닌 듯하다. 1999년생인 조카에게도 이 사탕은 꼬맹이 시절을 대표하는 군것질이었다는데, 신기하게도 그 이름은 변함없이 '돌사탕'이란다. 또래 친구들 사이에서 크고 딱딱한 사탕알을 누가 더 빨리 먹나 시합하는 것이 인기 있는 놀이였다고 하니, 눈깔사탕은 세대를 막론하고 군것질계의 스테디셀러인 셈이다. 최대한 오래오래, 가능하면 많은 친구와 나눠 먹었던 기억이 이제는 누가 더 빨리 먹는가의 승부로 바뀌었으니, 눈깔사탕 하나에도 시대적 분위기가 완연히 묻어나 있음을 알겠다.

007 돈사탕을 찾아라!

— 　　　여기서 잠깐, 사탕과 관련된 재미있는 이야기를 하나 만나보자. 1971년 3월, 마산 시내 구멍가게에 한 차례 파란이 일었으니 이른바 '돈사탕' 사건이다.[5] 말 그대로 1원짜리 동전을 알사탕 속에 집어넣고 사

탕을 빨면 돈이 나올 수 있게 만든 것이었다. 당시 선풍적인 인기를 끌어서 이 돈사탕을 사려고 가게에 몰려드는 아이들이 엄청났다고 한다.

돈사탕은 서울에 위치한 한 영세 제과업체에서도 만들었는데 긴장과 스릴 넘치는 이벤트에 걸맞게 그 이름도 '007제과'다. 007제과는 그해 설날에도 명절 이벤트라는 명목하에 사탕 두 개 사이에 1원짜리 동전을 넣어 포장한 제품을 20개들이 한 갑에 넣고 어린이들에게 뽑게 했으니, 이름하여 '007 복돈 타기 사탕'이었다. 어린이들의 호기심을 끌기 위해 겉포장에 '복돈 타기 사탕이 갖고 있는 복돈은 누가 누가 탈까요'라는 문구까지 넣었다.[6]

1974년에도 비슷한 사건이 있었다. 엿뭉치 안에 등수 적힌 제비를 넣은 '등수 뽑기 과자'가 크게 유행했는데, 1등은 10원짜리 동전, 2등은 5원, 3, 4, 5등은 제기, 유리구슬, 고무팽이를 상품으로 주었다고 한다.[7] 그러고 보면 경품 추첨이나 제비 뽑기, 등수 뽑기, 1+1 등 판매 촉진을 위한 이벤트의 역사도 꽤 오래됐다. 물건 하나를 사면 다른 것을 더 가질 수 있다는 유혹은 뿌리치기 어려운 것이었다. 거기에 대단한 경품을 상상하며 하나씩 뽑아보는 재미까지 더해졌으니 사탕이나 엿뭉치 앞에서 얼마나 가슴 졸이며 설레었을까.

구멍가게 단골은 뭐니 뭐니 해도 동네 꼬마들이다. 코 묻은 돈으로 살 수 있는 얄궂은 사탕이며 과자는 달콤한 군것질에 홀딱 빠져 있는 꼬마들에게 거부할 수 없는 아이템이었다. 그러니 구멍가게를 주요 판로로 둔 영세 제과업체들은 앞다투어 동심을 유혹할 만한 아이디어를 짜내기 바빴다. 그중 성과가 좋았던 것이 인기 만점 사탕에 '현금 제비 뽑기' 형태의 이벤트를 덧붙이자는 생각이었던 것이다. 어린이들에게 배금주의 풍조를 조성한다느니 사행심을 조장한다느니 말이 많았지만 당첨금이라고 해봐야 고작 사탕 한 알 값이었다. 운 좋게 동전을 발견했어도 그것은 필시 사탕으로 바뀌어 어느 꼬마손님의 목구멍으로 넘어갔을 터. 그렇게 구멍가게는 군것질에 목마른 어린이들에게 사탕 한 알의 덤을 쥐여주기도 하는 그들만의 달콤한 오아시스였다.

구멍가게 1세대 과자

—　　　담양 〈용구상회〉는 원래 잘나가는 문방구였다. 하지만 지금은 최소한의 구멍가게 노릇만 하고 있을 뿐 문방구의 기능은 거의 찾아볼 수 없다. 그렇다고 술탁자가 놓인 전형적인 구멍가게로 전환할 여력도 없다. 그저 따뜻한 볕을 쬐며 소일거리로 자리를 보전하고 있을 뿐이다. 그래도 술손님은 남아 있는데 오며 가며 소주 한 잔씩 하시는 동네 아저씨가 유일하다. 그 아저씨를 위해 안주거리를 따로 마련할 수는 없지만 그렇다고 깡소주를 먹게 할 수도 없어서 내놓는 것이 강냉이 뻥튀기였다.

장성 〈아곡상회〉도 예전에는 잘나가는 문방구 가게였다. 그래서인지 가게 안쪽에 자리한 문 달린 진열장에는 아직도 먼지 쌓인 추억의 문방구들이 제법 남아 있다. 또 가게 한복판에 있는 평상형 진열대에도 추억을 되새김질할 수 있는 과자들이 즐비하게 놓여 있었다. 구경만 하고 사진만 찍어대는 것이 미안해서 그중 하나를 골라 집었다. 꽈배기였다. 어릴 적 동네 앞 구멍가게나 문방구에서 참 많이도 사 먹었던 과자다. 포장이 세련되지도 않고 상표도 없었지만 바삭바삭 씹히는 질감과 튀김 특유의 고

구멍가게 1세대 과자, 뻥튀기와 꽈배기.

소한 맛이 일품이었던 기억이 난다.

　뻥튀기와 꽈배기는 구멍가게 1세대 과자다. 제대로 된 공산품이 나오기 전인 1940년대와 1950년대에 유행했던 초기 과자다. 그런 과자들이 21세기의 첫 자락에도 버젓이 구멍가게의 한 자리를 차지하고 있다는 것은 참 신기한 일이다. 구멍가게에서 가장 오래 살아남은 것은 대개 이러한 과자들이다. '장수과자'라는 말이 그래서 생겨난 것이다. 뻥튀기와 꽈배기처럼 육십 년을 넘은 과자도 꽤 있고, 출시된 지 사오십 년이 다 된 과자도 아주 많다.

　추억이라는 이름으로 구멍가게를 접했을 때 우리에게 가장 많은 이야기를 건네줄 수 있는 것 또한 과자일 것이다. 이제 예나 지금이나 구멍가게와 함께하고 있는 오래된 과자들을 만나보자.

새우깡은 현금 판매합니다

— 우리나라에서 공산품으로 과자가 생산되기 시작한 시기는 1940년대다. 그러니까 1945년에 해태제과가 설립되어 캬라멜과 웨하스를 출시하고부터다.[8] 이후 1950년대를 대표할 수 있는 과자가 크라운 산도다.[9] 1956년에 출시된 산도는 연간 국민 일인당 약 오십 개를 먹을 정도로 그 열풍이 대단했다. 처음으로 '국민과자'의 반열에 오른 것이 바로 산도였다.

산도에 관한 어린 시절 추억이 하나 있다. 우리 어머니는 외출하는 날이면 간식으로 꼭 산도와 티나크래커를 사두셨다. 처음 몇 번은 아마도 맛있게 먹었을 테지만 똑같은 과자를 계속 먹으려니 금방 싫증이 났다. 그때의 기억이 너무나 강렬해서일까, 다 큰 어른이 되고 나서는 산도만 보면 절로 고개가 돌아간다. 하지만 개인적인 취향과 상관없이 산도는 지금도 아주 잘나간다. 동네 마트는 물론 대형할인매장의 과자 코너에 늘 빠지지 않고 당당히 한자리를 차지하고 있으니 말이다.

1956년 출시 당시의 크라운 산도(왼쪽)와 1970년대 크라운 산도(오른쪽).

본격적인 과자 열풍은 1970년대 초에 시작되었다. 구멍가게 최고의 히트 과자는 단연 1971년 12월에 출시된 새우깡이다. 1960년대를 지나고 1970년대로 접어들면서 구멍가게는 전성기를 향해 달리고 있었다. 공동체 생활 깊숙이 파고든 구멍가게가 전성기를 구가할 새로운 상품을 요구하던 시절이다. 소득 수준이 올라가면서 라면과 같은 주식용이 아닌 간식용 과자가 구멍가게의 주류로 나설 채비를 하고 있었다. 그 애타는 요구에 부응한 첫 과자가 바로 새우깡이었다.

상품으로 출시된 과자로 해태의 웨하스나 크라운 산도 정도밖에 없던 시절, 새우깡은 뻥튀기의 익숙한 방식을 활용해 한국형 과자를 만드는 데 성공했고 출시와 함께 폭발적인 인기를 누렸다.[10] 새우깡은 아이들만을 위한 과자가 아니었다. 남녀노소가 함께 즐기는 국민과자였다. '깡'이라는 명칭이 이미 과자 이름에 붙는 일반적인 접미사가 되었을 정도로 새우깡의 힘은 대단했다.

새우깡이 이렇게 된 데는 여러 가지 요인이 있겠지만, 무엇보다도 소비자의 일상 속에 밀접하게 파고들어서 폭넓은 고객층을 확보한 것이 주요인으로 꼽힌다. 과자가 아이들의 전용물이라는 인식에서 벗어나 새우깡을 일약 국민과자로 만들어준 것은 짭짤한 맛이었다. 적당하게 느껴지는 그 짭짤함이 술안주로 각광을 받으면서 어른들에게도 큰 인기를 끌었던 것이다. 마른오징어 등의 술안주를 대체할 수 있을 만큼 강력한 제품이 바로 새우깡이었다. 아이들의 간식으로, 성인들의 술안주로 모두 함께 즐길 수 있었기 때문에 폭발적인 인기를 누릴 수 있었던 것이다.

새우깡의 인기는 출시 이듬해인 1972년부터 실감할 수 있게 된다. 생산량이 수요를 따라가지 못해 이곳저곳에서 새우깡 사 들이기에 열을 올

외상은 안 되고 현금으로만 판매한다는 문구가 붙은 새우깡 광고(《동아일보》 1972년 2월 26일자).

렸기 때문이다. 신문 광고에 "새우깡은 현금 판매합니다"라는 구절이 들어갈 정도였으니 그 위세를 짐작하고도 남는다. 생산량을 대폭 늘렸음에도 공장 앞에 도매상들이 진을 칠 정도였다.[11] 더 재미있는 것은 이렇게 귀한 새우깡이다 보니 가게에서 사는 것도 힘들어져서 끼워 팔기까지 성행했다는 점이다.[12] 그러니까 구멍가게에서 새우깡을 사려면 농심(당시는 롯데) 라면을 함께 사야만 했던 것이다. 새우깡의 인기가 상상하기 어려울 정도로 대단했음을 보여주는 단적인 예다.

새우깡을 필두로, 아니 새우깡의 성공에 힘입어 1970년대 초반에 각종 과자가 앞다투어 출시되기 시작한다. 과자가 구멍가게의 대표적인 상품이 되기 시작한 시기도 바로 이즈음이라 생각된다. 1960년대가 라면과 빵의 시대였다면, 1970년대는 아이스크림과 과자의 시대였다. 물론 1950년대에 크라운 산도가 출시되어 크게 히트를 치기는 했지만 지금 우리가 기억하는 많은 과자들은 대개 1970년대 초반에 나왔다. 꿀꽈배기(1972), 뽀빠이(1972), 짱구(1973), 에이스(1974), 초코파이(1974), 웨하스(1975), 맛동산(1975) 등이 그것이다.

당시 과자의 열풍은 두 가지로 우리의 기억에 남아 있다. 하나는 CM송이다. 새우깡의 경우, "손이 가요 손이 가, 새우깡에 손이 가요. 아이 손, 어른 손, 자꾸만 손이 가. 언제든지 새우깡, 어디서나 맛있게. 누구든지 즐겨요, 농심 새우깡"이라는 윤형주의 익숙한 목소리를 기억할 것이다. 다른 하나는 교통사고다. 1970년대 후반에는 자동차가 급격하게 증가하면서 교통질서 의식이 그 속도를 따라가지 못해 사고가 빈번히 발생했는데 특히 어린이 사고가 많았다. 당시 신문기사에 따르면 사고를 당한 아이들 대다수가 과자를 사려고 길 건너 구멍가게에 가는 길이었다고 하니, 여기에도 과자의 인기가 비집고 들어온다.

2020년 기준, 새우깡은 연간 약 칠백억 원의 매출을 기록하며 국내 과자의 역사에서 여전히 중요한 위치를 차지하고 있다. 지금도 시골 구멍가게에 가면 다른 과자는 없어도 새우깡만은 꼭 있는데, 그것도 눈에 잘 띄는 중앙 진열장에 올려놓는다. 혹자는 21세기에도 계속해서 히트상품으로 남을 수 있는 구멍가게의 첫 번째 상품이 바로 새우깡이라고 한다. 최근에는 한 대중가수의 '깡' 퍼포먼스를 따라하는 '밈meme' 현상이 확산되면서 매출이 삼십 퍼센트나 증가했다고 하니[13] 출시한 지 오십 년이 다 되어가는 지금 새우깡은 또 한 번 전성기를 맞이한 셈이다.

정情의 한류, 초코파이

—   초코파이가 저가 있었어. 초코파이를 저쪽에 놔두고 문 열어놓게 얼른 내가기 쉽잖아. 초코파이 한 각을 이러고 놔둥

1974년 출시 당시 초코파이의
모습.

게 거그서 초코파이를 빼드라고. 빼드니 그냥 냇가로 달아나부
러. 첨에는 몰랐어 나는. 내가 쳐다봉께 냇가에다 내불고 가부러.
들켜부니까 저 냇가에다 그냥 휙 땡겨불고 가부러. 그서 내가 초
코파이 그것을 줏어 왔지.

나주 〈금성슈퍼〉 할머니가 들려준 이야기다. 초코파이는 구멍가게의
전성기가 시작될 무렵인 1974년 처음 출시되었다. 달콤한 초콜릿과 빵,
마시멜로를 함께 맛볼 수 있어서 선망의 대상이었지만, 가격이 비교적 저
렴하지 않아서 가난한 집 아이들이 쉽게 먹을 수 있는 과자가 아니었다.
그러다 보니 이런 식으로 가게에서 초코파이를 훔치는 일이 비일비재했
다고 한다. 먹고는 싶어서 훔치기는 했는데 도망가는 자기 모습을 뒤에서
쳐다보는 주인아주머니의 시선이 자존심을 짓눌렀던 모양이다. 낭패감
에 훔친 초코파이를 냇가에 버리고 내가 왜 그랬을까를 곱씹으며 후회했
을 것이다.

무안 〈사야상회〉에서도 구멍가게에서 팔았던 대표적인 상품으로 술과

음료수 그리고 초코파이를 들었다. 술과 음료수가 보통명사인 점을 감안하면 초코파이는 추억의 과자를 이야기할 때 가장 먼저 떠오르는 상징적인 과자인 셈이다.

돌이켜보면 초코파이에 얽힌 추억은 꽤 많다. 가난한 학창 시절, 초코파이에 나이만큼 초를 꽂고 조촐하게 생일파티 했던 기억이 특별하다. 군대에 다녀온 남성들이라면 유난히 단것이 당기던 그 시절, 매점에서 사 먹을 수 있었던 최고의 간식으로 초코파이를 꼽을 것이다. 한때 농촌에서 간편한 새참으로 큰 인기를 누렸던 것도 초코파이였다.

해외에서도 인기가 많다. 전 세계 육십여 개 나라에서 인기리에 판매된다고 한다.[14] 제사상에도 오르고 결혼식 답례품으로까지 애용된다고 하니 찾는 곳도 무궁무진하다. '과자 한류'라는 말까지 나오는 것을 보면 초코파이의 인기가 정말 대단함을 실감할 수 있다.[15]

1980년대 후반에는 초코파이가 구멍가게의 핵심 과자로 이름을 올렸다. 제과업계가 성장하면서 이 시기에 초코파이의 매출이 급신장했다. 1988년에는 급기야 경쟁사에서 비슷한 이름과 디자인으로 제품을 출시했다가 소송에 휘말리기도 했다.[16] 1992년에는 과자로서는 처음으로 월 매출 사십억 원을 돌파해 새우깡을 추월하기도 했다. 당시 국민 한 사람이 한 달에 초코파이 1.3개를 먹은 셈이었다.[17]

이렇게 된 데는 광고의 효과가 컸다. 1988년부터 시작된 "정情을 나누어요" 시리즈가 그것이다.[18] 자본주의화가 가속되면서 인간성이 메말라 간다는 비판의 목소리가 높아질 무렵, 초코파이는 감성을 자극하는 광고로 일약 스타덤에 오른다. 예스러운 분위기를 자아내기 위해 일부러 한자로 '情'을 강조하고 초콜릿과 과자와 빵의 경계에서 다양한 취향을 가진 판매층을 폭넓게 확보해나갔다. 그 때문에 많은 사람이 초코파이를 사러 구멍가게에 드나들지 않을 수 없었으니 우스갯소리로 "그놈의 정 때문에 매출이 는다"고 할 정도였다.[19]

그러다 보니 영화에서 주요 소재로까지 활용되기에 이른다.

> 오경필 중사 : (초코파이를 먹으면서) 고저 우리 공화국에서는 왜 이런 초코파이를 못 만드나 몰라? 응?
> 이수혁 병장 : 저기, 형. 있잖아…. 아니, 뭐 딴 건 아니고…. 안 내려올래? 초코파이, 배 찢어지게 먹을 수 있잖아.

영화 〈공동경비구역 JSA〉에서 북한 병사의 귀순을 유도하는 과자로 초코파이가 등장한 것이다. 물론 풍자와 해학이 가미되어 있다는 점을 고려해야겠지만, 초코파이가 우리나라를 대표하는, '배 찢어지게 먹고 싶은' 과자였던 것만은 틀림없는 사실인 듯하다.

석빙고 아이스케잌과 칠성사이다

—　　　과자와 함께 1970년대 구멍가게의 전성기를 열었던 상품으로는 아이스크림과 청량음료가 있었다. 1975년 초등학생들의 군것질 유형을 조사한 신문기사에 따르면 아이스크림이 44퍼센트를 차지해 단연 1위다.[20] 그 뒤를 이어 23퍼센트를 차지한 과자, 17퍼센트를 차지한 사탕과 비교해도 무척 높은 수치다. 이러한 군것질거리를 어디에서 사 먹느냐

는 질문에 60퍼센트에 달하는 학생들이 구멍가게라고 대답했다. 이 설문 조사로 미루어볼 때 1970년대 중반에 이미 구멍가게와 아이스크림의 인연은 깊어져 있었던 셈이다.

구멍가게의 여름철 매출은 대개 아이스크림과 청량음료가 책임진다. 그중 아이스크림의 원조 격인 아이스케이크는 1950년대 '석빙고 아이스케잌'이 첫 상품이다. 당시에는 냉동고가 없었기 때문에 냉동의 원리를 이용해 수공으로 아이스케이크를 만들었는데, 석빙고 아이스케잌도 그렇게 만들어졌다. 노란 설탕을 탄 물에 팥을 넣고 그 속에 나무꼬챙이를 꽂아서 얼린 것이다.[21] 사람들은 '아이스케이크'를 줄여서 '아이스케키'라고 불렀는데, 지금의 아이스크림에 비하면 상당히 어설프지만 그 인기는 대단했다. 가난한 고학생이 아르바이트로 아이스케키통을 메고 다니며 장사를 할 정도였으니 말이다. 여름밤 골목길에 울려 퍼지던 "아이스께~끼"라는 추억의 목소리도 아마 이 무렵 시작되었던 것 같다.

1960년대에는 빙과류가 '하드'라는 이름으로 불리기 시작했다. 그 원조는 삼강하드다. 석빙고 아이스케잌에 비해 단맛과 단단함이 강조되어 선풍적인 인기를 끌었다. 더위를 식힐 별다른 장치가 없던 시기인 만큼 여름철 빙과류의 인기는 대단했고 구멍가게의 주 수입원이 되었는데, 거기에 삼강하드가 일조를 한 셈이다.

하지만 더워도 형편상 빙과류를 사 먹을 수 있는 사람이 그렇게 많지 않았기 때문에 빙과류가 제대로 매출을 올렸던 시기는 1970년대부터라고 보는 편이 맞을 것이다. 특히 1970년대로 넘어오면서 빙과류를 오랫동안 저장해둘 수 있는 '하드아이스크림통'이 보급되자 소비가 더욱 촉진되었던 것으로 보인다.[22] 더불어 아이스크림계의 황태자라 부를 수 있는 해태

1962년 출시된 삼강하드(왼쪽)와 1970년
대에 보급된 아이스크림통(오른쪽).

부라보콘이 1970년에, 바밤바가 1976년에 출시되면서 이 시기 아이스
크림은 폭발적인 인기를 구가하게 된다.

　1980년대에는 더운 날씨에 빙과류를 찾는 아이들이 급증해서 물건 대
기가 바쁠 정도라는 신문기사가 자주 보일 만큼 인기가 대단했다.[23] 빙과
업계가 구멍가게에 냉동시설을 보급하면서 여름철이면 구멍가게 앞에는
당연히 빙과 냉동고가 놓여 있어야 하는, 일종의 트렌드가 만들어지기 시
작했다. 이어 1990년대에는 고급화 전략이 시도되면서 저지방 아이스크
림이 많이 출시되어 아이스크림의 인기를 꾸준히 이어갔다.

　그런가 하면 빙과류와 쌍벽을 이루면서 여름철 갈증을 풀어준 것이 있
었으니 바로 청량음료다. 1950년에 출시된 칠성사이다가 우리나라 최초

칠성사이다 광고(《중앙일보》 1965년 9월 23일자).

의 청량음료인데, 그 이전에 청량음료가 없었던 것은 아니다. 일제강점기
에도 일본 사이다가 들어와 있었고, 몇몇 군소 음료들이 만들어지기는 했
지만 본격적인 음료 시장은 칠성사이다 이후 형성되었다고 봐야 할 것 같
다. 1960년대까지는 칠성사이다도 고급음료였다. 사이다는 소풍이나 운
동회처럼 특별한 날에만 맛볼 수 있었는데,[24] 이러한 음료가 대중화된 시
기도 역시 1970년대였다.

  칠성사이다는 특히 CM송이 히트하면서 더욱 이름을 날렸다. 당대 최
고의 작곡가 길옥윤과 최고의 가수 혜은이가 호흡을 맞추었는데, "일곱
개의 별마다 행운이 가득 칠성사이다, 반짝이는 방울마다 젊음이 가득 칠
성사이다, 언제나 칠성 칠성사이다"라는 가사는 큰 화제를 불러오기도 했
다. 칠성사이다의 인기와 더불어 1970년대 후반부터 각종 청량음료가
쏟아져 나오기 시작한다. 환타와 써니텐이 1970년대, 보리음료인 맥콜이
1980년대, 1990년대로 넘어오면서부터는 식이성 섬유음료, 스포츠음
료, 천연과즙음료 등 그 종류도 무척 다양해졌다.

  지금도 구멍가게에 가보면 그 작은 공간에 청량음료 냉장고가 필수품

처럼 자리한 모습을 쉽게 확인할 수 있다. 구멍가게 주인들이 하나같이 하는 말이 그래도 여름철이면 음료수가 팔려서 그나마 매출이 좀 있다고 하니, 이름만큼이나 그 덕에 구멍가게의 여름도 조금은 청량하지 않을까 싶다.

라면 전성시대

—　　　구멍가게의 단골 식품 중 하나로 라면을 빼놓을 수 없다. 라면은 1960년대를 대표하는 히트상품이다. 밥때가 되었는데 찬거리가 마땅치 않을 경우 한 끼를 손쉽게 때울 수 있는 것이 라면이다. 그 덕에 맞벌이 주부나 자취생들의 필수품이자 비상식량의 대명사로 자리를 잡은 지 오래다. 하지만 라면이 초창기부터 비상식량의 역할을 했던 것은 아니다.

우리나라의 라면은 1963년 삼양식품에서 '삼양라면'을 출시하면서 시작되었다. 계기는 남대문시장에서 꿀꿀이죽을 사 먹기 위해 장사진을 치고 있는 사람들을 보고서였다고 한다. 꿀꿀이죽으로 한 끼를 때우려는 모습을 접하고 일본의 라면을 도입하자고 생각했다는 것이다. 출시 당시 삼양라면의 가격은 십 원. 김치찌개 백반이 삼십 원 하던 시절이니 "단돈 십 원으로 한 끼를 해결할 수 있다"는 표어는 충분히 사람들을 솔깃하게 만들었을 것이다.

하지만 초기의 반응은 시원치 않았다. 중국의 밀가루 음식인 노면老麵 혹은 납면拉麵에서 이름을 따왔다는 '라면'이라는 말이 익숙하지 않았다.

1963년 출시된 삼양라면.

나면羅綿으로 잘못 들어 옷감의 한 종류로 이해될 정도였으니 그렇기도 했겠지만, 밀가루 음식에 대한 낯선 거리감이 크게 작용했던 것 같다.

고전하던 삼양라면이 날개를 단 계기는 바로 1964년부터 시작된 정부의 혼분식 장려 정책이었다. 식량난을 해소하고자 시작된 혼분식 장려 정책에 편승해서 삼양라면은 대대적인 홍보를 시작했고, 국민적인 호응 속에 "제2의 쌀", "분식의 총아", "식량난 해결의 역군" 등 화려한 칭호를 받게 된다. 1968년에 있었던 전국여성대회에 참가한 여성 지도자들이 서울에 올라와서 청와대와 함께 삼양라면 회사를 견학했을 정도니 그 위세가 대단했다고 하겠다.[25]

1967년 6월 3일, 《매일경제》 신문은 2면 전체를 라면에 대한 기사로 도배했다. 총 4면의 주말판 중 한 면을 모두 라면 기사로 채웠다는 것은 놀라운 일이다. 거기에는 국립공업연구소장이 딸 결혼식 때 국수 대신 삼양라면으로 피로연을 했다고 자랑하는 에피소드가 실려 있다.[26] 라면이 특별한 주식으로 인식되던 시기라 가능한 일이었다.

라면 장려 정책을 시행하기 위해서는 과학적인 뒷받침도 필요했다. 이 때문에 밀가루가 단백질, 지방질, 무기질의 함량이 높고 소화액의 침윤이 잘되어 쌀보다 소화가 잘되고 맛도 좋다는 분석 기사가 여러 차례 신문에 실린다.[27] 영양분이 충분하니 쌀을 대체할 수 있는 최고 식품이라는 주장이었다. 이렇게 해서 라면이 잘 팔리니까 라면 회사들이 여럿 생겨났다. 1965년에 롯데공업(현 농심)이 뛰어들어서 삼양식품과 함께 양강 체제를 구축했다. 이때의 라면 맛은 구수한 된장맛이 주류를 이뤘다. 그러다가 1970년대에 이르러 "라면에는 역시 김치"라는 말과 함께 김치라면이 개발되면서 새로운 맛을 찾기 시작했다. 어린이용 라면땅과 뽀빠이가 등장한 것도 1970년대의 일이다.

　1980년대 들어 한국야쿠르트가 팔도비빔면을 들고 나오면서 라면 사업에 참여했고, 이후 오뚜기식품으로 넘어간 청보식품도 라면을 만들기 시작했다. 1986년에는 빙그레가 뛰어들어 지금과 같은 5개 사가 라면업계의 큰 틀로 자리를 잡았다. 1980년대에는 또한 사발면류의 컵라면이 선풍적인 인기를 끌었고, 라면 맛의 대세는 매콤하고 얼큰한 쪽으로 바뀌었다. 대체식품에서 기호식품으로 변신을 꾀하면서 고급제품이 속속들이 나타나기 시작한 것도 1980년대의 일이다.

　이렇게 된 데에는 1980년대에 있었던 라면의 영양성분에 대한 논쟁이 큰 역할을 했다. 초기에 충분한 영양분이 들어 있으니 밥 대신 라면을 먹어도 된다고 주장했던 것에 대해, 1980년대 들어 그 영양분이 질적으로 좋은 것이 아니기 때문에 많이 먹을 경우 영양의 불균형을 초래할 수 있다는 반박이 나오기 시작한 것이다.[28] 국물 맛을 내는 스프의 소금과 화학조미료도 문제가 되었고[29] 라면을 튀기는 기름도 문제가 되었다.[30] 라면의 위상이 초기와 달라지기 시작한 계기가 여기에 있다.

　1990년대 편의점이 등장하면서 라면은 다시 성장했다. 특히 1996년 편의점과 구멍가게에서 컵라면 조리 판매가 가능해지면서 라면은 편의점의 대표 음식으로 자리하게 되었다. 어느 편의점에 가든지 한쪽에는 뜨거

컵라면 광고(《매일경제》 1972년 3월 31일자).

운 물과 함께 컵라면을 먹을 수 있는 장소가 마련되어 있다. 거기에 소량
으로 포장된 김치까지 곁들일 수 있어서, 저렴한 가격으로 빠르고 간단히
요기하고 싶은 사람들을 끌어들이는 효자 상품이 되었다.

컵라면이 처음 출시된 시기는 1972년으로 거슬러 올라간다. 1972년
3월 7일 삼양에서 최초로 컵라면을 내놓았다. 하지만 용기 제작 기술이
떨어지다 보니 뜨거운 물을 부어도 금방 식어서 면이 잘 익지 않았고 일
반 라면보다 가격이 비싼 탓에 쉽게 대중화되지 못했다.

1980년대로 넘어오면 이전에 추구했던 경제성장의 목표들이 가시화
되면서 편리함을 추구하는 경향이 생겨난다. 그즈음 마침맞게 농심에서
사발면을 출시해 뜨거운 반응을 얻으면서 본격적으로 컵라면의 시대가
열렸다. 이러한 사회적 분위기에 부합해 자동판매기 개발이 가속화되면
서 곳곳에 컵라면 자판기가 등장해 이목을 끌기도 했으니, 라면은 장소를
불문하고 더 깊이 일상 속으로 파고들고 있었다.[31] 이후 편의점의 등장과
때를 같이해 삶의 속도가 더욱 빨라지고 생활의 각 분야에서 신속성과 편
의성을 지향하게 되자 컵라면의 인기는 비로소 절정에 올랐다.

라면의 전성기는 1970년대 후반부터 1990년대 초반이라고 해야 할 것 같다. 당시 구멍가게에서 가장 많이 팔리는 물건으로 껌, 과자, 술과 함께 라면이 포함되어 있었고, 1990년대 초에 조사한 결과를 보면 서울에 사는 주부가 한 달 동안 가장 많이 구입하는 식품 1위에 라면이 올라 있었다. 라면은 대형슈퍼보다는 구멍가게에서 많이 구입했다고 하고, 월 1회 이상 구입하는 주부가 82퍼센트이며, 한 달에 열두 개가량을 소비했다고 한다.[32] 결국 라면의 폭발적인 성장은 동네 골목마다 자리하고 있던 구멍가게 덕분이었고, 구멍가게 역시 주식을 대체할 수 있는 라면 덕에 재미를 볼 수 있었으니 구멍가게와 라면이 만나 시너지가 극대화되었다고 하겠다.

그리고 문명이, 문화가, 신비가 있었다

— 해태 연양갱, 무궁화 세탁비누, 칠성사이다, OB맥주, 진로소주, 곰표 중력밀가루, 제일제당 정백당, 미원, 로케트 건전지, 크라운 산도, 럭키치약, 요구르트, 삼양라면, 모나미 볼펜, 해표 식용유, 애경트리오, 지구색연필, 농심 새우깡, 동아 크레파스, 베지밀, 오리온 초코파이, 해태 맛동산, 제일제당 다시다, 유한락스, 도루코 면도날, 빙그레 바나나우유, 인삼비누, 피죤, 롯데 빠다코코넛, 동원참치, 페리오치약, 오란씨, 옥시크린.

눈에 익은 이름이 많다. 20세기가 저물어갈 무렵 유통업계 실무자들이

뽑은 20세기 대표적인 장수상품들이다.³³ 모두 구멍가게의 히트 상품이
자 오랫동안 우리의 일상과 함께했던 제품들이기도 하다. 그러고 보면 우
리 삶에서 구멍가게가 차지했던 부분은 꽤 많았던 것 같다. 먹고 마시고
입고 쓰는 데 소용되는 물건을 대개 구멍가게를 통해서 들여왔기 때문이
다. 이러한 물건들과 함께 구멍가게는 우리 생활의 깊숙한 곳에 자리하고
있었다. 그래서일까, 어느 소설가가 말한 것처럼 구멍가게에는 문명이, 문
화가, 신비가 함께 있었다.

어린 시절 내가 살던 동네 어귀에는 점방이 있었다. 점방은 앞을
지나갈 때마다 일 없이도 꼭 들어가 보고 싶은 곳이었다. 거기에
는 문명이 있었고 문화가 있었고 신비가 있었다. 장독 뚜껑을 천
으로 덮어둘 때 테두리를 하던 검정 고무줄, 아기 기저귀를 할 때
쓰던 노란 고무줄, 곽성냥, 옷핀, 늘 먼지가 뿌옇게 앉아 있는 복
숭아통조림, 꽁치통조림에 양초가 있었다.³⁴

9장

담배와 함께한 육십 년

구멍가게 아이콘

— 　　　여수 소라면에는 참 이상한 가게가 있다. 그 흔한 평상도, 우체통도 없는 데다가 버젓이 놓인 대문 안으로 마당이 훤히 들여다보여서 겉으로만 봐서는 평범한 가정집인지 가게인지 도무지 헷갈리지 않을 수 없다. 이 집을 그냥 지나치기가 어쩐지 개운치 않았던 것은 바로 담배 표지판 때문이었다.

답사를 시작하면서 가장 힘들었던 것은 꼭꼭 숨어 있는 구멍가게를 찾아내는 일이었다. 무작정 나섰다가 낭비하는 시간이 너무 많아서 통계청의 도움을 받기도 했지만, 막상 찾아가 보면 남아 있는 가게보다 없어진

평범한 가정집 같아 보이는 곳이 가게임을 알리는
담배 표지판.

가게가 더 많았다. 사람들에게 물어물어 찾는 것도 큰 도움이 되지는 않
았다.

　그러다가 우연히 구멍가게 앞에서 담배를 공급하는 담배인삼공사 트
럭을 발견했다. 그 순간 '바로 저거다'라는 깨달음과 함께 환호성이 터져
나왔다. 생각해보니 구멍가게는 대개 '담배' 표지판을 붙이고 있었다. 구
멍가게에서 공통적으로 담배를 취급하기 때문에 담배를 공급하는 분들

에게 물어보면 오래된 가게를 쉽게 찾을 수 있을 거라고 생각했던 것이다. 그러나 이 방법도 소용없기는 마찬가지였다. '영업 비밀 유출', '개인 정보 유출'이라는 명분을 내세워 정보를 넘겨주지 않았기 때문이다. 물론 실망스럽기는 했지만 이 과정에서 또 다른 호기심이 발동했으니, 이때부터 구멍가게와 담배의 질긴 인연에 관심을 기울이게 되었다.

구멍가게에서 본격적으로 담배를 취급한 시기는 대략 한국전쟁 이후다. 담배와 구멍가게는 근 육십 년을 단짝처럼 함께해온 셈이다. 제아무리 물건이 없는 가게라도 담배만은 반드시 붙잡고 있어서 담배 표지판은 이곳이 구멍가게임을 알려주는 표식이나 다름없다. 문 닫는 날까지 운명을 함께할 것 같은 담배와 구멍가게, 그 인연은 어디에서 시작되었으며 어떻게 흘러가고 있을까?

담배, 상품 이상의 상품

— 구멍가게를 답사하면서 두 번 방문한 가게가 몇 군데 있다. 그중 하나가 장성의 〈달성상회〉다. 주인아주머니가 워낙 말씀을 잘하시고 이야기가 풍부해서 추가로 인터뷰를 하고 싶었기 때문이다. 그런데 예상치 못한 사태가 벌어졌다. 분명 처음에 갔던 곳으로 정확히 찾아갔는데 가게가 감쪽같이 사라져버린 것이다. 대신 그럴싸한 양옥집과 넓은 주차장이 떡하니 놓여 있어서 적잖이 당황스러웠다. 조만간 집을 새로 지을 계획이라는 말을 듣기는 했지만 이렇게 빨리 실현되리라고는 생각하지 못한 것이다. 그래도 혹시나 잘못 찾아온 건 아닌가 싶어 조심스럽게 문

새로 짓기 전과 후의 달성상회.

을 두드렸더니 다행히도 〈달성상회〉 아주머니가 반갑게 맞아주셨다.

　새집이 좋기는 했지만 우리로서는 그렇게 반길 만한 것이 못 됐다. 몇
달 만에 또 하나의 오래된 구멍가게가 사라져버렸기 때문이다. 새집은 이

전 가게와 비교할 수 없을 만큼 깨끗하고 넓었는데 거실 한구석에 눈에 익은 물건이 하나 있었다. 이전 가게에서 사용하던 '담배 진열장'이었다. 가게를 그만두려고 집까지 새로 지었지만 그래도 서운해서 마지막 하나는 붙잡아두고 싶었던 게 바로 담배였던 것이다. 왜 하필 담배였을까?

담배와 구멍가게의 비상한 관계는 다른 가게들에서도 찾아볼 수 있었다. 담양 〈영천리 구판장〉에 들렀을 때의 일이다. 한창 주인아주머니 이야기를 듣고 있는데 아저씨 한 분이 가게 문을 열고 들어오셨다. 잠시 인터뷰를 중단하려고 했으나 아주머니는 전혀 아랑곳없이 이야기를 이어나갔다. 아저씨도 그런 상황을 크게 신경 쓰지 않는 눈치였다. 그저 조용히만 원짜리 한 장을 내밀 뿐이다. 그러자 아주머니가 아무 말 없이 담배 몇 갑을 꺼내 아저씨께 건넨다. 그것으로 끝이었다.

보성 〈미력슈퍼〉에서는 이런 경우도 있었다. 인근 논에서 일하던 아주머니가 흙투성이로 가게에 들어와서는 대뜸 아무개의 담배 두 갑만 달라는 것이다. 아마도 같이 일하는 누군가가 대신 담배를 사다 달라고 한 모양이다. 담배 상표를 정확히 댄 것도 아닌데 자연스럽게 두 갑이 건네진다. 그 모습을 신기해했더니 주인아주머니는 동네사람 누가 어떤 담배를 피우는지, 담배 피우는 주기는 어느 정도인지, 한 번에 얼마큼씩 담배를 사 가는지 소상히 꿰고 있다는 것이다.

구례 〈죽마리 구판장〉도 마찬가지였다. 〈미력슈퍼〉에서 경험한 상황을 떠올리며 담배에 관해 물었더니 이렇게 말씀하신다.

그 사람 딱 오면 무슨 담배 자동으로 나가지요. 긍께 누가 사러 오믄 "누가 피울 거대요?" 물어봐요. 안 그르믄 바꾸러 오니까.

어떤 사람은 안 가르쳐줄라고 그러거든. 그럼 내가 그러거든. 그
거 사다주문 어차피 그 사람 피울 거니까 피우는 거 갖다줘야지,
또 바꾸러 오믄 성가시지 않냐고. 그믄 그때서 알려줘요. 누가 일
한다 그러믄 알아. 그 사람 무슨 담배 하는지 훤히 알아. 그 사람
성격도 알아불지.

이 아주머니는 여럿이 같이 일하다가 한 사람이 담배 심부름을 하러 오
면 누가 피울 거냐고 아예 대놓고 물어본단다. 잘못 사다 주면 바꾸러 올
게 뻔하니까 마을사람들의 담배 취향을 훤히 알고 있는 아주머니에게 이
실직고하라는 것이다. 〈영천리 구판장〉은 한술 더 떠서, 이 동네 애연가들
이 태우는 담배 수효를 미리 계산해서 떼어 온단다.

내가 말했잖아. 눈빛으로 다 알아. 마을 어르신 오면은 아 저건
담배다, 다 안다고. 내가 담배를 띨 때 그걸 계산해서 떼어. 이분
이 이렇게 이렇게 사 가니까. 라일락도 저 사람은 보루로 사 간
다, 이 사람은 이렇게 한다 그런 걸 다 입수를 해서 쓰고 하지.

물론 담배를 사고파는 상황이 반복되다 보면 이런 정보가 자연스럽게
습득될 수도 있겠지만 그렇게 생각해버리고 말기에는 좀 특별한 무엇이
있었다. 구멍가게에서 담배는 아주 특별한 물건이기 때문이다.

구멍가게가 곧 담배가게

— 　　　담배가게는 경사진 긴 골목을 빠져 내려가다가 큰길
로 꺾이는 모퉁이에 있었다. 구멍가게로 시작했으나 지금은 큰
상점으로 확장되어 가고 있었다. 여러 가지 물건을 팔고 있었다.
더구나 과자는 도매상이나 다름없었다.

— 안수길, 《거스름》, 1966

　소설에서도 통용되는 구멍가게의 이름은 '담배가게'다. 특별히 맛 좋
은 과자를 도매로 취급하고 있지만, 그래서 멀리에서도 소문을 듣고 찾아
올 정도지만, 그래서 점원을 셋씩이나 두고 있지만, 가게의 이름은 '과자
가게'가 아니라 '담배가게'다. 지금도 구멍가게 중에 '담배가게' 혹은 '담배
집'이라는 이름으로 통용되는 곳이 꽤 있다. 우리가 찾은 여수 소라면의
구멍가게 이름도 그저 '담배집'이었다. 구멍가게에서 손님을 끌어모으는
물건이 여러 가지가 있을 수 있음에도 구멍가게의 정체성이 대개는 담배
에 있었다는 말이다. 그만큼 담배는 구멍가게에서 특별했다.
　담배를 취급하는 구멍가게에는 대개 담배 판매 허가증이 걸려 있다. 담
배 판매를 공인받았음을 알리는 것으로 이해되기도 하지만, 오래된 액자
에 정성스럽게 끼워서 보란 듯이 내건 데는 다른 이유가 더 있어 보였다.
허가 여부를 알리려면 오히려 소매점(구멍가게)허가증 같은 것을 걸어놓
아야 어울릴 듯한데 그러지 않았다. 액자의 연식에 비례해서 담배 판매를
허가받은 날짜도 꽤 오래된 것이 많았다. 또 많은 경우 가게의 역사와 허
가증의 나이가 비슷했다는 점도 주목할 만하다. 그러니까 담배 판매 허가

강쟁상회의 담배소매인지정서.

금성슈퍼의 담배 진열장.

증은 구멍가게와 시작을 함께한 몇 안 되는 물건이라는 뜻이다.

　담배를 파는 가게는 대체로 담배 진열장이나 담배 보관함을 가지고 있는데, 대개는 주인아주머니의 행동반경 안에 둔다. 손님이 찾을 때마다 언제든 손쉽게 내주기 위해서이기도 하지만 그만큼 소중하기도 해서다. 그래서일까, 담배 보관함을 가게에 딸린 방 안에 두는 경우도 많다. 가게에서 취급하는 여타 물건들과 달리 사람이 거처하는 공간으로 들여왔다는 것은 상징하는 바가 크다.

　약국이나 식당에서 담배를 취급하지 않게 되면서 이제는 구멍가게가 담배 소매상 역할을 도맡고 있다. 도시의 경우 편의점을 비롯한 작은 가게들에서만 담배를 살 수 있고, 시골에서도 담배를 살 수 있는 곳은 거의

구멍가게밖에 없다. 〈달성상회〉에서 보았던 것처럼 사라져가는 구멍가게
가 마지막까지 부여잡고 있는 최후의 물건도 담배다. 영광 〈현순상회〉도
마찬가지였다.

다시 가게를 차리기 전에는 애기아빠 아파서 돈이 없응게 돈을
빌려다가 담배 떠어서 쪼까 팔고. 가게가 없어지고 저 우에 있어
도 '아 담배를 없애믄 안 되겠다' 그 생각을 허고 제가 차비 들여
서 가서 십만 원 어치 십오만 원 어치, 그래갖고 담배를 팔고 그
랬어요.

사정상 가게를 잠시 접고 다시 시작할 때까지 담배만은 쥐고 있었다고
할 정도니 구멍가게가 곧 담배가게였던 셈이다. 나날이 매출이 줄어드는
시골 가게의 경우, 그나마도 이익이 남는 것은 오직 담배뿐이라는 이야기
도 서슴없이 하곤 한다. 담배를 특별하게 취급하지 않을 수 없는 이유다.
담배와 구멍가게의 이러한 인연을 이해하려면 일단 담배의 역사를 좀 되
짚어봐야 할 것 같다.

담배는 어떻게 공급되었을까

—   광해군 때 일본을 거쳐 처음 들어온 담배는 얼마 지나지 않
아 전국적으로 선풍적인 인기를 끌게 된다. 네덜란드인 하멜이 조선에 표
류해 십여 년간의 억류생활을 마치고 쓴《하멜표류기》(1668년 발간)에 따

르면, 당시 조선에서는 네다섯 살 때부터 이미 담배를 배우기 시작해 남녀노소를 막론하고 담배를 피우지 않는 사람이 없었다고 하니 그 인기가 어느 정도였는지 짐작할 수 있다. 옛날이야기의 서두에 '호랑이 담배 피우던 시절'이라는 정형화된 문구를 쓰는 것도 아마 이 시절이 아니었던가 싶다. 태곳적 시간을 표현하는 잣대로 '담배'를 끌어들였을 만큼 담배가 지닌 문화적인 대표성이 강렬했다는 뜻이다.

그런 만큼 담배를 취급하는 가게가 많았고 담배가게는 많은 사람으로 북적였다. 사람들이 많이 모이는 곳에는 특별한 이야기판이 벌어지기도 했는데, 흥행을 몰고 다니는 소설 낭독도 그중 하나였다. 수많은 군중이 운집한 담배가게와 연극 같은 이야기판이 어우러지면서 그 유명한 '담배가게 살인사건'과 같은 이야기를 탄생시키기도 했다.

> 《임경업전》은 서울 담배가게, 밥집의 파락악소배擺落惡少輩들이 낭독하는 언문소설로, 예전에 어떤 이가 이를 듣다가 김자점이 장군에게 없는 죄를 씌워 죽이는 데 이르러 분기가 솟아올라 미친 듯이 담배 써는 큰 칼을 잡고 낭독자를 베면서 '네가 자점이더냐'라 하니 같이 듣던 시장 사람들이 놀라 달아났다고 한다.
>
> — 심노숭沈魯崇,《효전산고孝田散稿》

이 이야기에서도 짐작되는바, 조선 후기와 일제강점기 초까지만 해도 담배를 파는 가게는 독립적으로 존재했던 것 같다. 그만큼 담배 소비가 많아서 담배만 팔아도 가게를 유지할 수 있기 때문이었을 것이다. 처음에는 민간에서 자유롭게 담뱃잎을 재배하고 자체 제조하여 판매할 수 있었

일제강점기 수원성 앞
의 담배가게(사진의 왼
쪽 아래).

일제강점기 담배 판매소 간판.

다. 그러던 것이 1921년 7월 1일부로 '연초전매령'이 발효되면서 담배의
제조와 판매를 정부에서 주관하게 된다. 특히 판매는 정부나 정부에서 지
정한 연초도매인 혹은 연초소매인이 아니면 할 수 없게 되면서 담배 판매
에 일대 변화가 시작되었다.[1] 담배 판매가 일종의 특권이 될 수 있었던 것
도 이때부터다.

　해방정국에서도 담배는 전매품이었는데, 특별히 흡연자에게만 배급하
는 방식을 취했다. 담배가게 대신 담배 배급소가 생겨서 거기에서 배급이
이루어진 것이다. 문제는 일부 비흡연자가 담배를 배급받아서 담배 행상
하는 사람들에게 넘기는 일이 자주 발생했다는 점이다.[2] 이렇게 비정상적

인 유통구조가 생겨나고 그것을 통해 이득을 취하는 사람들이 나오게 된 근본적인 이유는 수요에 비해 공급이 부족한 데 있었다. 배급에 의존해 구매하는 담배의 양이 수요량에 비해 턱없이 부족했으니 행상을 거쳐서라도 담배를 구매할 수밖에 없었던 것이다.

문제가 생기면 제도를 바꾸게 마련이어서 1946년 7월부터는 자유 판매로 전환한다. 물론 여기에서 자유 판매란 전매제하에서의 자유 판매를 말한다. 그러니까 배급제에서는 배급소를 통해서 정해진 수량만 구매했다면, 자유 판매에서는 허가된 담배가게(연초소매상)에서 필요한 양만큼 담배를 구매할 수 있게 되었다는 뜻이다. 이러한 자유 판매도 문제가 없지는 않았다. 인기가 많았던 '공작'이나 '무궁화' 같은 담배는 여전히 공급이 딸렸는데 거기에 웃돈을 붙여서 파는 바람에 불만이 아주 많았다.[3]

그래서 1947년 다시 배급제로 돌아섰지만 공급이 원활하지 않은 상황에서 담배 배급이 안정적으로 이루어질 리가 없었다. 그 결과 시장에 사제담배와 양담배가 난무하게 되었다.[4] 이러한 핑퐁 게임과 같은 제도 변경이 자유 판매로 안착된 시기는 대략 1950년 정도로 추정된다. 이 시기에 이르러 담배 공급이 비로소 원활해졌기 때문이다.[5] 이제는 배급제의 틀에서 벗어나 안정된 공급 상황에서 연초소매상을 통해 자유로운 구매가 가능해진 것이다. 이렇게 본격적으로 연초소매상이 담배 공급의 중요한 매개로 자리를 잡아가려던 찰나, 한국전쟁이 발발하면서 다시 상황은 원점으로 돌아갔다. 전쟁 중에 담배 공급이 제대로 이루어졌을 리 없고, 공급이 문제가 되자 양담배와 사제담배가 다시 기승을 부렸다.[6]

약국에서 담배를?

—　　　연초소매상이 제대로 자리를 잡기 시작한 시기는 아마도 한국전쟁 이후였을 것이다. 이전에 비해서 담배 공급이 상대적으로 원활했고, 담배 전매제도 안정적으로 유지되었기 때문이다. 다만 일반 판매가 금지된 양담배 같은 것을 담배 판매 허가를 받지 못한 구멍가게에서 무허가로 판매하는 경우는 여전했다.[7] 담배 판매 허가를 받은 구멍가게가 일부에 지나지 않았을 테니까 그렇지 않은 구멍가게에서 양담배를 들여와 판매하는 것은 물론 불법이었지만 자연스러운 일이었다. 특히 한국전쟁을 거치면서 양담배에 대한 수요가 늘어나 음성적인 판매를 부추겼다.

1940년대와 1950년대에 연초 판매 허가를 받은 구멍가게의 힘은 대단했다. 지금 구멍가게의 담배 표지판에 준하는 '연초 판매 허가' 간판을 내거는 것만으로도 상당한 수입을 보장받을 수 있었기 때문이다. 특히 담배 공급이 부족한 상황에서나 담배 가격이 인상되는 시점에서는 더 큰 영향력을 발휘했다. 예를 들어 전매품이었던 담배나 소금의 가격을 올리려면 국회의 동의가 필요했는데, 그 절차가 일단 진행되면 담배가게에서는 두 달 정도나 담배 판매를 줄이는 경우도 있었다. 그러면 담배 한 갑을 사기 위해 담배가게 앞에 길게 줄을 서서 몇 시간이고 기다리는 진풍경이 연출되기도 했다.[8]

1960년대로 넘어오면서는 정부에서 양담배의 불법적인 판매를 대대적으로 단속하면서 담배소매점의 인기가 더욱 높아졌다. 1966년 12월 12일자 《매일경제》 기사는 권리금을 많이 받을 수 있는 핵심 직종 중 하나로 연초소매상을 들었다.[9] 인기의 이유로는 우선 외상이 없어서 무척 견고한 사업이라고 했다. 갑 단위로 판매되기 때문에 담배를 외상으로 사는 경우는 거의 없어서 자금의 선순환이 잘 이루어진다는 것이다. 또한 이전에는 외제 담배 때문에 재미가 덜했는데, 단속이 강화되고 국산 담배의 품질이 좋아지면서 판매가 늘고 있다는 점도 지적했다. 특히 거리, 수요량 및 기타 여러 가지 조건 등을 고려해서 담배소매점을 까다롭게 허가해주기 때문에 안정적인 판매가 보장된다는 점을 강조했다.

사실 이때까지만 해도 담배를 주로 취급한 곳은 구멍가게가 아니라 약방이었다. 물론 해방 이후 담배 판매를 겸하는 구멍가게가 줄곧 있기는 했지만[10] 주류는 아니었다. 약방 외에 복덕방에서 판매하는 경우도 많았고, 공중전화와 우표수입인지를 비롯해 담배를 취급하는 '공중센터'를 별도로 설치하기도 했다.[11]

하지만 1960년대 후반을 거쳐 1970년대로 접어들면서는 구멍가게를 내면서 반드시 담배가게를 겸하려는 경향이 뚜렷해지기 시작했다.[12] 1970년대와 1980년대가 구멍가게의 전성기인 점을 감안하면 한국전쟁 이후 맺어진 담배와 구멍가게의 인연이 1970년대부터 떼려야 뗄 수 없는 관계로까지 깊어지지 않았나 싶다. 게다가 2001년 담배사업법이 개정되고부터는 식당이나 유흥업소에서 담배 판매가 금지되었고 2004년에는 약국에서까지 담배를 팔 수 없게 되면서(이전에 허가받은 약국은 제외) 구멍가게는 이제 거의 유일한 담배 판매소 역할을 하고 있다. 사정이 이러하니 〈달성상회〉 아주머니가 가게를 정리하면서도 담배만은 놓지 못했던 것이다.

잘나가도 함께, 못 나가도 함께

— 　　　도시의 구멍가게라 할 수 있는 편의점에서도 담배가 차지하는 비중은 대단하다. 2020년 기준, 업계에서 추론하는 편의점 총매출액에서 담배가 차지하는 비중은 45퍼센트에 달한다.[13] 2015년 이래로 국민건강 증진을 위해 담배에 흡연 폐해 경고 문구와 관련 사진을 부착하자는 논의가 거듭되면서 담배 판매가 감소할 것이라는 전망이 여러 번 반복되었으나, 매년 40퍼센트에 육박하는 판매율을 달성하면서 담배는 편의점 판매 1위 자리를 놓치지 않고 있다. 2위인 음료수나 가공식품이 20퍼센트 언저리인 것과 비교해보면 담배가 차지하는 비중이 얼마나 대단한지 알 수 있다. 결국에는 편의점 장사도 담배 장사라는 말이다.

　담배와의 깊은 인연 때문에 구멍가게가 사회적인 문제의 중심에 섰던 경우도 많았다. 그 처음은 불법거래였다. 담배 공급이 충분치 않아서 불법거래가 있을 수밖에 없었는데, 주로 연초 판매 허가를 받지 않은 구멍가게에서 이런 일을 했다. 다음이 양담배 문제였다. 국산 담배의 품질이 떨어졌던 시기에는 음성적인 거래가 문제 되었다가 나중에는 국산 담배 애용, 양담배 불매 운동으로 이어졌다. 민족주의가 사회적인 담론을 지배했던 1970년대와 1980년대에는 양담배를 취급하는 구멍가게가 여러모로 눈총을 받을 수밖에 없었다. 그러다가 1990년대 중후반부터는 미성년자들에게 술과 담배를 판매하는 것이 문제가 되면서 구멍가게가 또 한 번 싸늘한 비난의 중심에 섰다.[14]

　담배 소비량도 구멍가게의 흥망과 함께했다. 1968년 연간 384억 개비를 소비하다가 1972년에는 508억 개비로 4년 동안 32퍼센트 증가했

1960년 사치품 양담배를 몰아내자는 가면시위.

다.[15] 1977년에는 599억 개비로 5년간 18퍼센트, 1981년에는 731만 개비로 4년 동안 22퍼센트가 증가했다.[16] 연도별로 차이가 조금 있기는 하지만 연간 5퍼센트 정도의 증가세를 꾸준히 보인 셈인데 이러한 증가세는 1980년대까지 계속 이어진다. 그러니까 1970년대와 1980년대를 거치면서 구멍가게의 전성기를 이끌었던 또 하나의 동인은 담배였던 셈이다. 1985년과 1986년에 각각 1.3퍼센트와 1퍼센트로 증가세가 둔화되기도 했지만,[17] 1987년에 4.2퍼센트 늘어나면서 다시 증가세를 회복한 것을 보면 전반적으로 담배 애호의 시대였다고 할 수 있다.

송창식의 노래 〈담배가게 아가씨〉(1988)가 나온 것도 이즈음이다. 담배 소비의 증가세가 가장 두드러졌던 시절, 바로 그 담배를 팔던 가게에 어여쁜 주인아가씨가 있었으니 동네 총각들이 들썩일 수밖에 없었을 것이다. 담배가 생활 속 기호품이 된 만큼 일상적으로 담배가게를 드나들었기에 다양한 이야기가 만들어질 수 있었고, 이런 노래까지 등장할 수 있었던 것 같다.

처음으로 담배 소비량이 줄어든 시기는 1994년이었다.[18] 신문마다 담배 소비량이 이십일 년 만에 처음으로 줄어들었다고 대대적으로 보도한 것도 충분히 이해할 만하다. 구멍가게의 역사를 보면 1990년대 들어서면서 전성기를 지나 내리막을 걷게 되는데 담배 소비량이 줄어든 것과 궤를 같이한다. 물론 1994년에 소비량이 줄어든 것은 금연운동이 확산되고 담뱃값이 인상되었기 때문이기는 하지만 그 이전에도 금연운동과 담뱃값 인상이라는 요인은 있었다. 그것이 실제 소비량의 감소로 이어진 것은 이때가 처음이었다. 이후 조금씩의 상승과 하강 국면을 오가다가, 2009년에 948억 개비에서 2010년 905억 개비로 뚝 떨어지는 등[19] 2008년 이후로는 웰빙 바람과 함께 담배 소비가 급격하게 줄어든다. 흡연율도 2020년 기준, 지난 십 년간 꾸준히 감소한 것으로 나타났다.[20]

구멍가게에서 담배 판매가 여전히 중요한 부분이기는 하지만 이 같은 추세와 맞물려 판매량은 꾸준히 줄고 있다. 편의점에서의 담배 판매량도 해마다 조금씩 감소하고 있는 현실이다. 담배문화가 사회적으로 위축되어가는 현상과 발맞추어 구멍가게도 점차 쇠락의 길로 접어들었다. 이렇게 시들어가는 모습까지 함께하는 것을 보면 구멍가게와 담배의 인연은 참 깊고도 질기다.

담배외전

—   우리나라 최초의 담배인 '승리'는 흔히 막궐련이라고 부르는 양절 담배다. 담배를 잘게 썰어서 얇은 종이에 싸놓았다고 생각하면 맞을 것이다. 필터 담배로는 1958년에 출시된 '아리랑'이 최초다. 필터를 채용

하기는 했지만 첫 담배였으니 제대로 빨렸을 리 없다. 소비자들의 불만을 동력 삼아 필터의 수준이 높아지면서 오늘날과 같은 본격적인 필터 담배가 자리 잡게 되었다.

그런데 분명 담배임에도 이런 담배 이야기에 항상 빠지는 처량한 신세가 있다. 바로 봉초封草다. '봉초'라는 말은 장성 〈아치실 가게〉에서 처음 들었다. 가게 문을 연 지 오십오 년이 훌쩍 넘었다고 하니, 필터 담배인 아리랑이 나오기 전부터 주인할머니는 이곳에서 담배를 판 것이다. 그 무렵에 주로 판매한 담배가 봉초였는데, 당시 사람들은 이것을 '잎담배'라고 불렀던 모양이다.

- 그때는 담배도 많이 팔고, 봉초도 있었고.
- 조사자: 초요?
- 아니. 잎담배. 그런 것도 있었어. 봉초 담배도 모르고, 청자 담배도 모르지?
- 조사자: 청자 담배는 들어봤어요.

졸지에 담배 문외한 취급을 받고 궁금한 마음에 자료를 뒤적거려보니 봉초란 담뱃잎을 잘게 썰어서 봉지에 포장한 것으로, 곰방대에 손으로 꾹꾹 눌러 담거나 종이로 둘둘 말아서 침으로 발라 붙인 다음 피우는 게 보통이라고 한다. 기다란 담뱃대를 멋스럽게 물고 태우는 흑백사진 속 담배, 바로 그 봉초는 일제강점기 때부터 등장한 것으로 보인다. 최초의 봉초는 '장수연'이었다. 조선총독부 전매국에서 만든 이 봉초 뒷면에는 우리나라 젊은이들에게 태평양전쟁에 참여할 것을 독려하는 문구가 새겨

우리나라의 3대 봉초.

져 있었다. 담배 이름으로 '장수長壽'라는, 말도 안 되는 이름을 붙인 것과 같은 속임수가 뒷면의 문구에도 그대로 드러났다고 하겠다.

1955년 출시된 '풍년초'는 장장 17년 7개월 동안 꾸준한 사랑을 받았던 2세대 봉초다. 1970년대로 넘어오면서는 '학'이 출시되어 봉초가 사라질 때까지 함께했다. 그렇게 장수연, 풍년초, 학은 우리나라 3대 봉초로 자리하게 되었다.

궐련 담배가 나오면서 담배의 주 시장은 그쪽으로 넘어갔지만 봉초에 대한 수요는 1970년대까지 줄기차게 이어진다. 막궐련 담배인 '승리'가 나온 지 이십 년이 넘고, 필터 담배인 '아리랑'이 나온 지 십 년이 넘었던 1969년경에도 전체 담배 소비의 13퍼센트는 여전히 봉초 담배가 차지하고 있었다.[21] 특히 농촌지역에서는 형편상 값비싼 필터 담배를 피울 수 없어서 봉초에 대한 수요가 무척 많았다. 여기에서 '봉초 전쟁'이라 일컬을 만한 담배 쟁탈전이 벌어진다.

봉초 전쟁은 크게 두 가지 형태로 나타났는데, 그 첫 번째는 구멍가게에서 봉초 구하기다. 담배의 고급화를 위해 전매청에서 봉초의 생산량을 줄이고 막궐련이나 필터 담배의 생산량을 늘리는 바람에 한때 봉초 품귀 현상이 일어났다. 담배는 피워야겠는데 그렇다고 값비싼 필터 담배를 사기는 부담스러우니 구멍가게에 봉초가 도착하는 날이면 너나없이 달려들었던 것이다.

이 담배 전쟁에는 아이들이 많이 동원되었다고 한다. 농사일에 바쁜 어른들이 담배 하나 사겠다고 마냥 가게에 드나들 수는 없는 노릇이니, 대신 아이들을 시켜서 가게에 죽치고 앉아 있다가 봉초가 들어오는 즉시 사 오도록 한 것이다. 기약 없는 기다림이 지루해서 잠시 자리라도 비우면 하필 그때 봉초가 도착해서 빈손으로 돌아가는 아이들도 있었는데, 그러면 한 달 내내 아버지의 구박은 따놓은 당상이었다고 한다. 보다 못한 가게 주인이 미리 봉초 수요를 조사해서 구매량에 비례해 마을사람들에게 골고루 나눠주는 방법까지 생각해냈다고 하니,[22] 그야말로 치열한 현장이 아닐 수 없었다.

봉초 전쟁의 두 번째는 필터 담배 바꾸기다. 1970년대로 넘어오면서 필터 담배에 대한 수요가 눈에 띄게 증가한다. 하지만 경제력이 상대적으로 약한 농촌에서는 여전히 일상적으로 피우기 어려운 담배였다. 그래서인지 외지 손님이 농가를 방문할 때 필터 담배를 선물하는 경우가 많았다. 그러니까 나름 성의를 보여서 평소에 피울 수 없는 고급 담배를 선물하는 것이었다. 문제는 선물로 받은 이 담배를 결코 피울 수 없었다는 점이다.

1970년에 봉초는 6원, 막궐련 담배인 새마을이 10원, 그리고 필터 담배는 이보다 훨씬 비쌌다. 예를 들어 한 갑에 60원 하는 필터 담배 한 보루(10갑)를 선물로 받았다면, 이것을 봉초로 바꾸면 100봉지를 살 수 있다는 계산이 나온다. 이런 사정을 뻔히 알면서 필터 담배를 그냥 피울 수는 없었다. 그래서 손님이 가고 나면 선물 받은 담배 보루를 들고 곧장 동네 구멍가게로 향했던 것이다. 이 때문에 구멍가게 주인들도 골치깨나 아팠다. 원하는 대로 담배를 바꿔주자니 남는 이문이 없고, 거절하자니 매일 보는 사이에 너무 야박한 것 같아서 말이다. 그래서 매번 외지 손님이 올 때마다 그들이 선심 써서 놓고 간 필터 담배 때문에 구멍가게에서는 한바탕 사사로운 실랑이가 벌어지곤 했다는 것이다.

서울처녀의 냉장고

— 　　조선시대에도 그렇고 봉초 전쟁에서도 그렇고, 담배가게는 항상 이야기가 넘쳐나는 공간이었다. 그 이야기는 대부분 재미있고 특별했다. 이제는 온전히 담배가게가 된 〈달성상회〉 아주머니의 이야기 역시 담배가게에서나 들을 수 있는 유별난 것이었다. 구멍가게 인생이 대개 그렇듯, 이 아주머니의 인생은 한마디로 "고생 무지하게 했죠"였다. 어디 구멍가게 주인들만 그랬겠는가. 일제강점기와 한국전쟁을 겪은 세대들의 인생살이가 보편적으로 고생의 연속이었다. 하지만 〈달성상회〉 아주머니의 고생은 좀 특별한 데가 있었다. 당시로서는 생각할 수도 없었던 '서울처녀의 시골생활기'였기 때문이다. 그 시절에는 시골처녀가 서울로 상경하는 경우는 많았어도 서울처녀가 시골로 시집오는 경우는 극히 드물었다. 그 엉뚱하고 질긴 인연 때문에 겪어야 했던 고생은 우리가 말하는 보

통의 고생과는 그 결이 사뭇 달랐다.

〈달성상회〉 아주머니의 일생을 압축적으로 보여주는 상징적인 물건이 있으니, 바로 냉장고다. 가게 문을 열고 들어갔을 때 오른쪽 구석에 어깨 높이만 한 아주 작고 낡은 냉장고가 보였다. 오래된 그 냉장고 문을 여는 순간 적잖이 당황하지 않을 수 없었다. 무늬만 냉장고일 뿐 실제로는 신발장으로 쓰이고 있었기 때문이다. 골동품 같은 냉장고 안에 낡은 신발이 가득 들어찬 것을 보고 기발한 재활용이라고 감탄하자 아주머니가 창피하다며 웃으시던 기억이 난다.

- 조사자: 이 냉장고는 몇 년 정도 됐습니까?
- 이거 골동품이에요 골동품.
- 조사자: 돌아가긴 하는 겁니까?
- 안 돌아가요. 신발이에요, 신발.
- 조사자: 아 신발장.
- 한 삼십오 년 됐을 거예요. 신발장입니다. (웃음)
- 조사자: (냉동실 문을 열어보며) 이건 또 뭡니까?
- 이건 작은 거 들었어요. 구두도 들었고. (웃음) 보지 마세요. 소
  지품이에요, 소지품.

시골집에 가보면 놀랍게도 어느 것 하나 쉽게 버려지지 않는다. 빈 소주병이나 맥주병은 말할 것도 없고, 온갖 종류의 의자와 탁자, 심지어는 과자 봉지까지 재활용된다. 아주머니의 냉장고도 그런 물건들 중 하나라고 생각할 수 있지만 알고 보면 사연이 깊다.

서양식 구멍가게 격인 편의점도 원래는 제빙공장과 얼음 창고에서 시작된 것처럼,[23] 구멍가게에서도 냉장고의 도입은 획기적인 일이었다. 〈달성상회〉 아주머니가 본격적으로 구멍가게를 시작한 때가 바로 그 무렵이었다. 아주머니는 가게를 제대로 하려면 무엇보다도 냉장고를 들여놓는 일이 시급하다고 생각했다. 없는 살림에 냉장고를 마련하기란 쉬운 일이 아니었다. 시집올

달성상회의 오래된 냉장고.

때 가지고 온 얼마 안 되는 지참금과 여기저기서 빌린 돈까지 합쳐 빠듯이 할부로 냉장고를 들여놓으면서 아주머니의 영업은 비로소 본궤도에 오르게 되었다. 그러니까 아주머니에게 냉장고는 구멍가게를 맘먹고 시작할 수 있게 한 상징적인 물건이었다. 바로 그 냉장고를 버릴 수 없어서 신발장으로 재활용하고 있었던 것이다.

냉장고에는 이런 사연만 있는 게 아니었다. 서울처녀가 시골에 정착한다는 것은 좀처럼 쉬운 일이 아니었다. 흙투성이 차림과 사투리가 난무하는 시골 동네에서 아주머니의 옷매무새나 말씨는 도드라져 보일 수밖에 없었고, 문화적인 적응 또한 쉽지 않았다. 그중에서도 아주머니를 가장 괴롭혔던 것은 시골문화가 가진 특유의 지저분함이었다. 시골에서는 주위를 깨끗이 정돈하는 일이 쉽지도 않고, 그다지 중요하지도 않았다. 하

루에도 서너 번씩 논밭에 드나들어야 하는 일상적인 노동과 깨끗함은 공존하기 어렵기 때문이다. 하지만 농사를 지어본 적이 없는 아주머니에게 이런 문화는 쉽게 받아들이기 어려운 것이었다. 옷이며 신발이 흙 범벅이 된 채 가게에 들어오는 사람을 보면 매번 기겁하지 않을 수 없었다. 그러니까 시골의 털털한 일상은 이 깔끔이 서울 아주머니가 끝까지 사투를 벌였던, 단시간 내에 동화될 수 없는 이질적인 문화였던 것이다.

지저분하고 낡은 신발을 감춰주는 냉장고는 바로 그런 아주머니의 마음을 대변하고 있었다. 한창 때는 구멍가게의 물건들을 신선하게 보관해주는 보물 같았던 냉장고가 이제는 서울 태생 아주머니의 깔끔한 정리를 위해 마지막 봉사를 하고 있는 셈이다.

담배가 맺어준 인연

—   지금이야 편하게 이야기할 수 있지만 서울처녀의 시골 정착기는 상처투성이였다. 어찌하다 보니 시골총각과 결혼하게 되었지만, 쉽게 적응하지 못하고 서울로 다시 올라가려는 시도를 여러 차례 반복했다고 한다. 그때마다 아저씨의 간절함이 아주머니의 발길을 되돌리곤 했다. 아주머니가 "우리는 역사가 깊어요"라고 말하면서 들려준 러브스토리는 이렇다.

서울 토박이인 아주머니가 고등학교를 마치고 직장생활을 하다가 잠시 쉬고 있을 무렵, 평소 친하게 지내던 이웃으로부터 한 가지 제안이 들어온다. 친척동생이 시골에서 양장점을 하고 있는데 시골 구경도 할 겸 거기 가서 점원으로 몇 달만 일해주면 어떻겠냐는 얘기였다. 마침 무료하던 터라 호기심에 그러겠다고 하고서 장성으로 내려온 것이 돌이킬 수 없는 인연이 되어버렸다. 사실 양장점 점원은 핑계였고 그 마을 총각을 소개해줄 요량이었다. 아무것도 모르고 덜컥 내려왔다가 이름도 무시무시한 '흑다방'이라는 곳에 끌려가서 만나게 된 사람이 지금의 남편이었다. 소개해준 이웃에게 한참 따지다가 말이 쉽게 먹힐 것 같지 않으니 그냥 서울로 돌아올 심산이었다.

이튿날 새벽, 서울로 향하는 완행열차를 타려고 표를 끊고 기다리는데 하필이면 거기에서 아저씨를 또 만났다. 그때 아저씨는 조그마한 새마을 가게를 운영하고 있었는데 아침 일찍 담배를 받으러 가는 길에 역전 근처를 지나다가 아주머니를 발견한 것이다. 아주머니와 담배의 인연은 그렇게 시작되었고, 아저씨와의 인연도 그로 인해 깊어졌다. 아저씨의 구애로 아주머니는 결국 서울행 열차에 몸을 싣지 못했다. 이때부터 두 분 사이의 줄다리기가 시작되었다. 그러니까 아저씨가 일찌감치 담배를 받으러 나서지 않았다면 아주머니와의 인연은 그대로 끊어지고 말았을 것이다.

하지만 담배가 맺어준 인연을 이어가기란 그리 쉽지 않았다. 생면부지 시골살이가 영 자신 없던 아주머니는 결국 마음먹은 대로 서울로 돌아왔다. 그 소식을 들은 아저씨가 아주머니의 서울 집 근처에 방을 얻어놓고 몇 날 며칠을 사정한 끝에 겨우 결혼 승낙을 받아냈다. 그렇게 식을 올리고 시골생활을 시작한 지 일 년 만에 불행히도 첫 아이를 유산하고 만다. 아주머니는 큰 충격을 받아서 다시 서울로 떠날 작정을 했다. 하지만 그때도 아저씨가 가게를 새로 차려준다며 간곡히 만류하는 바람에 다시 주저앉고 말았다. 그러면서 이후 삼십칠 년의 인연을 함께할 구멍가게를 본격적으로 시작하게 되었다.

　물론 가게를 보는 것이 쉬운 일은 아니었다. 서울처녀가 시골 사람들을 상대하다 보니 도도하다느니, 정이 없다느니 좋지 않은 말들도 많았다. 그런 소문에 시달리랴, 한 푼이라도 더 벌려고 바쁘게 움직이랴, 몸에 살 붙을 시간이 없었다. 앙상하게 뼈만 남은 모습으로 친정집에 갔다가 놀라 우는 부모님 성화에 다시 서울에 주저앉고 말았다. 딸의 고생스러운 시골 생활을 더는 두고 볼 수 없었던 것이다. 혼자 내려온 아저씨는 궁여지책 끝에 면 소재지에 가게를 얻어 좀 더 탄탄한 생활기반을 마련해놓고서야 아주머니를 데리고 내려올 수 있었다고 한다.

　아주머니의 인생은 고군분투 그 자체였다. 이렇게 뜻하지 않은 인생을 살게 한 것은 담배였는지도 모른다. 담배와 구멍가게의 인연만큼이나 아주머니와 담배, 아주머니와 아저씨의 인생은 몇 번이고 만남과 헤어짐을 반복한 아주 질긴 인연으로 맺어졌다고 하겠다.

아구발 없으면 이 장사 못 해요

―　　　서울 출신이라는 점이 시골생활을 꼭 힘들게만 한 것은 아니었다. 어떤 때는 가게를 하는 데 도움이 되기도 했다. 싹싹하고 상냥해야 손님들이 좋아하는데 시골에서 서울 말씨는 그 자체로 상냥함이었다. 면 소재지에서 장사할 때는 농협이나 면사무소 직원들이 특히 좋아해서 가게에 많은 보탬이 됐다. 하지만 좋은 점보다는 힘든 점이 더 많았다. 외지인에 대한 무형의 차별도 서러웠고 쓸데없는 소문에 시달리는 것도 괴

로웠지만, 아주머니의 깔끔한 성격상 시골 구멍가게는 때때로 견디기 어려운 감정을 요구하기도 했다. 마을 농민들은 툭하면 논밭에서 일하던 그대로 뛰어 들어와 가게를 흙투성이로 만들어놓기 일쑤였다. 그게 너무 스트레스여서 바닥에 장판을 깔아놓은 적도 있었다고 한다. 하지만 다 소용이 없었다. 그저 감정을 조용히 억누르고 참는 것 외에는 달리 방법이 없었다.

그렇게 사십 년 가까이 가게를 지키면서 마음의 병도 많이 생겼다. 평생의 감정노동이 아주머니의 정신을 갉아먹었고 결국에는 우울증에 시달리게 되었다. 나중에는 사람들을 대하는 것이 무서워지기까지 했다. 그렇게 마음속 울분은 나날이 더해가는데 눈앞의 생계 때문에 자신을 추스를 겨를조차 쉽게 가질 수 없었다. 아주머니의 표현처럼 비가 오나 눈이 오나 그놈의 가게를 열어젖히고 있어야 하니 그리운 서울에도 한 번 갈 수가 없었다. 마음이 아픈 만큼 장사에도 넌덜머리가 났다. 하지만 신앙의 힘과 자식들 교육을 위한다는 명분이 아주머니를 악착같이 살아남게 했다. 아주머니는 이것을 '아구발로 버틴 인생'이라고 표현한다.

이 장사도 아구발이 세야지 아구발 없으면 이 장사 못 해요. 장사 할 때는 악바리가 세야지 사람이. 여기 사람들이 억세드라고 아주. 첨에 들어와서 사람을 얕잡아보고 아주 외상 먹고 외상값도 안 주고. 그래가지고 내가 이렇게 해갖고는 장사를 못 하겠다. 그니까 싸울 때는 같이 싸우고. 아구발이 세야겠드라구요. 그래서 같이 싸우는 거야 손님들하고. 손님들이 소주병 깨고 그러믄 소리 지르고 같이 쌈도 하고.

치열한 현실의 틈바구니에서 상처받지 않고 자기감정을 방어하려면 사람들을 거칠게 다룰 수밖에 없었다. 그것이 바로 '아구발'이다. 수더분했던 서울처녀는 시골 구멍가게 장사 삼십칠 년 만에 거친 싸움닭이 되어 있었다. 그래도 그 인연을 놓지 못해서, 마지막으로 새집을 지어 서울처녀가 추구하던 깔끔함을 구현할 수 있게 되었지만 담배만은 놓지 못했다. 그러니까 담배는 아주머니를 버티게 해주었던 아구발과 같은 것이었는지도 모른다.

우리 담배의 변천사

해방 이후 지금까지 출시된 국산 담배는 줄잡아 백여 종이나 된다. 지금이야 청소년들이 담배와 술을 직접 구매할 수 없지만 예전에는 심부름으로 구멍가게에서 담배나 술을 사 나르는 일이 많았다. 그러니 담배를 피우든 그렇지 않든 오래도록 사랑받았던 담배 이름 한두 개 정도는 기억에 남아 있을 듯하다.

술과 달리 담배는 그 이름만 죽 훑어보아도 당시의 사회 분위기를 쉽게 짐작할 수 있다. 그러니까 우리 담배 이름의 역사는 시대상의 변화를 읽어낼 수 있는 귀중한 자료인 셈이다. '승리'(1945)는 일제로부터 해방된 기쁨을 표현한 이름이고 '건설'(1951)은 1950년대 폐허가 된 조국을 되살리자는 의미를 담았으며, '재건' (1961)은 1960년대 초 박정희 정부가 국가 재건의 의지를 표현해 만든 이름이다. 또 '88'(1987)과 '엑스포 마일드'(1991)는 각각 서울 올림픽과 대전 엑스포의 성공적인 개최를 기원하는 마음을 담

시대상을 반영해 이름이 지어진 담배들.

았고, 마지막으로 '시나브로'(1997)에는 국가적 대위기였던 IMF 체제를 극복하고픈 소망을 반영했다고 한다. 이 중 몇몇 담배는 한 시대를 풍미하기도 했으니 담배 심부름을 많이 했던 사람이라면 기억이 생생할 것이다.

이렇듯 우리 담배의 이름은 발매 시점의 시대상이나 염원을 반영한 측면이 강했다. 그래서인지 담배 이름은 유머의 소재로도 많이 활용됐다. '담배로 배운 인생'이라는 유머를 보면 시대와 함께한 담배 이름의 역사를 재미있게 감상할 수 있다.

담배로 배운 인생

거북선, 청자를 피우면서 조상의 위대함을 알았고
태양을 피우면서 우주의 신비함을 알았고
88을 피우면서 수의 의미를 알았고
하나로를 피우면서 민족의 단결심을 알았고
한라산, 솔을 피우면서 자연의 아름다움을 알았고
라일락, 장미를 피우면서 꽃의 향기를 알았고
시나브로를 피우면서 우리말의 소중함을 알았고
THIS, GET2를 피우면서 영어를 알았고
엑스포를 피우면서 과학의 위대함을 알았고
TIME을 피우면서 시간의 중요성을 알았고
RICH를 피우면서 부자가 되겠다고 다짐했다!

담배에 관한 몇 가지 기록을 정리해보는 것도 유머만큼이나 재미있다. 우리나라 최초의 담배는 무엇일까? 앞서 언급했던 '승리'

라는 궐련(담배를 얇은 종이에 말아놓은 것) 담배로, 1945년 9월에 출시되었다. 그렇다면 최초의 필터 담배는 무엇일까? 1958년 1월에 출시된 '아리랑'이다. '아리랑'은 1976년에 단종되었다가 1984년 동일한 이름으로 재출시되어 근 22년 동안 애연가들의 사랑을 받았다. 최고로 장수한 담배는 어떤 것일까? 1949년 국군 창설 기념으로 출시된 군용 담배 '화랑'이다. '화랑'은 1981년까지 32년 동안 생산되었는데 아마도 군용 담배였기 때문에 장수할 수 있었을 것이다. 마지막으로 역대 우리 담배 중 가장 많이 팔린 것은 무엇일까? 1980년 8월에 출시된 '솔'로, 2005년까지 총 170억 갑이 넘게 팔렸다고 한다. '솔'은 국민담배이자 서민담배의 대표 주자로 인식된다. 판매량의 측면에서도 그렇지만 담뱃값 인상 문제와 맞물린 점도 한몫을 했다. 1994년 담배 가격 인상을 위한 신호탄 격으로 'THIS'가 출시되면서 5백 원 하던 '솔'을 2백 원으로 대폭 낮춰서 판매했다. 담배 가격 인상에 대한 반발을 '솔' 가격 인하로 무마하려 한 것이다. 그 후 십여 년 동안 '솔'은 노인의 담배, 서민담배로서의 역할을 톡톡히 해냈다.

최초의 필터 담배 '아리랑'

최장수 담배 '화랑'

가장 많이 팔린 담배 '솔'

담뱃값 인상의 신호탄 'THIS'

"참 나도 가이내 때는 웃는 게 인사였어.

그른디 이른 장사를 허고 인을 치다 보니까 그리 됩디다.

나도 모르게 큰소리가 나지고 된소리가 나지고 그러드라고.

욕도 잘해 나. 이 동네서 욕보 악보 그러믄 나. 통해부러."

— 여수 〈풍류주막〉 주인아주머니

4부

구멍가게, 치열한 삶의 현장

10장

구멍가게, 주막을 품다

소문난 술안주

— 검붉은 땅거미가 분주했던 농가의 하루를 쓸어내릴 무렵, 담양 〈강쟁상회〉에서는 한창 술이 오르고 있었다. 주거니 받거니 오가는 막걸릿잔 속에 단골손님들 사이에서는 가게 할머니의 술안주 자랑이 늘어진다.

여기도 담양읍인데 이거 막걸리 한 병에 천육백 원 받고 손님들한테 드려요. 그런디 안주를 보십시오. 천육백 원짜리 막걸리 한 병에 안주가 이렇게 나와. 요것도 떨어지믄 또 갖다줘요. 저그 저

시내 계신 분들이 여까지 와요, 아주 고정손님이 돼가지고. 여그를 한번 들러서 잡수신 분들은 못 잊고 계속 오셔요.

할머니는 별것 아닌 걸로 유난 떤다는 표정인데, 단골들은 신이 나서 이 가게가 마을의 대단한 보물이라도 되는 양 어깨가 으쓱하다. 뭐가 어떻기에 이웃 마을에서까지 찾아올 정도인가 싶어 다가가보니 술탁자 위에 펼쳐진 광경에 입이 떡 벌어지지 않을 수 없었다. 못해도 예닐곱 가지는 되어 보이는 반찬접시에 각종 나물이며 갓 담은 열무김치, 장아찌 등이 맛깔스럽게 담겨 있는 것이다. 더 놀라운 건 이게 다 공짜라는 사실이다. 막걸리 값만 내면 자동적으로 딸려 나오는, 말 그대로 기본안주다.

처녀 적부터 음식솜씨가 좋았다는 할머니는 제철 재료를 이용해 시시각각 새 반찬을 만들어서 손님상에 올려준다. 내 식구 먹이려고 손수 농사지은 채소들로 이것저것 장만하는 김에 술안주로 인심을 쓰는 것이다. 쌀쌀한 겨울날이면 묵혀놓은 김장김치로 보글보글 끓여내는 김치찌개가 또 그렇게 예술이란다. 술 먹는 사람들이 어찌나 좋아하는지 찌개 때문에 일부러 김장도 많이 담근단다. 그러다 보니 할머니의 후한 인심은 입소문을 타고 인근 마을에까지 퍼져서 〈강쟁상회〉는 일대에서 제법 유명한 셀럽celebrity이 되었다.

이 가게가 속한 마을은 담양읍 소재지라 상대적으로 식당과 마트, 카페가 많고 오가는 사람이 적지 않다. 그래서 예전에는 한 동네에만도 구멍가게가 여섯 군데나 있어서 경쟁이 꽤 치열했는데 지금은 딱 한 군데, 〈강쟁상회〉만 남아 있다. 이유는 다른 게 아니었다.

저 석교리에 장사가 있는데 거기서 윷 놀고 놀다가도 술 먹으러 여기로 와. 받으러도 오고. 내가 반찬도 싸주고 그러거든. 그렇게 와. 거기는 튀밥 주고 된장도 안 준다고. 여기 대추리 동네도 튀밥만 준다고 그 사람들도 다 요리 와.

손맛에 인심까지 더해 버무린 술안주는 예나 지금이나 누구도 따라올수 없는 〈강쟁상회〉만의 경쟁력이다. 그때의 구멍가게들 대신 넓고 깨끗한 편의점과 마트가 하나둘 들어서고 있지만 제아무리 많이 생겨도 〈강쟁상회〉가 끄떡없이 제 갈 길을 가는 이유다.

술안주로 유명하기는 나주의 〈안산부녀회슈퍼〉도 못지않다. 아낌없이 퍼주는 안주 때문에 나주 시내는 물론 인근의 영산포며 다도에서까지 찾아올 정도란다.

막걸리 한 병에도 반찬 다 리필해주고 그렇게 사람들이 그 맛에 오지. 밑에 집은 안주 없응게 그 집은 가지도 않잖아. 그 맛에 오지 뭐. 한마디로 시골 인심이다 이거지. 근디 요 안주 한 점만 맛보쇼. 둘이 먹다가 둘이 죽어도 몰라. 어트게 맛있는지. 다른 가게 가믄 막걸리 한 병 묵고 그냥 있으믄 안 되는데, 여그는 한잔묵고 점심때 되믄 점심도 주고 그래. 공짜로.

이 가게로 술 먹으러 다닌 지 사십 년이 넘었다는 아저씨는 주인아주머니의 솜씨도 솜씨지만 푸짐한 인심 때문에 발길을 끊을 수가 없다며 이렇게 말하기까지 한다.

이 양반이 어디 멫백 미터 가서 장사를 다시 허믄 우리는 고리 따라가제. 단골이라는 게 터가 중요한 게 아니고 여기 떠나서 이 쪽으로 옮기믄 따라가게 돼 있어. 말하자믄 주인 따라간다 그것 이여.

〈강쟁상회〉나 〈안산부녀회슈퍼〉가 이처럼 오랜 단골을 유지하는 이유는 물론 감동적인 술안주 때문일 테지만, 맛보다는 거기에 담겨 있는 넘치는 정이 더 좋아서일 것이다. 투박한 시골 농민들이 이런 것을 두고 낯간지러운 표현을 할 리는 없고, 다만 우스갯소리로 한마디 한다.

주인이 속이 없으믄 그런 현상이 나옵디다.

하루 세 번 술참

—　　이 아저씨들 하루에 열 번도 더 와. 그래봤자 소주 아까 한 병 드셨잖아. 점심 드시면 또 한 병. 막걸리도 하루에 댓 병씩들 드시고. 맨날 열 분이면 열 분이 돌아가면서. 긍께 가게 문이 계속 사람이 들락날락하지.

새봄을 맞은 〈영천리 구판장〉은 하루에도 열두 번씩 술 마시러 드나드는 아저씨들로 분주하다. 이 때문에 농번기가 되면 구멍가게에는 기분 좋게 퍼주는 술안주용 반찬이 남아나는 날이 없다. 그리고 이즈음 구멍가게도 드디어 소박한 성수기를 맞는다.

한창 모내기로 정신없는 유월, 보성의 〈미력슈퍼〉에도 오전부터 문지방이 닳도록 사람들이 들락거리고 있었다. 가게 안쪽에는 오래된 단골이 벌써부터 진득하니 자리 잡고 앉아서 술잔을 기울이고 있고, 이글거리는 땡볕 아래 발 벗고 논일 하시던 아주머니도 목이 탔는지 막걸리 한잔하러 오신다. 이른 시간인데도 사람이 많다고 하자 오늘은 그나마 비가 와서 없는 편이란다. 날씨가 좋으면 가게 앞 평상에도 술손님이 한가득이라고 한다. 듣고 보니 이 가게에서 물건을 사 가는 사람은 좀처럼 볼 수 없었다. 대개 삼삼오오 술자리를 만들어 목을 축일 뿐이다. 그러니 거의가 술 마시러 가게에 온다고 해도 틀린 말이 아닐 것이다.

집에서 마셔도 될 텐데 굳이 가게를 찾는 이유가 무엇일까. 바로 술자리 때문이다. 주인아주머니의 인심 넘치는 안주도 안주려니와 여기에만 오면 자연스럽게 자리가 만들어진다. 그들만의 커뮤니케이션이 형성되는 것이다. 가게에서 술만 사 들고 나가는 경우는 거의 없다. 술병은 언제나 가게에서 비워진다. 그러니까 술을 산다는 것은 술 마시는 자리를 만든다는 뜻이나 마찬가지다. 구멍가게에서 술은 단순히 상품이 아니라 마을 구성원들의 소통을 이끄는 매개체인 셈이다.

술자리가 만들어지는 모습도 재미있다. 한 해 농사를 시작하는 초봄부터 추수가 끝나는 늦가을까지가 구멍가게의 술 판매량이 급증하고 끊임없이 술손님이 이어지는 시기다. 이 무렵이면 고만고만한 시간대에 띄엄띄엄 간격을 두고 농민들이 하나둘 가게로 모여든다. 비슷한 양상으로 돌아가는 농사시계 때문이다. 뜨거운 한낮을 피해 아침 일찍부터 논밭에 나가 일하다가 짬짬이 틈을 내 지친 몸과 마음을 달래는 것이 농번기의

술참 하러 해광상회에 모인 사람들.

일상이다. 그럴 때 마침맞은 쉼터가 되어주는 곳이 바로 동네 구멍가게
다. 고된 노동 뒤의 휴식은 술 한잔과 함께여야 제맛이고 엇비슷한 일상
을 공유하는 이웃과 함께라면 더할 나위 없다. 무안 〈해광상회〉의 풍경이
그랬다.

〈해광상회〉는 오전 열 시부터 시원한 맥주를 나눠 마시는 아저씨들로
시끌벅적했다. 하나같이 아침 일을 끝내고 목을 축이러 들렀다고들 한다.
미리 약속하지도 않았는데 같은 시간에 같은 마음 여럿이 만나 화기애애
한 술자리를 만들었다.

우리 집에는 술이 냉장고에 다 있어. 소주도 있고 맥주도 있어. 근
디 이리 들어와야지 이 사람들을 만나. 같이 이야기도 하고 그런

자리가 바로 이런 자리여. 우리 집에서는 맥주 한 병을 마시기가 힘들어. 여기 와서는 몇 잔씩 먹어도 들어가. 기분이 그래. 여기서 피로했던 것도 다 해소가 되고 그래. 일하고 술참시여 이것이. 새참. 여기는 새참이란 표현은 잘 안 쓰고 술참시라 그래 술참.

한 단골의 말처럼 굳이 가게에 와서 술참을 하는 이유는 여기에 오면 만날 수 있는 사람들이 있고, 그들과 나누는 이야기가 무엇보다도 좋은 안주이기 때문이다. 별다를 것 없는 일상을 공유하는 사람들끼리의 동지의식이라고나 할까. 술 한잔 기울이며 오늘 농사에 관해 이런저런 고충을 이야기하다 보면 저절로 피로가 풀리고 다시 일할 힘을 얻게 되는 것이다.

술참의 순간이 단순히 휴식시간인 것만은 아니다. 〈미력슈퍼〉 건너편 논에서 한창 모를 심던 아주머니가 맨발로 나오시더니 주저없이 가게로 직진하신다. 설마 했는데 그 발 그대로 들어와서 막걸리 한 병을 손수 꺼내 들고 바닥에 주저앉아 달게도 마신다. 마침 안쪽에서 술참 하던 아저씨와 눈이 마주치자 자연스럽게 합석해 그분들만의 술자리가 만들어졌다. 아주머니가 날이 가물어서 농사짓기 힘들다고 말문을 열자, 아저씨가 감자 이야기로 받는다. 하지감자 심는 방법을 아주머니께 묻더니 올해는 수확량이 워낙 줄어서 감자 가격이 비싸졌다고 한다. 감자 이야기가 나오니 할 말이 끝도 없다. 감자도 감자지만 포장 상자가 더 비싸다, 전에는 마을회관으로 가져다주더니 요즘에는 농협에서 직접 가져가라고 한다며 불만이 이어진다.

마을의 관심사가 온통 농사에 집중되는 시기여서 농번기 술참에는 이처럼 농사 이야기가 빠지지 않는다. 잘되면 잘되는 대로, 안되면 안되는 대로 농사짓는 틈틈이 나누는 이야기 속에서 유용한 정보를 얻는 경우도 적지 않다. 농작물을 수확하고 매상을 마칠 즈음이면 가게는 또 한바탕 왁자지껄해진다. 한 해 농사를 마무리하면서 그간의 고된 과정을 정리하고 평가하는 자리가 또다시 술참과 더불어 만들어지기 때문이다.

그렇게 농사가 시작될 때부터 끝날 때까지 구멍가게 술자리에는 마을 사람들의 땀과 휴식이 절묘하게 어우러진다. 거기에는 치열하게 살아낸 하루하루의 고충과 그 속에서 터득한 저마다의 삶의 방식이 담겨 있다. 이 때문에 구멍가게에서의 술참은 개개인이었던 마을구성원들이 결국에는 닮아 있는 서로와 만나 위로하고 격려하는 공감의 커뮤니케이션 현장이라고 할 수 있다.

여수 소라면 〈담배집〉에서 또 한 번 농번기 구멍가게의 실상과 이 가게를 향한 농민들의 투박한 애정을 엿볼 수 있었다.

- 조사자 : 오래된 가게들 조사하러 다닙니다.
- 이거 폐기처분해야지.
- 조사자 : 없애시게요?
- 폐기처분해야 돼.
- 조사자 : 이 아주머니는 뭐 하시게요?
- 어디 좋은 데로 떠야지.
- 조사자 : 여기 가끔씩 오셔서 약주 하세요?
- 아 어쩌다가 한 번 오지. 일 년에 한 번.
- 조사자 : 많이 오시는 것 같은데….
- 주인아주머니 : 오늘만 해도 세 번 왔어.

하루에도 여러 번 가게를 들락거리며 술참을 하면서도 이런 가게는 없어져야 한다고 담담하게 내지르는 폼이 보통 단골은 아닌 듯싶다. 속마음과 정반대로 말하는 이 아저씨에게서 마을과 마을 구멍가게 사이의 더없는 깊이를 느낄 수 있었다.

흙 묻은 장화

— 달달한 휴식도 좋고 속내를 알아주는 친구와 만날 수 있는 것도 좋지만 술참을 굳이 구멍가게에서 해야 하는 더 강력한 이유가 있다. 아니, 동네가게에서밖에 할 수 없다고 표현하는 편이 맞을 것이다. 강진〈랑동가게〉의 녹슨 시계바늘이 오전 열한 시를 가리킬 무렵, 차림새가 영 심상치 않아 보이는 아저씨가 불쑥 가게 문을 열어젖혔다. 어디에서 뭘 하고 오는 길인지 무릎까지 올라오는 주황색 고무장화가 흙 범벅이다. 작업복인 듯 걸쳐 입은 셔츠와 바지에도 덕지덕지 흙탕물이 튀어 있다. 보이는 곳곳이 온통 흙투성이인데 신발 바닥이라고 온전할 리 있을까. 흙 묻은 장화를 벗을 생각도 없이 아저씨는 태연하게 술탁자 앞에 앉았다. 주인아주머니도 그런 아저씨의 차림새며 행동에 전혀 아랑곳하지 않는다. 오히려 반색하며 으레 해온 것처럼 막걸리 한 병과 투박하게 썰어놓은 양파 접시를 가져다 놓는다.

아저씨는 어릴 적부터 이 가게에서 눈깔사탕을 사 먹고 자랐다는 단골인데, 이제 막 물 찬 논에 들어가 한바탕 훑고 나온 참이다. 이 동네뿐 아니라 인근의 수양리와 작천면에도 논밭이 있다는데, 어디에서 일하느냐

논에서 일하던 차림새 그대로 가게에 들어온 아저씨.

에 따라 술참 장소도 달라진다고 한다. 랑동리 논에 들르는 날이면 이 가게에서 먹고, 수양리 밭에 가면 그 마을 가게, 작천면에서는 또 그 부근 구멍가게를 이용한다는 것이다. 술참 때문에 일하다 말고 멀리 나갈 수가 없어서 가까운 마을 가게를 찾아가 목을 축인단다. 그런데 사실은 그보다 더 중요한 이유가 있었다.

일 해먹는 사람은 요것이 제일 문제가 있지. 이러고 어떤 식당에서 받아줘, 안 받아주지.

본인이 생각해도 흙투성이 차림새가 너무하다 싶은 모양이다. 정말이지 이런 차림으로는 어디 들어가서 물 한 잔 얻어먹기도 힘들어 보인다.

해야 할 일을 완전히 끝마친 것이 아니어서 잠깐 쉬었다가 다시 논에 들어가야 할 판이다. 이럴 때는 겉치레에 신경 쓰지 않고 마음 편히 드나들 곳이 필요한데, 그게 바로 구멍가게다. 별것 아닌 듯해도 이런 모양새를 거리낌 없이 받아주는 것은 이웃의 삶에 대한 이해와 배려가 없으면 불가능하다.

　농촌의 사정을 잘 몰라서 한동안 골치를 앓았던 가게가 있다. 앞서 살펴보았던 장성 〈달성상회〉다. 서울에서 나고 자란 주인아주머니가 시골로 시집와서 처음 가게를 시작했을 때는 정말이지 기겁하지 않을 수 없었다. 한두 번도 아니고 매번 논밭에서 일하던 차림 그대로 들락거리는 사람들이 어찌나 성미에 맞지 않는지 스트레스가 이만저만이 아니었다. 바닥이 지저분해지는 게 싫어서 장판까지 깔았다는데 그것이 통할 리도, 온전할리도 없었다.

　진짜 여기 집 지을 때는 깔끔했었거든요. 흙발로 들어오고 하면
　진짜 안 좋드라구요. 이놈의 장사를 내가 해야 되나 말아야 되나
　그것도 고민되고 신경 쓰이고. 오죽하면 여기다 장판을 깔아놨
　었어요. 여까지 들어오면 흙 떨고 들어와서 술 한잔씩들 하시라
　고 그랬거든요. 근데 그것이 석 달 열흘이 가요? 흙발로 농사짓
　고, 논에 가서 모 심고 와서는 그냥들 들어오고. 구별 없어요. 막
　들어오는 거예요. 지금은 개발돼서 기계가 다 농사짓지만 그때만
　해도 손으로 모를 다 심었어요. 장화 신고 들어가고. 그니까 흙발
　로 들어오는데 어떡할 거야. 그래서 나무라면 싫다 하고 먹다 그
　냥 가고.

농사 경험이 전혀 없는 깐깐한 도시 출신이 숨 가쁜 모내기철 농사꾼들의 속사정을 이해할 턱이 없다. 그러니 논두렁에서 구르던 복장으로 들어와 가게를 어지럽히는 것이 탐탁지 않을 수밖에. 손님들도 불편하기는 매한가지였다. 힘들게 일하다가 잠깐 쉬러 왔는데 깨끗하네 더럽네 타박을 들어야 하니 한마을에 살면서 이웃 사정을 배려하지 못하는 주인이 야속하기도 했을 것이다. 하지만 아주머니도 삼십 년 넘게 농촌마을 한가운데 터를 잡고 가게 밥을 먹다 보니 점차 흙발로 들어오는 사람들을 이해하게 되었단다. 오랜 시간 함께한 세월과 경험을 통해서 마을사람들이 살아가는 방식을 받아들이게 되자 자연스레 배려의 마음도 생긴 것이다.

말하지 않아도 안다고 했던가. 〈랑동가게〉로 들어오는 단골의 흙 묻은 발걸음에서 주인과 손님 사이에 이미 오래전부터 성립되어온 그들만의 따뜻한 약속을 본다. 미안하다는 말, 고맙다는 말이 없어도 당신의 상황을 이해하고 배려한다는. 투박한 구멍가게의 술참이 아름다운 이유다.

키핑도 되나요?

— 　　　담양 〈용구상회〉에서 한창 주인할머니와 인터뷰를 하고 있을 때였다. 아저씨 한 분이 들어오시더니 아무 말 없이 가게 중앙에 놓인 탁자 뒤에서 절반쯤 남은 소주병을 꺼내신다. 소주병 위에는 몇 번 사용한 흔적이 있는 종이컵이 거꾸로 엎어져 있는데 거기에 딱 한 잔, 소주를 따라 마신다. 그러고는 뚜껑을 닫더니 종이컵을 다시 술병 위에 엎어놓고 본래 있었던 탁자 뒤에 숨겨두고 나간다. 주인할머니도 아저씨도 서로가

투명인간 취급이다. 지켜보는 사람만 황당해서 눈이 동그래진다. 주인이 있건 말건 제집처럼 들어와서 스스럼없이 그렇게 하는 걸 보면 평소에도 자주 있는 일인 것 같다. 도대체 이게 무슨 상황인지, 남은 소주병의 정체와 아저씨의 행동이 궁금해졌다.

우리 집에서 사가지고 여기 책상 밑에 놔. 세 번, 네 번 와서 잡솨. 많이는 안 잡솨. 지나가다가 와서 나눠서 먹고 남으면 남겨놓고 가고 그러지. 이 양반은 전답이 여가 있응게로 가다 삥 돌아와서 한 잔, 한 바퀴 삥 돌아가서 한 잔. 하루에 두 번도 오고 세 번도 오고 그래.

할머니와 아저씨의 암묵적인 약속이 재미있다. 인근에 아저씨 소유의 논밭이 있어서 일하다가 한숨 돌리고 싶어질 때면 이 가게에 들러 딱 한 잔으로 혼자만의 짤막한 술참을 하는 것이다. 달랑 한 잔 마실 것을 번번이 술병을 들고 다니기가 번거로우니 아예 제 몫으로 술 한 병 값을 치르고 맡겨두었다가 생각날 때마다 들락거리며 나눠 마시는 것이다. 이른바 '키핑keeping'이다. 값비싼 양주도 아니고 기껏해야 천 원짜리 소주를 이런 식으로 즐기는 모습이 흥미로웠다. 주인 입장에서는 남은 술병 맡아주는 것도, 맡겨둔 술 한 잔 먹고 갈 뿐인 손님도 그다지 반가울 리 없을 테고, 손님 입장에서는 가외의 매상 없이 달랑 술 한 잔 먹으러 오는 게 민망할 수도 있을 텐데 양쪽 다 그런 것쯤은 전혀 상관없는 눈치다.

술참이 잦은 농사철이면 다른 구멍가게에서도 먹다 남은 술병을 곳곳에서 발견할 수 있었다. 절반쯤 남아 있는 소주병을 보물단지처럼 탁자

후산리 수퍼에 보관되어 있는
먹다 남긴 소주병.

밑에 숨겨두기도 하고, 두어 사발쯤 남은 막걸리통을 싱크대 안에 보관해
놓기도 한다. 어떤 가게는 버젓이 진열대 한 귀퉁이에 뚜껑 딴 초록병을
주르륵 올려놓기도 한다.

어느 병이 내 것인지 과연 구별할 수 있을까 싶은데 구례 〈죽마리 구판
장〉 아주머니 말씀이 재미있다. '알면 어떻고 모르면 어떠냐, 아무거나 먹
으면 된다'고. 듣고 보니 그렇다. 동네가게에 맡겨놓은 술이 있고 아무 때
나 가서 맘 편히 먹을 수 있다는 게 중요할 뿐, 내 것 네 것이 무슨 의미이
겠는가 말이다.

흙투성이 차림으로 맘 놓고 가게에 드나드는 것처럼, 이런 키핑문화도
구멍가게가 마을의 일상과 함께하고 있음을 보여주는 또 하나의 장면이
아닐까 싶다. 한동네에 살면서 쌓여온 인간적인 정도 그렇거니와 농가의
실상을 누구보다 잘 이해하고 있기에 필요한 상황에 딱 맞는 맞춤서비스
를 제공하는 것이다. 그러니 동네 구멍가게가 아니면 어디 가서 이렇듯
맘 편하게 막걸리며 소주 키핑을 부탁할 수 있을까.

첨에는 독아지다 부서서 팔았지

—　　　　먹다 남은 술을 키핑할 수 있었던 데에는 술병이 한몫을 했다. 막걸리나 소주가 지금처럼 낱개로 병에 주입되어 나온 지는 그다지 오래되지 않았다. 1960~1970년대에 유년시절을 보낸 이들은 노란 양은 주전자를 들고 구멍가게로 막걸리 심부름 갔던 기억을 꺼내놓곤 한다. 어떻게 술을 팔았기에 그런가 하니 〈아곡상회〉 아주머니가 알려주신다.

가게에 저런 게 있어가지고 그때는 막걸리를 통으로, 말통으로, 항아리에다 부어놓고 팔았지.

나주 〈이화상회〉 아주머니도 "첨에는 막걸리 독아지다 부서서 팔았지"라고 그 시절을 이야기한다. 예전에는 커다란 술독에 막걸리를 가득 채워놓고 손님이 가져오는 주전자에 한 바가지씩 퍼 담아주었던 것이다.

그런 막걸리가 소량의 가정용으로 보급되기까지 용기의 역사가 꽤 흥미롭다. 플라스틱 막걸리통이 보급되기 전까지, 양조장에서 구멍가게로 가져오는 막걸리는 위아래 바닥이 평평한 원형 나무통에 들어 있었다. 당시 막걸리를 배달할 때는 주로 짐바리 자전거를 이용했다. 구멍가게 아주머니들이 이따금 추억하는 것 중 하나가 바로 짐바리 자전거다. 두꺼운 철판으로 짜놓은 뒷바퀴 위 받침대가 유난히 크고 몸체와 바퀴살도 굵직해서 짐을 많이 싣기에 안성맞춤이었다. 이 받침대에 팔십 킬로그램짜리 쌀가마니도 얹고 이백 근이 넘는 돼지도 실었다고 하니 참 대단하다. 수송수단이 변변치 않았던 시절에는 이 자전거가 구멍가게의 또 하나의 일

짐바리 자전거에 실린 플라스틱 막걸리 용기(왼쪽)와 그 이전의 나무 막걸리통(오른쪽).

꾼이었다. 담배를 보급받아 오거나 빵을 받아 올 때도 유용했다는데, 무
엇보다도 막걸리 배달에 제 몫을 톡톡히 했다. 막걸리통을 받침대에 높이
쌓은 것도 모자라 뒷바퀴 양옆에 두 개씩 매단 뒤 고무밧줄로 탄탄히 고
정하고 곡예하듯 마을길을 내달렸다. 이렇게 배달된 막걸리가 구멍가게
술독에 가득 부어져 집집마다 소분되어 팔렸던 것이다.

　막걸리 용기의 변천사는 바로 이 지점, 양조장에서 가게로 배달되는 막
걸리통에서 시작되었다. 1969년, '앞으로 탁주 용기는 플라스틱으로 만든
통만 사용하라'는 국세청의 공지가 내려온다.[1] 이렇게 한 데는 나무 막걸
리통이 운반하기에 불편하고 비위생적이기도 하지만, 밀주로 인한 탈세에
자주 연루되었기 때문이다. 그래서 국세청의 검열하에 생산된 플라스틱통
만 사용하게 하고 그 외의 것은 밀주로 간주하여 벌금을 물렸다.

　그렇다고 밀주 문제가 완전히 해결된 것은 아니었다. 대용량으로 소매
점에 배달되어 소비자에게 소분해 파는 과정에서 물을 타 양을 늘리는 꼼
수가 종종 발생했기 때문이다. 이를 방지하고자 1975년 일 리터짜리 폴

리에틸렌 용기를 허가해[2] 비로소 소량의 가정용 막걸리가 탄생한다. 하지만 포장비용 때문에 비싸서 이렇다 할 판매 효과를 보지는 못한 것 같다. 그러다가 1977년, 식량 부족으로 금지했던 쌀막걸리 생산이 재개되면서 품질 보존을 위해 밀봉할 수 있는 플라스틱 용기를 새로 개발하고[3] 1978년부터 서울에서는 아예 일 리터짜리 막걸리만 판매하도록 했다.

농촌지역에서는 1982년에야 가정용 막걸리가 안착될 수 있었는데, 사실 이때도 불만은 많았다. 한 번 사용하고 버리는 술병 때문에 쓰레기 문제가 발생할뿐더러 석유 한 방울 안 나는 나라에서 자원 낭비라는 지적도 있었다. 무엇보다도 공동체 생활에 익숙한 농촌에서는 농번기 품앗이나 관혼상제 등의 마을행사 때 막걸리를 대량으로 사용하는 경우가 많아서 소형 용기로 구매하는 것이 불편하다는 말들이 나왔다.[4] 하지만 그렇게 여러 시행착오를 거치고 생활풍속도 점차 달라지면서 사람들은 시중에 유통되는 지금의 막걸리 용기에 익숙해지게 되었다. 양이 적어서 불만이었던 옛날과는 달리 지금은 그마저도 구멍가게에 보관해두고 여러 번에 걸쳐 나눠 먹고 있으니 술 마시는 사람도 문화도 많이 변했다.

행운을 소주 뚜껑 속에서

—   1960~1970년대를 풍미했던 막걸리의 인기는 1977년을 기점으로 사양길에 접어들고 대신 소주가 보통 사람들의 일상 속에 자리 잡게 된다. 한국주류연구원의 조사에 따르면 우리나라 사람의 65퍼센트가 술 하면 소주를 제일 먼저 떠올리는데, 그중 47퍼센트가 고민을 상담

할 때 주로 마신다고 한다.[5] 그렇듯 소주는 허심탄회한 자리에서 많이 찾는 국민주로 자리매김했지만 처음부터 그런 것은 아니었다. 본래 소주는 곡류를 발효시킨 후 증류를 거쳐서 만들어지는 값비싼 술이었기 때문이다. 1964년 식량난을 겪으면서 곡식을 원료로 하는 주류 제조를 금하자 이듬해부터 당밀이나 고구마로 만든 주정에 물을 타서 만든 희석식 소주가 출시되었다. 원가 절감으로 가격이 저렴해지자 이때부터 소주가 서민들과 가까워지기 시작했다.

소주 판매 방식도 처음에는 막걸리와 비슷했다. 커다란 독에 든 소주를 병에 나누어 담아서 팔았다고 하는데, 전통옹기로 유명한 무안 몽탄 옹기 마을에서 한때 삼학소주의 소주 독을 만들었다고 하니 그 실상을 짐작할 만하다. 여수 〈풍류주막〉에도 이렇게 소주를 독으로 받아서 팔았던 기억이 있다.

옛날에는 소주도 독으로 갖고 와. 병이 없고. 독으로 갖고 와서 부서서 팔 때 그때가 제일 괜찮았었어. 술을 한 고뿌에 얼마. 또 째깐 병으로 대갖고 따라서 팔고. 그 뒤에 인자 댓병이 나오고 적은 병이 나오고 자꼬 인자 발전이 됭께.

병 소주가 완제품 형태로 판매되기 시작한 것은 1960년대에 이르러서다. 1957년에 영등포에 자동시설을 갖춘 유리병 공장이 준공되면서 비로소 유리병이 대중화되기 시작하자 소주 판매 방식도 행보를 같이했다. 1959년 서울 풍경을 다룬 신문기사에 따르면 가난한 직장인들이 퇴근 후 진로소주병을 사 들고 남산골에 모여들곤 했다니,[6] 그즈음 병 소주가 시중에 판매되고 있었음을 알 수 있다. 다음과 같은 1960년대 인천의 와룡소주 공장 이야기를 통해서도 그 당시 다양한 용량의 소주병이 유통되고 있었음을 짐작할 수 있다.

1960년대, 사십대인 남숙은 와룡회사에 취직했다. 와룡회사는 인천 신흥동에서 '와룡소주'를 만들던 공장이다. 남숙은 이곳에서 소주병 닦는 일을 했다. 이 홉짜리 병, 사 홉짜리 병, 댓병까지 크기가 다른 병에 솔을 깊이 집어넣어 병을 깨끗하게 세척해야 했다. 말갛게 헹군 병에 술을 따랐는데 조금이라도 이물질이 끼어 있는 것을 발견하면, 사정없이 내다 버렸다. 그만큼 청결이 중요했다.[7]

이렇게 유리병이 보편화되면서 1970년대에 이르면 구멍가게에서 소주 독이 거의 자취를 감추고 병 소주만 취급했던 것 같다. 나주 〈이화상회〉는 1970년 무렵에 가게를 시작했는데, 그때는 소주 독이 없었고 1.8리터 댓병짜리 소주를 주로 팔았다고 한다. 1970년대 중반에 문을 연 해남 〈해성 슈퍼〉도 그즈음 댓병짜리 소주를 바다 건너 마을까지 배달해주느라 고생깨나 한 기억이 있다고 한다.

우리 아저씨가 옛날에 짐바리 자전거에다 댓병짜리 소주, 유리병이 댓병이여. 댓병짜리 술을 열 병씩 들은 놈을 네 짝씩 싣고 다니고 했는디. 어매 무겁지. 근디 저그 동네 가믄, 그전에는 부녀회 했잖아요. 동네 술집이 없응게 부녀회로 갖다주는디 바닷물이 들어오믄 못 가. "지금 물 났응께 얼렁 가져오쇼" 그라믄 밀고 가제. 그래갖고 오고 물 들어갖고 있으믄 못 가고. 그래갖고 고생 많이 하셨어 우리 아저씨.

앞뒤로 막걸리통을 여러 개씩 매달고 달리던 짐바리 자전거가 땅끝마을 구멍가게에서는 열 병들이 소주 궤짝을 네 상자씩 싣고 바다를 건너 다녔다고 하니, 잊을 만하면 등장하는 짐바리 자전거의 위용이 새삼 놀랍다.

저렴한 희석식 소주가 등장하고 간편한 유리병이 보편화된 데 더해 삼학, 진로 등의 기업이 소주 사업에 본격적으로 뛰어들면서 소주는 서민들의 일상에 더욱 깊숙이 파고들 태세를 갖추었다. 우선 대표적인 서민술격인 막걸리와 경쟁하기 위해 출시 초기부터 치열한 홍보를 벌였는데, 주로 병뚜껑을 이용했다. 1968년에는 대폿집과 구멍가게에까지 직원을 파견해서 개당 이삼 원씩 주고 병뚜껑을 매입하더니,[8] 1970년대에는 병뚜껑 안쪽에 경품권을 붙여서 직접 소비자를 끌어당겼다.[9]

이런 이벤트가 꽤 효과적이었는지 판매 촉진을 위한 경품이벤트는 지금까지 계속되고 있다. 해남 〈초호리 슈퍼〉 주인아주머니는 요즘도 열심히 소주 뚜껑을 모으신다. 병뚜껑을 모아서 보내면 휠체어를 준다기에 장애인복지관에 기증하고 싶어서 시작하신 일이다. 따뜻한 그 마음에 공감한 동네사람들도 병뚜껑만 생기면 아주머니에게 가져다준다고 한다. 이 가게에는 아주 오래된 소주 뚜껑도 많이 있었는데 역시 아주머니가 한참 전부터 모아오신 거란다.

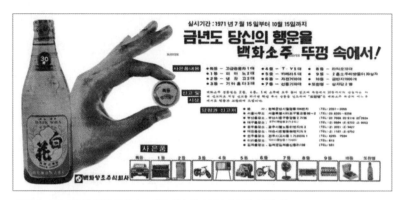

병뚜껑 이벤트를 활용한 신문광고(《동아일보》1971년 7월 14일자).

- 내가 이거를 왜 이렇게 모았냐믄. 여기가 뭐 써졌어. 뭐이 써졌
  드라구.
- 조사자 : 미니팝콘 무료. 아 이벤트에 당첨된 것을 모아놓으셨구나.
- 응. 멫 개나 나옹가 한번 모아보자 그래갖고 여그다 모았제.

뚜껑 안에 경품이 적혀 있는 이른바 '병뚜껑 이벤트' 시절에 재미로 모
으신 것이다. 소주회사의 이와 같은 열렬한 홍보 덕분에 시골 구멍가게에
서도 경품 열기가 뜨거워지면서 매출이 늘어나더니 1975년에는 드디어
막걸리를 훌쩍 추월하기에 이른다.[10] 1978년에는 치솟는 인기로 공급이
수요를 따라가지 못해 소주 품귀 현상이 빚어지기도 한다. 그로 인해 출
고가격의 오륙십 퍼센트까지 웃돈이 붙는가 하면 인기 없는 포도주나 보
드카 등을 소주에 끼워 파는 상황까지 벌어진다.[11]

수요와 공급의 불균형에서 시작된 끼워팔기는 이후 주류 홍보의 일환
으로 줄곧 이용되었다. 1980년대에 들어 소주 수급 문제가 점차 나아지

는 상황에서도 끼워팔기는 오히려 심해졌으니 말이다. 이런 상황에서 가장 많이 피해를 보는 것은 구멍가게와 같은 영세한 소매점이었다. 서대문구에서 소규모 가게를 운영하는 한 독자는 신문사에 이런 호소문을 보내오기까지 했다.

> 영세소매점의 고충을 털어놓겠습니다. 요즘 주류도매업자들은 진로소주 한 짝에 맥주 두세 짝씩 강매하고 있습니다. 어느 대리점이나 마찬가지입니다. 그렇지 않으면 아예 소주를 살 수가 없습니다. 아무리 살기 좋은 세상이라고 해도 맥주를 누가 그리 많이 먹겠습니까. 구멍가게 하는 정도라면 거의 영세업자들이고 장소도 협소하여 그 많은 맥주를 쌓아둔다는 것도 힘들고 자금회전도 안 됩니다.[12]

이와 같이 주류 도매상의 횡포로 소매상의 피해가 심각해지자, 끼워팔기는 유통질서를 교란하는 사회문제로 인식되어 비난의 중심에 섰지만 1990년대 초반까지도 꾸준히 이어졌다.[13]

1990년대 들어 맥주 소비가 증가하고 이후 다양한 수입맥주가 마트 진열대에 오르면서 바야흐로 이제는 맥주 전성시대라 한다. 그래도 시골 구멍가게에서는 여전히 막걸리와 소주가 최고다. 그렇다 한들 예전 같지 않다. 농촌에서조차 술 마시는 사람이 줄어들고, 그나마도 건강을 고려해서 가게 한편에 키핑해두고 한 번에 한두 잔씩 목만 축이고 가는 형국이니 말이다. 상황이 그러해도 술이 있기에 문을 닫을락 말락, 기로에 서 있는 구멍가게가 유지되고 있는 게 사실이다.

풍류주막

—　　　　전주의 가맥집이 입소문을 타고 유명해진 지 오래다. '가맥' 이란 가게 맥주의 줄임말이다. 낮에는 가게인데 밤에는 맥주와 더불어 주 인의 손맛이 담긴 안주를 판다고 해서 가맥집이라고 부른단다. 가게에서 파는 맥주가 업소용이 아니라 가정용이기 때문에 가맥이라고 불렀다는 설도 있지만[14] 여하간 가게에서 술과 안주를 파는 것만은 사실이다.

그런데 가맥은 전주에만 있는 것도 아니고, 이전에 없던 문화가 새로 생 겨난 것도 아닌 듯하다. 이미 오래전부터 일명 '점방'이라고 불리던 동네 구멍가게 앞에는 간이의자나 평상을 내놓고 술을 마시는 풍경이 아주 흔 했다. 그래서인지 나이깨나 드신 어르신들께 가게 이야기를 해달라고 하 면 대뜸 술과 관련된 추억을 먼저 떠올리곤 하신다.

여수 율촌면에 있는 허름한 〈담배집〉을 수십 년째 드나들고 있다는 아 저씨는 그날도 막걸리 한 사발을 앞에 두고 그 옛날 경험했던 으스스한 기억을 풀어놓았다. 한창 혈기왕성했던 청년 시절, 하루 일과를 마치고 집으로 향할 무렵이면 해는 뉘엿뉘엿 지고 삽시간에 어둠이 깔리곤 했다. 시골의 어둠은 도시와 사뭇 달라서 그야말로 칠흑 같은데, 희미한 불빛 한 점 없는 밤길을 헤치고 동네가게를 지나갈라치면 종종 섬뜩한 광경이 눈앞에 펼쳐지곤 했다. 희멀건 물체들이 군데군데 놓여 있는 것이었다.

옛날에는 노인분들이 하얀 두루마기를 입고 안 다니십니까. 그믄 한 이 메터 삼 메터 거리에 하얀 두루마기 입은 노인네들이 하나 쓱 드러눠 있어. 그믄 다 모셔다드려야 돼. 집에까지. 이자 밤에 잡솨갖고 떨어진 사람도 있고 대낮에도 떨어져 있는 사람도 있고 막. 노인네들이 한잔쓱 잡숫고 담벼락 밑에 지대서 그대로 자는 사람도 있고 뭐.

마을 노인들이 가게에서 술을 마시고 얼큰하게 취해 내 집 안방인 양 길거리에 쓰러져 자는 일이 다반사였던 것이다. 야심한 밤 환하게 달이 오르면 하얀 두루마기가 눈부신 달빛에 반사되어 한층 더 새하얀 광채를 뿜어내니, 한 치 앞도 안 보이는 캄캄한 시골길에서 그 모습을 맞닥뜨리고 식겁하지 않을 사람이 얼마나 있을까. 당한 사람은 아찔할 수 있어도 듣는 사람에게만큼은 웃음이 터져 나오는 구멍가게의 밤 풍경이다.

장흥 〈하꼬방 가게〉에서 만난 아저씨도 비슷한 기억을 꺼내놓았다. 술에 취해 줄줄이 누워 있는 마을사람들을 가게 부근에서 자주 보곤 했는데 아저씨의 아버지도 그중 하나였다고 한다. 그런 아버지를 들쳐 업고 오던 일이 엊그제 같은데, 지금은 자신이 아버지만큼 나이를 먹고 그때 그 가게에 앉아 술잔을 기울인다며 새삼 감회에 젖었다.

상황이 그렇다 보니 나이 지긋한 어르신들 중에는 구멍가게를 주막집으로 기억하는 분이 많다. 여수 소라면에 있는 한 가게는 상호가 무엇이냐고 묻자 이렇게 말한다.

우리 가게 이름? 없어. 그냥 주막이라고 해. 옛날에는 여그서 막걸리를 팔았다네. 풍류주막 그러믄 우리 집인 줄 알거든.

아주머니가 인수하기 전에는 여기에서 막걸리를 많이 팔았기 때문에 마을 이름을 붙여서 〈풍류주막〉으로 불렸다는 것이다. 가게에서 부차적으로 술을 파는 것인지, 주막에서 부업으로 생필품을 판매하는 것인지 헷갈릴 정도로 구멍가게와 주막은 때로 그렇게 공존해 있었다.

그런가 하면 오래전 서울 화곡동에는 '술청모퉁이'라는 마을이 있었다고 한다. '술청'이란 널빤지로 높고 기다랗게 만든 술탁자인데, 그런 탁자를 두고 술을 마시는 선술집을 말하기도 한다. 해방 전에 이 마을에 구멍가게를 하는 집이 있었는데, 가게에 술청을 두고 술을 팔면서 동네사람들이 모이는 사랑방 역할을 한 데서 마을 이름이 유래되었다고 한다.[15] 이처럼 가게를 아예 주막으로 기억하거나 주막의 역할을 겸한 가게의 특징이 마을 이름으로 사용되었을 정도니, 예나 지금이나 술은 구멍가게의 대표 이미지 중 하나임에 틀림없다.

트러블메이커

─   의심의 여지 없이 술은 시대를 막론하고 구멍가게를 지탱해주는 큰 힘이 되어왔다. 동네가게를 끊지 못하는 단골의 입장에서는 더더욱 그렇다. 하지만 가게 주인에게는 골칫거리이기도 하다.

1966년 5월, 서울 영등포구 구로동 경부선 철길에서 변사체가 발견된다. 진상을 조사한 결과, 구로동의 한 구멍가게에서 같은 동네 친구들끼리 소주 한 되를 마시다가 싸움이 벌어졌는데 처음에는 가볍게 치고받던 것이 살인에까지 이른 것이었다.[16] 그 정도로 끝을 달리지는 않더라도 동네 구멍가게에서는 술로 인한 분란이 빈번하게 발생했다. 가게 주인에게 어깃장 놓으며 시비 걸기는 기본이고 소소한 다툼에서부터 기물 파손을 동반하는 주먹다짐까지, 술을 둘러싸고 벌어지는 크고 작은 시비와 다툼이 끊이지 않았다. 가게에서 술을 파는 이상 심심치 않게 이런 꼴을 봐야 하는 주인의 가슴에는 어느새 피멍이 들어간다.

그래서인지 구멍가게 주인들마다 생각만 해도 고개를 절레절레 흔들게 만드는 기억 하나쯤은 다 가지고 산다. 장성 〈아곡상회〉 아주머니는 대낮부터 자리를 잡고 앉아 해거름이 되도록 도통 갈 생각을 안 하는 사람들이 제일 짜증 난단다.

> 겨울에는 지루할 정도로 앉아서 계셔. 난로 불에서 그냥 짜증 날 정도로 한 시간이고 두 시간이고 앉아 있어. 근데 지금은 바쁘잖아 들에 나가서 일을 해야 되니까. 겨울에는 일이 없으니까 와서 죽치고 앉아 있어.

특히나 혼자 와서 오래도록 앉아 있으면 말 상대라도 해줘야 하는데 그게 또 보통 고역이 아니다. 술 먹고 하나 마나 한 소리를 무한 반복해대면 정말이지 진절머리가 나는데, 그렇다고 내쫓을 수도 없는 노릇이니 난감하기 그지없다는 것이다.

술만 들어가면 입이 거칠어지는 사람도 있다. 구례 〈죽마리 구판장〉은 욕 잘하는 동네 술꾼 때문에 매상에 타격을 입은 게 한두 번이 아니었다. 평소에는 그보다 얌전할 수가 없는데 술만 먹었다 하면 입에 담을 수도 없는 육두문자를 퍼부어대서 당할 때마다 깜짝 놀랄 정도라고 한다. 본인은 남들한테 손가락질 한 번 당하면 그뿐이겠지만 가게에 피해를 주니 문제다. 한번은 아주머니의 매운탕 소문을 듣고 읍내에서 일부러 찾아온 사람들에게 행패를 부려서 오던 사람들이 그대로 돌아간 적도 있다. 손님을 몰고 와도 시원치 않을 판에 오는 손님마저 쫓아내니 진상 중에 진상이다.

술을 핑계로 주머닛돈을 아끼려는 얌체족도 있다. 술이 살짝 오르면 괜히 시비를 걸고 거칠게 행동하는 사람이 있는데, 번번이 그러기에 잠자코 지켜보니 술값을 안 내려고 일부러 취한 척하는 거란다. 전작을 하고 이미 잔뜩 취해 들어와 막걸리 값을 가지고 생떼를 부리는 사람도 종종 있다.

하지만 그보다 더 싫은 것은 술만 먹었다 하면 맹수같이 사나워지는 부류다. 몸싸움은 기본이고 닥치는 대로 물건을 집어 던지는 등 삽시간에 가게를 난장판으로 만들어서 여러모로 피해가 크다. 구례 〈제일슈퍼〉는 며칠 전에도 한차례 난동을 겪었다. 술탁자 주변의 벽이며 싱크대에 남아 있는 얼룩들이 그날의 흔적이다. 이 동네에 술만 마시면 심하게 패악을 떠는 술꾼이 있는데, 바로 그 사람이 엊그제 와서 술 마시다가 술그릇을 통째로 내던졌다는 것이다. 그 때문에 성한 그릇이 없을 정도란다.

그릇 같은 것도 던져부러갖고 술그릇이 다 어그러지고… 저기도 술을 찌그러부러갖고 덜 닦아졌구만. 자기들끼리 묵다 탁 던져불고. 또 꼬라지가 나가지고 땅에다 던져불고. 욕도 더런 욕하는 사람도 있고. 또 손님들이 얘기하면 얘기가 크다고 뭐라고 하고. 어떨 때는 안 온대. 안 온다고 가놓고 갈 데가 없으니까 또 와. 다른 데서는 아예 못 오게 한대. 그때는 사정을 하네. 그믄 어쯔게? 밀어낼 수도 없고.

술 취한 손님이 던진 삽자루
에 벽이 파인 흔적.

〈죽마리 구판장〉에도 술꾼들의 전투적인 흔적이 남아 있으니, 음료수
상자가 높이 쌓여 있는 천장 가까이에 날카로운 도구에 움푹 파인 자국이
눈에 띈다.

우리 저기 저 구멍 있죠? 술 먹다가 저기서, 그때 쓸어 담는 부삽
있어요. 저기 서서 그냥 사람한테 던진다고 던진 것이 그냥 팩 날
라가버린 거예요. 그 꼭대기가. 그러니 내가 얼마나 발발 떨렸대.
사람 맞았으면 난리 나부렀지.

이렇듯 술이 불러온 난폭한 행태들은 주인아주머니의 기억 속에만이
아니라 가게 구석구석에 생생한 증거로 남아 있다. 그리고 지금도 주인의
마음속에 참을 '인(忍)' 자를 새기며 진행 중이다. 그럼에도 그들을 내칠 수
없는 것은, 나날이 줄어드는 매출을 생각하면 그나마도 술자리가 가게 살
림에 도움이 되기 때문이다. 그러니 실로 술이란 기특한 효자상품인 동시
에 주인아주머니의 속을 태우는 애물단지다.

술 팔아 번 돈은 귀신도 맘대로 못 쓸 거예요

— 　　구례 〈죽마리 구판장〉 아주머니는 술 이야기만 나오면 대번에 몸서리를 친다. 어쩔 수 없이 시작한 가게에서 진상 술꾼들을 부지기수로 겪으며 오만 정이 다 떨어졌기 때문이다.

아주머니는 경남 거창에서 태어나 서울에서 생활하다가 결혼과 동시에 이곳 구례에 정착해서 삼십구 년째 살고 있다. 연고 하나 없는 시골구석으로 내려오게 된 것은 순전히 남편 때문이었다. 사촌오빠의 중매로 만난 남편은 손재주가 뛰어난 목수였다. 첫눈에 마음에 들지는 않았지만 손기술만 있으면 먹고살 걱정은 없다며 앞날을 내다보고 사람을 선택해야 한다는 주변의 말에 마음이 흔들렸다. 그래서 사는 형편이라도 알아볼 겸 구례 총각의 시골집으로 따라 나서게 되었다.

남편의 고향은 생각한 것 이상으로 궁벽한 시골이었다. 여덟 시간 기차를 타고 연이어 버스와 택시를 갈아탔지만 그것으로도 끝이 아니었다. 차가 더는 들어갈 수 없어서 내린 곳은 흙먼지 폴폴 날리는 비포장도로였다. 그 길을 한참 걸어 올라가는데 서울에서부터 신고 내려온 하이힐이 자꾸만 돌부리에 걸리는 바람에 몇 번을 넘어질 뻔했는지 모른단다.

우여곡절 끝에 도착한 시골집은 아주머니의 표현을 빌리자면 그야말로 '전설의 고향'이었다. 전기가 들어오지 않아서 사방이 어두컴컴한 데다 대나무로 얼기설기 엮은 대문이 어찌나 괴기스러웠던지. 짚으로 이은 초가지붕은 또 얼마나 낮은지 처마 끝에 아주머니 머리가 닿을 정도였단다. 부엌 하나, 방 한 칸이 전부인 가난한 시골살림이었지만 시아버지 되실 분은 한눈에 며느릿감을 마음에 들어했다. 아들 없이는 살아도 너 없이는 못 산다며 간절하게 붙잡는 바람에 순박한 그 마음을 뿌리칠 수가 없었다. 얼떨결에 정착하게 된 시골살이를 두고 아주머니는 이렇게 이야기한다.

그게 인연이겠지요. 긍께 사람은 어디 가서 살지를 몰라.

무슨 인연이었는지 아주머니는 그렇게 식도 올리지 못하고 구례 땅에 눌러앉게 되었다. 하지만 돌부리에 자꾸만 걸리던 하이힐처럼, 그 뒤로 아주머니의 인생은 끝없는 걸림돌과 마주해야 했다. 같이 산 지 한 달 만에 시어머니가 돌아가시고, 시아버지도 풍을 맞아 병석에 눕게 되면서 이 년간 꼼짝없이 병수발을 해야 했다. 시아버지가 돌아가신 뒤 비로소 결혼식을 올리고 제대로 살아보려 했지만 얼마 안 가서 남편마저 병으로 세상을 떠났다.

삽시간에 들이닥친 불행을 한스러워할 새도 없었다. 아주머니에게는 남편이 남겨놓고 간 어린 자식들이 있었기 때문이다. 가지고 있는 땅도 재산도 없었지만 어떻게든 아이들을 키우며 먹고살 길이 필요했다. 그 절실함 끝에 연이 닿은 것이 구멍가게였다. 처음 인수할 때는 이 가게가 선술집에 가까웠다고 한다. 진열이라고 할 것도 없이 조그만 찬장 위에 빵 몇 개, 과자 몇 개를 올려놓은 게 전부이고, 주로 파는 것은 술이었다. 예전에는 술 마시는 사람이 많아서 농번기 새참 때가 되면 가게에 사람이 꽉 들어차곤 했는데, 그럴 때는 하루에 막걸리를 열 말씩도 팔아서 수입이 제법 쏠쏠했다고 한다. 그러니 아무 기반이 없는 아주머니가 할 수 있는 일로 가게만 한 것이 없었다.

아주머니는 살던 곳을 떠나 이 낯선 시골마을로 오게 된 것이 인연이듯, 가게를 하게 된 것도 인연이라고 말했다. 하지만 그것은 절대로 엮이고 싶지 않은 인연이었다.

다시 태어나믄 절대로 안 하지. 아이고 안 해 안 해, 진짜로 나는.
인연인데 나는 진짜로 이런 인연 같으믄 진짜로 안 해. 싫어.

다시 태어나도 가게를 하겠느냐는 질문에 절대로, 진짜로 안 한다고 힘주어 말한다. 어쩔 수 없는 인연으로 받아들이고 이십 년 넘도록 장사를 했지만 두 번은 싫다고 손사래 치게 만든 주범은 바로 술이었다.

처음 가게를 인수하고 아주머니는 깊은 절망감에 빠졌었다. 얌전히 집안 살림만 해오던 아주머니가 장사에 대해 알 턱이 없었다. 술 한 병에 얼마인지, 술 먹는 손님을 어떻게 다루어야 하는지 아무것도 모른 채 급한 마음에 무턱대고 가게를 시작한 탓도 있었다. 그래서 사람들이 술을 먹다가 큰소리만 내도 손발이 부들부들 떨리고 겁이 나서 혼자 울기도 많이 했단다. 그럴 때는 장사가 되든 말든 그만 먹고 갔으면 좋겠다는 마음뿐이었다. 간이 졸아들 정도로 무섭고 긴장돼서 애당초 가게에 발을 들여놓은 것을 후회한 적이 한두 번이 아니었다.

그 모습을 딱하게 보던 동네 어르신이 마을 술꾼들의 성격을 하나하나 짚어주며 그 사람들에게 휘둘리지 않으려면 어떻게 해야 하는지 귀띔해주었다. 그 덕에 장사하는 요령을 터득했다고 한다. 하지만 세월이 지나고 마음이 단단해져도 번번이 속이 상하는 것은 어쩔 수 없다. 이 꼴 저 꼴 보기 싫다고 가게를 접을 수도 없는 형편이니 더욱 그렇다.

우리 같은 경우는 젤로 말단이잖아요. 장사하는 사람 중에 젤로 말단이지. 돈 있고 그러믄 뭐 열 받아가믄서 이 장사 하겠어요? 어려우면 해야 되니까. 안 하고는 살 수 없잖아. 이런 가게 하는 사람치고 돈 있어서 하는 사람은 없어. 거의 어려우니까 하지.

오랜 장사 경험으로 아주머니는 시골 구멍가게의 환경이 얼마나 열악한지 절감하고 있었다. 술집에서처럼 술값을 비싸게 받지도 않는데 이문도 얼마 안 남는 술 몇 병 내주고 온갖 술버릇을 군말 없이 받아내야 하니 그게 다 없이 사는 죄라는 것이다. 다른 데서 이미 실컷 마시고 취한 상태로 와서 난동을 부리는 것도 동네 구멍가게가 만만해서라고 생각하니 자신의 신세가 마냥 서글퍼지곤 했다. 그럴 때는 누군가의 조언처럼 속이 없는 셈 쳐야 한다.

동네 아저씨가 뭐라냐믄 자고 인나서 간을 싹 빼갖고 못에다 걸어놓고 나오래. 첨에는 그게 무슨 소린가 했제. 간을 빼갖고 못에다 걸어놓고 나오래니. 그니까는 그만큼 속이 썩어야 되는 거니까, 인내심이 강해야 되니까는 옛날부터 그 속담이 내려오는 거래. 자고 나서 간을 빼서 못에다 걸어놓고, 긍게 쓸개가 없이 장사를 해라 그 말이여.

장사하면서 당하는 일에 일일이 신경 쓰고 괴로워하다가는 남아날 속이 없으니 일찌감치 생각을 비우고 감정을 없애라는 뜻일 것이다. 세월과 더불어 쌓이는 경험이 가르쳐준 바도 있겠지만 그렇게 스스로를 다독이다 보니 이제는 베테랑이 다 되어서 아주머니만의 대처법이 생겼다. 가게에서 싸움이 나면 당신들끼리 싸우고 부수라며 그냥 놔두고 나와버린단다. 옆에서 말리려고 하면 오히려 싸움이 더 커지고 더러는 원망도 돌아오기 때문에 아예 안 보이는 데로 나가는 편이 상책이라는 것이다. 그렇게 '나 몰라라'의 상태가 되기까지 얼마나 많은 시행착오가 있었을지 짐작조차 되지 않는다. 마음을 비우고 나 몰라라 한들 말처럼 그렇게 무던해질 수 있을까. 어찌 됐든 아이들 가르치고 생계를 꾸리려면 더럽고 치사해도 술을 취급할 수밖에 없으니 그 마음이 오죽했을까 싶다. 얼마나 힘들고 서러웠으면 이렇게까지 말한다.

이런 가게에서 술 팔아가지고 돈 버는 거는 진짜 귀신도 맘대로 못 쓸 거예요.

술 한 병 팔기까지 겪어내야 하는 마음고생이 너무나 커서 그렇게 번 돈은 함부로 쓰기 아깝다는 뜻으로 읽힌다. 어찌 생각하면 술을 파는 게 아니라 감정을 팔아 인내를 사는 것이다.

· 쉼터 ·
구멍가게와 나눔

구멍가게의 오래된 미닫이문이 한없이 커 보일 때가 있다. 주인아주머니들이 보내는 경계의 눈초리 때문에 막상 그 앞에 서서 문을 열고 들어가기까지 언제나 조금은 떨리는 마음이 있기 때문이다. 드나드는 사람이 뻔한 작은 시골동네에 낯선 이방인이 나타났으니 당연한 반응이다. 하지만 그것도 잠깐, 사정을 이야기하면 대번에 표정이 누그러지면서 음료수를 권하는 게 일이다. 장사도 잘 안되는 구멍가게인지라 넙죽 받아먹기가 민망해서 늘 사양하곤 했는데, 도저히 거절할 수 없는 곳이 몇 군데 있었다. 대표적인 곳이 담양 〈옥찬수퍼〉다.

〈옥찬수퍼〉는 우리가 찾은 구멍가게 중에서 손님이 가장 많은 곳 중 하나였다. 공용정류장을 겸하고 있어서이기도 하지만 더 큰 이유가 있었다. 인터뷰하느라 머물렀던 몇 시간 동안 〈옥찬수퍼〉에서는 가게에 들어온 거의 모든 사람에게 음료수를 권했다. 인사차 그냥 들른 사람에게도 예외는 없었다. 사람들은 공짜로 얻어먹는 음료수 때문이 아니라 더운 여름, 마실 것을 손에 들려주려는 인심 때문에 가게를 자주 찾지 않을 수 없다고 한다.

아닌 게 아니라 이 영세한 구멍가게들은 주인이고 손님이고 가릴 것 없이 뭐라도 하나 입맛 다실 게 있으면 지체 없이 권하고 본다. 그래서 자주 얻어먹은 것이 막걸리다. 답사 일정이 농번기 술참과 맞물리면 특히나 얼큰하게 술 오른 단골들의 강권을 뿌리치기

구멍가게에서 얻어먹은 술과 안주.

가 힘들다. 그렇게 예기치 않은 장소에서 예기치 않은 시간에 마시는 술 한잔은 언제나 달달했다. 강진 〈랑동가게〉에서 삶은 달걀에 양파와 된장을 곁들여 먹는 맛도 일품이었고, 화순 〈북면상회〉에서 내놓은 직접 담근 동동주도 잊을 수 없다. 왁자지껄한 마을 단골들과 어울려 된장 찍은 풋고추와 함께하는 술 한잔에는 그 자리에서 직접 먹어보지 않고는 느낄 수 없는 정겨운 맛과 분위기가 있었다. 혹자는 그것을 구멍가게의 후한 인심과 정이라고 하는데, 과연 그렇다.

해남 〈초호리 슈퍼〉는 가게 앞 커다란 나무 그늘 아래 둘러앉아 수다삼매경에 빠진 동네 할머니들에게 수시로 간식을 제공한다. 그날의 메뉴는 갓 쪄내 김이 폴폴 나는 호박고구마와 시원한 물김치였다. 존재를 잊어버릴세라 한 번씩 불어주는 잔잔한 바람이 한여름 땀방울을 식혀주곤 했던, 우거진 녹음 속 그림 같은 브레이크 타임은 지금까지 마냥 아름답고 평온한 기억으로 남아 있다.

초호리 슈퍼에서의 간식 시간.

   비 오는 날 찾아갔던 구례 〈죽마리 구판장〉에는 문밖에서부터 고소한 기름 냄새가 진동했다. 날씨가 날씨인지라 술참꾼들 술안주로 한창 부추전을 부쳐내는 중이었기 때문이다. 때마침 방문한 우체부 아저씨와 합석해 아주머니의 뜨끈뜨끈한 지짐이 한 장 나눠 먹었던 기억도 생생하다. 담양 〈영천리 구판장〉에는 단골들이 저마다 먹거리를 들고 온다. 그 덕에 밭에서 막 따 온 싱싱한 방울토마토며 쌉싸름한 오이, 상추를 맛볼 수 있었다. 고흥 〈가야수퍼〉에서는 마을 부녀회원들의 회의 덕을 봤다. 정육점에서 끊어 온 삼겹살이 지글지글 구워지는 소리를 배경음 삼아 꽃놀이 계획을 세우느라 모두들 들떠 있는데, 그 옆에서 고기 한 점 얻어먹던 우리도 꽃구경 버스에 함께 올라탈 듯 설레던 기억이 생생하다.
   돌이켜보면 인터뷰 내용만큼이나 구멍가게에서 얻어먹은 음식도 다양하고 인상적이었다. 주인아주머니는 물론이고 단골손님들까지 우리 마을에 온 손님을 맨입으로 보내서는 안 된다며 조그만

것이라도 주고 싶어 안달이다. 딱히 뭐라고 정의할 순 없지만 그것이 구멍가게를 중심으로 살아가는 이들이 사람을 대하는 마음일 것이다.

구례 〈효곡슈퍼〉에서 만난 아저씨가 그렇게 함께 나눠 먹는 것의 의미를 그럴듯하게 풀어내주셨다. 〈효곡슈퍼〉 근처에는 유독 공사 중인 곳이 많았다. 그 덕에 마을에서도 일당벌이를 하러 드나드는 사람이 많은데, 공사장에서 하루 일을 끝내고 집으로 돌아갈 때면 어김없이 멈춰 서게 되는 곳이 바로 이 가게란다. 목구멍에 쌓인 흙먼지를 짜릿한 소주 한잔에 털어내고 나야 비로소 하루가 마감되는 기분이기 때문이다. 적은 돈으로 맘 편하게 모일 수 있는 장소로 이만한 곳이 없다는데, 공짜 안주여도 아무렇게나 해주지 않는다며 아주머니 손맛이 더해진 나물 반찬을 맛보라고 자꾸만 권한다.

그러는 사이 한층 흥이 올라 오천 원짜리 명태포구이를 시키더니 여지없이 한 점 떼어 건넨다. 구멍가게에서 돈 내고 안주를 시키는 손님은 그때가 처음이었다. 아마도 그것은 주인아주머니에 대한 고마움의 표현이었던 것 같다. 애써 말하지 않아도 동네가게가 베풀어주는 넉넉함과 편안함을 오랜 단골들은 몸과 마음으로 체험하고 있다. 그래서 부자는 아니어도 받은 만큼 남에게 베풀 줄도 안다.

오늘 일 할 해갖고 명태포 찢어갖고 고추장 해갖고 술 한잔 먹으면 그래도, 사람이 하루에 십만 원 벌믄 그날 이만 원 써야 돼. 적선을 하고 댕겨야 하는 거여. 그 돈을 다 챙기면 안 되는 거여. 십만 원 벌믄 이만 원 써버린다. 그래야 채워지고 또 사람들이 날 좋아해. 내 욕심만 챙기면 절대 좋아라 안 해.

오늘 번 돈의 일부는 함께 고생한 사람, 더불어 살아가는 이웃을 위해 쓸 줄 알아야 한다는 것이다. 베푸는 마음을 가져야 재물도 쌓이고 인덕도 쌓여서 진정한 부자가 될 수 있다는 말이다. 많이 배우지 못하고 많이 갖지는 못했어도 매일을 성실하게 살아가며 이웃과 나눌 줄 아는 사람들이 머무는 곳, 구멍가게의 나눔에는 그런 사람들의 땀 냄새 밴 삶의 철학이 있다.

11장

구멍가게와 쩐錢의 전쟁

돈 때문에 울고 돈 때문에 웃고

—　　해 질 무렵 장성 〈삼태상회〉를 뒤로한 발걸음은 조금도 가볍지 않았다. 구멍가게를 찾아다니느라 종일 발품을 팔아서 눈꺼풀은 천근만근인데, 덩그러니 주인할머니만 남겨두고 돌아서기가 어쩐지 미안스러웠다. 방금 전까지만 해도 가게 앞에서 시끌벅적 이야기판을 벌이던 사람들이 한 줌 남아 있는 석양 속으로 삽시간에 사라지고, 오후 내내 서투른 한국어로 어린 아들 재롱을 선보이던 캄보디아 출신 며느리도 저녁 준비 해야 한다며 제집으로 향했다. 큰길가 버스정류장에 간간이 멈춰 서서 손님을 싣고 내리던 버스도 뚝 끊겼다.

삼태상회.

어둠이 짙어질수록 저 멀리 마을엔 하나둘씩 불이 켜지고 저녁 짓는 연기 따라 인기척도 더해지는데, 〈삼태상회〉 주변은 더없이 고즈넉하고 주인할머니는 오롯이 혼자가 된다. 가게 지붕에 덧댄 양철 차양 밑으로 깜박깜박 형광등이 켜지자 미지근했던 밤이 더욱 도드라져서 할머니에게서는 어쩐지 쓸쓸하고 처연한 분위기마저 감돌았다. 조금 전까지만 해도 마냥 씩씩하고 다부져 보였던 모습은 온데간데없이 사라지고 세월에 흠뻑 젖은 노인 하나만 구부정하게 앉아 있다.

달이 오르고 별이 반짝이자 새삼 지난날이 생각나는지 할머니는 묵혀

둔 오랜 옛이야기를 꺼내놓았다. 할머니의 인생이 고스란히 담긴 가게, 그곳에는 고단한 세상살이만큼이나 여러 가지 빛깔의 돈이 있었다. 돈 때문에 울고 웃었으며 돈 때문에 한없이 나약해지기도, 두려울 것 하나 없이 강해지기도 했다. 그래서일까? 찬바람이 한층 시려지던 초겨울 저녁, 할머니의 이야기를 끝으로 떠나온 〈삼태상회〉는 더없이 강렬하지만, 또 그만큼 안쓰러운 기억으로 남아 있다. 모두가 돌아간 자리, 그 소란함 뒤에 남은 고요 속에는 가게와 함께한 할머니의 치열한 젊은 날이 있었다.

갈등의 씨앗, 외상장부

— 〈삼태상회〉 할머니는 한눈에도 무척 강단 있어 보였다. 반백의 짧은 커트 머리에 무표정한 얼굴, 꽉 다문 입술이 단호하고 고집스러운 인상을 더하기에 충분했다. 겉모습만큼이나 말수가 적고 행동도 투박해서 처음에는 선뜻 인터뷰를 청하기 어려울 정도였다. 그런 할머니가 툭 던져주신 것이 하나 있었다. 딱딱한 검은색 표지가 허옇게 닳아빠진 금전출납부인데, 이것이 바로 〈삼태상회〉의 외상장부였다.

여기에는 삼십여 년간 이 가게에 드나들었던 사람들의 기록이 고스란히 담겨 있다. 할머니는 고객별로 외상장부를 정리했다. 제목란에 이름을 쓰고 그 사람이 외상으로 가져간 물건을 날짜별로 적었다. 외상값을 갚으면 해당 거래 내역에 가로줄을 그어서 표시하고 한꺼번에 여러 날 치를 갚으면 통째로 묶어서 크게 × 자를 그었다.

〈삼태상회〉처럼 제대로 된 외상장부를 갖춘 가게는 거의 없다. 대개 쓰

삼태상회 외상장부.

다 만 공책에 자기만 알아볼 수 있게 간단히 휘갈겨놓는다. 그래서 외상 관리가 영 어설프고 대충인 것 같지만 결코 그렇지 않다. 구멍가게마다 주인 나름의 정확한 기록법이 있기 때문이다.

나주 〈이화상회〉에는 그 옛날 동네 구멍가게 할머니의 수수께끼 같은 외상장부를 기억하는 아저씨가 있었다. 이 마을 개구쟁이들은 가게 할머니가 읽고 쓸 줄 모른다는 점을 눈치채고 배짱 좋게도 맘 편히 외상을 먹고 다녔다. 주인이 글을 모르니 당연히 외상 내역도 제대로 기록하지 못할 거라고 생각했던 것이다. 그런데 깜짝 놀랄 반전이 있었다.

그 냥반이 글을 모릉께 우리가 외상을 먹거든요. 기둥에다 요롱게 딱 금을 그서요. 근디 우리는 기억도 못 헌디 그 냥반은 기억을 해부러. 누구는 외상값이 얼마 있다 표시를 해부러요. 우리는 모른디 아이 너 언제 묵었시야. 딱 고거 기둥에가 있어. 우리는 암호라 모르지.

이가 없으면 잇몸으로 산다고 했던가. 할머니는 글자 대신 자기만의 기호로 외상값을 표시해 왔던 것이다.

영광 〈현순상회〉의 외상 표기법도 남다르다. 이 가게의 달력에는 날짜마다 깨알 같은 글씨로 외상값이 적혀 있다. 그날그날 먹고 가는 외상을 달력에 기록하고 외상값을 갚으면 해당 날짜에 × 자를 그어서 표시했다. 따로 장부가 있지만 한창 바쁘다 보면 기

현순상회 달력에 표기된 외상 거래 내역.

록을 미루다가 아예 누락시키는 경우가 생긴다. 장부를 쓰고 나서도 매번 같은 자리에 두지 않으니 찾는 것도 일이 될 때가 많았다. 그래서 한자리에 고정돼 있는 달력에 표시하다 보니 이제는 달력이 숫제 외상장부가 되어버렸다.

사실 아주머니가 달력에 의지하게 된 것은 외상 거래를 제때 기록하지 못해서 생긴 오해들 때문이었다. 장부 관리상의 실수로 소소한 문제가 발생하자 누구나 볼 수 있는 달력에 외상 내역을 표시하게 된 것이다.

이처럼 시대를 막론하고 외상 때문에 빚어진 오해로 마음이 상하고 다툼이 벌어지는 일이 종종 발생했다. 1977년 11월, 《경향신문》에서는 금전출납부 작성의 중요성을 이야기하면서 다음과 같이 구멍가게의 외상장부를 예로 들었다.

며칠 전 내가 외출했을 때 손님이 오셔서 큰애가 앞집 가게에서 외상으로 음료수를 가져온 일이 있는데 나는 분명히 그날 외상값을 지불했건만 그 집 외상장부에 기입된 것은 삭제되지 않고 있었다. 적은 액수지만 나는 가게와의 오해를 풀고자 분명한 증거를 찾아내려고 고심한 끝에 그날의 출납부 기록을 찾아냈다.[1]

외상값 갚은 것을 가게에서 제대로 표시하지 않아 곤란했는데 다행히 집에 따로 기록해둔 금전출납부가 있어서 오해가 풀렸다는 얘기다. 여수 〈풍류주막〉에서도 이와 비슷한 상황을 두고 다음과 같은 해프닝이 벌어졌다.

- 옛날에는 막걸리 갖고 가서 묵고는 "외상!" 그러믄 할 수 없이 장부에 달아놔. 나 이런 적이 있어. 자기도 즈그 집에 술 먹었다는 장부가 있어. 그믄 장부를 갖고 와, 술값 준다고. 근디 자기 장부는 내 장부보다 더 달아놨어. 나는 묵은 대로 달고. 뭐라고 허냐믄 내 장부대로 허자 이거여. 자기 것은 엉뚱하게 더 달아졌는디. 근디 자기가 안 묵고 달지는 않았을 거란 말이여. 우리는 잊어불고 안 달 수가 많고. 묵은 걸 빼불 수가 많지 바쁘다 보믄.
- 조사자: 그 사람은 적게 달아진 걸로 내려고 하겠네요?
- 그렇지. 내 단 대로, 적게 단 걸로 허자고 그러지. 그래도 준 거이 고맙다고 그러지.

안 먹은 것을 자기 장부에 제 손으로 달아놓지는 않았을 테니 어느 모로 보나 가게에서 실수로 누락시켰을 가능성이 크다. 그런데도 가게 장부대로 셈을 치르겠다고 하니 일견 얄밉기 그지없다. 하지만 어쩌겠는가. 결과적으로 기록을 빼먹은 주인의 잘못이니 하자는 대로 하는 수밖에.

이상의 두 경우 모두가 가게 장부와 개인 장부가 일치하지 않은 데서 빚어진 문제였다. 단박에 시비를 가릴 만한 명확한 단서를 찾으면 좋은데, 그것도 어느 한쪽에서 인정하지 않으면 쉽지 않다. 그럴 때는 〈풍류주막〉 아주머니처럼 조금 손해를 보더라도 외상값 갚아준 것만도 고맙다며 그냥 넘어가도 나쁘지 않다. 누구 하나 양보하지 않고 자기주장만 하다가 감정이 극에 달하면 돌이킬 수 없는 사태가 벌어지기 때문이다. 1996년 8월 강원도 인제에서 발생한 다음의 사건이 그랬다.

강원 인제경찰서는 26일 외상값을 갚으라며 욕을 하자 구멍가게 주인의 집에 몰래 들어가 장독에 농약을 넣은 김정순 씨를 살인 미수 혐의로 구속. 김씨는 구멍가게를 하는 차모씨의 부인 이모 씨가 외상으로 가져가지도 않은 소주와 족발 값 등 7천 5백 원을 달란다며 서로 말싸움을 벌인 끝에 이날 오후 8시쯤 차씨 집에 찾아가 고추장과 된장항아리에 농약 1병을 부은 혐의.[2]

외상을 했느니 안 했느니 다투다가 자칫 이처럼 위험한 지경에까지 이르게 되니, 크고 작은 불상사를 방지하기 위해서라도 장부를 정확히 기록하는 것은 아주 중요한 일이었다. 보성 〈오봉상회〉와 장흥 〈하꼬방 가게〉는 이런 문제를 사전에 방지하려고 아예 손님에게 외상장부를 직접 기록하게 했다. 가게 장부를 못 믿겠다고 시비 거는 사람들이 종종 있어서 자기 외상은 자기가 표시하게 한 것이다. 그것만 봐도 외상 때문에 얼마나 많은 오해와 갈등이 빚어졌는지 짐작하고도 남는다.

화순 〈운농수퍼〉 아주머니도 한때 외상 문제로 적잖이 힘들었던 모양이다. 간혹 실수로 계산을 빼먹어도 양심 있는 사람은 알아서 주지만 그런 경우는 극히 드물고 어떻게 해서든 적게 내려는 사람이 많다. 성격상 지저분한 것은 딱 싫다는 아주머니는 그래서 다음과 같이 당신이 손해 보는 쪽을 택하면서 돈에 관한 한 더욱 깔끔하게 처신했다고 한다.

한 삼십 년 가까이 험서 넘하고 돈 줬네 안 줬네 뭣허네, 생전 그런 것이 싫어 나는. 그래도 어쩔 것이여. 내가 대놓고도 못 했잖아. 속상헝게 '가난이 죄여, 다른 것이 없어' 그래부러. 그래야 스트레스 안 받고 그러제. 그서 나는 돈 갖고는 철두철미허거든. 기분 나쁘게. 그 양반도 많이 주믄 속상할 것이고, 나는 또 덜 받으믄 속상허제. 그렁께 그런 것을 생각해서 누가 뭣을 사갖고 가므는 또 내가 계산을 해봐. 주판 한 알 더 튕겨불믄 내가 또 오백 원이라도 더 받은 걸 수 있거든. 그러믄 갖다준당께 저까지. "아저씨 내가 주판 잘못 튕겨갖고 오백 원 더 받았어요" 허고 갖다줘. 그래야 내 마음이 편해.

가게와 함께한 만큼이나 외상과 동행한 세월도 오래여서 외상값 때문에 속상한 일을 헤아리자면 끝도 없을 것이다. 그런 경험들이 이처럼 한 번 더 계산해보고 좀 더 정확하게, 좀 더 철저하게 대처하자는 자세를 만들었다.

　외상을 둘러싼 시끄러운 오해와 다툼을 최소화하려면 처음부터 실수 없이 장부를 꼼꼼히 관리해야 하지만, 그도 저도 잘 안 될 때는 결국 가게 주인이 마음을 내려놓고 얼마간의 손해를 감수하는 게 최선이라고들 한다. 〈운농수퍼〉 아주머니 말처럼 그 양반도 많이 주면 속상하고 나도 덜 받으면 속상한데, 그 마음을 알아주는 것이 무엇보다 중요하기 때문에 구멍가게 주인들은 외상장부 앞에서는 늘 손해 볼 작정을 한다.

삼태마을 다이어리

—　　　가게마다 외상을 기록하는 방식은 다르지만, 장부에 자주 오르내리는 품목은 엇비슷해서 외상장부만 들춰봐도 그 시절 트렌드를 읽을 수 있다. 〈삼태상회〉의 외상장부에 가장 많이 올라 있는 것은 라면, 과자, 음료수 등 일상의 소소한 식료품들이다. 주인할머니는 때로 상품명까지 구체적으로 적어놓으셨다. 청자 담배와 곰바우 소주, 한창 홍콩영화 붐을 타고 모델로 나선 주윤발의 밀키스와 왕조현의 암바사. 한때 절정의 인기를 누렸지만 지금은 사라지고 없는 반가운 이름들이 잠시 그 시절을 추억하게 한다.

　그런가 하면 가게에서 취급하기에는 어색해 보이는 품목도 종종 눈에 띈다. 삼치, 닭, 펜찰, 양말 등등. 웬만큼 규모가 있는 마트에서나 취급하는 것들이다. 이런 기록들은 예전의 구멍가게가 생필품은 물론 어육류와 잡화류, 의약품까지 구비한 만물상회였음을 보여주는 증거다.

그렇게 시간을 거슬러 할머니의 글씨를 따라 한 줄 한 줄 짚어나가는데, 생소한 내용이 눈에 들어왔다. 그것은 한두 장 넘길 때마다 어김없이 나타났다. 어느 면엔 첫머리에, 어느 면엔 중간쯤에, 또 어쩔 땐 같은 면에 두서너 번씩 '취금'이라고 쓰여 있는 것이다. 금액도 매번 다르다. 어느 때는 6천 원, 어느 때는 1만 원, 또 어느 때는 4800원이다.

도무지 짐작이 안 가서 취금이 무엇이냐고 여쭈었더니 전혀 예상치 못한 답변이 돌아왔다. 동네사람들이 가게에서 빌려간 돈이라는 것이다. 여수 율촌면 〈담배집〉의 외상장부에도 이와 유사한 항목이 있었는데, 이 가게에서는 취금 대신 '차용'이라고 썼다. 예나 지금이나 작은 시골 마을에서는 읍면 소재지로 나가지 않는 한 은행을 이용하기가 쉽지 않다. 그래서 사정이 급할 때면 가까운 이웃에게 돈을 꿀 수밖에 없는데, 현금 장사를 하는 구멍가게에 그나마 돈이 돌아서 빌리러 오는 사람이 많았다고 한다. 그런 일이 얼마나 잦았으면 '취금'이라는 항목으로 버젓이 외상장부 한 자리를 차지했을까 싶다. 그러고 보면 마을사람들에게 구멍가게는 자동현금인출기의 역할을 한 셈이다.

또 하나, 몹시도 궁금해지는 기록이 있다. 다음은 어떤 내용을 말하는 것일까?

콩 심는 날 6,000 / 감자씨 심고 6,000 / 무우 밭 매기 8,000 / 무우 밭 풀매기 반나절 5,000

이런 내용은 여러 사람의 외상 내역에 있다. 김대성 씨와의 거래에 있기도 하고 중태 씨네에 있기도 하며, 박중구 씨에게 올라 있기도 하다. 글자 그대로 김대성 씨가 자기네 집 콩 심는 날 육천 원어치 외상을 먹었다는 뜻이겠거니 했는데, 뜻밖에도 품앗이 비용이란다. 그러니까 〈삼태상회〉 할머니가 김대성 씨네 콩밭에서 콩을 심어준 대가로 일당 육천 원을 받아야 한다는 얘기다. 물건에만 외상이 있는 줄 알았는데 품앗이도 외상이다.

본업으로 가게를 운영하고 있지만 〈삼태상회〉 할머니도 웬만한 동네일에는 빠지지 않았던 모양이다. 장성 〈아곡상회〉 아주머니가 모든 것을 부업으로 여기며 닥치는 대로 일했듯이, 할머니도 가게만으로는 온전히 살림을 꾸리기가 어려웠다. 그런 할머니에게 마을의 품앗이는 쏠쏠한 또 하나의 수입원이었던 것이다. 외상 품앗이에는 마을공동체의 생활상이 그대로 반영되어 있기도 하다. 일정 정도 수고비가 오가기는 하지만 일손이 부족한 시기에 한동네 사람들끼리 돕고 사는 삶의 방식을 보여주고 있으니 말이다. 추수할 때가 돈 들어오는 시기인 만큼, 아마도 할머니의 품앗이 외상은 콩을 수확하고 나서야 지워지지 않을까 싶다.

〈삼태상회〉와 이 마을 간의 외상 역사를 꼼꼼히 들여다보노라니 할머니의 장부는 단순히 외상 거래만 기록한 노트가 아니라는 생각이 들었다. 여기에는 구멍가게를 중심으로 할머니와 마을사람들이 맺어온 오랜 관계와 일상의 모습들이 담겨 있기 때문이다. 익히 아는 얼굴들에게 신뢰와 정을 담보로 외상을 허용하는 것에서부터 필요할 때마다 현금을 빌려주는 은행 역할을 하는가 하면 손이 모자라는 집에 기꺼이 힘을 보태는 등, 물질과 마음이 동시에 거래되는 현장이 녹아 있는 것이다. 그러니 겉모습은 외상장부지만 마을의 하루하루를 기록한 생활일지라고도 해도 틀린 말은 아닐 것이다.

개구쟁이 석이의 외상

— 1976년 9월,《동아일보》'여성살롱'이라는 코너에 다음과 같은 기사가 실렸다. 다섯 살짜리 아이의 맹랑한 행동에 관한 이야기인데, 가볍게 웃어넘길 수만은 없는 이야기다.

하루는 밖으로 놀러나갔던 다섯 살짜리 개구쟁이 석이가 잉잉 울면서 들어오기에 깜짝 놀라 웬일이냐고 물었더니 집 앞 가게에서 과자를 주지 않는다고 하소연이다. 울음에 섞여 주절대는 말이 도대체 무슨 소린지 알 수가 없어 멍청히 서 있다가 그 가게로 가서 자초지종을 물었다. 알고 보니 가게에 갔던 석이는 오백 원짜리 비스킷 한 상자를 집어 들고는, "아줌마, 나 외상." 하며 그냥 나가기에 암만 해도 엄마 심부름 같지 않아 못 가져가게 했더니 마구 울면서 집으로 가더란다. 그제서야 나는 간혹 석이의 눈앞에서 외상으로 물건을 가져왔던 일이 생각났다. 석이는 그간 나의 행동을 눈여겨 봤다가 엄마의 흉내를 낸 모양이다. 석이의 당돌함과 나의 경솔함을 되씹으며 물건은 꼭 돈을 주고 사야 하며 외상도 나중에 돈을 갚아야 한다고 타일렀다. 그리고 앞으론 그런 짓 해서는 안 된다고 했더니, "엄마도 접때 그냥 가져왔잖아." "하지만 이제부턴 그냥 가져오지 않을 거야. 우리 약속하자, 응." "엄마가 약속 어기면 나에게 매 맞는다." 오히려 눈을 부릅뜨고 엄마에게 다짐 받으려 든다.[3]

석이의 당돌한 행동은 당시 구멍가게에서 외상이 얼마나 일반화되고 있었는지를 여실히 보여준다. 겨우 다섯 살짜리 아이가 엄마의 습관적인 외상 거래를 그대로 따라 할 만큼 외상은 아주 일상적인 것이었다. 석이만이 아니다. 당시 외상 문제는 어린이들과 연관되어 여러 번 신문기사로 다루어질 만큼 주목을 끌었다. 1975년 11월 《경향신문》에 따르면 동네 구멍가게와 문방구 가게들이 스무 명에서 쉰 명에 이르는 외상 단골 어린이를 확보하고 있는데, 이 아이들은 학용품을 사는 것 이외에 아침저녁으로 드나들며 외상으로 군것질을 까먹었다고 한다.[4] 이듬해 한 초등학교 졸업식장에서 펼쳐진 풍경은 더욱 가관이었다.

며칠 전에 국민학교를 졸업하는 조카의 졸업식장에 갔을 때의 일이다. 졸업식을 마치고 교문을 나서는 어린이들 틈에서 웬 아저씨가 어린이들의 반과 이름을 일일이 물어가면서 누군가를 허둥지둥 찾고 있었다. 조금 후에 알고 보니 그 아저씨는 학교 앞 문방구 주인이었고 학용품 외상값을 채 갚지 않은 어린이들의 명단을 작성해서 일일이 어린이를 찾아내어 혼을 내고는 그 부모들과 싸움을 하는 것이었다. 정말 기가 막힐 노릇이었다. "어린이들에게 외상을 주는 법이 어디 있느냐"고 부모들은 항의를 했고 "왜 외상을 하라고 허락을 했느냐"고 문방구 주인은 맞서 큰소리를 쳤다. 어린이는 겁에 질려 어쩔 줄을 몰라했다.[5]

1970년대에 외상 거래가 얼마나 보편화되었으면 다른 날도 아닌 영광의 졸업식 날, 아이들의 외상값 문제로 이처럼 불미스러운 장면이 연출되었을까 싶다.

그즈음 나주 〈이화상회〉도 어린이 외상 때문에 종종 골치가 아팠다. 인근에 학교가 살아 있을 때는 이 가게가 문방구의 역할도 톡톡히 했는데, 아버지 이름을 팔아서 외상 먹고 다니는 아이가 많았다고 한다.

> – 아부지 팔아서 외상 하고 가부렀어. 우리 아부지 누군디 아부
> 지 이름 팔고 물건을 사갖고 가부렀다니까. 인자 심부름한다
> 고 외상 허고 가부린다니까. 오죽이 먹고 싶었으믄 그랬을까.
> – 조사자: 그럼 나중에 아버지가 오셔서 갚으십니까?
> – 즈그 아부지한테 무서워서 말도 못 허고 그러믄 우리가 냅둬
> 부러.

포부도 당당하게 외상을 먹었지만 혼날까 무서워 집에는 말도 못 했다고 하니, 이 꼬맹이들도 외상이 좋은 일이 아니라는 걸 알고는 있었던 모양이다. 외상장부를 들고 졸업식장에 나타난 서울의 문방구 주인과 달리, 〈이화상회〉 아저씨는 겁먹은 어린 마음을 알아주고 외상값을 닦달하지 않았다. 그래도 손해는 손해였으니 아이들의 외상은 나름 문제가 아닐 수 없었다.

나어린 꼬맹이들마저 이러한데 일반 성인들 사이에는 또 얼마나 외상 문화가 팽배했을지 짐작이 가고도 남는다. 사회적으로 외상 문제가 심화되어 비판과 자성의 목소리가 커지자 1980년대에 들어서는 외상 거래가 차츰 줄어드는 경향을 보인다. 그렇더라도 당시의 설문조사에 따르면, 물건을 사고 지불하는 수단으로 현금 다음으로 외상이 많았고, 외상을 대놓

고 하는 곳으로 동네 구멍가게의 비율이 특히 높았으니[6] 외상 때문에 가장 힘들었던 곳이 구멍가게였던 것만은 확실하다.

사실 구멍가게가 근대적인 소비생활에서 중요한 위치를 차지하고, 1970~1980년대에 전성기를 구가할 수 있었던 원동력 중 하나가 바로 외상이었다. 구멍가게는 대체로 단골장사다. 가게가 주거생활권 내에 자리해서 오가는 길에 쉽게 들를 수 있기 때문에 동네주민들은 모두 단골이 될 수밖에 없다. 소득 수준이 향상되고 카드 사용이 일상화되면서 요즘은 외상이 오히려 보기 드문 일이 되었지만, 넉넉지 않았던 시절 구멍가게의 외상은 낯익은 얼굴을 담보로 단골들이 기댈 수 있는 든든한 경제적 안전망이었다. 발품을 팔면 더 저렴한 가격으로 물건을 살 수도 있었겠지만 굳이 동네 구멍가게를 자주 이용했던 것은 외상이 가능하기 때문이기도 했다. 1970년대 말 하나둘씩 생겨났던 백화점도 초기에는 구멍가게와 경쟁하기 위해 외상을 허용할 수밖에 없었다고 하니[7] 자못 의미하는 바가 크다.

속이 쓰려 간이 녹는다

―   외상은 〈삼태상회〉의 매출에도 한몫을 해주었다. 주인할머니의 두툼한 외상장부가 그것을 방증한다. 그런데 책 한 권이 넘는 외상값을 할머니는 모두 받아낼 수 있었을까? 안타깝게도 그렇지 않다. 구멍가게에서 외상은 술만큼이나 징글징글한 계륵 같은 존재였다. 무안 〈해광상회〉 아저씨는 외상 거래의 어려움을 이렇게 이야기했다.

현금만 가지고는 먹을 수 없는 것이 이런 가게여. 서로 모른 처지 같으면 주라고 못 헌디 그래도 알고 그렇게 돈이 떨어지믄 가서 사정을 허지. 시골 사람들이 날마다 주머니에 돈 있는 거 아니여. 거의 없을 때가 많지. 외상은 진짜 골치 아퍼. 떼인 사람들도 많애. 이거 시골에서 야박하게 안 된다고 할 수도 없고. 어쩔 수 없이 주잖아요. 글며는 먹고 안 와불믄 그만이여 그 사람은.

한마을에 사는 처지라 외상은 함부로 거절할 수도, 장려할 수도 없는 참 묘한 것이다. 형편을 뻔히 알면서 외상을 안 줄 수도 없고, 그렇다고 달라는 대로 무한정 줄 수도 없는 노릇이다. 외상은 주는 것도 문제였지만 추후에 받아내는 것이 더 큰 문제였다. 아무리 외상을 많이 했어도 적당한 때에 잘 갚기만 하면 무슨 문제가 되겠는가마는 세상일이 그렇게 뜻대로 될 리가 없다. 외상값을 받아내는 게 얼마나 어려웠으면 다음과 같은 법률상담 기사가 신문에 실릴 정도였다.

나는 구멍가게에서 쌀 산매상을 하고 있는 소시민입니다. 그런데 이웃에 사는 공무원 양반이 월말에 쌀값을 지불하기로 하고서 일 개월분 쌀을 외상으로 가져가서는 봉급일이 지난 지 오 개월이나 되는 현재까지 갚을 생각도 안합니다. 어떻게 하면 받을 수 있으며 봉급에서 차인하려면 어떠한 수속을 밟아야 하나요?[8]

그나마 이처럼 다달이 월급 받아 사는 봉급생활자 같으면 한 달간 쌓인 외상을 정리할 여지라도 있으니 어느 정도 해결의 실마리가 보인다. 그런데 농촌의 경우는 다르다. 하루 일과도 수입도 농사를 중심으로 돌아가니 보리 매상하는 봄이나 추수가 끝나는 가을이 되어야 수중에 현금이 들어온다. 그 때문에 가을걷이가 끝난 후 일 년 치 외상을 한꺼번에 갚는 게 일반적이란다. 그렇다고 수확이 끝나면 그동안 쌓인 외상을 모조리 받아낼 수 있느냐 하면 그것도 아니다.

> 액수가 조금만 불어나믄 사람들이 묘해. 갚으려는 심리가 아니여. 좀 모아지면 안 줘. 안 줄라 그래. 시간이 흘러부리믄 거의 띤 거여 띤 거. 첨에는 주라고도 해봤지. 그런디 주라고 해서 주는 것이 아니고, 절대 자기 마음에 우러나서 주는 것인디. 그렇게 조금 액수가 불어나믄 줄라고 생각을 안트라 그것이여. 이 사람들은 세월 가부리믄 무마돼부린다 그렇게 알고 있어.

이렇게 장시간 쌓인 외상값이 만만치 않게 불어나면 정작 주머니에 돈이 있어도 배 똑똑 긁어버리고 모른 척하는 사람도 있다. 〈해광상회〉 아저씨도 그런 일에 이골이 났는지 '외상은 마음에서 우러나야 주는 것'이라고 이야기할 정도다. 그렇게 떼인 돈이 많았기 때문에 구멍가게 주인은 외상에 예민하지 않을 수 없다. 그렇다고 못 받은 돈에 너무 얽매이다 보면 자기 속만 곪아 들어갈 뿐이니 가능하면 외상으로부터 멀찌감치 떨어져 있어야 한다고들 말한다.

영광 〈현순상회〉 아주머니는 외상에 대해 남다른 철학을 가지고 있다. 아주머니는 지나온 경험을 토대로 외상 손님의 유형을 넷으로 구분했다. 첫째는 말 안 해도 알아서 가져다주는 사람으로, 어느 날 불쑥 찾아와서

"우리 외상값 얼마 있지라?" 하며 갚고 간단다. 이런 사람만 있으면 외상 거래가 아무리 잦다 한들 무슨 걱정이겠는가. 둘째는 외상값이 얼마라고 말해주어야 갚는 사람이다. 외상값을 달라고 말하기까지 마음이 다소 불편하기는 하지만 그래도 별말 없이 갚아주니 큰 문제는 아니다. 셋째는 가져다줄 테니 걱정 말라고 번지르르하게 입으로만 갚는 스타일이다. 마지막으로, 이런저런 핑계를 대면서 계속 미루는 사람이다. 이런 사람이 외상을 제대로 갚을 리는 만무하다.

얼마나 신경을 쓰고 상처를 많이 받았으면 유형까지 두루 꿰고 있을까 싶은데, 아주머니는 의외로 외상에 집착하지 않았다. 일단 외상 때문에 손님과 대립하거나 싸우면 여러 가지로 손해란다. 그렇다고 떼일 것을 염려해 외상을 사절해서도 안 될 일이다. 한동네에서 계속 보고 살아야 하기 때문에 한번 엇나가서 껄끄럽게 지내느니 그냥 꾹 참고 져주는 편이 현명한 선택이라는 생각이다.

하지만 그렇게 인내하는 과정이 결코 편하지만은 않다. 안 갚은 외상이 많은데 또 외상을 달라고 하면 속이 탄다. 이전의 외상값을 받아야 하니 어쩔 수 없이 계속 줄 수밖에 없는데, 그러면 정말 언제 받을지 아득하단다. 더 골칫거리는 외상이 많으면서 굳이 다른 사람 술값까지 내주겠다고 나서는 경우다. 울며 겨자 먹기 식으로 장부에 달아는 놓지만 이마저도 못 받는 건 아닐까 심사가 편할 리 없다.

외상이 점점 쌓이면 외상을 하는 사람이나 주는 사람이나 불안하기는 마찬가지다. 결국 자잘한 외상값이 눈덩이처럼 불어나서 감당하기 벅찬 큰돈이 되면 가게 주인은 마음 접을 준비를 해야 한다. 적은 금액도 차일 피일 미루던 사람이 목돈을 갚을 리 없다는 걸 잘 알기 때문이다. 속이 쓰리기 시작하는 것도 바로 이때부터다. 문제 중에 문제, 외상 때문에 속상한 마음을 화순〈화림리 구멍가게〉할머니는 이렇게 표현하셨다.

속 써려 간이 다 녹아불 때가 쎘어라. 징허니 속상할 때 쎘지 참말로. 오장육보가 다 상하고.

어쩔 것이여 냅둬

—   이럴 수도 저럴 수도 없는 골치 아픈 외상 손님을 어떻게 대처해야 할까? 어이없게 들릴지 몰라도 대다수 구멍가게 주인은 그냥 내버려 둔다. 마땅히 받아야 할 돈인데 손해를 보면서까지 그렇게 쉽게 포기가 될까 싶다. 아마도 처음부터 그러진 않았을 것이다.

장성〈아곡상회〉아주머니는 초기에 외상값 달라는 소리를 못 해서 돈을 많이 떼였다고 한다. 그래서 큰맘 먹고 성격까지 바꿔가며 직선적으로 말해봤지만 별반 나아지는 것이 없었다. 그런 일이 반복되다 보니 어느 순간부터 차츰 단념하게 되었다고 한다. 한동네 사람끼리 큰소리로 싸울 수도 없고, 장사하는 입장에서 인심 사납다고 소문이 퍼지면 좋을 일도 없으니 그냥 포기하고 참는 편이 낫다고 생각한 것이다.

그런데 인내가 깊어지면 도가 트이는지 언제부턴가 스스로를 위로하는 방법을 찾게 되었다. 그런 사람은 어딜 가나 마찬가지라며 본성이 그러니 그냥 내버려 둔다거나, 잘 먹고 잘 살라며 털어버리는 게 보통이다.

정작 돈 떼인 사람은 편히 살아도 떼먹은 사람은 못 살더라며 남에게 해롭게 하면 절대로 잘될 수 없다고 목소리를 높이기도 한다. 〈연산상회〉 할머니는 한술 더 떠서 측은지심을 발휘해 쓰린 속을 달래기도 한다.

속도 상하지만 어쩔 것이여. 오히려 나만 못형게. 먹응갑다, 냅둬버려라. 넘 주는 세상이 좋제. 넘 주는 세상이 좋은 것이다. 내가 넘으 것 먹으믄 못쓰지마는 내가 주는 것은 좋다.

오죽이나 사는 게 어려우면 외상을 떼먹을까 싶다며, 형편이 어려운 사람에게 좋은 일 했다고 치는 것이다. 그런가 하면 속 쓰린 외상 경험이 삶을 바라보는 관점과 연결되기도 한다. 영암 〈모녀상회〉 아주머니가 그랬다.

- 조사자: 외상 하고 떼인 경우도 많이 있겠어요?
- 응. 내 돈 먹고 떨어진 사람들 꽉 차서 죽어불고. 여그 농사질 때 젊은 사람이 "고모, 고모" 하고 댕김시로, 많진 않지마는 멫만 원씩 내 돈 떼어먹은 놈도 많아요.
- 조사자: 외상 뗀 사람도 많은데 이득이 남습니까?
- 그래도 막 내가 엄펑덤펑 쓰지 않고 그냥 알뜰하게 쓰고. 사는 게 다 만족이 없어 사람이. 저 사람은 행복하겠다 그래도 그 사람도 딱 자기를 보면 한 가지 고민이 있고. 그라니 항상 즐겁게 살고 주어진 것을 행복하게, 만족하게 느끼면 돼.

못 받은 돈 때문에 손해를 볼 것 같지만 알뜰히 절약하면 다 살 만하더라며 현재에 만족할 줄 아는 게 제일이라고 스스로를 다독인다. 화순 〈운농수퍼〉 아주머니는 돈 문제가 사람을 얼마나 속상하게 하는 줄 알기 때문에 금전에 관한 한 남에게 손해를 끼치지 않으려고 철두철미하게 처신한다고 하니, 타인의 잘못된 행동을 거울삼아 더욱 올바르게 살려고 노력하는 경우라 하겠다.

사실 이러한 마음은 외상 때문에 스트레스를 받지 않으려고 의도적으로 고안해낸 일종의 자기 위로 장치로 보인다. 그렇게 해도 마음이 잘 다스려지지 않으면 장흥 〈문흥수퍼〉 아저씨처럼 외상장부를 태워버리는 가시적인 행동으로 이어지기도 한다.

어차피 받지 못할 거 디다보믄 뭐 할 거야. 눈에 안 보이믄 괜찮거든. 다 태워부러. 일 년 지나갖고 받을 수 있는 것만 받고 없애부려야지 돈 만 원 이만 원 적어진 것 보믄 속상하잖아. 기억도 못 하는 거 싹 버려부러. 그래야 새 맛으로 하지. 장부란 것이 없어야 못 느끼지.

눈에 보이면 못 받은 돈이 아쉽고 혹시라도 받을 수 있을까 미련이 남아서 아예 없애버리는 편이 상책이라는 것이다. 없어야 비로소 포기가 된다고 되뇌는 말들은 오장육부가 녹아내릴 만큼의 속병을 겪고 터득한 지혜이자, 속 쓰린 세월이 만들어준 자가 치유 방식인 셈이다.

이렇게 분노와 자기 위안을 반복하면서 외상과의 숱한 싸움 끝에 집약된 한마디가 바로 '어쩌겠어요'다. 구멍가게에서 외상은 이럴 수도 저럴 수도 없는, 그야말로 어쩔 수 없는 것이다. 그런데 곰곰이 생각해보면 이

'어쩔 수 없다'는 말은 꼭 외상에만 해당하지는 않는 듯하다. 구멍가게에서 만난 아주머니들의 삶 자체가 대개 이 '어쩔 수 없음'으로 관철되어 있기 때문이다. 어쩔 수 없이 구멍가게를 하게 됐고, 어쩔 수 없어서 그만둘수 없었고, 어쩔 수 없이 이렇게 살아가고 있다는.

〈현순상회〉 아주머니도 마찬가지였다. 무덤덤하게 말하는 "포기하면 편안해요"라는 말이 묘한 울림을 주었다. 이 아주머니는 특이하게도 가게를 두 번 시작했다. 처음에는 남편의 권유로 다 쓰러져가는 허름한 가게를 인수해서 장사를 시작했다. 〈현순상회〉가 속해 있는 마을은 인근에 염전과 김 양식장이 많아서 한때 유동인구가 상당했었다. 남편은 김 양식을 하고 아주머니는 가게를 하며 안팎으로 벌다 보니 크게 부족한 것이 없어서 손님들에게 인심도 후했다. 특히나 공짜로 제공되는 술안주가 푸짐해서 모여드는 사람이 많았다.

그렇게 한 데는 남편의 영향이 컸다. 워낙에 호탕하고 놀기 좋아하는 남편은 양식장 일이 끝나면 친구들 한 무리를 가게로 몰고 와서 술 마시고 노는 게 일과였다고 한다. 그렇게 해도 밥 먹고 사는 데 지장이 없었기 때문에 누구든 가게에 오면 후하게 대접하고 싶었다. 그게 다 내 주머니에서 나가는 돈인데, 그때는 전혀 아깝다는 생각 없이 그저 퍼주는 것이 정이라고만 생각했단다.

문제는 남편이 병으로 세상을 떠나고 난 다음이었다. 오 년간 병원비며 약값을 대고 수발을 드느라 가게를 접고 밖으로 일하러 다녀야 했는데, 남편이 죽고 나니 수중에 돈 한 푼 없이 아이들과 아주머니만 덩그러니 남게 되었다. 그때 다시 가게를 시작했다. 그것은 정말이지 어쩔 수 없는 선택이었다. '애기들 밥은 굶기지 않겠지'라는 생각이 이유의 전부였다.

아이들을 돌보면서 여자 혼자 할 수 있는 일로 가게만 한 게 없었던 것이다. 다행히 남편이 생전에 인심을 얻은 덕분에 주변에서 십시일반 도움을 주어서 가게를 다시 차릴 수 있었다. 결국 아저씨는 아주머니에게 가게를 두 번 차려준 셈이다. 한 번은 살아서, 또 한 번은 세상을 떠나서.

그러나 생각만큼 장사가 잘되지 않았다. 그마나 수요가 있는 술을 팔아야 수입이 좀 될 텐데 남편이 없는 가게에서 술꾼들을 상대하며 술을 팔기는 말처럼 쉽지 않았다. 그래서 불안한 마음을 달래려고 교회를 다녔고 그러면서부터는 술탁자도 아예 치워버렸다고 한다. 수입이 많이 줄어들었지만 그 역시 어쩔 수 없는 선택이었다. 가뜩이나 장사가 안되는 상황에서 외상값은 금액이 적어도 무척 아까울 수밖에 없을 텐데, 이것도 어쩔 수 없는 일이다. 그렇게 어쩔 수 없어서 포기할 것은 포기하고 나니까 오히려 마음이 편해졌다고 한다. 아주머니에게는 구멍가게도 그렇지만, 인생 자체가 내려놓는 법을 배워가는 과정이었다.

이렇게 어쩔 수 없이 포기해야 하는 외상의 의미를 정확하게 포착해준 분이 〈아곡상회〉의 아주머니였다.

앞으로 남고 뒤로 밑지는 게 그거잖아.

구멍가게와 외상의 관계를 이보다 더 잘 표현하는 말은 없을 것 같다. 물건을 팔았으니 뭔가 이문이 많이 남는 것처럼 보이지만 외상이라는 건 결국은 밑지는 장사라는 말이다. 겉으로는 남고 속으로는 밑지는 것, 하지만 어쩔 수 없이 받아들여야 하는 것. 이것이 바로 구멍가게가 말하는 외상의 실체다.

애증의 화투판

—   지루한 무더위가 끝 모르게 이어지던 칠월, 여수의 〈명수
점방〉은 그보다 더한 열기로 가게 안이 후끈했다. 온 동네 아주머니들이
죄다 모인 듯 어찌나 시끌벅적한지 누가 와서 물건을 집어 가도 모를 판
이다. 무슨 재미난 일인가 했더니 커다란 평상에 둘러앉아 화투놀이를 벌
이고 있었다. 너도나도 목소리를 높여 훈수를 두는데, 돈을 따느냐 잃느
냐가 중요한 게 아니라 흥미진진해지는 판 자체가 관심사인 것 같았다.
십 원짜리 동전이 굴러다니는 〈명수점방〉의 화투판은 어느 모로 보나 그
저 마을 아주머니들의 재미난 놀이판이다.

화투의 인기가 어디 〈명수점방〉에서뿐일까. 어딜 가든 구멍가게 안팎
에서 펼쳐지던 추억의 한 장면으로 화투판을 꼽는 사람이 많다. 날 좋을
때는 가게 앞 평상에서, 바람 찬 겨울에는 하나밖에 없는 가겟방을 차지
하고 앉아서 화투판을 벌였다. 〈명수점방〉처럼 왁자한 분위기 속에 한바
탕 기분 전환으로 끝나면 좋을 텐데, 모두가 그렇지만은 않았다. 놀이를
말 그대로 놀이로 즐길 때는 그보다 더한 재미가 없는데, 돈이 끼어들고
승부욕이 과해지면 노름판으로 번지기 일쑤여서 각종 사건 사고를 낳기
도 했으니 말이다.

1960년 12월 27일자 《동아일보》에는 특수강도 혐의로 군인 다섯 명
이 붙잡혔다는 기사가 실렸는데, 이 일당이 강도짓을 한 곳이 바로 구멍가
게의 화투판이었다.⁹ 화투판의 규모가 대단하지도 않았다. 가게 주인이 고
작 세 친구와 화투를 쳤으니 판돈이라고 해봤자 별 게 아니었을 것이다.
그럼에도 강도들이 구멍가게를 노린 것은 그만큼 현금이 오가는 화투판

이 일상의 유행처럼 번졌고, 구멍가게
가 예사롭지 않은 장소 중 하나였음을
말해준다.

그런가 하면 《경향신문》 1972년 1월
18일자 에는 대전의 한 마을에서 추진
한 마을정화사업 기사가 실렸다. 그 마
을에서 첫 번째 한 일이 구멍가게에서
파는 화투를 모두 사 들여 화형식을 치
르는 것이었다.[10] 대단한 각오를 표현하
기 위해 공공연하게 화형식까지 동원한
이 행사는 그만큼 화투가 심각한 사회
문제였음을 시사한다.[11] 당시 새마을 운

화투 화형식(《동아일보》 1972년
2월 21일자).

동의 여파로 사회 쇄신 분위기가 조장되면서 화투가 미풍양속을 저해하
는 폐습이라며 퇴출하자는 움직임이 일어나는데, 특히 농한기에 벌어지
는 화투판을 걱정스러운 눈길로 주시했다.[12] 한창 열심히 일해야 할 시기
에 한가롭게 노는 것도 문제지만, 판돈이 커지고 속임수를 쓰는 노름꾼까
지 가세해서 크고 작은 범죄 현장으로 전락하곤 했기 때문이다.

장흥 〈하꼬방 가게〉에서 벌어지던 화투판은 아마도 그러한 광경을 대
변하지 않을까 싶다. 한때 이 가게는 가난한 사람들의 최고 유흥장이자
최후의 비빌 언덕이었다고 한다. 워낙에 없이 살던 시절이라 남의 집을
전전하며 하루 벌어 하루 먹고사는 사람이 많았는데, 그 와중에도 돈만
생기면 모여 앉아 화투를 쳤단다. 화투깨나 만져본 사람은 죄다 이 가게
에 모여들 정도로 유명해서 한때는 걷잡을 수 없이 판이 커지고 타짜까지

끼어들어 위험한 노름판으로 번지기도 했다고 한다.

　나주 〈이화상회〉도 타짜 때문에 큰일 날 뻔한 적이 있었다. 여느 때처럼 마을사람들이 모여 앉아 화투놀이를 하던 어느 날, 낯선 외지인이 끼어 들어 사기를 치려고 했던 것이다. 이상한 낌새를 눈치채고 타짜를 잡아낸 사람은 〈이화상회〉 주인아저씨였다.

　그눔이 화토를 금방 났는디 내가 딱 봉게 우리 화토 색깔하고 약간 차이가 있는 거 같애. "잠깐!" 그르니까는 고놈이 "왜요?" 그래. 내가 왜 스톱허라 했냐믄 화투 색깔이 틀리다. 그니께 돈 잃은 놈들이 이 새끼 죽인다고 그랴. 그서 "그럴 필요 없다, 왜냐면 이 사람이 한번 그 화토를 해서 둘려먹었다 그르믄 이해가 간디 인자 처음 패서 아직 안 둘려먹었응께 그 화토를 이리 내고, 다시 헐라므는 화토를 새것을 갖다 주고 글안으믄 느그는 그냥 가그라" 그랬드니 내 말을 들어봉게 다 맞그든. 그름 그 화토를 내노라 항께 그것이 목화토여. 즈그는 다 알은 화투그든. 딱 압수를 해놓고 내가 새거 화토를 갖다줬어. 딱 논디 둘려먹들 못허지 인자. 그라니께 그 기술자라고 헌 놈이 십 원도 없이 싹 잃어부렀어. 갈 여비도 없이 잃어부렀어.

　아저씨는 이런 사람을 기술자라고 했다. 화려한 손기술을 써서 전문적으로 사기 화투를 치는 꾼들이 순박한 시골마을을 한바탕 헤집어놓고 가기 일쑤였던 것이다. 그렇게 돈이 걸린 화투판이 얼마나 대단했던지 이 동네에는 노름으로 하룻밤에 논밭을 다 잃고 도시로 떠난 사람도 있었다

고 한다. 사정이 그러하니 화형
식이라는 거창한 의식을 치르
면서까지 비생산적인 범죄의
온상인 화투를 뿌리 뽑으려 했
던 것이다. 이렇게 가시적인 행
동들이 어느 정도 효과가 있었
는지 농촌에서의 화투판은 잠
시 수그러드는 모양새를 보였
다. 그러나 태워버린다고 쉽게
사라질 화투가 아니었다.

주부도박의 심각성을 꼬집은 만평(《동아일
보》1974년 3월 29일자).

　1970년대 중반 이래로 도시에서는 주부도박이 심각한 사회문제로 대
두된다.[13] 밤마다 이웃집에 고스톱 치러 가는 아내를 남편이 말다툼 끝
에 흉기로 찔러 살해한 사건이 벌어졌을 정도다.[14] 주부들의 도박 바람이
오죽이나 심했으면 신문에 "우리 엄마한텐 화투 팔지 마세요"라는 제목
의 만평이 실리기도 했다.[15] 또 상해 사건과 별도로 사기도박, 무허가 화
투 제조 등 새로운 국면의 범죄가 생겨나더니[16] 농촌에서마저 다시금 노
름판이 고개를 들기 시작했다. 특수강도, 화형식, 살인사건 등 무시무시한
단어를 동반하던 화투는 1960년대부터 1980년대까지 그렇게 사회적인
논란의 한 중심에 있었다.

　한때는 화투를 '망국병'[17]이라고 칭하면서 더욱 강력하게 화투와의 한
판 전쟁을 선포하기도 했다. 개화기에 일본에서 처음 들어왔으며[18] 일제
강점기에 중우정치의 일환으로 의도적으로 퍼뜨렸다는 등, 특히 국적 문
제를 제기해서 화투의 부정적인 측면을 부각시켰다.[19] 우리 고유의 전통

놀이가 많은데 굳이 화투를 쳐야 할 이유가 없다며 설날과 추석 무렵이면 어김없이 이러한 논란을 반복했다. 하지만 이도 저도 별 효과가 없자 아예 화투를 우리 식대로 바꾸어 '우리화투'를 만들자는 대안이 나오는가 하면,[20] 화투를 대신할 건전한 놀이문화를 거듭 제안하기도 했다.[21]

그러고 보면 우리의 근대 놀이문화에서 화투만큼 말도 많고 탈도 많았던 것도 없을 것이다. 바로 그런 화투의 역사와 줄곧 함께했던 장소가 구멍가게다. 언제든 아무라도 자연스럽게 모일 수 있는 곳이었기 때문이다. 또 여러 명이 모여 앉아 화투를 칠 수 있는 여유 공간도 있었다. 대놓고 오가는 사람을 붙잡는 가게 앞 평상이 그렇고, 안쪽에 딸린 가겟방이 그랬다. 시골마을에서는 특히나 가겟방에서 농한기 내내 화투판이 벌어지기 일쑤였다. 그도 그럴 것이 구멍가게에는 항상 화투가 구비되어 있었고 놀이판이 지루해지거나 분위기를 띄울 필요가 있을 때 곧바로 술 한잔할 수 있는 주막이 겸비되어 있으며, 사정에 따라 멤버를 교체할 수 있는 잉여 놀이꾼들이 대기하고 있었기 때문이다. 그래서일까, 구멍가게에는 화투와 관련된 다양한 기억이 많다.

강진 〈랑동가게〉에는 여느 가게와 달리 특이하게 방이 두 칸 있다. 그중 하나는 겨울이면 마을사람들이 모여 앉아 화투를 치던 소위 '화투방'인데, 이 방은 물건이 진열되어 있는 매장 가까이에 붙어 있다. 그 방을 가로질러 들어가면 온전히 가게 식구들의 살림을 책임지는 또 하나의 방이 있다. 여기에서 주인할머니는 삼남매를 키웠다. 방 두 개가 안쪽으로 깊숙이 이어지다 보니 아이들이 자기 방으로 가려면 반드시 화투방을 거쳐야 했다. 하루가 멀다 하고 들려오는 "고!", "스톱!" 소리를 자장가 삼아 잠들고 왁자지껄 웃고 떠드는 분위기 속에서 공부했지만, 삼남매는 남부럽지 않게 잘 자랐다. 남들 못지않게 자식들 뒷바라지하려면 그렇게라도 손님을 확보해서 한 푼이라도 더 벌어야 했다.

장성 〈달성상회〉 아주머니도 화투판 덕을 톡톡히 본 적이 있다고 한다. 초창기 면사무소 옆에서 장사할 때는 퇴근 후에 화투 치러 오는 직원들이 많았다. 자발적으로 고리를 뜯어주는 것도 재미가 쏠쏠했지만, 그렇게 고정 손님이 확보되어서 가게에 활기가 생긴 것이 더 좋았다고 한다. 기본적인 매출이 보장되는 단골 확보가 중요한 상황에서 〈달성상회〉는 화투를 매개로 이중 삼중으로 재미를 볼 수 있었던 것이다.

화투판으로 명성이 자자했던 장흥 〈하꼬방 가게〉는 판돈에 이성을 잃은 사람들 때문에 자칫 위태로운 현장이 되기도 했지만 주인할머니의 온정만은 살아 있었다. 한바탕 화려한 불꽃놀이가 끝나면 타고 남은 재만 뚝뚝 떨어지듯, 노름판이 끝나면 차마 내칠 수 없는 딱한 처지들이 속속 남겨졌다. 할머니는 가진 돈 다 털리고 갈 곳 없는 사람들을 몇 날 며칠이고 거둬 먹이곤 했단다. 위태로운 난장의 이면에 그런 저릿한 기억도 얽혀 있어서 소굴같이 좁디좁은 〈하꼬방 가게〉에는 아직도 그날의 화투판을 추억하는 사람들이 끊이지 않는다. 물론 이제 화투는 없지만.

이렇게 구멍가게는 화투판을 둘러싸고 크고 작은 돈에 얽혀 울고 웃던 시간을 함께하며 고단한 일상의 놀이터가 되기도, 위험천만한 도박장이 되기도 했다. 어느 쪽이든 그 속에서 나름의 방식으로 자기 삶을 꾸려갔으니, 동전의 양면처럼 화투판도 구멍가게 식구들에게는 완전히 부정적이지만은 않았던 것 같다.

놀이와 노름 사이

―   화투가 유입되어 구멍가게의 놀이판을 주름잡기 전에는 윷놀이가 있었다. 윷놀이의 인기가 얼마나 대단했으면 신문 광고란에 '윷놀이에 OB맥주'라는 문구를 내걸 정도였다.

여수 소라면 〈담배집〉에는 유독 윷놀이를 사랑하는 단골손님이 하나 있다. 오늘만 해도 벌써 세 번째 들락거리며 술참 중이라는데, 이 가게에 얽힌 이야기를 해달라고 했더니 대번에 윷놀이를 떠올린다. 요즘은 윷판을 펼치는 일이 드물지만 예전에는 모였다 하면 술 내기, 돈 따먹기로 시간 가는 줄 몰랐다고 한다. 그 시절의 향수가 밀려오는지 주변 사람들에게 자꾸 맥주 내기 한판 하자고 조른다. 아저씨의 실감 나는 이야기 덕에 잊고 지냈던 추억이 되살아나서였을까. 모두들 오랜만에 윷 한판 놀아보자며 가게 뒷마당으로 자리를 옮겼다.

예전만큼은 아니지만 지금도 사람이 많이 모이면 이곳에서 가끔 윷을 논다고 한다. 그 말을 증명이라도 하듯 마당 한쪽에 멍석으로 만든 윷판이 돌돌 말려 있었다. 윷판의 크기가 엄청 커서 마당 전체를 덮을 정도인

1965년 1월 27일자 《경향신문》에 실린 맥주 광고.

데 가운데에 말판도 표시되어 있어서 윷놀이 전용으로 만든 티가 난다. 윷판의 말은 구멍가게답게 소주 뚜껑을 사용한다. 윷은 익히 보아온 것과 달리 나무를 작게 잘라 만든 미니 윷이다. 알밤처럼 작다고 해서 '밤윷'이라고 부른단다. 윷을 던지는 방식도 생소하다. 작은 종지 안에 윷을 담은 뒤 손바닥 위에 뒤집어놓고 흔들다가 허공에 대고 냅다 던진다. 날아오르는 윷과 함께 터져 나오는 아저씨들의 추임새가 흥을 돋우고, 말판을 어떻게 쓸까를 두고 입씨름하는 모습도 놀이판에 신명을 더한다.

이렇게 한가로운 오후의 흥취로만 끝난다면야 무슨 문제일까. 화투판과 마찬가지로 내기가 과열되고 눈앞에서 목돈이 왔다 갔다 하면 그때부터 윷놀이도 더는 놀이가 아니게 된다. 여수 율촌면 〈담배집〉에는 그렇듯 위태로운 윷판을 기억하는 아저씨가 있었다. 이 가게의 윷판은 근방에서 규모가 가장 컸는데, 농한기가 되면 거의 매일 살벌한 윷판이 벌어졌다고 한다. 판이 커지면 십만 원까지 돈을 거는데 많이 따 가는 사람은 한 번에 백만 원도 쓸어 갔다고 하니, 그때는 이미 놀이의 차원을 벗어났다. 돈을 잃으면 마음은 두 배로 상하는 법이라 윷판을 접을 시점에는 별의별 꼬투리를 다 잡아 싸움이 벌어지곤 했단다.

– 옛날엔 윷이여 전부 다. 화투를 안 잡고.
– 조사자: 그럼 농한기 때는 거의 매일?
– 매일 허다시피 했지.
– 조사자: 그러면 여기도 장사가 엄청 잘됐겠네요?
– 그러지.
– 조사자: 그럼 윷놀이는 어떻게 합니까? 내기?

여수 소라면 담배집 뒷마당에서 벌어진 윷놀이.

- 내기하는 것이지. 제일 첫째로 천 원짜리 허다가 만 원짜리, 십
  만 원짜리 막. 그냥 일대일로. 묻어놓고 이긴 놈이 가지가는
  거여. 그믄 거기서 대라 나오잖아. 대라라고 알랑가 몰라. 그
  런 것이 나오믄 그놈 갖고 술을 먹고. 큰 판도 있고 그래요. 그
  래서 쌈도 많이 허고. 뜯긴 사람허고 딴 사람허고 개피를 안
  준다고 또 싸우고. 또 애수했다고 싸우고. 뭐 던져갖고 애수했
  다고 싸우고. 말꾼이 잘못 섰다고 싸우고. 싸움이 여러 가지
  지. 재밌는 동네라 요 동네가.

이렇게 평상시에도 문제였지만 수중에 큰돈이 들어오는 날은 여지없
이 빨간 경고등이 켜졌다. 추곡수매 하는 날이 그랬다. 고된 농사도 끝났

고 기분 좋게 돈도 벌었으니 이날은 마을가게에 모여 거하게 한잔하지 않을 수 없다. 이 무렵이면 내기 윷놀이를 하다가 추수한 돈을 몽땅 털리기도 했는데, 이 아저씨도 그런 경험이 있다.

그때 경운기 한 대가 백이십만 원인데. 그 당시는 경운기가 귀했어요. 인자 막 나올 때라. 이른 큰 동네도 한두 대 있을까 말까 그래. 근디 동네 칠십 가마니를 한 경운기다 다 싣고 와서 매상을 딱 헌 거여. 매상헌 날은 무조건 딱 벌어지는 날이여. 그믄 동네 사람들이 요리 앉아서 놀고 있으믄서 "어이 자네 와서 놀아부소" 하믄서, 내가 돈 많은 줄 알고 놀아부소 그믄 같이 노는 거야. 한 사십만 원 땄어 처음에는. 아이 나중에 술을 한잔 묵고, 묵고 함께는 술기가 오릉게 다 뺏겨분 거여. 말구녕도 못 보고 어쯔고 헝게 즈그들이 회수를 해분 거여. 말구녕을 못 써붕게 어쩔 거여. 맨날 져. 막 경운기까지 다 잽혀묵지.

처음 돈을 딸 때는 좋았는데, 술에 취해 말을 자꾸 잘못 놓다 보니 엉망이 된 것이다. 결국 일 년 동안 고생스럽게 농사지어 번 돈을 몽땅 날리고 타고 간 경운기까지 잡혀먹었지만 누구를 탓하겠는가. 아저씨는 비할 바 없이 쓰린 속을 술로 달랠 수밖에 없었다.

챙피시렁게 말 못 허지. 집이 갈 때까지 술집을, 우리 집이를 갈라믄 술집이 한 서너 가지 돼. 술집마다 가서 술을 묵고 우리 집이를 간 사람이여.

돈 잃은 사람이 이 아저씨처럼 저 혼자 마음을 달래고 체념하면 그나마 다행이다. 심심풀이로 시작한 윷놀이가 커져서 술이 들어가고 돈이 오가고 사람들이 이성을 잃어버리면, 말다툼 끝에 몸싸움이 더해져 충동적인 상해로 이어지기도 하고[22] 윷판이 마을 간의 패싸움 현장으로 바뀌기도 했다.[23]

한때 구멍가게에 폭풍처럼 불어닥친 노름판은 이제 거의 사라졌다고들 한다. 그럼에도 화투나 윷놀이를 떠올리면 여전히 위태로운 노름판이 연상되니, 눈먼 돈을 찾아 구멍가게 노름판에 떠다니던 헛된 탐욕이 얼마나 강렬한 인상으로 남아 있는지 짐작할 만하다.

긍게 여자도 강하믄 다 그러고 살아, 남자 지지 않애

> ──   우리 집 아저씨가 노름만 허고 댕겼어. 노름이 뭐여.
> 화토, 화토.

장성 〈삼태상회〉 할머니의 평생을 고단하게 만든 건 남편의 노름벽이었다. 나주에서 나고 자란 할머니는 광주 소재 전남방직에 다니던 꿈 많은 직장여성이었다. 같은 회사 동료였던 시누이의 소개로 스물넷에 남편을 만났는데, 신랑감이 돈도 잘 벌고 결혼하면 광주로 나가 살 거라기에 기대가 컸다. 하지만 막상 식을 올리고 보니 현실은 영 딴판이었다. 이왕 맺은 인연을 어쩌겠는가 싶어 그 길로 장성 땅에 주저앉아 살림을 꾸렸고, 일흔셋이 되도록 그 자리를 떠나지 못하고 있다.

예전에는 중매쟁이의 달콤한 거짓말에 속아서 결혼하는 일이 다반사였기 때문에 거기까지만 해도 참고 넘어갈 만했다. 진짜 문제는 그다음부터였다. 신혼 때부터 남편의 노름 본능이 슬슬 드러나기 시작하더니 서른 무렵 가게를 시작하면서부터는 절정으로 치달았다. 그도 그럴 것이 시골 구멍가게가 모여서 화투 치기에 딱 좋은 장소 아니던가. 끊고 싶어도 눈앞에서 오가는 화투장을 보면 참을 수 없었을 것이다. 매일 벌어지다시피 하는 화투판에 끼어 앉다 보니 집안에 돈 남아날 날이 없었다.

남편이 노름에 탐닉하는 사이 할머니는 생계를 위해 두 팔을 걷어붙여야 했다. 새벽 다섯 시면 논에 나가 일하다가 아홉 시쯤 돌아와 가게 문을 열고 장사를 시작했다. 속 모르는 사람들은 팔자 편하게 가게에 앉아서 논다고들 했지만, 할머니는 허투루 낭비하는 시간 없이 하루 24시간을 알뜰히 쪼개 쓰며 일만 했다. 하지만 밑 빠진 독에 물 붓는 격으로 허리 한번 제대로 못 펴고 고생해서 벌어다 놓으면 노름판에 그대로 갖다 바치는 게 남편의 일이었다.

한두 번도 아니고 그런 일이 번번이 이어지자 더는 참고 살 수 없다는 생각이 들었다. 아들 셋 중 막내가 막 돌을 지날 무렵, 남편 때문에 어찌나 속이 상하던지 그 순간에는 어린 아이들도 눈에 들어오지 않았단다. 도저히 못 살겠다 싶어 모진 마음을 먹고 집을 나가버린 것이다. 그러나 단호하게 내디딘 발걸음은 얼마 못 가 무너지고 말았다.

버스 타고 갔는디, 버스 탈 때부터 눈물이 막 쏟아져. 그래갖고 못 가졌드라고.

큰맘 먹고 버스까지 잡아탔지만 가게에서 멀어질수록 갓 돌 지난 막내가 자꾸만 눈에 밟혔다. 결국 남편에 대한 원망은 어디론가 사라지고 엄마 없이 고생할 어린 아이들만 마음에 남아서 몇 정거장 못 가고 버스에서 내릴 수밖에 없었다. 마침 근처가 형님이 사는 동네라 거기에서 하룻밤 묵고 이튿날 집으로 들어갔다. 가서 보니 남편은 새벽닭이 울도록 화투장을 쥐고 있었는데, 밤새 부인이 나갔는지 어쩼는지 전혀 모르는 눈치더란다. 남편은 그렇게 평생 화투에 재미를 붙이고 살다가 일찌감치 세상을 떠났다.

　남편이 떠난 자리에 남은 건 노름빚뿐이었다. 그때부터 구멍가게를 통한 '빚 청산 프로젝트'가 시작되었다.

　　내가 요 가게 문을 평생 잠그들 못하고 산 사람이여. 어디 잔칫집 있어도 못 가. 요놈 가게 문 잠그고 가야 항께. 오직 요 가게만 보고 평생을 살았어.

　할머니는 하루도 문 닫는 날 없이 누구보다도 성실하게 가게를 지키며 장사했다. 가게 일만이 아니다. 〈삼태상회〉 외상장부에서 보았듯이 돈 되는 것이면 무슨 일이든 마다하지 않았다. 남의 집 감자씨도 심어주고 무 밭도 매어주며 열심히 일했다. 화투판에 갖다 바치는 사람이 없으니 버는 족족 돈이 모였다. 오랜 시간이 걸리긴 했지만 한 푼 두 푼 갚다 보니 태산같이 느껴졌던 빚도 어느새 털어버릴 수 있었다. 그 사이 아들들이 장성해서 가정을 이루었고 이제 막내만 보내면 내 할 일은 끝이란다. 갚아야 할 빚도 없고 농협이며 우체국에 저축통장도 있으니 이제는 살 만한 내 세상이라며 활짝 웃으신다. 그러면서 강단 있는 표정으로 한 말씀 덧붙이신다.

긍께 여자도 강하믄 다 그러고 사는 거야. 남자 지지 않애.

슬픔도 힘이 된다고 어느 소설가는 말했다. 할머니를 보고 있노라면 정말로 인생의 시련은 사람을 강하게 만드는 힘이 있는 것 같다. 물론 그것을 잘 극복할 경우에 말이다.

남편의 노름 때문이긴 하지만 할머니는 평생을 돈 때문에 울고 웃었다. 할머니에게 돈은 단순히 물질적인 의미만이 아니었다. 부부간의 신뢰이기도 하고 자식들의 미래이기도 하며, 자신이 처한 현실이기도 했다. 그리고 아이러니하게도 그 '돈'이란 것은 험난한 인생을 살아내는 동안 스스로를 단련시키는 원동력이기도 했다. 돌고 도는 돈과 함께 할머니의 인생도 돌고 돌아 여기까지 왔다. 가진 것 하나 없는 여린 홀어머니가 가혹한 노름빚에서 살아남는 법, 그것은 체념과 포기가 아닌 강인한 생활력이었다. 할머니 말씀처럼 거기에는 여자도, 남자도 없었다.

구멍가게와 셈

해가 다르게 모양 좋고 기능이 개선된 신제품이 나와도 구멍가게에서는 쓰던 물건을 쉽게 바꾸지 않는다. 눈에 익고 손에 붙어서이기도 하지만, 처음 가게 문을 열면서부터 지금까지 삶의 고락을 함께해온 동지의식이 있어서다. 그렇게 수십 년간 있어온 그대로 곁에 두고 지나온 삶의 편린인 양 종종 들여다보곤 하는 것이다.

그중에서도 유독 우리의 눈길을 끌었던 것은 해남 〈해성슈퍼〉 할머니가 꺼내 오신 오래된 나무 주판이었다.

핑장헌 거 한번 보여드리까? 요런 것도 있어. 그랗게 여그다 놔두므는 아그들이 보고 우~와 우~와 해. 요렇게 요렇게 해갖고 뭐 이천삼백 원, 오천오백 원 이렇게 놓제. 그라고 인제 전자계산기 있응게 안 허고 그냥 놔두믄 사람들 보고 가. 오래돼갖고. 장사 막 시작함시로 헌 것인데.

재미있는 물건을 보여주겠다며 들고 나온 주판은 익히 보아온 것과는 좀 달랐다. 빛바랜 나무틀도 그렇거니와 얼핏 봐도 보통의 주판보다 가로는 더 짧고 세로는 더 긴 데다, 한 줄에 주판알이 여섯 개로 하나가 더 많았다.

주판은 조선시대에 중국에서 들어왔지만 상업을 경시하고 셈을 정확히 따지지 않는 당시의 관념 때문에 널리 보급되지 못했다. 당

해성슈퍼의 오래된
나무 주판.

시의 주판알은 위에 두 개, 아래 다섯 개였다. 이것이 임진왜란 때
우리나라를 통해 일본으로 전래되면서 위에 한 알, 아래 네 알(혹
은 다섯 알)로 바뀌어 1932년에 거꾸로 우리나라에 들어왔다고 한
다. 1920년 조선주산보급회가 설립되고 이후 주판셈이 활발히 보
급되면서 1930년대 이후로는 일본식 개량주판을 주로 사용했다.[1]
  할머니가 가게를 시작한 지 사십오 년이 되었다고 했으니 이 주
판의 나이도 최소한 사십오 세, 그러니까 1970년대 초중반쯤으로
거슬러 올라갈 것이다. 전자계산기가 나오기 전까지 주판은 〈해성
슈퍼〉의 셈을 도맡았다. 주판알이 바쁘게 튕겨질 때마다 돈 들어
오는 소리에 할머니 마음이 얼마나 신났을까?
  가게가 번창하던 시절에는 무엇보다도 빠르고 정확한 셈이 중
요했을 것이다. 상당수 구멍가게들이 한창 주판을 사용하던 시절
이 있었다고 이야기하는 걸 보면 손님도 많았거니와, 주판셈이 필
요할 만큼 한꺼번에 여러 가지 물건을 구매하는 경우도 많았던 것
같다. 하지만 전자계산기가 등장하면서 주판은 서서히 뒷자리로
밀려났다. 온종일 가게를 지켜봐야 열 손가락 안에 꼽을 정도로 손
님이 뜸한 요즘에는 전자계산기마저도 주판과 다를 바 없는 신세
가 되고 말았다.

금성슈퍼의 철제 금고(왼쪽)와 제 기능을 잃고 방치된 음식점상회의 금고(오른쪽).

구멍가게의 전성기에 주판과 함께했던 것이 바로 금고다. 나주 〈금성슈퍼〉에는 지금도 사용 중인 녹슨 철제 금고가 있는데, 동전 과 지폐를 단위별로 구분해서 보관할 수 있도록 칸칸이 나뉘어 있 다. 단단한 쇠로 만들어진 데다 눈금을 돌려서 비밀번호를 맞추어 야 열리는 잠금장치까지 있으니 그야말로 철통보안이다. 이 금고 를 '돈 궤짝'이라고 부르는 할머니는 처음 가게를 시작할 때 구입 해서 지금까지 한 번도 고장 난 적이 없다며 자못 뿌듯해하신다.

지금은 구멍가게에서 금고를 찾는 일이 쉽지 않다. 더러 금고가 남아 있어도 한구석에 방치되어 있거나 푼돈 정도를 넣어두는 용 도로 그 기능이 급격히 떨어졌다. 마을의 인구가 줄어들고 장사도 시원치 않아 거창하게 금고까지 쓸 필요가 없는 것이다.

해남 〈고담상회〉에는 이십일 년 된 고풍스러운 나무 금고가 있

고담상회의 나무 금고.

다. 재질의 특성상 외관에서부터 범상치 않은 아우라가 느껴지는데, 뚜껑을 들어 올리면 반질반질 닳아빠진 칸막이가 예상대로 묵은 세월을 쿰쿰 뿜어낸다. 여기에는 오로지 동전이 담겨 있다. 금액이 좀 나가는 지폐는 따로 보관하고 이 나무 금고는 거스름용 동전통으로만 사용한단다.

동전통으로 말할 것 같으면 가게마다 종류도 다양한데, 몸에 밴 검약 정신만은 공통적이다. 하나같이 상품 용기를 재활용하고 있다. 약통, 분유통, 참치캔 등에 동전을 담아두는가 하면, 쓸모없어진 플라스틱통이나 두부 용기를 활용하기도 한다. 지금은 사라지고 없는 오양참치 캔과 서울분유 통은 그 자체만으로 가게의 역사를 말해주는 것 같아서 내심 반갑다. 자고 나면 쏟아지는 게 상품 용기인데 언제 적부터 써왔는지 알 수 없는, 찌그러지고 녹슨 깡통을 고수하는 모습에서 때로 경이로움마저 느껴진다.

구멍가게의 다양한 동전통.

12장

구멍가게에서 찾은 삶의 무늬

살아온 일을 생각하믄
아실아실해

— 살아온 일을 생각하믄 참말로 아실아실해.

참 소스라치게 놀랐다. 삶은 항상 위태로울 수 있다는 사실을 새삼 깨달은 것도 아닌데 할머니의 이 말은 묘하게 큰 울림을 주었다. 화순 〈화림리 구멍가게〉는 기찻길 옆에 자리한 조그마한 가게다. 겨울 볕이 제법 환한 대낮임에도 가게 안은 전깃불을 켜지 않으면 아무것도 보이지 않을 만큼 어두침침했다. 시커먼 굴속 같은 그 공간에서 허리가 구십 도로 굽은 할

화림리 구멍가게.

머니 한 분이 우리를 맞았다. 눈앞에 보이는 것만으로도 벌써 마음이 묵직한데, 그런 상황에서 할머니가 툭 던진 말이 '삶은 아슬아슬하다'였다. 그 한마디에 할머니의 모든 인생이 압축되어 있는 것만 같았다.

　가게를 시작한 지 오십이 년, 처음에는 그 압도적인 햇수에 놀라지 않을 수 없었다. 그 오랜 세월의 무게만큼이나 할머니의 허리도, 인생도 굽이굽이 굴곡져 있었다. 할머니처럼 누구에게나 삶은 아슬아슬할 수 있다. 삶은 항상 우연의 연속이라, 예측할 수 없는 순간순간을 통과한다는 것 자체가 조심스럽고 위태롭기 그지없다. 하지만 이 할머니가 말하는 아슬아슬함은 차원이 조금 달랐다. 자못 숙연해질 정도로 무겁게 다가왔던 할머니의 그 아슬아슬함이란 도대체 무엇일까?

이 질문에 답하려면 오십이 년 긴 세월 동안 할머니와 함께했던 기찻길 옆 구멍가게로 들어가야 한다. 할머니의 삶과 떼려야 뗄 수 없는 구멍가게, 그곳을 통해 할머니의 인생을 바라볼 때 비로소 그 아슬아슬함의 실체를 이해할 수 있기 때문이다. 할머니에게 구멍가게는 무엇이었으며 그 속에서 할머니의 삶은 또 무엇이었을까?

나도 가이내 때는 웃는 게 인사였어

── 여수 〈풍류주막〉 주인아주머니는 그 일대에서 욕보로 통한다. 워낙에 악을 쓰고 소리를 잘 질러서 동네사람들이 욕보, 악보라고 부른단다. 물론 처음부터 그랬던 것은 아니다. 아주머니도 처녀 적에는 방실방실 웃고 조곤조곤 이야기하는 순둥이었다. 그러던 사람이 가게 장사를 하면서 달라졌다.

참 나도 가이내 때는 웃는 게 인사였어. 그른디 이른 장사를 허고 인을 치다 보니까 그리 됩디다. 나도 모르게 큰소리가 나지고 된소리가 나지고 그르드라고. 욕도 잘해 나. 이 동네서 욕보 악보 그르믄 나. 통해부러.

매일같이 별의별 사람을 상대하다 보니 하루에도 여러 번 마음속에 천

불이 나서 예전의 순한 미소는 다 타들어 가고 악만 남았다. 장성 〈아곡상회〉 아주머니도 마찬가지다.

나는 성격이 좀 급하니까 탁 직선이야. 그냥 머 말을 하믄 돌려서 안 하고. 사람이 왜, 말하므는 능글능글하니 사람 속 뒤집는 거 있지? 긍께 그런 사람들 보므는 짜증 나지. 열 받아버려 그냥. 돌아불믄 그냥 말이 막 나가.

자그마한 체구에 곱상한 외모만 보면 그처럼 칼 같은 성격을 상상하기 어렵다. 아주머니를 억세게 만든 것도 역시 가게였다. 처음에는 외상을 주고도 돈 달란 소리를 못 할 만큼 마음이 물렀는데, 돈 떼이고 감정 상하는 일이 수없이 반복되자 자연스럽게 성격이 바뀌었다. 아주머니 스스로도 어쩔 수 없이 악해졌다고 말한다.

동네 술꾼들에게 이골이 난 구례 〈죽마리 구판장〉 아주머니도 초반에는 가게 한 것을 후회할 정도로 겁이 많아서 난처한 일을 당하면 혼자 앉아 우는 게 일이었다. 하지만 시간이 지나고 경험이 반복되면서 극복해냈다. 소심한 성격을 바꾸지 않고서는 이 장사를 할 수 없기 때문이었다.

구멍가게에서는 좀처럼 일과 생활이 분리되지 않는다. 수십 년 붙잡고 온 가게가 집이자 직장이었다. 일 년 365일을 문 한 번 닫지 않고 버텨왔다는 가게가 부지기수인데, 가게가 곧 내 인생이고 내 가족의 삶이라고 생각했기에 가능했다. 그렇게 가게를 따라 나이를 먹는 사이, 코스모스처럼 여리고 다정했던 모습은 차츰 희미해져갔다. 먹고살기 위해, 내 아이들을 남들만큼 공부시키기 위해 때론 드세고 강해져야 했다.

그렇다고 악만 남은 것은 아니다. 성격의 변화 끝에는 자기만의 처세술이 생겼다. 마음의 중심에 흔들리지 않는 강단을 심어두고 나름대로 지혜롭게 사람을 대하는 법을 터득해간 것이다. 주인아주머니가 욕보, 악보여도 단골들이 여전히 〈풍류주막〉에 드나들고, 때때로 주저 없이 거친 말을 내뱉어도 〈아곡상회〉에 발길이 끊이지 않는 것은 상황에 따라 강약조절을 잘해왔기 때문이다. 사십여 년 가게 장사로 잔뼈가 굵은 장성 〈달성상회〉 아주머니가 특히 그랬다. 이 가게가 텃세 심한 시골 마을에서 자리 잡기까지는 다음과 같은 지난한 과정이 있었다.

멱살 잡고 쌈도 하고 그랬어요. 골치 아파요 진짜. 여기가 텃세가 심한 데예요. 그런 걸 제가 이겨냈잖아요. 팔로 걷어 치고 멱살을 잡고. 지렁이도 밟으면 꿈틀하고 한 번 두 번은 용서해도 세 번 이상은, 니가 아프면 너도 같이 하라는 말도 있어요. 그런다고 여자가 싸우면 얼마나 싸워. 치고 박고 때리고 그렇게는 못 하잖아요. 그냥 말로 억압을 주는 거죠. 당신 또 이러면 가만 안 있는다, 나도 내 뒤에 사람 있다, 내가 여기 와서 장사하니까 사람 우습게 보이지? 나 요런 장사한 지도 삼십팔 년, 요것으로 잔뼈가 굵은 사람이다. 이래 가면서 했어요. 그니까 아구발 셀 때는 강하게 나가고 또 비우 맞출 때는 비우 맞춰서 장사하고. 그럼 또 재미도 있어요. 재미도 있고 시간 가는 줄도 모르고.

세게 나갈 때는 세게 나가고, 기분 맞춰줘야 할 때는 숙여가면서 유연하게 대처한 결과, 나름의 장사 수완이 생긴 것이다.

타고난 성품을 바꾸지 못할 바에야 채찍보다 당근을 선택해 노련미를 발휘하는 경우도 있다. 나주 〈와룡수퍼〉 아주머니는 가장 골치 아픈 손님이 술 먹고 시비 거는 사람이라면서도 싫은 소리 한 번 한 적이 없다고 한다. 취한 사람한테 백날 얘기해봤자 허사일 게 뻔하니 일단은 살살 달래 보내고 멀쩡할 때 좋게 이야기하면 잘 해결된다는 것이다.

- 미워도 이쁜 듯이 허고 달래야 해. 술 친 사람은 그래야 돼.
- 조사자: 다른 데 아주머니는 멱살 잡고 싸우셨다는데요.
- 나는 그런 일은 없어. 냅둬부러. 술 먹고 헌 소릿게 냅두고 인
  자 그담에 술 안 먹었을 뜩에 오면은 얘기를 해주제. 잘못했다
  고 허제 인자. 술 취한 사람 싸우믄 뭣헌다고. 달개야 혀. 이뻐
  다, 이뻐다고.

이 부분에 있어서는 〈연산상회〉 할머니도 같은 마음이다. 외상 먹고 시치미 떼는 사람이 있어도 절대 나쁜 소리를 하지 않는단다.

- 먹고도 그냥 안 먹었다고 핑계 대고 그런 사람도 있제.
- 조사자: 그럼 싸우십니까?
- 안 싸와. 그냥 말 안 허고. 그른 사람은 더 좋게 해주야 혀. 내
  손자 같다, 내 아들 같다 해갖고 좋게 해주야 그 사람이 '아 그
  할마이 잘하드라' 그러제. 나쁘게 허믄 속이 올라갖고 더 나쁘
  제. 긍게로 내가 기분이 나빠도 저 사람을 잘 해주야 그 사람
  이 더 좋아라고 혀.

두 분의 경험상 맞서서 싸우고 큰소리 내는 것보다 스스로 반성할 여지를 주는 편이 훨씬 효과가 좋았던 모양이다. 당장 눈앞의 손해보다 그 상황을 헤아리고 기다려주자는 마음이었을 텐데, 너무나 평온하게 말씀하시는 모습이 꼭 달관한 도인처럼 보여서 놀라웠다. 말은 안 해도 이런 경지에 오르기까지 무던히도 속병을 앓았을 것이다.

그런가 하면 화순 〈운농수퍼〉 아주머니는 사람 다루는 데 있어서 확고한 처세술을 가지고 있었다.

요런 세 가지 조건으로 세상을 살았어. 내 마음이 악으로 잡을 놈은 악으로 콱 눌러불고, 쓰다듬어서 좋은 사람 만들라믄 쓰다듬고, 내가 줘서 내 사람 만들라믄 내 것을 주고 만들고. 내가 그러고 세상을 살았어.

사람에 관한 한 이토록 단호한 철학을 갖게 된 걸 보면 가게를 하면서 어지간히 괴로웠던 저간의 사정을 짐작할 만한데, 묻지 않아도 그 중심에 사람이 있었음을 알 수 있다.

구멍가게는 단연코 감정노동을 바탕으로 운영되는 곳이다. 물건 판매를 기본으로 마을 내 다양한 역할을 도맡으며 수많은 사람을 상대하기 때문에 수시로 자기감정을 통제하고 상대에게 맞춰야 한다. 많은 분들이 말하기를 수십 년 장사하는 동안 이 부분이 가장 힘들고 어려웠다고 한다. 그래서일까, 구멍가게 아주머니들에게는 한결같은 정서적 깊이가 있었다. 그것은 오랫동안 감정노동에 시달리면서 스스로를 단련시켰기에 나올 수 있는 깊이였다. 〈화림리 구멍가게〉 할머니에게서 느꼈던 삶의 무게

감도 이와 무관하지 않을 것이다. 도대체 이 사람들이 겪었을 격한 감정 노동이란 무엇이었을까? 그 부분을 이해하기 위해서는 구멍가게가 마을 공동체 내에서 어떠한 위상을 갖고 있었는지 되짚어볼 필요가 있다.

우리 동네 멀티플렉스

— 　　　구멍가게는 단순히 물건만 파는 곳이 아니다. 만약 그런 곳이었다면 웃는 게 인사였던 다소곳한 처녀가 목청 큰 욕쟁이가 되지는 않았을 것이고, 가게 주인들이 그렇게 고생하지도 않았을 것이다. 인터뷰가 깊어질수록 진하게 배어 나오는 그네들의 삶은 구멍가게에서 깊어진 몸과 마음의 고생에 비례했는데, 그 중심에는 마을공동체의 다양한 일상을 떠맡아온 구멍가게의 하루하루가 있었다.

그렇다면 구멍가게는 공동체 내에서 어떠한 역할들을 수행해왔을까? 우선 구멍가게는 우체국 관련 업무를 보조하면서 마을과 우체국을 이어주고 있다. 우편문화가 쇠퇴하면서 우체통도 사라지는 추세지만, 그럼에도 장성 〈연산상회〉처럼 공과금을 낼 수 있는 용도로 활용하는 등 일부 가게에서는 우체통에 새로운 역할을 부여했다. 그런가 하면 우체국과 연계해 택배를 대행해주기도 한다. 보낼 물건도 들어오는 물건도 우체부 아저씨와의 협의하에 가게에서 일괄 처리하는 것이다.

구멍가게는 마을의 은행이기도 했다. 한동네 주민이라는 신용을 담보로 한 외상 거래를 통해, 일정한 수입이 보장되어 있지 않은 서민들에게 구멍가게는 경제적 완충 지대 역할을 했다. 동네에서 유일하게 현금이 오가는 곳이라 급전이 필요할 때 수시로 이용하기도 했으니, 외상과 대출을 통해 서민들의 금융 생활에 필요한 안전판 역할을 해주었던 셈이다.

구멍가게는 마을의 정류장이기도 하다. 구멍가게는 동네 어귀, 정류장 인근에 위치한 경우가 많다. 가게 인근에 정류장이 따로 설치되어 있지만, 사람들은 차를 타고 내리는 순간을 제외하면 정류장 대신 가게에 들어가서 버스를 기다린다. 가게가 아예 공용버스정류소인 경우도 있는데, 그런 곳에서는 아직도 버스표를 팔고 있으며 '정류소 가게'라는 간판까지 내걸고 있으니 명실상부 정류장의 역할을 톡톡히 해내고 있는 것이다.

구멍가게는 지극히 서민적인 술집이기도 했다. 술값만 받고 안주는 무료로 제공하며, 논밭에서 일하던 차림 그대로 들어가도 항상 반겨주는 곳이다. 안주에 따로 돈이 들지 않으니 술값이 부담스럽지 않고, 혹 돈이 부족해도 외상으로 하면 그만이었다. 술에 취해 비틀거려도 집이 가까우니 크게 걱정할 필요가 없었다. 서민의 애환과 함께한 술집으로 흔히들 포장마차를 이야기하는데, 사실 구멍가게는 그보다 훨씬 소박하고 친숙한 곳이었다.

구멍가게는 마을의 놀이터이기도 했다. 특히 문방구 가게는 아이들의 놀이터였는데, 자질구레한 놀잇감은 물론 얄궂은 전자오락기까지 갖추고 있어서 가게 안팎에 쪼그리고 앉아 노는 아이가 참 많았다. 문방구로 특정하지 않더라도 오래전부터 구멍가게는 마을사람들의 놀이터 역할을 해왔다. 그 중심에 화투와 윷이 있었다. 가게 앞의 평상이나 조그만 가겟방에서 시끌벅적한 화투판과 윷놀이가 펼쳐졌다. 술 내기나 돈 따먹기가 끼어들면서 노름판으로 변질되어 수많은 폐해가 있었지만, 농한기 마을사람들의 지루한 일상을 달래주던 놀이터로서의 의미를 저버릴 수는 없다.

구멍가게에서는 문명의 최전선에서 새로운 놀이판이 벌어지기도 했다. 그 한가운데에 텔레비전이 있었다. 텔레비전이나 전화기 등 문명의 이기를 마을에서 처음 들여놓은 곳도 구멍가게인 경우가 많았다. 이러한 물건을 통해 사람들이 자주 드나들게 하는 것이 장사에 도움이 되었기 때문이다. 그 사실을 방증하듯 한때 나주 〈이화상회〉는 이 마을의 극장으로 통했다고 한다. 인터뷰 당시 가게에 모인 단골손님들은 그 시절 가게 마당에서 텔레비전 보던 이야기로 신이 났다.

- 손님1: 초등학교 이 학년 때, 마을에 테레비 없을 때 호주하고 우리하고 축구허며는 그때 여그 원정 와서 보고 했제.
- 테레비가 여 학군에서 우리집밖이 없어. 경기를 허면 사람이 하도 많이 와서 테레비를 밖에다 내봐. 그때는 나무 와상이여. 그래갖고 사람이 어쯔고 많이 와서 보든지 짜그라졌어. 그서 무너져 부렀어.
- 손님2: 극장판이여. 돈도 안 받았어.
- 손님3: 우리 동네는 마당에 동네사람이 앉아서. 그때는 이코노 테레비 있었어.
- 그믄 마당에다 덕석 퍼놓고 보고 있제. 그때 테레비를 사갖고 광주에서 택시에다 실코 왔네.
- 손님1: 그때가 여로 헐 때네 여로.
- 손님2: 나는 전우가 젤로 생각나. 그때 그 역도산이. 레슬링허는.
- 손님3: 여그서 우리 집이 이 키로 되는데 이 키로를 산길로 걸어 다녀서 테레비 볼라고 왔어. 이 학군에서 다 온당게.

중요한 스포츠 경기나 인기 있는 드라마를 방영할 때면, 유일하게 텔레비전을 갖춘 마을가게는 이 마을은 물론 이웃 마을에서까지 찾아올 정도로 성황을 이루는 극장이었다. 텔레비전을 아예 마당에 내놓고 멍석까지 깔아주었다고 하니, 그 시절 가게 살림은 이미 가게만의 것이 아니었다.

이처럼 다양한 장소로서의 멀티플렉스적 기능을 수행하고 있지만, 그 모두를 공통으로 아우를 수 있는 가치가 있다. 구멍가게가 마을공동체에 이야기판을 제공한다는 것인데, 이는 구멍가게의 가장 중요한 위상 중 하나다. 어딜 가나 사람들이 모이는 곳이면 어김없이 이야기가 생산된다. 구멍가게에서는 술자리를 책임지는 술탁자, 가벼운 정담이 이어지는 평상, 놀이판을 허용하는 가겟방이 바로 그러한 공간이었다. 그래서 가게 주인은 물론, 이곳을 드나드는 사람들은 가게를 '마을의 주 쉼터이자 모임터', 혹은 '사랑방'이라고 표현한다.

이처럼 안정적인 이야기판은 공동체의 삶에서 중요한 구실을 한다. 잡담을 포괄하는 이야기는 기본적인 소통 외에도 크게 두 가지 측면에서 효과가 있다.[1] 첫째, 정보를 실어 나르는 역할을 한다. 가게에 드나드는 사람들을 통해 생활편의 정보에서부터 이웃의 근황, 영농 정보에 이르기까지 다양한 소식이 구멍가게에 모였다가 전파된다. 둘째, 이를 통해 공동체의 규칙과 가치를 유지하고 전승하는 역할을 한다. 일례로 고흥 〈가야수퍼〉를 들 수 있다. 인터뷰 당시 동네 아주머니들이 이 가게에 모여 부녀회 나들이 일정을 정하고 있었는데 모일 장소, 먹거리, 놀거리 등을 논의하는 과정에서 마을이 돌아가는 규칙이나 마을사람들이 추구하는 가치 등을 신중히 고려하는 모습을 볼 수 있었다.

사실 이러한 역할이 명확하게 표면화되어 나타나지는 않는다. 함께 모여 이야기하는 과정에서 자연스럽게 얻어지는 효과일 따름이다. 그래서 어떤 곳에서는 구멍가게를 '정보 일번지'라고 표현하기도 하고, 또 어떤 곳에서는 마을의 이름을 따서 '죽산일보'라고도 한다. 구멍가게의 주인이나 마을사람들은 이미 이와 같은 가게의 역할을 잘 알고 있었다. 구멍가게가 없어지는 것은 곧 만남과 이야기의 장이 사라지는 것과 같아서 마을의 단합과 소통에까지 영향을 미친다고들 하니 말이다. 그래서인지 구멍가게에는 특별한 일이 없어도 습관처럼 그냥 들르는 사람이 아주 많다. 보성 〈미력슈퍼〉는 한때 단골손님들이 주인아주머니에게 간판을 내걸라고 했단다. '그냥 갈 수 없잖아'라는 이름으로. 어쩐지 여기만 지나가려면 그냥은 못 지나치겠어서 잠깐 들러 목이라도 축여야 한다는 것이다.

이렇게 공적인 기능에서부터 공동체 내의 크고 작은 관계에 이르기까지 구멍가게가 담당하는 역할은 마을 전체의 일상과 긴밀하게 연계되어 있었다. 다양한 기능을 수행했던 만큼 가게는 늘 분주하고 바쁜데, 거기에 별일 없어도 출석부에 도장 찍듯 드나드는 사람들까지 더해졌으니 쉴 새 없는 몸만큼이나 마음도 어지간히 벅찼을 것이다.

너와 나의 연결고리

—   구멍가게의 위치는 크게 두 군데로 나눌 수 있다. 하나는 동네 안이고, 다른 하나는 동네의 맨 바깥쪽, 다시 말해 동네 입구다. 전체 수로 따지면 후자가 훨씬 많아서 구멍가게는 일반적으로 동네 입구에 위치한다고 할 수 있다. 사실 이 자리는 '경계'라고 표현하는 편이 더 적절하다.

마을과 마을 밖의 접점, 경계에 위치한 가게는 묘하게도 처지가 비슷한 사람들과 짝을 이루었다.

구멍가게를 운영하는 사람들 중 상당수는 외지에서 들어와 정착한 경우가 많았다. 그도 그럴 것이 여성 주인의 비율이 높은데 대개 결혼하면서 가게가 있는 마을로 이주해 들어왔기 때문이다. 비슷한 권역에서 옮겨온 경우가 많았지만 전혀 다른 지역에서 인연이 닿은 경우도 적지 않았다. 대구에서 전라도로 시집온 〈아곡상회〉 아주머니, 서울에서 장성으로 내려온 〈달성상회〉 아주머니, 거창에서 구례의 집성촌으로 들어온 〈죽마리 구판장〉 아주머니가 대표적이다.

이렇게 낯선 땅에 터를 잡은 것만도 쉽지 않은데, 주어진 환경은 더더욱 만만치 않았다. 순진하게 중매쟁이 말만 믿고 결혼해 보니 남편이 병이나 장애가 있는가 하면, 웬만큼 사는 집이라고 소개받아 간 곳이 궁핍함 일색이기도 했다. 시댁의 사정이 좀 나아도 남편이 도통 일할 줄 몰라 빈둥대는 한량인 경우도 흔히 볼 수 있었고, 남편과 일찍 사별해 어린 자식들을 거느리고 먹고살 궁리를 해야 하는 곳도 많았다. 주어진 현실이 어떠하든 막다른 골목에서 공통적으로 만난 것이 바로 구멍가게였다.

오랜 시간 가게를 운영하면서 마을의 일원이 되었지만, 전통적으로 지역색이 강한 농촌사회에 가진 것 없는 이방인으로 들어와 그나마도 동네의 가장 끝, 경계에 나앉으면서 주변인으로서의 성격이 한층 더해지기도 했다. 사실 가게 자체에 이미 중심에서 비켜난 가장자리의 색깔이 담겨 있는 것 같다. 가게 장사의 어려움을 토로하면서 가장 많이 하는 말 중 하나가 '가난이 죄'였다. 여기에는 먹고살려면 참아야 한다는 뜻이 포함되어 있다. 가게에 와서 술 먹고 행패 부리는 사람을 떠올리며 오죽하면 〈죽마리 구판장〉 아주머니는 이렇게까지 말했다.

> 우리 같은 경우는 젤로 말단이잖아요. 장사하는 사람 중에도 젤
> 로 말단이지.

마을 안에서 자리 잡고 싶었지만 가난 때문에 결국에는 가장자리 가게
로 밀려났다는 〈와룡수퍼〉 아주머니도 마찬가지였다. 가게는 극단의 현
실에 처한 그들에게 눈에 보이는 자리 그대로 최후의 보루였고, 그런 만
큼 인내하고 버텨내야 하는 끝단의 노동 현장이었다. 그래서인지 가게를
운영하는 사람들은 의식적으로 어느 정도는 마을과 거리를 두려고 하는
것 같았다.

아이러니하게도 동네 구멍가게는 이중성을 가지고 있다. 마을 구성원
으로서의 가게 주인은 완전히 마을 안도 바깥도 아닌 경계에 서 있지만,
기능적 공간으로서의 가게는 공동체의 중심으로 들어와 있다. 구멍가게
가 마을공동체라는 네트워크의 중심인 셈이다. 마을공동체는 동일한 지
역을 기반으로 생활하는 구성원들의 집합체라고 할 수 있는데, 이들 개개
인이 저마다 상호 관계를 맺으면서 네트워크가 형성된다. 동일한 커뮤니
케이션 코드를 공유하는 한 연결 대상에 따라 무수한 네트워크가 소멸,
생성, 확장될 수 있다.

이렇게 단선적인 관계들이 복합적으로 연결된 곳이 바로 구멍가게다.
많은 사람이 드나드는 만큼 소규모 네트워크가 만나서 새로운 네트워크
를 형성하기도 하고, 술자리나 놀이를 함께 즐기면서 스스로 네트워크를
확장해 본래보다 규모가 커지기도 한다. 그래서 네트워크의 중심인 구멍

가게에는 항상 이야기판이 펼쳐지고 이야기가 활발하게 생성되는데, 그 속에는 수없이 많은 정보와 감성, 가르침이 내재해 있었다.

구멍가게의 네트워크는 공동체 내부만이 아니라 외부에까지 뻗어 있었다. 우체국, 택배, 장사트럭, 각종 시설업체 등 각기 다른 목적을 가지고 마을에 드나드는 외지인들은 주로 구멍가게를 통해 마을과 접촉했다. 구멍가게가 마을공동체와 마을 밖이 연결되는 지점으로 기능했기 때문에 마을은 닫힌 공동체에 머무르지 않고 외연을 확장할 수 있었다.[2]

이처럼 구멍가게는 단순히 물건만 파는 곳이 아니라, 공동체 내의 다양한 관계들이 연결되는 지점인 동시에 외부세계와의 연결이 이루어지는 네트워크의 결절점, 즉 허브hub다. 가게라는 공간이 마을 안팎의 네트워크를 구축하는 데 중요한 연결점이 될 수 있었던 것은 구멍가게가 잘 짜인 프로그램만큼이나 감정과 이성을 적절히 통제하며 중심과 주변, 사람과 사람 사이의 경계에서 '아슬아슬'한 중간자의 역할을 잘해왔기 때문일 것이다. 그렇게 되기까지 가게 주인은 마을공동체의 일원에 속하면서도 거기에서 늘 한 걸음 떨어져 있는 주변인이어야 했다.

곽 속에 들어도 큰소리 하지 마라

—   구멍가게가 마을 네트워크의 중심에 있어서 이곳을 거점으로 수많은 관계가 형성된다는 것은 결과적으로 가게 운영의 탄탄한 기반이 될 수 있다. 하지만 부작용도 만만치 않다. 바로 이 지점에서 가게 주인은 결코 쉽지 않은 과업을 떠맡고 있었다.

사람들이 많이 접촉하는 공간에서는 으레 오해와 갈등이 생기게 마련이다. 한꺼번에 많은 사람이 몰리는 것뿐 아니라 부적절한 언행을 쏟아내는 것도, 좋지 않은 소리 소문을 여기저기 퍼 나르는 것도, 없는 이야기를 지어내는 것도 문제였다. 이 모든 것이 소통이라는 명목하에 비롯되는 과도한 네트워크의 부작용이었다. 사람들이 수시로 드나드는 구멍가게는 네트워크의 과잉, 혹은 소통 과잉으로 인해 분란이 일어날 여지가 많다. 술만 마시면 진상을 부리며 싸움을 일삼는 손님들은 특히나 골칫거리였다. 근거 없는 소문도 큰 문제였다. 구멍가게를 중심으로 좋지 않은 소문이라도 퍼지면 괜한 오해에 휩싸여 마을 인심이 흉흉해질 수 있기 때문이다. 학교 앞 가게의 경우 한꺼번에 몰려오는 아이들을 일일이 살펴볼 수 없어서 도둑맞는 일이 비일비재했다고 하니, 이런 부작용은 대체로 마을 공동체의 네트워크 과잉에 따른 폐해라고 할 수 있다.

지금도 장사가 잘되거나 수십 년 동안 같은 자리를 꾸준히 지키고 있는 가게는 이러한 문제에 현명하게 대처했다고 볼 수 있다. 그러지 않으면 공동체 내에서 살아남기 어렵기 때문이다. 네트워크 과잉에 대처하는 방식은 간단하다. 네트워크의 기능을 일시적으로 중단시켜서 불필요하게 넘쳐나는 관계들을 조절하면 된다. 구멍가게 스스로 터득한 네트워크 차단 방법을 몇 가지 살펴보자.

우선 구멍가게에서 제일 중요하게 생각하는 것은 '무거운 입'이다. 네트워크 과잉으로 인해 마을에 소란이 일지 않게 하려면 삼삼오오 모여서 만들어내는 이야기에 섞여서는 안 된다. 술자리나 놀이판 등의 모임에서 올라오는 이야기들이 여러 사람을 거치면서 왜곡되고 덧붙여지는 현상은 네트워크가 과잉되고 있다는 표지다. 과한 소통으로 소문이 부풀려지는 부작용을 방지하려면 네트워크 차단을 통한 자정 노력이 필요하다. 이 지점에서 구멍가게 주인은 들어도 못 들은 척, 알아도 모르는 척, 조용한 중간자의 역할을 수행한다. 오래된 가게 주인들이 대개 입이 무거운 까닭이 거기에 있다.

일례로 여수 〈명수점방〉과 담양 〈영천리 구판장〉에 유독 사람이 많은 이유는 주인아주머니가 워낙에 입이 무거워서 맘 편히 속내를 털어놓을 수 있을뿐더러 함부로 나서지도 않기 때문이라고들 한다. 곡성 〈근촌리 점빵〉 주인아저씨는 다음과 같은 속담을 들었다.

곽(棺) 속에 들어도 큰소리 하지 마라.

죽어서 관 속에 들어가더라도 사람들이 퍼뜨릴 수 있는 말을 입에 담지 말라는 뜻이다. 그만큼 입놀림을 무겁고 신중하게 해야 한다는 것인데, 구멍가게 주인들에게 이 말은 계명과도 같다.

다음으로 구멍가게의 골칫덩어리, 외상과 만취 진상손님을 대처하는 법도 중요했다. 외상장부를 태워버리는 것도 네트워크를 조절하는 방식 중 하나다. 현실에서의 관계가 실타래처럼 얽혀 있기 때문에 외상을 주지 않을 수 없지만, 외상 내역을 늘 염두에 두고서는 속 편하게 사람을 대할 수 없다. 그러니 아예 장부를 없애버림으로써 외상 네트워크를 차단하는 것이다.

술손님도 만만치 않은 문제였다. 술자리가 커지고 술병이 쌓이면 말이 거칠어지고 감정이 격해져서 큰 싸움이 벌어지는 등 네트워크 과잉의 부작용이 발생한다. 이 때문에 가게 주인은 몸도 마음도 늘 힘들었는데, 대처법은 대체로 비슷했다. 그냥 참고 지켜보는 것이다. 물론 처음부터 그렇게 하지는 않았다. 사납게 대해보기도 하고, 가게에 오지 말라고도 해보고, 가족에게 연락해 인계도 해보았지만 모두 소용이 없었다. 경찰에 신고하면 그만 아니냐고 하겠지만, 날마다 한동네에서 얼굴을 봐야 하는 마당에 쉽지 않은 일이다. 그러니 방법은 딱 하나, 참고 넘어갈 수밖에. 골치 아프고 밉기도 하지만 도 닦는 심정으로 이해하고 넘어가야 한다는 것이다.

마지막으로 구멍가게의 또 다른 어두운 면, 좀도둑 대처법이다. 입맛을 유혹하는 군것질거리에 당장 눈에 보이는 현금까지 있으니 가게에 도둑이 없을 수는 없다. 과자 봉지를 슬쩍하는 아이, 주인 몰래 담배 한 갑 돌려서 주머니에 넣는 아저씨 등등, 가게마다 소소하게 도둑맞은 경험이 있다. 하지만 도둑을 잡아서 경찰서에 넘겼다는 이야기는 들어본 적이 없다. 가게 아주머니와 아이, 둘만의 비밀로 부치면서 좋은 말로 타이르고 넘어가는 게 대다수고, 심지어는 물건 훔치는 모습을 보고도 못 본 척한다. 이는 공감에 기인한 용인이었다. 비슷한 또래의 자식이나 손자를 키우는 입장에서 어린 마음에 얼마나 먹고 싶었으면 그랬을까 이해하고 넘어가주는 마음인 것이다.

- 암도 모른데 냅뒀제. 암 말 안 해. 우리도 애기들 키우고 그렁게 내비뒀어요. 〈용구상회〉
- 그냥 크는 애기들이라 우리가 덮어주고 담에는 그러지 마라 그러고. 〈제일슈퍼〉
- 국민학생들은 그렇게 큰 것은 안 해. 껌이나 사탕 같은 거 그른

거 너부러 기냥. 근디 장사는 다 보여. 그런 애기들은 냅둬불고. 오직 먹고 싶어서 그랬겄냐고. 〈미력슈퍼〉

- 어리니까. 어린 것들이 가즈갔어도 뭐이라고도 안 했어. 어링께. 나도 자식을 키우고 나도 손자들 있어서. 어쩌다가 호기심에 가져강게 생전 뭐이라고 안 해봤어. 〈금성슈퍼〉

어린아이들에게 베푸는 아량은 다 큰 성인들에게도 종종 적용되었는데 이유는 조금 달랐다. 이런 좀도둑들은 대개가 아는 얼굴이라 큰일 난 듯 소란을 피워서 공동체 내부에 알려지면 더 큰 부작용이 생길 수 있다고 생각하기 때문이다. 그래서 큰 손해가 아니면 못 본 척 눈감아주고 대수롭지 않게 넘겨서 네트워크를 차단하는 것이다.

네트워크의 결절점인 구멍가게에는 이 외에도 과잉 소통으로 인해 소소한 문제들이 누적될 여지가 무척 많다. 이러한 논란거리들이 네트워크를 타고 마을 전체에 확산되지 않게 하려고 구멍가게는 소통 과잉을 차단하는 안전판 역할을 해야 했다. 네트워크를 차단한다는 것은 궁극적으로 문제의 소지를 자신이 끌어안아야 한다는 말이기도 하다. 속쓰린 외상이나 진상 술손님, 크고 작은 도둑질을 기왕에 없었던 일처럼 대하는 것도 모두 이런 맥락일 것이다. 이런 역할을 잘해내면 한자리에서 오랫동안 가게를 할 수 있었고, 그러지 않으면 얼마 못 가서 문을 닫아야 했다.

구멍가게 주인들이 가장 힘들어하는 것도 바로 이 지점이다. 가게 주인의 수고 덕분에 마을은 그런대로 좋은 관계를 유지하며 따뜻하게 굴러가지만, 정작 가게 주인의 가슴에는 골병이 들기 일쑤다. 무거운 입을 유지하며 온갖 시시콜콜한 남의 이야기를 들어주면서도 자기 속내는 어디에도 털어놓을 구석이 없기 때문이다. 처음 만나는 우리에게 허심탄회하게 살아온 이야기를 쏟아낸 것은 한 번쯤 시원하게 속마음을 터놓고 싶었던, 오래 묵은 갈증 때문이었는지도 모른다.

내가 그렇게 고생을 타고난
사람인갑서라

—　　　　마을공동체 안에서 다양한 역할을 떠맡고 있었기에 구멍가게를 운영하는 일은 항상 아슬아슬한 행보였다. 마을의 경계에서 살아가는 데서 오는 부담감이나 감정노동이 주는 스트레스는 아주 컸다. 인터뷰 도중에 종종 터져 나오는 자조 섞인 한탄과 눈물은 깊은 우물에서 길어 올린 한 바가지 물처럼 오래 고인 아픔으로 느껴졌다.

〈화림리 구멍가게〉 할머니의 "참말로 아실아실해"라는 말에는 바로 그러한 의미가 담겨 있는 듯했다. 꼭 '아슬아슬하다'와 같은 묘한 감성을 불러일으키는 어휘는 아니어도 많은 분이 살아온 이야기를 하면서 이와 비슷한 의미가 담긴 표현을 했다. 단순하게는 "골병이 들었지"라고도 했고, "넌덜머리가 난다"고도 했으며, "참 더럽고도 저거한디"라고도 했다. 화순 〈운동수퍼〉 아주머니는 "내 인생이 아담하다"고 했는데 애초 예상했던 것보다 훨씬 더 많은 부분을 짊어지다 보니까 정작 인생이 쪼그라들었다는 뜻으로 이해된다.

고생이 세월을 먹고 자라면 병이 된다. 그래서 구멍가게 아주머니들은 병을 주렁주렁 달고 산다. 마음의 병이 극단적으로 커져서 정신병원에 다

넀다는 아주머니도 있고, 우울증이 점점 심해져서 걱정이라는 분도 있다. 마음의 병만큼이나 육체의 병도 심각하다. 학교 앞 가게의 경우, 무거운 짐을 이고 지고 아이들 소풍을 따라다니느라 주인아주머니의 허리며 무릎이 남아나지 않았고, 가게 일 외에 소 먹이고 농사짓느라 팔다리 구석구석이 말썽인 분도 많았다. 그중에서도 가장 심각한 질병과 사투를 벌였던 분이 바로 〈화림리 구멍가게〉 할머니다. 그야말로 직각으로 완전히 꺾인 허리가 모든 사정을 대변했는데, 할머니의 인생살이 또한 굽은 허리만큼이나 굴곡져 있었다.

할머니 나이 열여덟, 어머니로부터 난데없이 결혼 날을 받아놓았다는 통보를 받는다. 들도 보도 못한 스물한 살 이웃 총각에게로 시집가게 된 것이다. 놀라고 걱정스러운 마음에 며칠 잠도 못 이루었지만 어쩔 도리가 없었다. 처음에는 마을 안에 있는 시댁에서 시부모님과 큰동서네까지 모두 모여 살았다. 그런데 고부 사이가 좋지 않아서 늘 큰소리가 나고 싸움이 끊이지 않았다. 어린 새댁은 시어머니와 큰동서 사이에서 눈치 보느라 마음깨나 졸였는데, 오죽하면 "시상에 자식이 얼마나 웬수가 되아서 그른 집이다 나를 여우냐"며 어머니를 원망한 적도 있었다. 그때부터 할머니의 아슬아슬한 인생이 시작되었다.

불화한 집안에서 육 년 동안 숨죽이고 살다가 분가하면서 지금의 가게, 기차역 앞에 있는 조그만 점방에 터를 잡았다. 가게를 하면서 남편은 따로 소금이며 기름 장사도 크게 했다. 기차역이 있을 때는 화물을 운반하는 일도 돈이 되어서 리어카를 이용해 팔십 킬로그램짜리 쌀가마와 꼬막 자루를 무거운 줄 모르고 실어 날랐다. 버스도 안 다니던 시절, 유일한 교통수단이 기차였으니 지나다니는 사람이 많아서 가게 수입도 꽤 좋았다.

그렇게 안팎으로 일이 잘돼서 막 신이 나려고 할 때 할머니의 허리병이 시작되었다. 그때만 해도 젊어서 일을 무서워하지 않았고, 몸이 조금 불편해도 금방 괜찮아지겠지 싶어 크게 신경 쓰지 않았다. 그런데 어느 순간부터 허리가 너무 아파 걷지도 앉지도 못할 지경이 되었고, 결국에는 수술을 받아야 했다. 퇴원할 때 의사가 당부하기를 물 한 바가지도 들지 말고 당분간 가만히 누워 지내야 한다고 했다는데, 다섯이나 되는 아이들이 한창 학교 다닐 즈음이라 꿈도 꿀 수 없는 일이었다.

허리병이 재발한 것은 당연한 수순이었다. 두 번째 수술을 앞두고 의사에게 들은 말은 청천벽력과도 같았다. 열에 여덟은 살고 둘은 잘못될 수 있다는 것이었다. 그 둘 중 하나가 꼭 자신일 것만 같아서 할머니는 수술방에 들어가기 전, 스스로를 위로하는 의식을 치렀다고 한다.

- 내가 도로 또 살아 나와서 저 신을 신냐 못 신냐 허고 노래를
  한 자리 떡~ 떨어지게 부르고 드갔었어요.
- 조사자: 노래를요? 왜 노래를 부르셨습니까?
- 아 이제 마지막 인자, 내가 저 신을 신냐 못 신냐 허고. 이대로
  해서 내가 잘못되믄 죽을 것 아니냐 그러고 했지요. 긍께 그
  호실에 있는 환자들이 다 그양 웃고 거시기했어. 징그랍게 떨
  립디다.

그때 무슨 노래를 불렀는지 기억나지 않는다고 했지만, 그 노래가 꼭 당신 자신에게 미리 바치는 진혼곡 같다는 생각이 들어서 코끝이 살짝 매웠다. 수술 후 회복 기간이 남들보다 훨씬 길었지만 다행히도 할머니는 무

사히 퇴원할 수 있었다. 그런데 그것도 끝이 아니었다. 얼마 후 또다시 염증이 재발해서 세 번째 수술을 받아야 했고, 입원 기간이 늘어나면서 병원비가 눈덩이처럼 불어나 퇴원할 무렵에는 백만 원이라는 거금이 청구됐다. 이후 용하다는 한약방을 찾아다니며 한약을 지어 먹고 간신히 염증과 통증을 잡을 수 있었지만 그러는 사이 힘겹게 일궈놓은 살림은 처참하게 무너지고 말았다. 그런 고생의 과정에서 할머니의 허리는 조금씩 기울기 시작해 지금처럼 ㄱ 자로 꺾일 수밖에 없었던 것이다.

내가 그렇게 고생을 타고난 사람인갑서라 진짜로.

이렇게 말하며 자조 섞인 웃음을 지어 보일 때는 뭐라 말할 수 없이 안타까웠다. 병 때문에 몸이 힘들고 살림도 주저앉았지만 무엇보다도 고통스러운 것은 남편 때문이었다. 할머니가 아프기 시작하면서 남편은 딴살림을 차리기 시작했다. 사경을 헤매며 병원을 전전할 때도 나 몰라라 했다. 가게도 장사도 어린 아들에게 맡겨버리고 밖으로만 돌더니 아예 작은 집을 차려서 나가버렸다. 그러니 아이들도 제대로 건사될 리 없었다. 평생을 지독한 병을 품고서 죽어라 일했지만 결국에는 초라한 가게밖에 남은 것이 없고 여전히 자식들 걱정도 끊이지 않는다며 할머니는 자신의 삶을 한없이 부끄러워했다. 그러면서 모든 불행을 당신 탓으로 돌렸다.

그릉께 내가 아파갖고 우리 집이 요로케 되야부렀어라. 내가 아프지만 않고 그랬으믄 애기 아부지도 몰라, 넘의 살림을 할 것이요? 애기 아부지하고 헤어져갖고 산 지가 삼십 년이 더 돼요. 그러고 아퍼부니까, 병신이 되야붕께 진짜 서럽대요. 참말로 병신이 돼갖고 돈만치나 까먹고 뭣이 했어요. 참말로 아실아실해.

그 아슬아슬한 인생을 함께한 것이 구멍가게였다. 오랜 병에 시달리며 쓰디쓴 마음고생을 겪어내는 동안, 구멍가게만은 예나 지금이나 변함없이 할머니의 유일한 터전이다. 한바탕 사나운 파도를 넘고 돌아와 다시 살림을 수습하고 아이들을 다잡을 수 있었던 것도 그나마 가게가 있었기 때문이다. 그래서 이 작고 초라한 가게를 쉽게 그만둘 수가 없다.

다 스러진 허리로 어둠침침한 구석구석을 부지런히 누비고 다니는 것은 그렇게라도 하지 않으면 지금도 아슬아슬한 그 운명이 할머니를 가만두지 않을 것 같아서다. 할머니에게 아슬아슬함이란 어찌 될지 모르는 앞으로의 삶에 대한 두려움이 아닐까 싶다. 수술하고 나면 재발하는 허리병처럼, 한 번 넘으면 또다시 밀려오는 파도처럼, 할머니의 인생은 언제 끝날지 모르는 위태로운 순간의 연속이었기에 지나고 나서도 늘 긴장하고 주의해야 하는 아슬아슬한 외줄타기인 것이다.

남도 나처럼, 나도 남처럼

—　　　　긍께 내가 인제 심리학자 같아. 다 꿰뚫어 사람을. 말 몇 번 하면은 그 심리 성격을 다 파악을 하니까.

〈영천리 구판장〉 아주머니는 손바닥만 한 마을에서 가게를 운영하느라 심리학자가 다 됐다고 말한다. 마을에 분란의 소지를 만들지 않으려고 꼼꼼하게 사람들을 관찰한 결과 그렇게 됐다. 〈용구상회〉 할머니도 이 장사를 오래하면서 자연스럽게 사람 속을 잘 파악하게 되었다고 한다. 구멍가게 주인들이 대체로 그렇다. 타인의 마음을 꿰뚫어 보는 재주가 있다. 이것은 장사하는 사람들의 일반적인 특징이기도 하다.

그 사람이 어떤 사람인지 파악하는 것도 중요하지만 사실 그보다 더 중요한 것은 속 깊이 이해하는 것이다. 이 점이 구멍가게에서 찾을 수 있는 인문학적 요소 중 하나다. 사실 인문학의 핵심은 사람에 대한 이해보다 '용인'에 있다고 할 수 있다. 용인이란 너그러운 마음으로 상대방의 말이나 행동을 받아들이고 인정한다는 뜻이다. 인간은 항상 불완전하고 부자연스럽고 불투명하다는 사실을 이해하고 그 부족함을 받아들이는 것이 인문학의 바탕이다.

그렇게 본다면 구멍가게는 전형적인 인문학적 장소다. 단점투성이인 사람들을 끊임없이 받아주고 인정하는 연습을 하는 곳이기 때문이다. 구멍가게에는 상황에 따라 실수나 잘못을 용인하는 시스템이 무척 많이, 잘 갖추어져 있었다. 소통 과잉을 조절하는 대부분의 행동이 사실은 사람을 용인하려는 노력이었다. 나쁜 말을 옮기지 않고 외상장부를 태워버리고 도둑질을 못 본 척 넘어가주고, 술 취해 진상 부리는 사람조차 좋게 보려는 시선이 모두 그렇다.

그래서일까? 답사를 마치고 돌아오는 길은 언제나 알 수 없는 느낌으로 충만했다. 바쁜 일상을 비집고 다녀오는 터라 출발할 때는 늘 쫓기는 기분이었는데, 저물녘 돌아오는 길에는 오히려 넉넉한 여유가 생겨났다. 투박하지만 곡진한 한 편의 인생영화를 보고 온 듯, 삶의 무게추가 가슴 깊숙이 내려앉아서 묵직한 안정감마저 들었다. 그때의 느낌은 한 치의 의심 없이 '힐링'이라고 말할 수 있다. 작고 허름한 구멍가게에서 주름진 아주머니들을 만나고 돌아오는 날은 꼭 상처 난 마음이 치유되는 것마냥 마음이 말랑말랑해졌고, 세상도 따뜻하게만 보였다.

힐링이란 무엇일까? 소진해버린 삶의 의욕을 되찾는 것이 아닐까? 지친 현실을 딛고 다시금 일어나기 위해서는 사막의 오아시스처럼 시원한 물과 바람이 필요하다. 한창 답사를 하며 돌아다닐 당시, 구멍가게는 우리에게 물과 바람이었다. 그런 느낌은 몸도 마음도 참 많이 고생했지만 소란스럽지 않게 안으로 삭이고, 그럼에도 타인에 대해 깊은 너그러움을 간직한 아주머니들의 삶에서 비롯됐다. 〈금월상회〉 아주머니의 다음과 같은 말씀은 그런 구멍가게 아주머니들의 마음을 대변하는 바일 것이다.

내가 고생한 얘기를 남에게 말해불믄 그 고생이 안 된대. 누구나 할 수 있는 고생을, 그것을 고생이라고 남에게 이야기하면 고생의 가치가 없대. 남들이 보면서 '아 저 아줌마는 저런 어려운 환경 속에서도 고생스럽다 그런 말 하지 않고 꿋꿋이 이겨내신 분이다' 이렇게 해야지, 내가 막 '나는 고생했어요, 시집에서 고생했어요, 시동생들 하면서 난 너무 고생했어요' 이러면 안 된대. 공이 안 돼 공이. 그것을 딱 묻어둬야 돼.

여기에는 다른 사람을 용인하듯 자신의 현실도 있는 그대로 받아들이려는 태도가 담겨 있다. 내 고생을 밖으로 드러내지 않고 누구나 겪어내는 과정처럼 담담하게 바라보는 시각은 자기 삶에 대한 용인이라고 할 수 있을 것이다. 〈아곡상회〉 아주머니가 남편을 마치 남인 것처럼 '박씨아저씨'라고 부르거나, 〈와룡수퍼〉 아주머니가 그 옛날 도둑을 회상하며 "많이 도둑맞았을 거여"라고 남의 일처럼 말하는 것도 같은 맥락이다.

물건이든 사람이든, 혹은 인생이든 그것이 온전히 내 것이라고 여기고 집착하면 괴로움은 더 커지게 마련이다. 한 발자국 떨어져서 남에게 말하듯 그럴 수도 있다고 이해하고 너그러워질 때, 내 일도 남의 일처럼 객관화해 이야기할 수 있을 것이다. 가게에서 부딪히는 골치 아픈 문제들에 그렇게 하듯, 고달픈 인생살이도 '어쩔 수 없으니 잊어버리고, 내버려 두고, 그냥 살아야 한다'고 말하며 마음을 다독인다. 때로 어쩌면 저렇게까지 말할 수 있을까 싶게 무심하면서도 평온한데, 그래서 와 닿는 바가 더 컸다.

하지만 그게 다는 아니었다. 우리에게 값없는 힐링을 선물해준 구멍가게 아주머니들에게도 나름의 숨구멍이 있었다. 만만치 않은 가게 일 때문에 스트레스도 상당했지만, 그중에는 가정사도 평범하지 않은 분이 많았다. 장애를 가지고 태어난 딸아이 때문에 평생 마음이 아픈가 하면, 바람피우고 노름하는 남편 때문에 사는 내내 외로웠으며, 대놓고 미워하고 구박하는 시어머니 때문에 울기도 많이 울었다. 집에 들어가도 가게에 나와 있어도 웃을 구석은 하나 없을 것 같은데, 그럴 때 위로가 되어준 것이 노래였다.

〈용구상회〉 할머니는 가게 일 보면서 삼십 년도 더 된 라디오로 노래를 듣는 것이 유일한 낙이란다. 아내와 사별한 〈대신부인회〉 아저씨의 울적한 마음을 달래주는 것도 노래방 기계에서 흘러나오는 철 지난 유행가였다. 남편 없이 혼자라고 무시당할까 싶어 누구보다 반듯하게 살려고 노력

해온 〈모녀상회〉 아주머니도 노래를 하며 스트레스를 푼다고 했다.

노래로 가장 많이 위안을 받은 분은 〈제일슈퍼〉 아주머니가 아닐까 싶다. 본래 노래를 좋아하기도 했지만 시집살이로 마음이 힘들 때마다 한물간 트로트로 설움을 달래다 보니 노래는 고달픈 인생살이의 친구였다.

제일 좋아하는 노래가 이미자 노래, 〈여자의 일생〉. 그게 나하고 똑같으니까. 내가 사는 거하고. 시집살이하면서 말하자믄 참아야 하는, 여자라니 참아야 하는 그런 거 있잖아. 그 노래가 내하고 똑같아가지고, 내가 사는 세상하고.

벗어날 수 없을 것만 같은 세상, 그래도 어쩔 수 없이 꾹 참고 살아야 하는 인생이 내내 서럽고 고달팠지만 어쩐지 이 노래가 자신의 현실을 알아주며 토닥토닥 위로하는 듯해서 응어리진 마음이 풀어지곤 했던 것이다.

노래만큼이나 종교도 힐링의 한 방법이었다. 모태 천주교 신자인 〈달성상회〉 아주머니는 텃세 심한 시골 사람들 틈바구니에서 가게를 붙잡고 사느라 신경증이 극심했지만 어려운 고비마다 신앙의 힘으로 이겨낼 수 있었다고 말한다. 조용히 살고 싶은 소망과 달리 소란한 가게가 일상인 〈운농수퍼〉 아주머니도 성당을 찾으면서 그나마 안정을 찾았단다. 〈화림리 구멍가게〉 할머니는 불교에 귀의하면서 모질게 아팠던 하루하루가 평온해졌다고 한다. 겉으로는 마냥 씩씩하고 꿋꿋해 보여도 마음만은 쉽게 무뎌지지 않아서 어딘가 온전히 의지할 절대적인 존재가 필요했던 것이다.

하지만 노래를 부르고 기도를 한다고 해도 밑바닥까지 파인 깊은 한숨이 한순간에 아물지는 않았을 것이다. 달관한 듯 타인을 용인하고 자신의 삶조차 있는 그대로 받아들이려는 연습이 없었다면 고단한 세월을 넘겨온 지금, 모두가 한목소리로 내는 '이제는 편하다'라는 말을 할 수도 없었을 것이고 처음 만나는 우리에게 그처럼 진한 울림을 주지도 못했을 것이다.

비를 기다리는 사람들

— 긍께 비 오는 날이 젤 좋아.

〈아곡상회〉 아주머니가 비 오는 날을 좋아하는 데는 이유가 있었다. 이웃에서 식당을 하던 곤조통 영감 때문이다.

여기 식당 하는 자리에 곤조통 영감이 있었어. 자기 말로는 정의파다 근디 우리한테는 곤조통이야. 옛날에 여기 비포장도로 때 덤프차 다니믄 앞에 또랑에 물 졸졸 내려가믄 고놈 물, 여름에 금방 찌끄려봐야 금방 말라부러. 먼지는 버썩버썩 나고. 나보고 물 안 찌끈다고 와서 난리야. 차가 가믄 먼지를 몰고 가잖애. 그믄 먼지가 고기로 삭 가니까. 물 찌끄나 마나여. 금방 찌끄러도 금방 말라부니까. 물 안 찌끈다고. 비포장도로 때 곤조통 영감이 하도 와서 난리길래 열 받으니까 저쪽 길에가 파출소가 있어요. 거까지 한번 갔다 왔거든. 그 아저씨 말도 못 하제. 엄청나게 싸웠제. 사흘이 멀다 하고 싸웠제.

식당 안으로 먼지가 들어오는 게 싫으면 본인이 직접 물을 끼얹으면 될 텐데 굳이 아주머니에게 책임을 전가하는 것은 무슨 심보인가 말이다. 여하튼 그놈의 먼지 때문에 두 사람이 지긋지긋하게도 많이 싸웠다고 하니, 아주머니가 비 오는 날을 좋아하는 이유를 충분히 이해하고도 남는다.

비를 좋아하는 분은 또 있다. 나주 〈와룡수퍼〉 아주머니도 먼지 때문에 고생깨나 했단다. 지금은 미닫이 유리문을 덧대서 문을 열어놓든 닫아놓든 장사하는 데 별 상관이 없지만, 예전에는 허술한 양철문 하나여서 무조건 활짝 열어놓아야 했다. 먼지가 난다고 가게 문을 닫아놓을 수도 없는 노릇이니 비 오는 날은 그야말로 수지맞은 날이었다.

옛날에는 저 유리문이 없었어. 그냥 양철문만 달고 저놈 다 열어놓고 장사항께 굉장히 추웠어. 바람 다 들어오고. 옛날에는 저 뭐이냐, 길 안 났을 적에 황토흙은 다 날라가고, 차 다니믄 여리 싹 들으와불믄 호스를 대놓고 여그서 물 한번 주고. 또 요리 오믄 다 날라오고 징했당께. 어매 먼지 아주 말도 못 했당께. 빨래도 못 널고. 금방 닦아도 금방 허예지고. 차 한 대만 가믄 먼지가 수북해부러. 그때는 여그 문도 없었제, 그냥 차는 댕겨쌌제 말도 못 해. 긍께 비 온 날이 질 좋았어. 먼지 안 낭께.

열악한 도로 환경이 빚어낸 고충이기도 했지만, 구멍가게가 특히 이런 먼지를 많이 뒤집어쓴 것은 가게의 위치 때문이다. 마을의 바깥쪽, 마을과 마을 사이, 마을과 도로의 경계에 자리하고 있었기에 비포장도로의 폐해를 고스란히 받아낼 수밖에 없었던 것이다.

어쩌면 먼지는 구멍가게 아주머니들이 직면한 열악한 삶의 조건을 대변하는 것일 수도 있다. 걱정할 일도 많은 인생에 그깟 먼지 하나쯤은 잊고 살고 싶은 소망이 시원스레 내리는 빗줄기에 담겨 있는 것만 같다. 비가 오면 골칫덩어리 먼지가 빗물에 씻겨 내려가듯, 아주머니들의 곡절 많은 마음속 먼지도 그처럼 말갛게 씻겨나갔으면 하는 바람이 아니었을까.

그런가 하면, 〈남양상회〉 할머니의 먼지는 가게 앞에 빽빽이 들어찬 나무였다. 집에다 돈 들여놓은 적 한 번 없이 쓰기만 하다 죽은 남편을 생각하면 할머니는 아직도 복장이 터진다. 가정에 대한 책임감은 눈곱만큼도 없으면서 남 좋은 일만 하는 남편 때문에 속 썩은 세월이 오래다.

- 옛날에 내가 참말로 하도 성가셔서 죽어불라고 멫 번 마음을 먹었는디 못 죽겄드만. 그르고 어디로 가불라고 그랬어. 애기들 냅둬불고. 즈그 할머니 할아버지 보고 키우라고 하고 냅두고 갈라고 했는디 그것도 못 하겄드만. 내가 없으믄 느그들이 누구 거시기를 받고 사냐 그런 생각이 먼저 들어가드만. 그래 갖고 못 나갔당게. 흐이구 자식들이 뭔고.
- 동네아주머니: 여기서 고기 같이 많이 잡으러 댕겼어.
- 썩을 놈 고기는, 지금도 꿈에 보이믄 망태 짊어지고 고기만 잡으러 댕긴당께. 꿈에 보믄 그릏게 고기를 잡으러 다녀. 긍께 살아서 하는 짓거리 헝갑다 저승 가믄.
- 동네아주머니: 그려. 어쩔 때는 닭도 돌라다 주고 술도 돌라다 줬어요.
- 통 넘 주기를 좋아라 한당께. 그래갖고 요로케 살기가 복잡허

제. 나는 애 터져 죽고 자기는 그렇게 남 주는 거 좋아하고. 근디 나는 하도 정내미가 떨어져갖고 묘소 한 번을 안 가봤어. 그때는 장사가 잘됭께 복잡해요 나 혼자 가게 보기가. 근디 고기망태만 짊어지고 집을 나 몰라라 하고 가버리고. 나는 복잡해 죽겄고 그렁께 밉지요.

그렇게 살림에 영 도움이 안 됐던 남편이 죽고 나서 가게를 고쳐 지었는데, 그와 동시에 집 앞에 우거져 있던 나무도 모조리 베어냈다고 한다. 〈남양상회〉 앞에는 딱 한 그루, 커다란 아름드리 플라타너스가 초록 그늘을 드리우고 있다. 원래는 그마저도 없애버리려고 했는데 주변에서 아깝다며 만류하는 바람에 남겨두었다고 한다.

전에는 이 앞에 전부 나무가 심어졌어. 여기서부터 저까지 쭉. 근디 내가 전부 다 비어부렀어. 우리 아저씨 돌아가시고. 요 나무도 비어불고 해주라고 했는데 안 빕디다. 여름에 시원하게 앉아 있을라고, 이거 내려내고 훤허게 살라고. 나무가 있응게 답답해 속이.

직접적으로 표현하지는 않았지만 그동안 살아온 삶이 답답하다는 뜻으로 이해됐다. 마음이 갑갑한데 눈앞의 나무들까지 울창해서 숨 쉴 틈이 없으니 보기가 싫었던 것이다. 할머니의 인생을 숨 막히게 했던 남편과 사별하고서 우거진 나무들을 베어낸 데에는, 이제는 좀 툭 트인 곳에서 홀가분한 마음으로 살고 싶다는 소망이 담겨 있는 것만 같다.

삶 자체가 먼지이자 소망이라는 분도 있다. 〈운농수퍼〉 아주머니는 누구보다도 강단이 있어서 맺고 끊는 것이 확실하다. 그런데 안타깝게도 강직한 성격만큼 건강하지는 못했다. 워낙에 타고난 체질이 허약해서 몸 쓰는 일은 엄두가 나지 않아 가게를 시작했다고 한다. 가게를 열고 나서는 이래저래 신경을 많이 쓴 탓에 어지럼증이 심해져서 병원이고 한의원이고 많이도 찾아다녔단다. 그래서인지 입버릇처럼 하는 말이 있다.

난 참말로 하루를 굶고 이틀을 굶더라도 신경 쓰고 살기가 질로 싫어.

원하는 바와 달리 늘 소란함 속에 살았던 세월도 안타깝지만, 불우한 환경 때문에 많이 배우지 못한 것도 한이 됐다. 그래서 마음에 맞는 책이나 조금씩 보면서 조용히 살고만 싶다는데, 그런 아주머니가 정작 소망하는 것이 아주 특별했다.

- 나는 생전 한탄을 헌 것이 시기를 잘못 타고 나왔어. 긍께 한스러워서 나는 죽으믄 도로 여자가 될란다.
- 조사자: 왜요? 한스러우면 남자가 돼야지.
- 아녀, 여자가 돼갖고 현모양처로 살라고. 내 마음은 진짜 현모양처로 알뜰한 가정에서 살았으믄 이런 생각뿐이여.
- 조사자: 그런 얘기는 처음 들어요. 고생을 많이 하면 남자가 돼야 될 것 같은데.
- 아니, 남자는 아녀. 그래갖고 가정주부로서, 현모양처로 알뜰히 살믄 그 가정이 얼마나 따뜻하고 현명하겠냐 이 말이여.

곰곰이 생각해보니 성별을 떠나서 따뜻하고 안정적인 가정을 꾸려보고 싶다는 뜻인 듯했다. 이번 생에서는 그렇게 하지 못했으니 똑같은 나로 태어나 이전의 힘들었던 나에게 새로운 삶을 선물하고 싶은 것이다. 〈운농수퍼〉 아주머니의 바람은 비 오는 날을 기다리는 것보다, 울창한 나무를 베어내는 것보다 어려운 일 같아서 오래도록 마음에 남았다.

이런 아주머니들에게 구멍가게는 과연 무엇일까? 붙잡을 데 하나 없는 암울한 현실 속에서 유일한 생계 수단일 때도 있었다. 거기에서 밥이 나오고 아이들 학자금이 나왔으니 말이다. 그래서 고맙지만 고생한 옛날을 생각하면 징글징글한 것도 사실이다. 그래서 아들딸 다 키우고 남편도 먼저 보낸 지금, 자식들이 원하는 대로 이제 그만 문을 닫아도 될 텐데 여전히 나와 앉아 있는 데는 또 그럴 만한 이유가 있다.

시방은 허기도 싫어. 그래도 요로코 있으믄 얘기도 허고. 먹고사는 것보다도 사람 오믄 이야기허고 하니께. 어뜬 아저씨헌테 "아이고 난 요고 허기 싫어죽겄소" 그러믄 "아이고 천직으로 아쑈. 그도 누가 오믄 이야기허고 좋제" 그 말씀도 좋기는 좋소 싶어. 여그서는 담배 사러 누구라도 안 오믄 내가 나가야는데 그것도 걱정스럽고. 애들은 허지 마라 해싸도 젊은이들도 오믄 얘기허고, 또 할아부지들 오므는 어쨌든지 건강허시고 어쨌든지 우리가 마음을 비우고 살아야겠습니다 그르고 요런 생각 허고 살아.

〈운농수퍼〉 아주머니의 말처럼 가게는 이제 먹고살 것을 벌어야 하는 일터가 아니다. 상업적 기능으로서의 가게는 꼴도 보기 싫고 하기도 싫지만, 이 공간에서 사람을 만나 이야기할 수 있어서 문을 안 닫는 것이다. 자식들 방세 구하느라 평생 애달팠던 〈대겸가게〉 아주머니는 그 아이들 다 출가시키고 평상에 나와 앉아 지나가는 사람들 구경하는 낙으로 가게를 지키고 있다. 〈장성슈퍼〉와 〈연산상회〉 할머니도 사람들과 나누는 소소한 정담이 좋아서 매출에 상관없이 가게 문을 열어놓는다고 한다. 그렇게 작은 일상을 공유하며 끊임없이 마음을 비우고 소박한 위안을 얻는 것이, 인생의 막바지인 이들에게 구멍가게가 주는 의미일 것이다.

먼지로 뒤덮인 구멍가게에 잘 차린 편의점과 같은 깨끗함과 쾌적함은 없다. 하지만 구멍가게는 그 안에 담긴 다양한 모양, 다양한 색깔의 시간만큼이나 삶의 모든 찌꺼기를 다 받아줄 것만 같아서 살면서 쌓아온 찌든 상처, 잊고 싶은 아픔 한 조각쯤 남겨두고 와도 될 것 같은 곳이었다. 구멍가게 아주머니들은 인생사 이런 모든 먼지들을 끌어안고 묵묵히 세상을 이해하고 용인해왔다. 비가 와서 자신들의 먼지도 좀 털어버렸으면 하고 바라면서.

아스팔트가 깔리니 그토록 말썽 많던 먼지가 사라져버렸다. 이제는 비오는 날을 기다리는 심사도 사라졌다. 술 마시러 오는 사람도 없어져가고, 도둑도 더는 찾지 않는 가게가 되어버렸다. 먼지가 사라진 만큼 삶의 애환도 구멍가게에서 멀어져가고 있다. 우리의 '곁'이 또 하나 사라져가고 있다.

에필로그

숙제를 마치며

살다 보면 마음에 걸리는 일이 한두 가지는 꼭 있다. 유달리 씩씩하고 쾌활하셨던 〈모녀상회〉 아주머니에게 사실 나는 빚이 하나 있다. 애초에 구멍가게 답사를 계획하면서 인근 오일장도 아울러 둘러보기로 한 터라 점심은 되도록 시골장터에서 해결하기로 했었다. 하지만 첫 답사에서부터 일이 어그러졌다. '괜찮다, 괜찮다'를 되뇌며 꾸역꾸역 비워낸 돼지국밥 한 그릇이 실은 괜찮지 않았던 것이다. 결국 제대로 탈이 나버린 나는 다음 인터뷰할 가게에 들어가지도 못한 채 인근 논밭에서 근 두 시간 동안 속을 비우느라 진을 뺐다. 이후로 점심 장소는 우리의 중요한 선택지가 되었다. 그런 상황에서 〈모녀상회〉를 찾은 날, 인심 좋은 아주머니가 호쾌하게 점심을 권하셨다. '나 깔끔하게 반찬 잘 해놓는다'며 재차 먹고 가라고 청하셨지만 문제의 인물, 바로 나 때문에 아주머니의 마음을 완곡히 사양하고 말았다.

이 책의 출간을 준비하던 지난 십일월, 다시 〈모녀상회〉를 찾을 기회가 생겼다. 하지만 더 이상 〈모녀상회〉는 없었다. 외관을 장식하던 그 많은 상호며 문구는 모조리 사라지고, 밋밋한 건물만 덩그러니 남아 있을 뿐이었다. 이제는 정말 가게를 유지할 여력이 없어지셨구나 싶어 안타까웠지만, 남은 인생 홀가분하게도 살아보셔야지 하는 마음으로 문을 두드렸다. 그런데 아무런 인기척이 없는 것이다. 그냥 돌아서기가 아쉬워 한참을 서성이다가 삼 년 전에 아주머니가 병으로 돌아가셨다는 소식을 전해 들었다. 전혀 예상치 못한 상황에 한동안 맥이 탁 풀려 마음을 추스르기가 어려웠다. 돌아오는 길, 녹취하면서 여러 차례 반복해 들었던 아주머니의 목소리가 자꾸만 귓가에 맴돌았다. '잠이 안 와서 새벽부터 일어나 나물 무치고 된장국 끓였다'는. 그렇게 지어낸 밥 한 끼를 같이 못 한 게 더없이 후회스러워지는 순간이었다.

　〈모녀상회〉 아주머니의 비보는 십 년 전 그날의 구멍가게들을 다시 돌아보게 해주었다. 그분들은 어떤 모습으로 지금을 살아가고 계실까, 해묵은 숙제를 다시 구멍가게를 찾는 것으로 마무리하고 싶었다. 하지만 마지막 여정도 처음만큼이나 쉽지 않았다. 한 가게 한 가게 돌아볼 때마다 감정의 파고가 심했기 때문이다.

　〈희망슈퍼〉로 모습을 바꾸었던 〈아곡상회〉는 그마저도 텅 비어 집을 내놓은 상태다. 드나드는 사람들로 북적거렸던 〈영천리 구판장〉도 주인을 잃고 싸늘하게 식어 있었다. 이웃했던 새마을창고도 지붕을 뜯어냈고, 소박하던 마을회관은 깎아놓은 듯 새로 지어서 잘 어울리던 삼총사는 완전히 해체되었다.

　깨알 같은 외상장부로 마을의 하루하루를 기록해주던 〈삼태상회〉는 이제 그 흔적조차 찾을 수 없게 됐다. 가게가 있던 자리에 큰 산업단지가 들어섰기 때문이다. 고색창연한 정경을 자랑하던 〈금성슈퍼〉도 마찬가지다. 잘 닦인 새 도로는 하루아침에 할머니의 오십 년 시간을 밀어냈다.

살아온 날들을 생각하면 아슬아슬하던 〈화림리 구멍가게〉 할머니는 이제 그만 고단함을 내려놓고 싶으셨는지 기억을 잃은 아이가 되셨단다. 주인 없는 가게는 할머니와의 시간만 간직한 채 고장난 시계처럼 그 자리에 그대로 멈춰 서 있었다. 손바닥만 한 하천부지에 서럽게 지은 〈하꼬방 가게〉는 작년에 별이 되신 할머니를 따라 완전히 사라져버렸다. 누군들 상상이나 할 수 있을까, 이 자그마한 터에 가게가 있었고 반짝이는 또 하나의 삶이 있었다는 것을.

생각보다 훨씬 더 기울어가는 구멍가게의 현실에 마음이 쓸쓸할 무렵, 무거운 걸음을 처음으로 다독여준 분은 〈달성상회〉 아주머니였다. 예의 그 씩씩한 목소리로 같은 자리를 지키고 계셨던 것이다. 모여드는 인파로 활기찼던 〈미력슈퍼〉도 제 모습을 잃지 않았다. 방금 전까지 한 무리가 놀고 갔다며, 장사는 나날이 안되지만 가게를 찾는 사람들만은 여전해서 차마 문을 닫을 수 없단다. 마음 좋은 〈대치서점〉에도 반가운 미소가 끊이지 않는다. 훌쩍 자란 꼬맹이들이 새해 인사차 들렀다며 풋풋한 안부를 놓고 가기 때문이다. 비 오는 겨울 다시 찾은 〈와룡수퍼〉에는 오늘도 오전부터 단골들의 술참이 한창이다. 어느새 백발이 다 된 아주머니가 밥솥에서 꺼내주신 따뜻한 캔커피에 얼어붙은 길마저 온기가 도는 날이었다. 그렇게, 살아 있는 한 어떤 모습으로든 구멍가게 어머니들의 삶은 계속되고 있었다.

십 년 동안 구멍가게는 각자 다른 상황을 거치며 저마다의 오늘을 맞이

하고 있지만, 달라진 모습 속에도 변하지 않는 것이 있다. 막막하고 힘든 순간이 많았어도 지나온 날들을 후회하지 않는다던 분들이기에 현재가 어떠하든 그 또한 그분들의 최선이 담긴 삶의 과정이라는 사실이다. 그래서 마지막 여정을 통해 다시 묻는 안부가 쌓여갈수록 〈희망슈퍼〉로 바뀌어버린 〈아곡상회〉, 간판을 내린 〈모녀상회〉 앞에서 느꼈던 당혹스러움과 안타까움보다 소란하지 않은 추모와 감사의 마음이 점점 더해졌다.

누군가는 말했다. 내 인생이 안 보일 땐 다른 사람의 인생을 보라고. 어느 순간 나 자신에 시들해지고 방향을 찾을 수 없을 때, 별 문제 없이 평범하게 굴러가는 일상임에도 앞이 잘 보이지 않을 때, 길잡이 북극성처럼 구멍가게 어머니들을 다시 만날 수 있었다. 앞만 보고 나아가는 게 다인 줄 알았던 십 년 전에도, 끝 모를 무력감으로 당황스러워하던 오늘도, 길을 나서지 않았다면 미처 경험하지 못했을 삶의 깊이를 구멍가게 어머니들은 당신의 인생을 통해 보여주셨다. 그분들의 삶 속에 배어 있는 담담하지만 진진한 가치들을 나는 어떻게 구현하며 살아왔을까? 부끄럽게도 나는 아직 포기한 것에 미련이 많고, 나에게 열 번 잘해도 한 번 잘못하면 미움이 더 크며, 여전히 '함께'보다는 '나'로 숨 쉬는 게 우선이라, 욕심도 후회도 많다.

하지만 저기 저 멀리, 잘 알지 못하는 누군가의 삶을 한 번쯤은 더 생각해보고 조금만 더 다가가보자고 마음먹을 줄은 알게 됐다. 서툴지만 그런 연습을 반복하다 보면 구멍가게 어머니들처럼 어느 순간 나도 익숙한 옷을 걸친 듯, 나만의 삶의 방향을 만들어가고 있지 않을까. 그리고 그분들처럼 말할 수 있지 않을까. 고단한 여정이었지만 진심을 다해 살았으니 후회하지 않는다고.

책을 마무리하기까지 감사한 분이 너무 많지만, 이 자리는 오롯이 구멍가게 어머니들께 내드리고 싶다. 누구나 삶의 주인공은 당연히 자기 자신이지만, 세상이 인정하는 보편적 가치 속에서도 당신들이 주인공이라고 감히 말씀드리고 싶다.

2021년 3월
박혜진 씀

| 구멍가게 목록 |

• ■은 2020년 기준 운영 중인 가게이고, □은 운영하지 않는 가게다.
• '운영 기간'은 답사한 해(2011~2014년) 기준이다.

시/군	읍/면	가게 이름	가게 주인 성별	운영 기간
강진군	성전면	랑동가게	여	51년
고흥군	고흥읍	호산리 가게	여	30년 이상
	도덕면	가야수퍼	여	20년 이상
곡성군	목사동면	음식점상회	남	15년 이상
	삼기면	근촌리 점빵	남	11년
구례군	간전면	효곡슈퍼	여	20년
	마산면	제일슈퍼	여	8년
	문척면	죽마리 구판장	여	22년
나주시	노안면	금성슈퍼	여	51년
	노안면	안산부녀회슈퍼	여	43년
	다시면	이화상회	부부	44년
	다시면	신흥상회	남	40년
	봉황면	와룡수퍼	여	27년
담양군	금성면	옥찬수퍼	여	30년 이상
	담양읍	강쟁상회	여	33년
	담양읍	오정상회	여	40년
	대전면	대치서점	부부	35년
	무정면	영천리 구판장	여	20년 이상
	봉산면	대추리수퍼	여	30년
	용면	용구상회	여	35년

시/군	읍/면	가게 이름	가게 주인 성별	운영 기간
무안군	해제면	해광상회	부부	30년 이상
	해제면	사야상회	남	25년 이상
보성군	겸백면	남양상회	여	41년
	겸백면	대겸가게	여	43년
	노동면	노동식당	여	30년 이상
	득량면	오봉상회	여	40년
	미력면	미력슈퍼	여	21년
신안군	압해읍	산정상회	여	20년
여수시	소라면	담배집	여	31년
	소라면	풍류주막	여	42년
	율촌면	담배집	여	41년
	화양면	명수점방	여	60년
영광군	염산면	현순상회	여	26년
영암군	금정면	세흥상회	여	31년
	금정면	신흥상회	남	32년
	금정면	모녀상회	여	42년
	시종면	금월상회	여	40년
	영암읍	대신부인회	남	50년
장성군	남면	연산상회	여	25년
	남면	삼태상회	여	43년
	북이면	달성상회	여	37년
	북하면	고바우마트	남	35년
	북하면	백양슈퍼편의점	여	15년
	북하면	장성슈퍼	여	27년

시/군	읍/면	가게 이름	가게 주인 성별	운영 기간
장성군	북하면	태양수퍼	남	40년 이상
	황룡면	아치실 가게	여	55년
	황룡면	아곡상회	여	34년
장흥군	부산면	문흥수퍼	남	65년
	부산면	하꼬방 가게	여	53년
	부산면	호계슈퍼	여	35년
해남군	현산면	고담상회	여	41년
	현산면	초호리 슈퍼	여	22년
	화산면	해성슈퍼	여	45년
	화원면	후산리 수퍼	여	26년
화순군	동면	보성상회	부부	40년
	동면	운농수퍼	여	31년
	백아면	북면상회	부부	23년
	춘양면	화림리 구멍가게	여	52년

| 프롤로그 | 새로 쓰는 구멍가게

1 〈5년새 골목 "구멍가게" 4곳 중 1곳 문닫아〉,《노컷뉴스》2013. 3. 25.

2 〈[설왕설래] 구멍가게〉,《세계일보》2007. 6. 23.

| 1장 | 동네 안 구멍가게

1 〈편지 몇 통 되지 않는다고 며칠동안 우체통 외면〉,《동아일보》1980. 8. 29. 4면.

2 〈우체통·우표가게 좀 더 늘렸으면〉,《동아일보》1983. 3. 9. 9면.

3 〈藥局(약국) 등서도 郵票(우표) 팔았으면 ─ 우체국까지 가는 不便(불편) 덜게〉,
   《경향신문》1984. 11. 5. 9면.

4 〈태부족 郵票(우표)판매업소 ─ 無制限(무제한) 허가방침〉,《매일경제》1982. 4.
   12. 11면.

5 〈郵票(우표) 사기 不便(불편)하다〉,《조선일보》1971. 3. 21. 조간 6면.

6 〈우표 品切(품절) 안되도록 판매소에 직접공급〉,《조선일보》1981. 8. 20. 조간 6면.

7 《조선총독부관보》1911년 7월 5일자 4면에 '1911년 7월 1일부터 鎭南浦(진남
   포, 현 평안남도 남부의 항구도시) 철도정차장 구내에 자동전화기를 설치했다'는 기
   사가 실려 있고, 1911년 7월 10일자 4면에는 '1911년 7월 5일부터 京城(경성)
   古市町(고시정, 현 용산구 동자동)과 吉野町(길야정, 현 중구 도동)의 교차지점에
   자동전화기를 설치했다'는 기사가 실려 있다. 또 1912년 12월 28일자 8면에는
   1912년 12월 26일부터 群山(군산) 철도정차장 구내에 자동전화기를 설치하고,
   1913년 1월 1일부터 다음 장소들에 자동전화기를 설치한다는 기사가 실렸다. 京
   城(경성) 東大門(동대문) 안의 日韓瓦斯電氣會社(일한와사전기회사) 발전소 옆,
   黃橋通(황교통, 현 종로4가) 總督府醫院(총독부의원, 현 서울대병원) 문 앞, 光化門

通(광화문통, 현 세종로) 景福宮(경복궁) 앞, 蓬萊町1丁目(봉래정1정목, 현 중구 봉래동 1가) 獨立門通(독립문통, 현 독립문로)에 이르는 분기점, 新町3丁目(신정3정목, 현 중구 묵정동) 西四軒町(서사헌정, 현 장충동)에 이르는 곡각(曲角), 東大門通2丁目(동대문통2정목, 현 동대문로 2가) 總督府醫院(총독부의원) 및 動物園(동물원, 현 창경궁)에 이르는 曲角(곡각), 西大門通(서대문통, 현 신문로) 興化門(흥화문, 경희궁 정문) 앞 總督府(총독부) 내 학교 앞.

8 〈倉庫(창고)에 侵入(침입)하야〉,《동아일보》1922. 12. 21. 7면; 〈公衆電話室(공중전화실)서 自殺(자살)을 圖謀(도모)〉,《동아일보》1932. 5. 7. 3면; 〈공중전화박스가 걸식의 보금자리?〉,《부산일보》1937. 1. 22. 석간 2면.

9 〈환도 이후 서울 풍경〉,《민주신보》1953. 7. 17.; 〈公衆電話復活(공중전화 부활)〉,《경향신문》1947. 11. 5. 2면; 〈市內要處(시내 요처)에 公衆電話(공중전화) ─ 于先商店(우선 상점)을 利用(이용)키로〉,《자유신문》1947. 11. 2. 2면.

10 한국통신홍보실,《한국통신 10년사》, 한국통신, 1992, 600쪽.

11 위의 책, 600쪽.

12 〈서울에 公衆電話(공중전화)「박스」20日(일)부터 行人(행인)들에 便宜(편의)〉,《경향신문》1962. 9. 19. 7면.

13 강준만,《한국 대중매체사》, 인물과사상사, 2007, 447쪽.

14 〈분홍빛 새「簡易公衆(간이공중)전화」─ 동전사용, 걸려오게도 해〉,《경향신문》1967. 3. 17. 3면.

15 한국통신홍보실, 앞의 책, 601쪽.

16 〈電話(전화) 없는 마을 없앤다〉,《매일경제》1983. 1. 10. 11면.

17 〈동전이 있어야 通話(통화)를 하지─ 불편한 公衆電話(공중전화)〉,《동아일보》1981. 10. 28. 11면.

18 〈公衆電話(공중전화)에 이상 있다〉,《경향신문》1969. 8. 2. 4면; 〈電話(전화) 놓던 날〉,《경향신문》1981. 7. 9. 6면.

19 1930년대 이후 공중전화 관련 절도사건을 다룬 기사에는 다음과 같은 것들이 있다. 〈公衆電話機(공중전화기)를 破壞(파괴)한 怪賊(괴적) 그 속에 들어잇는 現金

(현금) 全部(전부)를 竊取(절취)〉,《매일신보》1931. 2. 21. 7면; 〈漢江橋(한강교)

公衆電話(공중전화) 代金函(대금함)을 竊取(절취)〉,《동아일보》1938. 6. 7. 2면;

〈公衆電話(공중전화) 통 턴 도둑 金(김)을 逮捕(체포)〉,《경향신문》1963. 5. 16.

7면; 〈도둑 수난 겪는 無人(무인)公衆電話(전화)〉,《경향신문》1976. 1. 29. 6면;

〈공중電話(전화) "동전 도둑" 하루 36건 발생〉,《조선일보》1986. 6. 7. 조간 11면.

20 1980~1990년대에 불황 극복의 한 방법으로 자동차를 이용해 직판매하는 사례
가 종종 등장했다.《조선일보》1980년 7월 25일자 조간 7면에 수록된 기사 〈"原價
(원가)로 팝니다" 移動式(이동식) 直販場(직판장) 통근버스에 製品(제품) 싣고〉에
따르면 회사 통근버스를 이용해 직판장을 열기도 했고,《동아일보》1980년 7월 5
일자 3면의 〈世態(세태) '80 (10) 마이카 行商(행상)〉을 보면 자가용을 임시가게
삼아 오일장터에서 장사를 하는 경우도 있었다.

21 〈이동식 「슈퍼」 이어 광고板(판) 차량도 등장채비〉,《경향신문》1992. 4. 22. 17면.

22 〈「이동판매 시대」 열린다〉,《조선일보》1992. 6. 2. 조간 29면.

| 2장 | 길 위의 정류장 가게

1 〈配車(배차)시간 無視(무시) 일쑤 — 언양~蔚山間(울산 간) 市外(시외)버스〉,《동
아일보》1975. 4. 10. 6면.

2 시골버스의 유연성에 대한 불만은 다음과 같이 신문지상에 오르내린 적이 많았다.
〈停車(정차) 너무 잦은 시골버스〉,《경향신문》1967. 3. 13. 8면; 〈餘滴(여적)〉,《경
향신문》1976. 12. 10. 2면; 〈「직행」 않는 직행버스〉,《동아일보》1984. 9. 5. 8면.

3 〈平壤電車(평양전차), 뻐쓰乘車券(승차권) 僞造犯續續檢擧(위조범 속속 검거)—
取調(취조)따라 被害額巨大(피해액 거대)〉,《조선일보》1938. 6. 4. 석간 7면.

4 〈平壤府電回數券(평양부 전차 회수권) 卄二枚(22매)로 減縮(감축)〉,《조선일보》
1936. 12. 4. 석간 7면.

5 〈15日(일)부터 뻐쓰回數券(회수권) 發賣開始(발매 개시)〉,《경향신문》1954. 11.
14. 3면.

6 1954년 이후 승차권 위조 범죄를 다룬 기사는 다음과 같다. 〈뻐스乘車券(승차권)

萬餘(만여)장 僞造(위조)〉,《조선일보》1956. 5. 28. 석간 3면; 〈뻐쓰乘車券僞造
(승차권 위조)〉,《동아일보》1957. 9. 3. 3면; 〈闇賣(암매)「뻐스」票(표) 僞造犯(위
조범) 체포 指示(지시)〉,《경향신문》1962. 6. 19. 3면.

7   〈버스 回數券制(회수권제)로 10日(일)부터〉,《경향신문》1966. 6. 29. 7면.

8   〈市內(시내)버스 토큰制(제)로 실시〉,《경향신문》1977. 8. 9. 6면.

9   〈새벽에만 "반짝" 學生(학생)토큰 "증발"— 가게마다「없음」標識(표지)〉,《경향신
    문》1979. 3. 17. 6면.

10 〈學生(학생)토큰 웃돈 뒷거래〉,《동아일보》1979. 2. 22. 7면.

11 〈5월1일부터 학생割引(할인)토큰 폐지— 回數券(회수권) 사용〉,《경향신문》
    1979. 4. 20. 7면.

12 〈"판돈"으로 변한 새 버스票(표)「토큰」— 學生(학생) 노름 성행〉,《조선일보》
    1977. 11. 27. 조간 7면.

쉼터 : 구멍가게의 어원

1   〈5년 만에 모습 드러낸 숭례문 찾아봤더니 ~〉,《한국경제》2013. 4. 17.

2   러시아대장성 편, 최선·김병인 옮김,《국역 한국지》, 한국학중앙연구원, 1984,
    537~538쪽.

3   박영수,《유래를 알면 헷갈리지 않는 우리말 뉘앙스 사전》, 북로드, 2007, 4쪽.

| 3장 | 학교 앞 문방구 가게

1   〈군것질은… 이러케 해로워요〉,《동아일보》1926. 5. 10. 3면.

2   〈어린이들의 군것질하는 버릇에 대하야〉,《동아일보》1934. 11. 21. 석간 4면.

3   〈막을 수 없는 군것질〉,《동아일보》1967. 5. 25. 6면.

4   〈어린이 군것질은 慾求(욕구) 충족〉,《경향신문》1974. 12. 13. 5면.

5   〈벌레가 나오는 菓子(과자)〉,《조선일보》1959. 8. 5. 조간 4면; 〈어린이의 敵(적) 有毒
    色素(유독색소)〉,《조선일보》1963. 5. 15. 조간 5면; 〈위험천만…「비닐주스」〉,《조
    선일보》1967. 3. 15. 조간 4면; 〈「계란가루」사 먹고 어린이 絕命(절명)〉,《조선일

보》1967. 5. 23. 조간 7면; 〈粉末(분말)과자 먹고 中毒(중독)〉,《조선일보》1971. 6. 17. 조간 7면.

6 〈不良(불량)과자 百(백)20種(종)〉,《조선일보》1974. 10. 9. 조간 7면; 〈無許(무허) 과자 사 먹고 慘變(참변)〉,《동아일보》1972. 6. 20. 7면; 〈童心(동심) 오염지대 國民學校(국민학교) 앞 잡상인〉,《경향신문》1975. 11. 5. 7면.

7 〈어린이 間食(간식)은 군것질이 아니다〉,《매일경제》1978. 1. 13. 8면.

8 〈군것질은 과일로 하라〉,《매일경제》1992. 8. 26. 13면.

9 〈어린이 용돈 "매일 기록장 쓰게끔"〉,《경향신문》1992. 8. 22. 12면.

10 〈한국부인회 調査(조사) — 消費者(소비자) 교육에 虛點(허점) 있다〉,《동아일보》1978. 6. 22. 5면.

11 〈불량학용품 많아요〉,《동아일보》1979. 4. 12. 5면.

12 문방구 놀잇감과 관련된 사고를 다룬 기사는 다음과 같다. 〈失明(실명)한 딱총놀이〉,《조선일보》1968. 9. 1. 조간 7면; 〈위험한 장난 "注射(주사)놀이"〉,《조선일보》1973. 4. 28. 조간 7면; 〈버젓이 「檢(검)」字(자) 찍히기도 — 販禁(판금) 장난감 爆音彈(폭음탄) 여전 市販(시판)〉,《동아일보》1973. 9. 19. 7면; 〈폭약-총기-칼 종류 등 危險(위험) 장난감 다시 나돌아〉,《조선일보》1975. 9. 3. 조간 7면; 〈危險(위험) 장난감에 꼬마 窒息死(질식사) — 플래스틱 大砲(대포)알 목에 걸려〉,《경향신문》1978. 9. 12. 7면.

13 학교 앞 문방구의 전자오락 문제를 다룬 기사는 다음과 같다. 〈「電子(전자)오락」… 團束(단속) 피해 구멍가게로〉,《조선일보》1980. 9. 10. 조간 6면; 〈어린이 情緒(정서)와 學校周邊(학교 주변)〉,《경향신문》1981. 5. 13. 2면; 〈무허오락실 17곳 적발〉,《경향신문》1982. 3. 4. 10면; 〈자녀와 함께 생각한다 (3) 전자오락〉,《한겨레》1990. 6. 22. 8면; 〈어린이용 도박 오락기 문방구까지 침투 성황〉,《한겨레》1990. 4. 27. 6면.

| 4장 | 마을공동가게에서 구멍가게로

1 이하나, 〈일제강점기 '모범부락'정책과 조선농촌의 재편〉,《학림》19, 연세사학연

구회, 1998, 146쪽.

2 〈虛実(허실) (8) 模範部落(모범부락)〉,《경향신문》1962. 2. 26. 석간 1면.

3 〈施設費(시설비)와 住宅資金(주택자금) 百(백)10億圜(억환) 들여〉,《경향신문》
　　1962. 2. 13. 석간 1면.

4 〈理想鄕(이상향)에의 발돋움 — 現地(현지)서 본 模範農村部落(모범농촌부락)〉,
　　《동아일보》1963. 1. 3. 5면.

5 〈農協購販場(농협구판장) 各道(각 도)의 運営實態(운영실태)〉,《경향신문》1966.
　　5. 11. 3면.

6 위의 기사.

7 〈자취 감출「原始流通(원시유통)」⋯장날〉,《매일경제》1969. 9. 27. 4면.

8 〈農協購販(농협구판)시설 확대 시급 — 農村(농촌) 5日(일)市場(시장) 정비의 문제
　　점〉,《매일경제》1972. 8. 9. 3면.

9 〈단위조합 농협連鎖店(연쇄점) 첫개점〉,《매일경제》1970. 1. 31. 2면.

10 농촌의 여성조직이 결성된 역사를 살펴보면 1957년 농촌 부녀자들의 생활개선을
　　위해 여성들을 중심으로 생활개선구락부가 처음 조직되었고, 이후 1967년 부녀교
　　실, 1968년 가족계획어머니회가 조직되었다. 장준철, 〈새마을운동에서 여성의 역
　　할〉, 가천대 석사학위논문, 2012, 105쪽.

11 〈새마을意志(의지) 르포 (17) 보릿고개 몰아낸 山菜(산채)마을〉,《경향신문》
　　1975. 2. 14. 7면; 〈近代化(근대화)의 英雄(영웅) (16) 富村(부촌) 이룬 아낙네 억
　　척 意志(의지)〉,《경향신문》1975. 12. 13. 6면.

12 김종숙·정명채, 〈농촌여성의 의식변화와 역할에 관한 연구〉,《한국농촌경제연구
　　원》, 1992, 61쪽.

13 〈餘滴(여적)〉,《경향신문》1974. 3. 2. 1면.

14 강준만,《한국 근대사 산책 4》, 인물과사상사, 2007, 200쪽.

15 〈各界各面(각계각면) 第一(제일) 먼저 한 사람〉,《별건곤》16·17호, 1928. 12.

16 〈東亞婦人商會(동아부인상회)〉,《동아일보》1920. 4. 12. 3면.

17 〈江華婦人商會總會(강화부인상회 총회)〉,《동아일보》1921. 8. 28. 4면; 〈大邱婦

人商會開業(대구부인상회 개업)〉,《동아일보》1921. 12. 27. 4면; 〈平壤婦人(평양
부인)의 覺醒(각성) 부인상회의 발기〉,《동아일보》1922. 1. 8. 3면; 〈會寧婦人商
會創設(회령부인상회 창설)〉,《동아일보》1922. 6. 1. 4면.

18 〈土産愛用婦人商會(토산애용부인상회) 創立計劃(창립계획)〉,《동아일보》1923.
5. 14. 3면.

19 〈洪城婦人商會(홍성부인상회)〉,《동아일보》1929. 9. 8. 4면.

20 〈海美婦人商會(해미부인상회)〉,《동아일보》1927. 7. 26. 3면; 〈부인게활동으로
白羊商會創設(백양상회 창설) 馬山商界異彩(마산상계 이채)〉,《동아일보》1931.
12. 16. 2면; 〈楊山幼園(양산유원)에 五百圓寄附(오백원 기부) 安岳婦人商會(안
악부인상회)서〉,《동아일보》1933. 2. 12. 3면.

21 〈婦人會(부인회)가 激增(격증)〉,《동아일보》1933. 6. 23. 조간 3면.

22 〈共同購入(공동구입)을 目的(목적)한 襄陽婦人商會創立(양양부인상회 창립)〉,
《동아일보》1937. 11. 30. 조간 7면.

23 왕릉욱,〈새마을운동과 부녀회 활동 속에 여성참여 연구〉, 한국외국어대학교 석사
학위논문, 2011. 25~27쪽.

| 5장 | 구멍가게는 어떻게 살아남았을까

1 〈농협連鎖店(연쇄점) 첫 개점― 단위조합 구판장을 革新(혁신)〉,《매일경제》
1970. 1. 31. 2면.

2 〈사라지는「五日場(오일장)」〉,《동아일보》1972. 8. 9. 6면.

3 〈倒産(도산)위기에 몰린 農協(농협)연쇄점〉,《매일경제》1971. 6. 3. 5면.

4 〈農協(농협) 소매유통전담社(사) 설립〉,《매일경제》1995. 2. 14. 17면.

5 〈米價(미가)의 急激(급격)한 暴落(폭락)과 京城商界(경성상계)의 大慘狀(대참
상)〉,《동아일보》1920. 9. 10. 3면.

6 〈壇上壇下(단상단하)〉,《동아일보》1958. 10. 7. 1면.

7 〈上半期(상반기) 百億(백억) 육박 ― 大業體(대업체) 內國稅(내국세) 減免(감면)〉,
《동아일보》1968. 9. 5. 1면.

8 〈112의「벨」〉,《경향신문》1965. 2. 16. 4면.

9 〈구멍가게에 強盜(강도)〉,《경향신문》1965. 1. 30. 8면.

10 〈民藝(민예)의 마을 (6) 水原(수원)의 杞柳工藝(기류공예)〉,《경향신문》1966. 8. 17. 5면.

11 〈수퍼·在來市場(재래시장)보다 구멍가게를 더 활용〉,《매일경제》1976. 5. 20. 5면.

쉼터 : 슈퍼마켓의 역사

1 〈수퍼마키트 ⊕(중) 現況(현황)〉,《매일경제》1974. 3. 13. 6면.

2 〈구멍가게 찾는 손님 갈수록 줄어〉,《동아일보》1986. 6. 19. 11면.

3 〈"슈퍼마케트보다 싸게 商品(상품)공급" 구멍가게 골라 詐欺(사기)〉,《동아일보》1981. 8. 19. 11면.

4 〈지방도시 식품점 '구멍가게'〉,《한겨레》1994. 1. 24. 10면.

| 6장 | 구멍가게의 변신, 이름으로 말하다

1 〈"답례선물로 제격", 주문형 전화카드 인기〉,《동아일보》1994. 10. 7. 16면; 〈결혼·돌 기념 전화카드 인기〉,《한겨레》1995. 2. 12. 19면.

2 〈日(일)「훼미리마트」와 기술제휴〉,《매일경제》1990. 8. 14. 12면.

3 〈동양마트 延大(연대)입구 1호점 개설〉,《매일경제》1991. 1. 23. 12면.

4 〈百貨店(백화점)-슈퍼 중간형태 해태流通(유통)「마트」개점〉,《동아일보》1990. 12. 12. 7면.

5 〈"양담배-수입식품 안팔아요"「코사마트」눈길〉,《동아일보》1994. 6. 2. 39면.

6 〈동네가게들「KC마트」로 거듭난다〉,《경향신문》1997. 3. 11. 1면.

7 〈롯데쇼핑 구멍가게의 새로운 형태「편의점」첫 등장〉,《매일경제》1982. 11. 23. 10면.

8 〈24시간 영업 국내 첫「편의점」등장〉,《매일경제》1988. 12. 24. 13면.

9 〈24시간 영업「도시형雜貨店(잡화점)」盛業(성업)〉,《동아일보》1989. 9. 2. 13면.

10 〈신용카드〉,《동아일보》1990. 4. 13. 8면.

11 〈外國(외국)편의점「골목商圈(상권)」잠식〉, 《경향신문》1991. 8. 9. 13면.

12 〈편의점 점포망 지방진출 본격화〉, 《경향신문》1992. 3. 16. 10면.

13 〈프 유통업체 까르푸 중동에 1호점 개장〉, 《한겨레》1996. 7. 31. 8면.

14 〈구멍가게 볕들 날 있을까〉, 《한겨레》1999. 10. 18. 17면.

15 정희재, 《도시에서 살며 사랑하며 배우며》, 걷는나무, 2010. 215~217쪽.

16 전상인, 《편의점 사회학》, 민음사, 2014, 71쪽.

17 〈24시간 영업 편의점 대기업 '군침' 행렬〉, 《한겨레》1991. 6. 12. 10면.

18 전상인, 앞의 책, 102쪽.

19 위의 책, 154쪽.

20 〈"황금알? 글쎄…" 100m마다 등장하는 '편의점 공화국'의 속사정〉, 《한스경제》
    2020. 10. 6.

| 7장 | 구석구석 클로즈업

1 〈너희들은 무엇을 어덧느냐 (12)〉, 《동아일보》1923. 9. 8. 1면.

2 〈노래하는 시계 (2)〉, 《경향신문》1958. 5. 23. 4면.

3 〈빛이 쌓이는 海溝(해구) (137)〉, 《동아일보》1964. 9. 22. 3면.

4 〈겨울 나그네 (301)〉, 《동아일보》1984. 8. 22. 6면.

5 〈새싹에 太陽(태양)을… (5) 不良食品(불량식품)〉, 《동아일보》1969. 6. 19. 7면.

| 8장 | 눈깔사탕에서 컵라면까지

1 〈최고히트상품은 '서태지음반'〉, 《매일경제》1997. 8. 21. 17면.

2 〈色鉛筆(색연필)〉, 《조선일보》1953. 2. 22. 조간 2면; 〈永登浦(영등포) 연탄값 껑
    충 小賣(소매) 7원50전으로〉, 《조선일보》1963. 1. 29. 조간 6면.

3 〈때의 소리〉, 《동아일보》, 1921. 7. 13. 4면.

4 〈街頭漫筆(가두만필) (5) 어느 날의 點景(점경)〉, 《경향신문》1948. 12. 29. 3면.

5 〈1원 銅錢(동전) 든 알사탕 馬山市內(마산시내) 구멍가게에 나돌아〉, 《경향신문》
    1971. 3. 10. 7면.

6   〈007製菓(제과) 입건 — 銅錢(동전)사탕메이커, 代表(대표) 행방 감춰〉,《경향신문》1971.3.11.7면.

7   〈現金(현금)당첨 제비뽑기 성행〉,《동아일보》1974.1.29.7면.

8   〈해태제과 창립 50돌 새 청사진 정보통신 발판 '재계 10위 꿈'〉,《한겨레》1995.10.3.8면.

9   〈크라운 산도 비스킷의 대명사 38년〉,《동아일보》1994.2.28.13면.

10 〈농심 새우깡 — 뻥튀기서 제품 착안 '온 국민 간식'으로 인기〉,《매일경제》1999.12.29.54면.

11 〈새우깡 生産(생산) 늘려 롯데, 11월부터〉,《매일경제》1972.8.26.8면.

12 〈식음료 '끼워팔기' 극성〉,《동아일보》1999.4.28.26면.

13 〈'1일 1깡' 열풍에 '새우깡' 매출 30% 증가했다〉,《파이낸셜뉴스》2020.6.24.

14 〈세계가 군침 흘리는 '우리 맛' — 진로소주·신라면·초코파이 폭발적 인기〉,《경향신문》1996.9.24.26면;〈"한국은 몰라도 초코파이는 알아요"〉,《매일경제》1998.9.3.16면.

15 〈초코파이의 추억〉,《파이낸셜뉴스》2014.1.30.

16 〈초코파이 모방시비〉,《매일경제》1988.4.18.15면.

17 〈간식과자 초코파이 인기 20년〉,《동아일보》1993.11.8.14면.

18 〈열린사회를 향하여… (9) 광고〉,《동아일보》1992.10.3.9면.

19 〈"그놈의 情(정)때문에…" — 情(정)에 호소하면 매출이 는다〉,《동아일보》1996.10.29.9면.

20 〈군것질 그 類型(유형)과 問題點(문제점)〉,《매일경제》1975.6.23.8면.

21 로라 B. 와이스, 김현희 옮김,《아이스크림의 지구사》, 휴머니스트, 2013, 228쪽.

22 〈氷菓類(빙과류) 경쟁치열〉,《매일경제》1972.4.18.8면.

23 〈불티나는 清凉(청량)음료·빙과〉,《매일경제》1982.6.14.11면.

24 〈칠성사이다 톡 쏘는 "그맛"…소풍길 「필수품」〉,《동아일보》1993.7.19.14면.

25 〈27·28日(일) 이틀, 德成女大(덕성여대)서 6회 全國女性(전국여성)대회〉,《경향신문》1968.9.16.5면.

26 〈나는 이렇게 「三養(삼양)라면」을 利用(이용)했다〉,《매일경제》1967. 6. 3. 2면.

27 〈粉食(분식)의 長點(장점)과 라면의 登場(등장)〉,《매일경제》1967. 6. 3. 2면;〈農村(농촌)에도 「라면」供給(공급)〉,《매일경제》1968. 2. 20. 3면;〈獎勵館(장려관)을 통해 본 粉食診斷(분식진단)〉,《동아일보》1969. 8. 28. 6면.

28 〈라면偏食(편식) 성장에 이상 없나〉,《동아일보》1986. 3. 17. 7면.

29 〈어린이 기호食品(식품) 化學(화학)조미료 過多(과다)〉,《경향신문》1986. 6. 16. 11면.

30 〈油脂(유지)식품에 함정 있다 (5) 라면 常食(상식)하면 영양 불균형〉,《경향신문》1989. 11. 13. 14면.

31 〈無人(무인)식당…라면自販機(자판기) 시판 4개 메뉴 1분이면 즉석조리 金星自販機(금성자판기)〉,《매일경제》1982. 1. 22. 7면;〈三養食品(삼양식품) 퀵원컵라면 市販(시판) 自動販賣機(자동판매기) 설치〉,《매일경제》1982. 12. 22. 10면.

32 〈"月(월) 한 번 이상 라면 구입" 82%〉,《경향신문》1992. 10. 24. 6면.

33 〈유통업계 바이어가 뽑은 장수상품 — "농심 새우깡 21C에도 히트"〉,《매일경제》1999. 12. 29. 51면.

34 성석제,〈내 어린 날의 점방, 구멍가게, 동네슈퍼〉,《한겨레》2009. 7. 30.

| 9장 | 담배와 함께한 육십 년

1 〈專賣制度(전매제도)를 利用(이용)하야〉,《동아일보》1921. 9. 30. 3면.

2 〈담배 假頭行商(가두행상)과 不正配給所團束(부정배급소 단속)〉,《조선일보》1946. 1. 9. 조간 2면.

3 강준만,《담배의 사회문화사》, 인물과사상사, 2011, 44쪽.

4 위의 책, 44쪽.

5 위의 책, 45쪽.

6 위의 책, 46~47쪽.

7 〈救護糧穀輸送遲延(구호양곡 수송 지연)에 物議(물의)〉,《경향신문》1955. 2. 5. 2면.

8 〈담배·소금값 引上問題(인상문제)〉,《경향신문》1954. 8. 28. 1면.

9 〈权利金(권리금)의 生理(생리) 그 陰性地帶(음성지대)를 告發(고발)한다 (12) 煙草小賣商(연초소매상)〉,《매일경제》1966. 12. 12. 3면.

10 〈이런 사람 본따라〉,《경향신문》1960. 5. 4. 3면.

11 〈「公衆(공중)센터」를 經營(경영)하는 길〉,《조선일보》1962. 6. 3. 2면.

12 〈상담실 — 問(문) 담배가게를 내려면〉,《매일경제》1970. 10. 22. 4면.

13 〈편의점 공화국 쓸쓸한 자화상, 로열티와 점주의 등골〉,《더스쿠프》2020. 10. 1.

14 〈담배 자판기 논란〉, 강준만, 앞의 책.

15 〈알고 계십니까 (12) 담배 소비량〉,《매일경제》1978. 11. 20. 7면.

16 〈"맛은 써도 값싸서 좋다" — 低級(저급)담배 많이 피워〉,《동아일보》1982. 1. 23. 5면.

17 〈담배소비 증가율 지난해 크게 둔화〉,《매일경제》1985. 1. 14. 11면.

18 〈담배 消費量(소비량) 21년만에 감소〉,《매일경제》1995. 2. 4. 27면.

19 〈웰빙열풍으로 흡연자도 금연바람, 담배소비량 사상 최저〉,《메디컬투데이》2013. 9. 9.

20 〈OECD 보건통계 우리나라, 의료장비·외래진료↑, 보건의료인력↓〉,《메디컬투데이》2020. 7. 22.

21 〈끽연자는 800만〉,《매일경제》1969. 1. 16. 3면.

22 〈담배가게 추억〉,《광주일보》2007. 1. 2.

23 전상인,《편의점 사회학》, 민음사, 2014, 28쪽.

| 10장 | 구멍가게, 주막을 품다

1 〈濁酒(탁주)용기로는 「플래스틱」으로 만든 통만 사용 가능〉,《매일경제》1969. 5. 29. 4면.

2 〈가정용 衛生濁酒(위생탁주) 개발〉,《매일경제》1975. 10. 22. 7면.

3 〈국세청 막걸리容器(용기) 개발 권장〉,《매일경제》1977. 12. 2. 7면; 〈"쌀막걸리 제맛이 안난다" — 愛酒家(애주가) 실망 속 첫선…벌써 동나〉,《경향신문》1977.

12.8.7면.

4 〈막걸리容器(용기) 플라스틱으로 바꿔—農村(농촌)의 비닐公害(공해) 加重(가중)〉,《동아일보》1982.11.25.9면.

5 〈소주-'고민상담' 맥주-'스트레스 해소' 위스키-'접대'〉,《한국세정신문》2010. 12.21.

6 〈納凉点景(납량점경) (1) 南山(남산)〉,《동아일보》1959.7.30.3면.

7 〈[송림1동 181번지, 수도국산 달동네를 기억하며] (11) 남숙의 일터, 와룡소주〉, 《인천in》2020.5.27.

8 〈열띤 병마개 수집戰(전)〉,《매일경제》1969.5.10.8면.

9 〈떼보고 파는 소주 景品(경품)〉,《경향신문》1971.8.28.6면.

10 〈"소주 마신다" 으뜸 막걸리는 겨우 6%〉,《경향신문》1975.9.10.6면.

11 〈웃돈 주고 사는 소주 品貴(품귀)〉,《동아일보》1978.11.11.2면;〈소주 연말 盛需期(성수기) 品貴(품귀)〉,《동아일보》1979.12.27.7면.

12 〈酒類(주류)도매상「끼워팔기」횡포〉,《동아일보》1983.12.29.8면.

13 〈맥주 끼워팔기 여전〉,《매일경제》1984.2.2.10면;〈眞露(진로)「유통횡포」조사〉,《매일경제》1988.11.28.15면;〈「酒類(주류) 끼워팔기」부작용 심각〉,《매일경제》1991.11.20.11면.

14 〈가맥집〉, 위키백과 웹사이트.

15 편집부,《서울지명사전》, 서울특별시사편찬위원회, 2009.

16 〈술꾼끼리 싸우다 殺人(살인)〉,《동아일보》1966.5.17.7면.

| 11장 | 구멍가게와 짼의 전쟁

1 〈家計簿(가계부)의 智慧(지혜)〉,《경향신문》1977.11.10.4면.

2 〈돋보기〉,《경향신문》1996.8.27.23면.

3 〈외상거래〉,《동아일보》, 1976.9.20.5면.

4 〈社會淨化(사회정화)를 위한 캠페인…이대로 둘 것인가 (3) 童心(동심) 오염지대 國民學校(국민학교)앞 잡상인〉,《경향신문》1975.11.5.7면.

5 〈외상장부〉,《경향신문》1976. 3. 6. 5면.

6 〈신용카드·가계수표 외상만큼도 안 통해〉,《매일경제》1984. 3. 7. 10면.

7 〈「百貨店(백화점)」알맹이가 없다 — 대부분 구멍가게의 集合體(집합체)〉,《경향신문》1979. 6. 15. 4면.

8 〈法律相談(법률상담)〉,《경향신문》1964. 6. 10. 8면.

9 〈「花鬪(화투)노리」턴 特殊强盜(특수강도) 체포〉,《동아일보》1960. 12. 27. 3면.

10 〈젊은이 본보게 老人(노인)끼리 모여 술·노름·도둑·깡패 없는 마을로〉,《경향신문》1972. 1. 18. 6면.

11 그 무렵 화투 화형식은 전국적으로 일어났던 것 같다.《경향신문》1972년 1월 22일자 6면의 〈押收(압수) 화투 한 가마 불태워〉,《경향신문》1972년 6월 2일자 8면의 〈"화투놀이를 몰아내자" 料食(요식)업자들 다짐, 불태워〉등의 기사로 미루어 농촌에서는 물론 서울에서도 비슷한 취지의 행사를 벌인 것으로 보인다.

12 〈몰아내야 할 農閑期賭博(농한기 도박)〉,《경향신문》1977. 2. 25. 4면.

13 이 시기 주부도박 관련 기사는 다음과 같다. 〈主婦賭博(주부도박)의 弊風(폐풍) — 都市(도시) 새마을運動(운동)으로 社會氣風刷新(사회기풍 쇄신) 시급하다〉,《경향신문》1976. 6. 30. 2면; 〈2億臺(억대) 主婦(주부)도박단 4명 입건 20명 수배〉,《경향신문》1977. 6. 2. 7면; 〈賭博(도박)어머니 殺害(살해) 10代(대) 구속〉,《경향신문》1981. 2. 18. 7면; 〈주부도박 10명檢擧(검거) 판돈 1천여만원대〉,《매일경제》1982. 1. 16. 11면; 〈常習(상습)도박 主婦(주부) 6명 令狀(영장)〉,《경향신문》1984. 3. 29. 7면.

14 〈휴지통〉,《동아일보》1986. 9. 4. 7면.

15 〈"우리 엄마한텐 화투 팔지 마세요."〉,《동아일보》1974. 3. 29. 6면 만평.

16 〈화투 뒷면 암호 사기도박〉,《경향신문》1982. 9. 17. 11면; 〈화투 무허가로 만들어 남의 상표 붙여 전국에 팔아〉,《동아일보》1983. 3. 26. 10면.

17 〈망국병 고스톱 이제 그만하자〉,《경향신문》1991. 12. 11. 9면; 〈"화투는 망국病(병)"〉,《동아일보》1991. 12. 24. 23면.

18 〈화투는 고유놀음?' 허망한 주장 — 20세기초 풍속집 등 '일본것' 증언〉,《한겨레》

1997. 8. 18. 25면.

19 〈"화투는 日帝(일제)가 퍼뜨린 망국놀음"―「조선우민화」 노려 서민층에 보급〉,
《동아일보》 1996. 4. 1. 17면; 〈일제는 이 땅에 화투를 남겼다〉, 《한겨레》 1997. 8.
18. 25면.

20 〈日本色(일본색) 씻자 「우리화투」 登場(등장)〉, 《경향신문》 1987. 1. 19. 7면.

21 〈망국병 화투놀이 놀이문화 부재 탓〉, 《경향신문》 1992. 3. 12. 10면; 〈전통오락
「가투놀이」 본격 보급〉 《동아일보》 1992. 3. 16. 12면; 〈'인간 윷' 널리 보급하자〉,
《한겨레》 1993. 1. 28. 12면.

22 〈싸움 끝에 殺害(살해)―윷놀이하다〉, 《동아일보》 1960. 5. 18. 석간 4면; 〈윷놀이
판서 딴 돈 안준다 殺人(살인)〉, 《경향신문》 1962. 9. 14. 7면; 〈健全(건전)한 娛樂
(오락) 아쉬워〉, 《경향신문》 1968. 10. 9. 6면.

23 〈두마을 靑年(청년) 패싸움〉, 《동아일보》 1960. 8. 18. 3면.

쉼터 : 구멍가게와 셈

1   〈주판〉, 한국학중앙연구원, 한국민족문화대백과사전 웹사이트.

| 12장 | 구멍가게에서 찾은 삶의 무늬

1   크리스티앙 살몽, 류은영 옮김, 《스토리텔링》, 현실문화, 2010, 75쪽.
2   엄기호, 《단속사회》, 창비, 2014, 50~61쪽.

구멍가게 이야기

1판 1쇄 2021년 4월 15일
1판 2쇄 2021년 12월 17일

지은이 | 박혜진, 심우장

펴낸이 | 류종필
편집 | 이정우, 이은진
마케팅 | 이건호
경영지원 | 김유리
표지·본문 디자인 | 석운디자인
교정교열 | 정헌경

펴낸곳 | (주) 도서출판 책과함께
　　　　주소 (04022) 서울시 마포구 동교로 70 소와소빌딩 2층
　　　　전화 (02) 335-1982
　　　　팩스 (02) 335-1316
　　　　전자우편 prpub@hanmail.net
　　　　블로그 blog.naver.com/prpub
　　　　등록 2003년 4월 3일 제2003-000392호

ISBN 979-11-91432-03-9 03910

- 이 책은 (재)한국학호남진흥원의 호남한국학 저술 출판지원을 받아 간행되었습니다.
- 지은이들이 찍은 사진 외의 도판은 기본적으로 저작권자에게 허가를 구하거나 크기를 작게 하여 이용했습니다. 그러나 저작권자가 불분명하거나 연락할 방법을 찾지 못할 경우 피치 못하게 허가를 구하지 못했습니다. 추후라도 저작권자가 확인되면 허가 절차를 밟겠습니다.